Käpplinger | Fälle mit Lösungen
zum GmbH-, Aktien- und Konzernrecht

FÄLLE MIT LÖSUNGEN ZUM GMBH-, AKTIEN- UND KONZERNRECHT

Dr. iur. Markus Käpplinger

Wissenschaftlicher Assistent an der Universität Berlin

Luchterhand

Bibliografische Information Der Deutschen Bibliothek
Die Deutsche Bibliothek verzeichnet diese Publikation in der Deutschen
Nationalbibliografie; detaillierte bibliografische Daten sind im Internet
über **http://dnb.ddb.de** abrufbar.

www.luchterhand-fachverlag.de

Umschlag: Andreas Ruers, futurweiss kommunikationen, Wiesbaden
Satz: Satz-Offizin Hümmer GmbH, Waldbüttelbrunn
Druck und Verarbeitung: Wilhelm & Adam, Heusenstamm
Printed in Germany, August 2003

♾ Gedruckt auf säurefreiem, alterungsbeständigem
  und chlorfreiem Papier.

Vorwort

Mit dem vorliegenden Fallbuch soll eine Lücke in der gesellschaftsrechtlichen Ausbildungsliteratur geschlossen werden. Gerade das stark vom Fallrecht geprägte GmbH-, Aktien- und Konzernrecht lässt sich nicht allein durch Lektüre eines klassischen Lehrbuches erlernen. Der gesamte examensrelevante Stoff wird deshalb anhand von Fällen mit Lösungen aufbereitet. Die Lösungen orientieren sich am Stil einer Klausur und greifen jeweils ein bis zwei Kernprobleme auf. Der Schwierigkeitsgrad der Fälle liegt durchweg auf Examensniveau. Besonderer Wert wird auf die Darstellung der Anspruchsgrundlagen sowie auf die klausurorientierte Umsetzung von Meinungsstreitigkeiten gelegt. Aus didaktischen Gründen werden in den Falllösungen besondere Hinweise optisch hervorgehoben. Diese enthalten z. B. Informationen über typische Klausurfehler oder Querverweise auf übergreifende Probleme. Bei der Auswahl der Quellen wurde im Interesse einer leichten Erreichbarkeit fast ausschließlich auf Standardwerke zurückgegriffen.

Das Buch ist in vier Kapitel unterteilt: GmbH-Recht, Aktienrecht, Konzernrecht und Umwandlungsrecht. Jedes dieser Kapitel kann unabhängig voneinander durchgearbeitet werden. Wer etwa nur am GmbH-Recht interessiert ist, braucht sich lediglich das erste sowie gegebenenfalls das dritte Kapitel zum Konzernrecht vorzunehmen.

Den größten Nutzen hat derjenige Leser, der die Fälle vor Lektüre der Lösung selbstständig durchdenkt und sich erst dann dem Lösungsvorschlag zuwendet. Wer mit der Materie dagegen noch nicht vertraut ist, kann sich selbstverständlich auch gleich die Lösung vornehmen. Bei Bedarf sollten die jeweils aufgeworfenen Probleme anhand der Fußnotenhinweise vertieft werden. Insoweit kann die Lektüre des vorliegenden Fallbuches durchaus die eines klassischen Lehrbuches ersetzen.

Mein besonderer Dank gilt Prof. Dr. Eberhard Schwark, auf dessen Anregung das Buch während meiner Zeit als wissenschaftlicher Mitarbeiter an dem von ihm geleiteten Institut für Bank- und Kapitalmarktrecht der Humboldt-Universität zu Berlin entstand. Zu Dank verpflichtet bin ich ferner Herrn Dr. Thomas Strauß sowie Herrn Sebastian Käpplinger, LL. M., die beide das mühevolle Korrekturlesen übernommen haben.

The book is dedicated to Shiu Shan. Thanks for your support all over the years.

Berlin, im Juli 2003

Markus Käpplinger

Inhalt

Vorwort   V

Abkürzungsverzeichnis   XI

Literaturverzeichnis   XV

1. Kapitel: Fälle zum GmbH-Recht   1

Fall 1 Die heiße Pizza I
(Vorgründungsgesellschaft, Vor-GmbH, Vorbelastungshaftung; Schuldübergang)   1

Fall 2 Die heiße Pizza II
(Vor-GmbH, Verlustdeckungshaftung)   10

Fall 3 Der schöne Sportwagen
(Kapitalerhaltung, verdeckte Gewinnausschüttung, Geschäftsführerhaftung, Untreue; Missbrauch der Vertretungsmacht)   15

Fall 4 Falsche Medizin
(Mängelhaftung für fehlerhafte Sacheinlagen)   26

Fall 5 Vergebliche Dot-Com-Euphorie
(Eigenkapitalersetzendes Darlehen, Stehenlassen eines Darlehens, eigenkapitalersetzende Nutzungsüberlassung, Finanzplankredit)   31

Fall 6 Falsche Spur
(Exkurs: Kapitalerhaltung in der GmbH & Co. KG)   43

Fall 7 Fehlgeschlagene Studententräume
(Verdeckte Sacheinlage, Schütt-aus-Hol-zurück-Verfahren)   47

Fall 8 Hungerlauf
(Beschlussanfechtung, Gleichbehandlungsgrundsatz, Treuepflicht)   57

Fall 9 Alte Freundschaft
(Bezugsrecht und Bezugsrechtsausschluss)   63

Fall 10 Harter Stein
(Insolvenzantragspflicht, Vertreterhaftung, Geschäftsführerhaftung,
Konkursverschleppung, Quotenschaden)   70

Fall 11 Dunkle Machenschaften
(Gesellschafterausschluss)   83

2. Kapitel: Fälle zum Aktienrecht   89

Fall 1 Alte Kleider
(Mantelgründung, Vorbelastungs- und Handelndenhaftung)   89

Fall 2 Der teure Berater
(Anfechtungsklage, verdeckte Gewinnausschüttung, eigenkapitalersetzendes Gesellschafterdarlehen, Auskunftsrecht, Treuepflicht, Untreue) 95

Fall 3 Gutes Geschäft
(Anfechtungs- und Nichtigkeitsklage, positive Beschlussfeststellungsklage, Bezugsrechtsausschluss, materielle Beschlusskontrolle, Gleichbehandlungsgrundsatz, Sondervorteil, innerer Wert und Börsenkurs,
»Greenshoe«) 114

Fall 4 Börseneuphorie
(Börsengang von Tochtergesellschaften, »Holzmüller«-Doktrin, Vorerwerbsrecht und Zuteilungsprivileg) 129

Fall 5 Maßlose Bereicherung
(Ausgabe von Aktienoptionen an Führungskräfte, Anfechtungsklage,
Sondervorteil/materielle Beschlusskontrolle) 136

Fall 6 Schlechtes Geschäft
(Verdeckte Sacheinlage, Rückabwicklung, Einlagenrückgewähr) 147

Fall 7 Unbekannte Fallstricke
(Nachgründung, »Holzmüller«-Doktrin, Unternehmensgegenstand,
Zweckänderung) 155

Fall 8 Falsche Spekulationen
(Vorstandshaftung; Haftung des Aufsichtsrates, Intraorganstreit) 159

Fall 9 Räuberische Aktionäre
(Klagebefugnis, Missbrauch des Anfechtungsrechtes) 165

Fall 10 Schöne Aussicht
(Vorstandshaftung/Geschäftschancenlehre bzw. »Corporate Opportunity Doctrine«) 169

Fall 11 Heiße Informationen
(Zulässigkeit der »Due Diligence«, Verschwiegenheitspflicht, Auskunftsrecht des Aktionärs, insiderrechtliches Weitergabeverbot) 173

Fall 12 Kräftiges Gewitter
(Bankenhaftung, Begriff der freien Verfügbarkeit, Vorbehalt wertgleicher
Deckung, Verwendungsbindungen) 177

Fall 13 Teures Geld
(Zwangsarbeiterentschädigung, Vorstands- und Hauptversammlungskompetenzen, Leitungsmacht) 179

3. Kapitel: Fälle zum Konzernrecht 185

Fall 1 Einflussreiche Macht
(Unternehmensbegriff bei Beteiligung der öffentlichen Hand) 185

Fall 2 Knappe Kasse
(Vertragskonzern, Zulässigkeit existenzgefährdender Weisungen, Haftung des herrschenden Unternehmens) 189

Fall 3 Gestörtes Verhältnis
(Wirksamkeitsvoraussetzungen von Unternehmensverträgen im
GmbH-Konzern,»Supermarktbeschluss«, fehlerhafter Unternehmens-
vertrag, Fälligkeit des Verlustausgleiches, actio pro socio)   192

Fall 4 Teure Dienste
(Haftung im faktischen GmbH-Konzern, Konzernbegriff, Konzernverschuldenshaftung, Treuepflicht, actio pro socio; Entherrschungsvertrag) 203

Fall 5 Schöne Drucker
(Haftung im qualifiziert faktischen GmbH-Konzern, Treuepflicht,
Durchgriffshaftung, Konzernbegriff)   210

Fall 6 Heile Welt
(Befreiung eines Gesellschafters vom Wettbewerbsverbot (»Süssen«),
Beschlussanfechtung, materielle Beschlusskontrolle, Konzerneingangs-
kontrolle)   224

Fall 7 Schlechter Trick
(Konzernbildungskontrolle und Konzernleitungsmacht auf Ebene der
herrschenden AG)   229

4. Kapitel: Fälle zum Umwandlungsrecht   235

Fall 1 Interessantes Mandat
(Umwandlungsarten)   235

Fall 2 Vorschnelle Verschmelzung
(Verschmelzungsfähigkeit der Vor-AG)   237

Fall 3 Hürdenlauf
(Verschmelzungsablauf)   239

Fall 4a Schlauer Berater I
(Minimierung des Anfechtungsrisikos)   241

Fall 4b Schlauer Berater II
(Spruchverfahren)   241

Fall 4c Schlauer Berater III
(Inter-Omnes-Wirkung des Spruchverfahrens)   241

Fall 5a Kein leichtes Spiel I
(Registersperre, Negativattest)   244

Fall 5b Kein leichtes Spiel II
(Unbedenklichkeitsverfahren)   244

Fall 5c Kein leichtes Spiel III
(Unbedenklichkeitsverfahren)   244

Fall 6 Querulant
(Materielle Beschlusskontrolle im Umwandlungsrecht)   248

Fall 7 Schnelle Nocken
(Spaltungsarten)   250

Fall 8 Überraschte Bank
(Vergessene Verbindlichkeiten)   254

Fall 9 Schlauer Schuldner
(Forderungen mit Abtretungsverboten)   257

Fall 10 Kalter Rausschmiss
(Nichtverhältniswahrende Spaltung)   259

Fall 11 Schöne Null
(Spaltung zu Null)   261

Fall 12 Außer Verhältnis
(Nichtverhältniswahrender Formwechsel)   263

Fall 13 Schweigender Vorstand
(Anfechtungsausschluss bei Informationsmängeln)   265

Fall 14 Quadratur des Kreises
(Umwandlungen außerhalb des Umwandlungsgesetzes, vereinfachte
Umwandlung einer Personengesellschaft)   268

Fall 15 Goldene Brücke
(Internationales Umwandlungsrecht, »Hineinverschmelzung«)   270

Sachregister   273

Abkürzungsverzeichnis

a. A.	anderer Ansicht
Abs.	Absatz
AcP	Archiv für die civilistische Praxis
AG	Aktiengesellschaft/Amtsgericht/Die Aktiegesellschaft (Zeitschrift)
a. E.	am Ende
AktG	Aktiengesetz
Alt.	Alternative
Anh.	Anhang
Anm.	Anmerkung
a. p. s.	actio pro socio
Art.	Artikel
AT	Allgemeiner Teil
Aufl.	Auflage
BAG	Bundesarbeitsgericht
BB	Betriebsberater
Bd.	Band
BFH	Bundesfinanzhof
BFHE	Entscheidungen des BFH
BGB	Bürgerliches Gesetzbuch
BGBl.	Bundesgesetzblatt
BGH	Bundesgerichtshof
BGHSt	Entscheidungen des BGH in Strafsachen
BGHZ	Entscheidungen des BGH in Zivilsachen
BSG	Bundessozialgericht
Bsp.	Beispiel
BT	Besonderer Teil
BT-DS	Bundestagsdrucksache
c. i. c.	culpa in contrahendo
d. h.	das heißt
DB	Der Betrieb
ders.	derselbe
DStR	Deutsches Steuerrecht
Einf.	Einführung
Einl.	Einleitung
etc.	et cetera
EWiR	Entscheidungen zum Wirtschaftsrecht
f.	folgende Seite
ff.	folgende Seiten
Fn.	Fußnote
FS	Festschrift

GbR	Gesellschaft bürgerlichen Rechts (BGB-Gesellschaft)
GewStG	Gewerbesteuergesetz
gem.	gemäß
GG	Grundgesetz
ggf.	gegebenenfalls
GmbH	Gesellschaft mit beschränkter Haftung
GmbHG	Gesetz betreffend die Gesellschaften mit beschränkter Haftung
GmbHR	GmbH-Rundschau
GS	Großer Senat
h. L.	herrschende Lehre
h. M.	herrschende Meinung
Hdb.	Handbuch
HGB	Handelsgesetzbuch
Hrsg.	Herausgeber
HS	Halbsatz
i. d. R.	in der Regel
i. S. d.	im Sinne des
i. S. v.	im Sinne von
i. V. m.	in Verbidung mit
InsO	Insolvenzordnung
JA	Juristische Arbeitsblätter
JuS	Juristische Schulung
JZ	Juristenzeitung
KG	Kammergericht
KG	Kommanditgesellschaft
KGaA	Kommanditgesellschaft auf Aktien
KK-AktG	Kölner Kommentar zum Aktiengesetz
KonTraG	Gesetz zur Kontrolle und Transparenz im Unternehmensbereich
KonzernR.	Konzernrecht
KStG	Körperschaftsteuergesetz
LG	Landgericht
MDR	Monatsschrift für Deutsches Recht
MüKo-AktG	Münchener Kommentar zum Aktiengesetz
MüKo-BGB	Münchener Kommentar zum BGB
MünchHdb	Münchener Handbuch
mwN	mit weiteren Nachweisen
m Anm	mit Anmerkung
n. F.	neue Fassung
NJW	Neue Juristische Wochenschrift
NZG	Neue Zeitschrift für Gesellschaftsrecht
OHG	Offene Handelsgesellschaft

OlG	Oberlandesgericht
pVV	positive Vertragsverletzung
Ref-Entwurf	Referentenentwurf
RegBegr	Regierungsbegründung
RG	Reichsgericht
RGZ	Entscheidungen des Reichsgerichts in Zivilsachen
Rn.	Randnummer
S.	Seite/Satz
sog.	so genannte(r)
st. Rspr.	ständige Rechtsprechung
StGB	Strafgesetzbuch
u. a.	unter anderem
UmwG	Umwandlungsgesetz
usw.	und so weiter
VgA	verdeckte Gewinnausschüttung
vgl.	vergleiche
Vor.	Voraussetzung/Vorbemerkung
VwGO	Verwaltungsgerichtsordnung
WM	Wertpapiermitteilungen
WpHG	Wertpapierhandelsgesetz
z. B.	zum Beispiel
ZBB	Zeitschrift für Bankrecht und Bankwirtschaft
ZGR	Zeitschrift für Unternehmens- und Gesellschaftsrecht
ZHR	Zeitschrift für das gesamte Handelsrecht und Wirtschaftsrecht
ZIP	Zeitschrift für Wirtschaftsrecht
zit.	zitiert
ZPO	Zivilprozessordnung

Literaturverzeichnis

Altmeppen, Holger/Roth, Günter H., GmbH-Gesetz, 3. Auflage, München 1997.

Assmann, Heinz-Dieter/Schneider, Uwe H., Wertpapierhandelsgesetz, 2. Auflage, Köln 1999.

Baumbach, Adolf/Hueck, Alfred, GmbH-Gesetz, 17. Auflage, München 2000.

Baums, Theodor (Hrsg.), Bericht der Regierungskommission Corporate Governance, Köln 2001.

Claussen, Carsten Peter, Bank- und Börsenrecht, 2. Auflage, München 2000.

Crezelius, Georg, Steuerrecht II, 2. Auflage, München 1994.

Emmerich, Volker/Habersack, Mathias, Aktien- und GmbH-Konzernrecht, 2. Auflage, München 2001.

Emmerich, Volker/Sonnenschein, Jürgen/Habersack, Mathias, Konzernrecht. 7. Auflage, München 2001.

Flume, Werner, Allgemeiner Teil des Bürgerlichen Rechts, Zweiter Band, Berlin u. a. 1979.

Friedrichsen, Sönke, Aktienoptionsprogramme für Führungskräfte. Köln, Berlin, Bonn, München 2000.

Geßler, Ernst/Hefermehl, Wolfgang/Eckardt, Ulrich/Kropff, Bruno: Aktiengesetz, Kommentar. München 1973 ff. Band I, §§ 1–75, Band II, §§ 76- 147, Band IV §§ 179–240; Band V §§ 241–290 (zit.: *Bearbeiter*, in Geßler/Hefermehl/Eckardt/Kropff).

Gerkan v., Hartwin/Hommelhoff, Peter (Hrsg.), Handbuch des Kapitalersatzrechts, Köln 2000.

Götze, Thomas, Aktienoptionen für Vorstandsmitglieder und Aktionärsschutz. Baden-Baden 2001.

Goutier, Klaus/Knopf, Rüdiger/Tulloch, Anthony (Hrsg.), Umwandlungsrecht, Heidelberg 1996.

Grunewald, Barbara, Gesellschaftsrecht, 4. Auflage, Tübingen 2000.

Endriss, Horst Walter/Haas, Helmut/Küpper, Peter, Steuerkompendium, Band 1: Ertragsteuern, 7. Auflage 1995.

Hachenburg, siehe unter Ulmer, Peter.

Heller, Arne, Unternehmensführung und Unternehmenskontrolle unter besonderer Berücksichtigung der Gesamtverantwortung des Vorstandes. Hamburg 1998.

Hess, Harald, Kommentar zur InsO, 2. Auflage, Heidelberg 2001.

Hirte, Heribert, Kapitalgesellschaftsrecht, 3. Auflage, Köln 2001.

Hirte, Heribert, Ausgewählte Fragen zu Stock-option-Plänen und zum Erwerb eigener Aktien. In: Schmidt, Karsten/Rieger, Bodo (Hrsg.). RWS-Forum 15, Gesellschaftsrecht 1999. Köln 2000, S. 211 ff.

Hoffmann-Becking, Michael (Hrsg.), Münchener Handbuch des Gesellschaftsrechts, Band 4 Aktiengesellschaft. 2. Auflage, München 1999.

Holzapfel, Hans-Joachim/Pöllath, Reinhard, Unternehmenskauf in Recht und Praxis, 9. Auflage, Köln 2000.

Hommelhoff, Peter, Die Konzernleitungspflicht, Köln u. a. 1982.

Hopt, Klaus J./Wiedemann, Herbert (Hrsg.): Großkommentar Aktiengesetz, 1. Lieferung: Einleitung A – D, 2. Lieferung: §§ 1–14, 5. Lieferung: §§ 179–191, 6. Lieferung: §§ 241–255, 11. Lieferung: §§ 92–94. 4. Auflage, Berlin, New York 1992 ff. (zit.: *Bearbeiter*, in Großkommentar-AktG).

Hüffer, Uwe, Aktiengesetz, 5. Auflage, München 2002.

Kallmeyer, Harald, Umwandlungsgesetz, 2. Auflage, Köln 2001 (zit.: *Bearbeiter*, in Kallmeyer, UmwG).

Knobbe-Keuk, Brigitte, Bilanz- und Unternehmenssteuerrecht, 9. Auflage, Köln 1993.

Koller, Ingo/Roth, Wulf-Henning/Morck, Winfried, Handelsgesetzbuch, 2. Auflage, München 1999.

Kropff, Bruno/Semler, Johannes (Hrsg.), Münchener Kommentar zum Aktiengesetz, Band 1, 7 und 8, 2. Auflage, München 2000 ff. (zit.: *Bearbeiter*, in MüKo-AktG).

Kropholler, Jan, Studienkommentar BGB, 4. Auflage, München 2000.

Lackner, Karl/Kühl, Kristian, StGB, 22. Auflage 1997.

Larenz, Karl/Canaris, Claus-Wilhelm, Lehrbuch des Schuldrechts, II. Band: Besonderer Teil, 2. Halbband, 13. Auflage, München 1994.

Larenz, Karl/Canaris, Claus-Wilhelm, Methodenlehre der Rechtswissenschaft, 3. Auflage, Berlin u. a. 1995.

Larenz, Karl, Allgemeiner Teil des Deutschen Bürgerlichen Rechts, 7. Auflage, München 1989.

Lutter (Hrsg.), Umwandlungsgesetz, Band I und II, 2. Auflage, Köln 2000.

Lutter, Marcus/Hommelhoff, Peter, GmbH-Gesetz, 15. Auflage, Köln 2000.

Mestmäcker, Ernst-Joachim, Verwaltung, Konzerngewalt und Rechte der Aktionäre. Eine rechtsvergleichende Untersuchung nach deutschem Aktienrecht und dem Recht der Corporations in den Vereinigten Staaten. Karlsruhe 1958.

Palandt, Otto, BGB, 61. Auflage, München 2002 (zit.: *Bearbeiter*, in Palandt).

Raiser, Thomas, Recht der Kapitalgesellschaften, 3. Auflage, München 2001.

Rebmann, Kurt/Säcker, Franz Jürgen/Rixecker, Roland (Hrsg.), Münchener Kommentar zum BGB, Band 5 und 6, 3. Auflage, München 1997 (zit.: *Bearbeiter*, in MüKo-BGB).

Rengier, Rudolf, Strafrecht, Besonderer Teil I, Vermögensdelikte, 2. Auflage München 1998.

Schmidt, Karsten, Gesellschaftsrecht, Köln, Berlin, Bonn u. a. 1997.

Schmitt, Joachim/Hörtnagel, Robert/Stratz, Rolf-Christian, Umwandlungsgesetz, Umwandlungsteuergesetz. 3. Auflage, München 2001.

Scholz, Franz, GmbH-Gesetz, Band 1 und 2, 9. und 8. Auflage, Köln 2000 und 1995.

Smid, Stefan (Hrsg.), Insolvenzordnung (InsO), Stuttgart u. a. 1999.

Theobald, Wolfgang (Hrsg.), Entwicklungen zur Durchgriffs- und Konzernhaftung, Berlin 2002 (zit.: *Bearbeiter*, in Theobald, Entwicklungen zur Durchgriffs- und Konzernhaftung).

Ulmer, Peter (Hrsg.), Hachenburg, GmbHG, 8. Auflage Berlin u. a. 1990 ff.

Weber, Martin, Vormitgliedschaftliche Treubindungen. München 1999.

Wiedemann, Herbert, Gesellschaftsrecht: ein Lehrbuch des Unternehmens- und Verbandrechts, München 1980.

Winter, Martin, Mitgliedschaftliche Treuebindungen im GmbH-Recht. München 1998.

Zöllner, Wolfgang (Hrsg.). Kölner Kommentar zum Aktiengesetz. 2. Auflage. Band 1: §§ 1–75, Band 2. §§ 76–117; Band 5/1. 2. Auflage, Köln, Berlin, Bonn, München 1986 ff. (zit.: *Bearbeiter*, in KK-AktG).

1. Kapitel: Fälle zum GmbH-Recht

Fall 1
»Die heiße Pizza I«
Vorgründungsgesellschaft, Vor-GmbH, Vorbelastungshaftung; Schuldübergang

Die Studenten X, Y und Z studieren Medizin und sind der Lernerei überdrüssig. Sie beschließen, einen Pizzaservice mit dem Namen »Hot-Pizza« in der Rechtsform einer GmbH zu gründen. Als Startkapital nehmen sie gemeinsam unter dem Namen »Hot-Pizza GmbH« bei der Bank B ein Darlehen in Höhe von 2.000 Euro auf. Kurze Zeit später schließen sie in notarieller Form den Gesellschaftsvertrag für die künftige »Hot-Pizza«-GmbH ab. Das Stammkapital der GmbH, an dem X, Y und Z zu je einem Drittel beteiligt sein sollen, beträgt 30.000 Euro. Alleingeschäftsführer soll Z werden, der bereits im Gründungsprotokoll übereinstimmend von allen Gesellschaftern zur vollen Aufnahme der Geschäftstätigkeit ermächtigt und vom Verbot des § 181 BGB befreit wird.

Nach Einzahlung aller Stammeinlagen auf ein Konto der GmbH leitet der Notar den Eintragungsantrag an das Handelsregister weiter. Die Studenten beginnen, die ersten Pizzen zu verkaufen. Das Geschäft läuft jedoch wegen der mangelhaften Qualität der Pizzen schlechter als erwartet. Um die Qualität der Pizzen zu verbessern, beschließen X, Y und Z, die Küchenausstattung zu modernisieren. Für den Erwerb einer neuen Küchenausstattung benötigt die Gesellschaft weiteres Geld. Z verhandelt deshalb mit der Bank D. Diese erklärt sich bereit, der »Hot-Pizza«-GmbH i. G. ein Darlehen von 40.000 Euro zu gewähren. Die Bank zahlt das Geld an die Gesellschaft aus. Einige Tage danach wird die »Hot-Pizza«-GmbH in das Handelsregister eingetragen.

Trotz Modernisierung der Küche konnte die Qualität der Pizzen nicht wesentlich verbessert werden. Die Kunden bleiben weiterhin aus und die Verluste der Gesellschaft steigen. Um sich einen genauen Überblick über die prekäre Situation zu verschaffen, stellt Z eine Zwischenbilanz der Gesellschaft auf. Dabei stellt sich heraus, dass im Eintragungszeitpunkt das Eigenkapital der Gesellschaft wegen der starken Verluste aus der Geschäftstätigkeit nur noch 9.000 Euro betrug und damit das satzungsmäßige Stammkapital um 21.000 Euro unterdeckt war.

1. Welche Ansprüche stehen der »Hot-Pizza«-GmbH gegen ihre Gesellschafter zu?

2. Welche Ansprüche stehen den Banken B und D bei Fälligkeit ihrer Darlehen zu?

Lösungsvorschlag Fall 1

A. Ansprüche der »Hot-Pizza«-GmbH gegen X, Y, Z

I. Anspruch auf Einzahlung der Stammeinlage

Der »Hot-Pizza«-GmbH könnte gegen ihre Gesellschafter X, Y und Z gemäß § 3 Abs. 1 Nr. 4 GmbHG i. V. m. dem GmbH-Vertrag ein Anspruch auf Einzahlung der versprochenen Stammeinlagen in Höhe von insgesamt 30.000 Euro zustehen. Dann dürften die von X, Y und Z übernommenen Einzahlungsverpflichtungen nicht durch Erfüllung gemäß § 362 Abs. 1 BGB erloschen sein. Hier haben X, Y, und Z laut Sachverhalt ihre Einlagen bereits voll eingezahlt, sodass an sich eine **Erfüllung des Einlagenanspruches** der GmbH bejaht werden könnte. Jedoch wurde in der älteren Rechtsprechung die Ansicht vertreten, der Geschäftsführer sei vor Eintragung der Gesellschaft überhaupt nicht ermächtigt, Zahlungen, die über die Mindestsumme des § 7 Abs. 2 GmbHG (12.500 Euro) hinausgehen, mit schuldbefreiender Wirkung entgegenzunehmen.[1] Dahinter stand die eng mit dem mittlerweile aufgegebenen **Vorbelastungsverbot**[2] verbundene Erwägung, der Geschäftsführer einer GmbH sei vor Eintragung nur zu solchen Handlungen befugt, die zur Eintragung notwendig seien. Dazu aber gehöre nicht die Entgegennahme von Zahlungen, die über den Mindestbetrag des § 7 Abs. 2 GmbHG hinausgingen. Würde man dieser Ansicht folgen, wäre der Anspruch der »Hot-Pizza« auf Einzahlung der Einlagen lediglich in Höhe von 12.500 Euro durch Erfüllung erloschen. Jedoch ist spätestens mit Aufgabe des Vorbelastungsverbotes die Begrenzung der Vertretungsmacht der Geschäftsführer auf die Entgegennahme der Mindesteinlagen obsolet.[3] Der Geschäftsführer Z war daher zur Entgegennahme der Stammeinlagen auch über den Betrag von 12.500 Euro hinaus ermächtigt. Hinsichtlich der Leistung seiner eigenen Einlage steht dem auch nicht § 181 BGB entgegen, weil laut Sachverhalt der Z vom Verbot des § 181 BGB befreit war. Die Einzahlungsverpflichtungen der Gesellschafter X, Y und Z sind deshalb gemäß § 362 Abs. 1 BGB durch Erfüllung erloschen. Ein Anspruch der »Hot-Pizza«-GmbH auf Neueinzahlung des die 12.500 Euro übersteigenden Betrages besteht damit nicht.

II. Anspruch auf Einforderung von Nachschüssen

Der »Hot-Pizza«-GmbH könnte gemäß § 26 Abs. 1 GmbHG ein Anspruch auf Zahlung von **Nachschüssen** gegen ihre Gesellschafter zustehen. Voraussetzung für das Bestehen eines solchen Anspruches ist, dass im Gesellschaftervertrag eine entsprechende Ermächtigung vorgesehen ist. Zudem müssen die Gesellschafter die Einforderung der Nachschüsse beschlossen haben. Beides liegt hier nicht vor, sodass ein entsprechender Anspruch der GmbH ausscheidet.

III. Anspruch auf Einzahlung der Differenz gemäß § 9 Abs. 1 GmbHG

Ein Anspruch auf Einzahlung der Differenz zwischen der Stammkapitalsumme und dem tatsächlichen Wert des Vermögens der GmbH gemäß § 9 Abs. 1 GmbHG

---

1 RGZ 83, 370, 374.
2 Dazu unten: S. 8 f.
3 Vgl. BGH NJW 1989, 710.

ist ebenfalls zu verneinen, weil § 9 Abs. 1 GmbHG nur für **Sacheinlagen**, nicht aber für Bareinlagen gilt.

IV. Ersatzansprüche wegen falscher Angaben und wegen Schädigung durch Einlagen oder Gründungsaufwand

1. Als Anspruchsgrundlage für Ersatzansprüche wegen falscher Angaben kommt sowohl § 9 a Abs. 1 GmbHG als auch § 823 Abs. 2 BGB i. V. m. § 82 Abs. 1 Nr. 1 GmbHG in Betracht. Beide Anspruchsgrundlagen verlangen, dass bei der Gründung der Gesellschaft von den Gesellschaftern **falsche Angaben** gemacht worden sind. Da hierfür keine Anhaltspunkte ersichtlich sind, scheiden entsprechende Ansprüche aus.

2. Auch ein Anspruch der »Hot-Pizza« GmbH aus § 9 a Abs. 2 GmbHG wegen Schädigung der Gesellschaft kommt mangels einschlägiger Sachverhaltshinweise nicht in Betracht.

Hinweis: Sowohl bei der Prüfung des § 9 a GmbHG als auch des § 823 Abs. 2 BGB ist stets zu beachten, dass diese Ansprüche vom Geschäftsführer bzw. einem Gesellschafter der Gesellschaft nur geltend gemacht werden können, wenn ein entsprechender Gesellschafterbeschluss gemäß § 46 Nr. 8 GmbHG vorliegt oder im Fall der Gesellschafterklage die Voraussetzungen der actio pro socio bejaht werden können.[4]

V. Anspruch aus Vorbelastungshaftung

Der »Hot-Pizza«-GmbH könnte gegen ihre Gesellschafter ein Zahlungsanspruch aus dem Rechtsinstitut der sog. **Vorbelastungshaftung** (auch Unterbilanzhaftung) zustehen. Danach sind die Gesellschafter verpflichtet, eine Differenz, die im Zeitpunkt der Eintragung zwischen Stammkapital und Wert des Gesellschaftsvermögens besteht, pro rata ihrer Beteiligung auszugleichen.[5] Die Vorbelastungshaftung ist Ausfluss der allgemeinen Differenzhaftung und im Gesetz nicht ausdrücklich geregelt. Ihre Existenz lässt sich mit dem im gesamten Kapitalgesellschaftsrecht geltenden Grundsatz der Kapitalaufbringung, wie er etwa bei Sacheinlagen in den §§ 9, 9 c Abs. 1 S. 2 GmbHG zum Ausdruck kommt, begründen. In diesen Vorschriften wird nämlich deutlich, dass das Stammkapital der Gesellschaft wenigstens im Zeitpunkt der Eintragung unversehrt vorhanden sein soll.

1. Anwendbarkeit: Handelsregistereintragung

Die Vorbelastungshaftung kommt erst ab Eintragung der Gesellschaft zur Anwendung. Vor Eintragung gilt dagegen die sog. Verlustdeckungshaftung.[6] Da die »Hot-Pizza« GmbH bereits in das Handelsregister eingetragen ist, ist hier die Vorbelastungshaftung grundsätzlich anwendbar.

---

4 Näher dazu: *Hueck/Fastrich*, in Baumbach / Hueck, GmbHG, § 9 a Rn. 14; *Lutter/Hommelhoff*, GmbHG, § 46 Rn. 21 ff.; *Raiser*, Kapitalgesellschaftsrecht, § 33 Rn. 4.

5 BGHZ 80, 129, 140 ff., 134, 333, 338.

6 Ausführlich zur Verlustdeckungshaftung, unten Fall 2 (GmbH-Recht).

2. Bestehen einer Unterbilanz

Ein Anspruch aus der Rechtsfigur der Vorbelastungshaftung nur zu bejahen, wenn im Zeitpunkt der Eintragung eine Unterbilanz der »Hot-Pizza« GmbH bestand. Eine **Unterbilanz** liegt vor, wenn das Vermögen der Gesellschaft das Stammkapital der Gesellschaft nicht deckt. Hier bestand laut Sachverhalt zum Zeitpunkt der Eintragung eine Unterdeckung des Stammkapitals von 21.000 Euro. Die Voraussetzungen für das Eingreifen der Vorbelastungshaftung sind deshalb zu bejahen.

> **Hinweise:** Bei der Frage, ob eine Unterbilanz vorliegt, sind die Vermögenswerte der Gesellschaft grundsätzlich mit ihrem objektiven Wert zu bilanzieren, also unter Aufdeckung der stillen Reserven. Umstritten ist, ob als Vermögenswert auch der **Firmenwert** (vgl. § 255 Abs. 4 HGB) berücksichtigt werden darf. Der BGH hat dies im Grundsatz bejaht.[7] Dagegen dürfen die notwendigen und satzungsgemäß festgelegten **Gründungskosten** nicht als Vermögensgegenstand aktiviert werden (Ausnahme: § 269 HGB).[8]

3. Begrenzung der Haftung nur auf operative Verluste?

Ein Teil der Lehre möchte die Vorbelastungshaftung nur in solchen Fällen anwenden, in denen die Unterdeckung des Stammkapitals auf **operativen Verlusten** beruht. Das sind solche Verluste, die auf die eigentliche Geschäftätigkeit der GmbH zurückgehen. Ein operativer Verlust und damit das Eingreifen der Vorbelastungshaftung wäre danach etwa zu verneinen, wenn ein Betriebsgrundstück durch ein zufälliges Ereignis dauerhaft an Wert verlieren würde und allein wegen der dadurch bedingten Abschreibung eine Unterbilanz entstünde.[9] Für einen Ausschluss solcher Fälle vom Anwendungsbereich der Vorbelastungshaftung wird angeführt, es sei unbillig, die Gesellschafter für alle zwischen dem Zeitpunkt der Anmeldung zum Handelsregister und der Eintragung auftretenden Verluste haften zu lassen. Sie hätten nämlich die Dauer des Eintragungsverfahrens nicht in der Hand.[10] Dem lässt sich entgegenhalten, dass eine Unterscheidung zwischen operativen und nichtoperativen Verlusten in Grenzfällen nur schwer gelingen wird. Will man eine Aushöhlung des Prinzips der Kapitalaufbringung vermeiden, kann daher das Eingreifen der Vorbelastungshaftung nicht von derart diffizilen Abgrenzungsfragen abhängen. Die herrschende Meinung lehnt deshalb richtigerweise die Einschränkung der Vorbelastungshaftung auf operative Verluste ab. Es wird vielmehr für jede Differenz zwischen Stammkapital und Vermögen gehaftet.[11]

Da es sich bei den Verlusten der »Hot-Pizza«-GmbH um operative Verluste handelt, weil sie unmittelbar auf dem Pizzageschäft der GmbH beruhen, braucht der aufgezeigte Streit nicht vertieft zu werden. Nach allen Ansichten ist eine Haftung der Gesellschafter zu bejahen.

---

7 BGH NJW 1999, 283, 283.
8 *Lutter/Hommelhoff*, GmbHG, § 11 Rn. 20; *Roth*, in Roth/Altmeppen, GmbHG, § 11 Rn. 12; *Raiser*, Kapitalgesellschaftsrecht, § 25 Rn. 111.
9 *K. Schmidt*, Gesellschaftsrecht, § 34 III 5.
10 *K. Schmidt*, Gesellschaftsrecht, § 34 III 4 d.
11 *Raiser*, Kapitalgesellschaftsrecht, § 25 Rn. 111 (mwN); BGH NJW 1989, 710, 710.

4. Inhalt der Haftung

Die Rechtsfolge der Vorbelastungshaftung besteht in der Pflicht der Gesellschafter, die **Differenz** zwischen dem Wert des Vermögens der GmbH und dem Stammkapital der Gesellschaft durch Geldzahlung **aufzufüllen**.[12] Der Anspruch geht auf Zahlung in Geld.

Da hier eine Unterdeckung in Höhe von 21.000 Euro besteht, haben somit die Gesellschafter X, Y und Z diese Differenz nach den Regeln der Vorbelastungshaftung auszugleichen. Dabei haften die Gesellschafter nicht als Gesamtschuldner (§ 421 BGB), sondern nur **anteilig** (pro rata) entsprechend ihrer Beteiligung an der Gesellschaft, also jeweils in Höhe von 7.000 Euro. Denn die Vorbelastungshaftung bezweckt lediglich, die von den Gesellschaftern im Gesellschaftsvertrag übernommene Verpflichtung, das Stammkapital der Gesellschaft aufzubringen, effektiv durchzusetzen. Im Gesellschaftsvertrag (vgl. § 3 Abs. 1 Nr. 4 GmbHG) verpflichten sich nämlich die Gesellschafter einer GmbH nicht gesamtschuldnerisch, sondern nur anteilig zur Aufbringung des Stammkapitals. Gleiches muss für den Inhalt der Vorbelastungshaftung gelten.

> **Hinweis:** Die Vorbelastungshaftung kann sich in der Praxis als **Haftungsfalle** erweisen, weil nach h. M. auf die Vorbelastungs- sowie die Verlustdeckungshaftung die Regelung des § 24 GmbHG anwendbar ist.[13] Würde etwa der Z zahlungsunfähig werden, müssten unter den Voraussetzungen des § 24 GmbHG der X und der Y für diesen Ausfall einstehen.

B. Ansprüche der B-Bank

I. Anspruch gegen die »Hot-Pizza«-GmbH auf Darlehensrückzahlung

1. Schuldner des Rückzahlungsanspruches

Ein Anspruch der B-Bank gegen die »Hot-Pizza«-GmbH auf Darlehensrückzahlung gemäß § 488 Abs. 1 S. 2 BGB setzt voraus, dass die GmbH auch Schuldnerin des Anspruches ist. Schuldner des Rückzahlungsanspruches ist grundsätzlich nur der Darlehensnehmer. Zum Zeitpunkt der Darlehensaufnahme war aber die »Hot-Pizza«-GmbH mangels Abschluss des GmbH-Vertrages und mangels Eintragung der Gesellschaft noch nicht existent (§ 11 Abs. 1 GmbHG). Es lag nur eine sog. **Vorgründungsgesellschaft** vor. Bei einer Vorgründungsgesellschaft handelt es sich – je nach Art und Umfang des Unternehmensgegenstandes – entweder um eine Gesellschaft bürgerlichen Rechts (§§ 705 ff. BGB) oder um eine OHG (§§ 1 Abs. 2, 105 HGB). Zweck der Vorgründungsgesellschaft ist es, die Gründung der GmbH vorzubereiten.[14] Sie endet mit Abschluss des GmbH-Gesellschaftsvertrages. Die Gesellschaft wird dann zur Vor-GmbH und diese mit Eintragung zur GmbH.

---

12 *Hueck/Fastrich*, in Baumbach / Hueck, GmbHG, § 11 Rn. 59; *Raiser*, Kapitalgesellschaftsrecht, § 25 Rn. 111.

13 *Hueck/Fastrich*, in Baumbach / Hueck, GmbHG, § 24 Rn. 2; *Raiser*, Kapitalgesellschaftsrecht, § 25 Rn. 111, jeweils mwN.

14 *Lutter/Hommelhoff*, GmbHG, § 11 Rn. 2; *Hueck/Fastrich*, in Baumbach / Hueck, § 11 Rn. 33.

Die Vorgründungsgesellschaft wird gemäß § 164 Abs. 1 BGB nur verpflichtet, wenn X, Y und Z bei Abschluss des Darlehens im Namen der Vorgründungsgesellschaft aufgetreten sind. Das ist hier zweifelhaft, da X, Y und Z laut Sachverhalt den Darlehensvertrag im Namen der »Hot-Pizza«-GmbH und damit nicht im Namen der Vorgründungsgesellschaft abgeschlossen haben. Eine Falschbezeichnung des Rechtsträgers ist aber im Verhältnis von Vorgründungsgesellschaft und späterer GmbH unbeachtlich. Denn die **Verkehrsanschauung** differenziert regelmäßig nicht zwischen Vorgründungsgesellschaft, Vor-GmbH und GmbH und geht deshalb davon aus, dass derjenige, der im Vorgründungsstadium im Namen der GmbH handelt, den wahren Rechtsträger des Unternehmens verpflichten will.[15] Das aber war zum Zeitpunkt der Darlehensaufnahme nicht die »Hot-Pizza«-GmbH, sondern nur die »Hot-Pizza«-GbR. Schuldner des Rückzahlungsanspruches ist damit die »Hot-Pizza«-GbR.

2. Schuldübergang

Die »Hot-Pizza«-GmbH haftet deshalb für die Rückzahlung des Darlehens nur, wenn die Darlehensschuld der »Hot-Pizza«-GbR auf sie übergangen ist.

a) Schuldbeitritt/Schuldübernahme

Ein automatischer Schuldübergang der Verbindlichkeiten der Vorgründungsgesellschaft auf die Vor-GmbH bzw. auf die spätere GmbH ist ausgeschlossen.[16] Anhaltspunkte für eine Schuldübernahme gemäß §§ 414, 415 BGB oder für einen Schuldbeitritt der »Hot-Pizza«-GmbH sind nicht ersichtlich.

b) Haftung wegen Firmenfortführung, § 25 HGB

Die »Hot-Pizza«-GmbH könnte die Firma der Vorgründungsgesellschaft »Hot-Pizza«-GbR fortgeführt haben und deshalb gemäß § 25 Abs. 1 S. 1 HGB für die Erfüllung der Darlehensverbindlichkeit der »Hot-Pizza«-GbR haften. Gegen eine **Firmenfortführung** spricht, dass X, Y und Z gegenüber der Bank B bereits als »Hot-Pizza«-GmbH und nicht als »Hot-Pizza«-GbR aufgetreten sind. Vor allem aber kommt eine Haftung wegen Firmenfortführung nur in Betracht kommt, wenn es sich bei dem von der Vorgründungsgesellschaft betriebenen Unternehmen um ein Handelsgeschäft und damit um ein kaufmännisches Gewerbe i. S. d. § 1 Abs. 2 HGB handelt. Genau das aber ist hier zu verneinen, weil die »Hot-Pizza«-Vorgründungsgesellschaft jedenfalls zum Zeitpunkt der Darlehensaufnahme überhaupt noch nicht ihren Geschäftsbetrieb aufgenommen hatte. Ihr alleiniger Zweck hatte darin bestanden, die Gründung der GmbH vorzubereiten. Das aber ist kein Handelsgewerbe im Sinne des § 1 HGB. Eine Anwendung des § 25 Abs. 1 S. 1 HGB scheidet deshalb aus (andere Auffassung bei entsprechender Begründung vertretbar). Auch eine analoge Anwendung des § 25 HGB kommt nicht in Betracht, da § 25 HGB abschließend ist.[17]

---

15 Vgl. BGH NJW 1998, 1645, 1645.
16 BGH NJW 1998, S. 1645, 1645, *Hueck/Fastrich*, in Baumbach/Hueck, GmbHG, § 11 Rn. 33 b; *Lutter/Hommelhoff*, GmbHG, § 11 Rn. 2.
17 BGH NJW 1992, 112, 113; *Roth*, in Koller/Roth/Morck, HGB, § 25 Rn. 3.

3. Ergebnis

Es besteht kein Anspruch der B-Bank gegen die »Hot-Pizza«-GmbH auf Rückzahlung des Darlehens.

II. Anspruch der B-Bank gegen X, Y und Z auf Darlehensrückzahlung

Wie bereits oben festgestellt, ist der Darlehensvertrag zwischen der B-Bank und der Vorgründungsgesellschaft geschlossen worden. Schuldnerin des Rückzahlungsanspruches ist daher gemäß § 488 Abs. 1 S. 2 BGB die Vorgründungsgesellschaft. Bei dieser handelt es sich regelmäßig, wie bereits ausgeführt, um eine Gesellschaft bürgerlichen Rechts. Deshalb ist eine Haftung von X, Y und Z nur zu bejahen, wenn die Gesellschafter einer Gesellschaft bürgerlichen Rechts für die Verbindlichkeiten der Gesellschaft einstehen müssen. Im GbR-Recht wird eine **Gesellschafterhaftung** einhellig bejaht. Der Streit besteht lediglich darin, wie diese Haftung dogmatisch zu begründen ist. Ein Teil der Lehre möchte die sog. **Doppelverpflichtungstheorie** heranziehen. Nach dieser verpflichtet der geschäftsführende Gesellschafter einer GbR bei jedem Rechtsgeschäft neben dem Vermögen der GbR zugleich auch deren Gesellschafter. Andere möchten den **Akzessoritätsgedanken** des § 128 HGB aufgreifen und die Haftung der Gesellschafter gemäß §§ 128 f. HGB begründen.[18] Der **BGH** hat diesen Streit jüngst in letzterem Sinne entschieden. Die §§ 128 f. HGB seien Ausdruck eines für alle rechtsfähigen Personengesellschaften geltenden Haftungsmodells und gelten daher auch für die nunmehr rechtsfähige GbR.[19] Die Gesellschafter einer GbR haften daher **analog §§ 128 f. HGB** gesamtschuldnerisch und akzessorisch für die Verbindlichkeiten der Gesellschaft. X, Y und Z sind deshalb gemäß § 488 Abs. 1 S. 2 BGB i. V. m. § 128 HGB analog gesamtschuldnerisch zur Rückzahlung des Darlehens gegenüber der B-Bank verpflichtet.

C. Ansprüche der D-Bank

I. Anspruch auf Darlehensrückzahlung gegen die »Hot-Pizza«-GmbH

1. »Hot-Pizza«-GmbH als Darlehensnehmerin

a) Der D-Bank könnte gemäß § 488 Abs. 1 S. 2 BGB gegen die »Hot-Pizza«-GmbH ein Anspruch auf Rückzahlung des Darlehens zustehen. Dann müsste die »Hot-Pizza«-GmbH Darlehensnehmerin gewesen sein. Da jedoch die »Hot-Pizza«-GmbH zum Zeitpunkt des Abschlusses des Darlehensvertrags mangels Eintragung in das Handelsregister rechtlich noch nicht existent war (§ 11 Abs. 1 GmbHG), kann sie nicht Vertragspartnerin des Darlehensvertrages sein.

b) Als Vertragspartnerin des Darlehensvertrages könnte jedoch die »Hot-Pizza«-Vor-GmbH in Betracht kommen. Eine **Vor-GmbH** entsteht nach Abschluss des GmbH-Gesellschaftsvertrages. Sie ist eine Personenvereinigung eigener Art, die bis auf die fehlende Rechtsfähigkeit bereits der künftigen GmbH entspricht.

---

18 Vgl. Dazu: *Grunewald*, Gesellschaftsrecht, S. 53; *Schwarte*, FS Heinsius, S. 753, 769.
19 BGH NJW 2001, 1056, 1061.

Daher sind auf eine Vorgesellschaft alle Normen des GmbH-Rechts anwendbar, soweit das GmbHG nicht deren Rechtsfähigkeit voraussetzt.[20]

Hier ist ein Darlehensvertrag zwischen der D-Bank und der »Hot-Pizza«-Vor-GmbH gemäß § 164 Abs. 1 BGB nur zu bejahen, wenn Z als Geschäftsführer der Vor-GmbH mit Vertretungsmacht gehandelt hat. Der **Umfang der Vertretungsmacht** des Geschäftsführers einer Vor-GmbH ist umstritten. Fraglich ist dabei insbesondere, ob die Regelung des § 37 Abs. 2 GmbHG, nach der dem GmbH-Geschäftsführer grundsätzlich unbeschränkte Vertretungsmacht zukommt, auch für den Geschäftsführer einer Vor-GmbH gilt. Die ältere Literatur lehnte das ab, weil wegen der unbeschränkten Haftung der Gesellschafter in der Vorgesellschaft[21] eine unbegrenzte Vertretungsmacht des Geschäftsführers unangebracht sei.[22] Die Vertretungsmacht bestünde nur insoweit, als der Geschäftsführer gründungsnotwendige Aufgaben wahrnehme, etwa die Entgegennahme der Einlagen bis zur Höhe der Mindesteinlage. Darüber hinaus sei Vertretungsmacht zu bejahen, wenn der Geschäftsführer im Gesellschaftsvertrag oder in sonstiger Weise zur vollen Aufnahme des Geschäftsbetriebes von den Gesellschaftern ermächtigt worden ist.[23] Dem wird entgegengehalten, dass spätestens mit der Aufgabe des sog. **Vorbelastungsverbotes** eine Beschränkung der Vertretungsmacht des Geschäftsführers im Stadium der Vorgesellschaft unangebracht sei. Zudem bedürfe der Schutz des Rechtsverkehrs der unbeschränkten Vertretungsmacht des Geschäftsführers.[24] Ob dem zu folgen ist, kann dahinstehen, da Z übereinstimmend von allen Gesellschaftern zur Aufnahme der Geschäftstätigkeit ermächtigt worden war, sodass ihm bereits nach der eingangs erwähnten Ansicht Vertretungsmacht zum Abschluss des Darlehensvertrages zustand.

Weil Z gemäß § 164 Abs. 1 BGB auch im Namen der »Hot-Pizza«-GmbH i. G. und damit im Namen der Vor-GmbH gehandelt hat, ist Vertragspartnerin des Darlehens die »Hot-Pizza«-Vor-GmbH.

2. Vermögensübergang

Die »Hot-Pizza«-GmbH muss für die Rückzahlung der Darlehensverbindlichkeit einstehen, wenn die gemäß § 488 Abs. 1 S. 2 BGB bestehende Rückzahlungsverpflichtung der »Hot-Pizza«-Vor-GmbH auf die »Hot-Pizza«-GmbH übergegangen ist. In der älteren Rechtsprechung wurde ein Übergang von Verbindlichkeiten der Vor-GmbH auf die GmbH noch abgelehnt.[25] Es galt das so genannte **Vorbelastungsverbot**. Danach hatte die neue GmbH ohne Vorbelastungen ins Leben zu gehen. Damit sollte sichergestellt werden, dass zumindest im Eintragungszeitpunkt das Stammkapital der GmbH unversehrt vorhanden war. Von dem Verbot der Vorbelastung wurden jedoch zahlreiche Ausnahmen zugelassen, etwa für wirtschaftlich notwendige Geschäfte. Es entfaltete daher immer weniger Wirkung und ist

---

20 Ganz h. M., vgl. *Hueck/Fastrich*, in Baumbach / Hueck, GmbHG, § 11 Rn. 6; *Raiser*, Kapitalgesellschaftsrecht, § 26 Rn. 98, jeweils mwN.
21 Dazu oben, S. 3 ff.
22 Vgl. *Raiser*, Kapitalgesellschaftsrecht, § 26 Rn. 107.
23 *Lutter/Hommelhoff*, § 11, Rn. 8; *Hueck/Fastrich*, in Baumbach / Hueck, GmbHG, § 11 Rn. 19, jeweils mwN.
24 *K. Schmidt*, in Scholz, GmbHG, § 11 Rn. 63.
25 Vgl. etwa BGHZ 65, 383 ff.

deshalb konsequenterweise aufgegeben worden.[26] Die Rechtsprechung ersetzte es durch die **Vorbelastungshaftung**.[27] Mit der Aufgabe des Vorbelastungsverbotes hat sich zugleich die Erkenntnis durchgesetzt, dass zwischen der Vor-GmbH und der künftigen GmbH **rechtliche Identität** besteht.[28] Deshalb gehen nicht nur die Aktiva, sondern auch die Verbindlichkeiten der Vor-GmbH mit Eintragung der GmbH auf die GmbH über.[29] Die »Hot-Pizza«-GmbH ist folglich mit Eintragung der Gesellschaft Schuldnerin des ursprünglich nur gegenüber »Hot-Pizza«-Vor-GmbH bestehenden Darlehensrückzahlungsanspruches geworden.

II. Anspruch auf Darlehensrückzahlung aus § 488 Abs. 1 S. 2 BGB i. V. m. § 11 Abs. 2 GmbHG gegen X, Y und Z als »Handelnde«

Ein Anspruch der D-Bank auf Darlehensrückzahlung gegen X, Y und Z auf der Grundlage der **Handelndenhaftung** gemäß § 11 Abs. 2 GmbHG scheidet schon deshalb aus, weil die Handelndenhaftung des § 11 Abs. 2 GmbHG mit Eintragung der GmbH erlischt.[30] Deren Zweck, die Geschäftsführer der GmbH zu einer zügigen Eintragung anzuhalten (»**Druckfunktion**«), ist nämlich mit Eintragung der GmbH erfüllt. Dem Gläubiger haftet vom Zeitpunkt der Eintragung an nur noch die GmbH.

Hinweise: Die Handelndenhaftung bleibt jedoch bestehen, wenn der Geschäftsführer einer Vor-GmbH seine Vertretungsmacht überschreitet. Denn durch solche Geschäfte werden mangels Vertretungsmacht weder die Vorgesellschaft noch die künftige GmbH verpflichtet. Deshalb besteht kein Grund, die Handelndenhaftung erlöschen zu lassen. Wer daher entgegen der hier gewählten Lösung eine Beschränkung der Vertretungsmacht der Geschäftsführer einer Vor-GmbH auf gründungsnotwendige Geschäfte vornimmt, kann eine Handelndenhaftung des Z bejahen. Ob darüber hinaus auch eine Handelndenhaftung von X und Y begründbar ist, hängt von der dann relevanten Frage ab, ob neben dem Geschäftsführer auch die Gesellschafter einer GmbH als Handelnde im Sinne des § 11 Abs. 2 GmbHG angesehen werden können.[31]

---

26 BGHZ 80, 129 ff.
27 Zu dieser oben, S. 3 ff.
28 *Raiser*, Kapitalgesellschaftsrecht, § 26 Rn. 111; BGHZ 80, 129, 137 ff.
29 BGHZ 105, 300, 303 f.
30 BGHZ 80, 182, 183 ff.; *Raiser*, Kapitalgesellschaftsrecht, § 26 Rn. 116.
31 Dazu unten, S. 13 ff.

Fall 2
»Die heiße Pizza II«
Vor-GmbH, Verlustdeckungshaftung

Wie Fall 1, jedoch wird über das Vermögen der »Hot-Pizza«-Vor-GmbH vor deren Eintragung in das Handelsregister, aber nach Abschluss des Gesellschaftsvertrages das Insolvenzverfahren wegen Zahlungsunfähigkeit eröffnet. Das Stammkapital der Gesellschaft war zu diesem Zeitpunkt wegen erheblicher Verbindlichkeiten bereits mehr als aufgebraucht. Es bestand eine Unterdeckung in Höhe von 60.000 Euro. Die Gesellschaft besitzt an Vermögenswerten nach wie vor u. a. ein wertvolles Betriebsgrundstück. Hinsichtlich des Darlehensvertrages mit der D-Bank ist davon auszugehen, dass der Z mit der D-Bank nicht im Namen der »Hot-Pizza«-GmbH i. G., sondern im Namen der »Hot-Pizza«-GmbH verhandelt hat.

1. Der Insolvenzverwalter I fragt an, ob ein Anspruch gegen X, Y und Z auf Einzahlung von 60.000 Euro besteht.

2. Hat die D-Bank einen Anspruch gegen X, Y und Z auf Rückzahlung von 40.000 Euro?

Lösungsvorschlag Fall 2

A. Anspruch des I auf Zahlung von 60.000 Euro aus Verlustdeckungshaftung

Insolvenzverwalter I könnte aus dem Rechtsinstitut der sog. Verlustdeckungshaftung i. V. m. § 80 Abs. 1 InsO gegen X, Y, Z einen Anspruch auf Einzahlung von 60.000 Euro geltend machen. Die Verlustdeckungshaftung ist gesetzlich nicht geregelt. Sie ist das notwendige Gegenstück zu der in Fall 1 besprochenen Vorbelastungshaftung. Während die Vorbelastungshaftung zeitlich nach Eintragung der GmbH eingreift, sichert die Verlustdeckungshaftung die Aufbringung des Stammkapitals zeitlich bis zur Eintragung der Gesellschaft. Wie bei der Vorbelastungshaftung ist der Inhalt des Anspruches auf Wiederauffüllung des Stammkapitals durch Zahlung in Geld gerichtet.[32]

I. Voraussetzungen der Verlustdeckungshaftung

1. Bestehen einer Unterbilanz

Das Stammkapital der Gesellschaft ist hier um 60.000 Euro unterdeckt. Es besteht damit eine Unterbilanz.

2. Zeitpunkt des Entstehens der Haftung

Fraglich ist ab welchem Zeitpunkt die Verlustdeckungshaftung besteht. Der BGH und ein Teil der Lehre möchten einen entsprechenden Haftungsanspruch erst mit dem Scheitern der Eintragung entstehen lassen,[33] also in Fällen, in denen etwa die Eintragung vom Gericht abgelehnt oder das Insolvenzverfahren eröffnet worden ist. Andere wollen das Bestehen eines Anspruches aus Verlustdeckungshaftung bereits bejahen, sobald Verluste des Stammkapitals eingetreten sind.[34] Eine weitere Auffassung differenziert zwischen dem Entstehungszeitpunkt und der Fälligkeit des Anspruchs.[35] Danach sei der Anspruch zwar bereits mit dem Eintritt von Verlusten entstanden, jedoch sei er erst mit dem Scheitern der Vorgesellschaft auch fällig. Hier ist laut Sachverhalt die Vorgesellschaft endgültig gescheitert, weil über die »Hot-Pizza«-Gesellschaft das Insolvenzverfahren eröffnet worden ist. Daher ist der Anspruch aus Verlustdeckungshaftung nach allen Ansichten sowohl entstanden als auch fällig.

Hinweise: Von dem Scheitern der Vorgesellschaft wegen Eröffnung des Insolvenzverfahrens oder wegen Ablehnung der Eintragung durch das Registergericht ist der Fall zu unterscheiden, in dem trotz Abschluss eines GmbH-Vertrages die Eintragung und Gründung der GmbH von vornherein nicht beabsichtigt war oder später von den Gesellschaftern aufgegeben worden ist und trotzdem der Geschäftsbetrieb fortgesetzt wurde. Auf eine solche sog. **unechte Vorgesellschaft** findet das Recht der Vorgesellschaft keine Anwendung, da die Vorgesellschaft lediglich Durchgangsstadium zur Gründung einer GmbH ist und zwingend die Gründungs- und Eintragungsabsicht voraussetzt. Die unechte Vor-

---

32 Vgl. BGHZ 134, 333 ff.; BGH WM 2003, 27, 28.
33 BGHZ 134, 333, 341, *Wiegand*, BB 1998, 1065, 1067.
34 So wohl *Raiser*, Kapitalgesellschaftsrecht, § 26 Rn. 110.
35 *Hueck/Fastrich*, in Baumbach / Hueck, GmbHG, § 11 Rn. 24.

gesellschaft unterliegt ausschließlich dem Haftungsrecht der GbR bzw. dem der OHG.[36]

3. Inhalt der Haftung

Heftig umstritten ist der Inhalt der Verlustdeckungshaftung. Während von der wohl herrschenden Meinung grundsätzlich eine **anteilige Innenhaftung** der Gesellschafter angenommen wird,[37] geht eine beachtliche Mindermeinung von einer **gesamtschuldnerischen Außenhaftung** der Gesellschafter aus.[38] Begründet wird letztere Auffassung mit einer Analogie zu § 128 HGB und der Erwägung, eine nur anteilige Innenhaftung biete keinen ausreichenden Gläubigerschutz. Dem ist entgegenzuhalten, dass eine Außenhaftung der Gesellschafter dem GmbH-Recht fremd ist. So geht das GmbHG, wie etwa § 31 Abs. 3 GmbHG zeigt, im Hinblick auf die Prinzipien der Aufbringung und Erhaltung des Stammkapitals von einer internen Pro-Rata-Haftung der Gesellschafter aus.[39] Da die Verlustdeckungshaftung letztlich nur eine Ausprägung dieser Prinzipien darstellt, kann diese daher grundsätzlich auch nur als eine Innenhaftung ausgestaltet sein. Von diesem Grundsatz sind jedoch zwei **Ausnahmen** anerkannt: Eine (anteilige) Außenhaftung der Gesellschafter wird sowohl bei der Einpersonengründung als auch bei Vermögenslosigkeit der Vor-GmbH bejaht.[40] Denn es ist ein unnötiger Umweg, die Gläubiger in diesen Fällen auf die Pfändung und Überweisung (§§ 829, 835 ZPO) der der GmbH gegen ihre Gesellschafter zustehenden Ansprüche zu verweisen. Hier sind mangels entsprechender Sachverhaltshinweise diese beiden Ausnahmen nicht einschlägig. Es bleibt bei der anteiligen Innenhaftung der Gesellschafter. X, Y und Z haften somit gegenüber der Vor-GmbH entsprechend ihres Beteiligungsumfanges jeweils in Höhe von 20.000 Euro auf Wiederauffüllung des Stammkapitals, insgesamt also auf 60.000 Euro. Der Anspruch wird durch den Insolvenzverwalter geltend gemacht (§ 80 Abs. 1 InsO).

Hinweis: Die Ansicht der herrschenden Meinung, ausnahmsweise eine Außenhaftung bei Vermögenslosigkeit der Vor-GmbH anzunehmen, führt in der Praxis zu erheblichen Abgrenzungsschwierigkeiten. Es lässt sich nämlich nicht immer eindeutig feststellen, ob eine Gesellschaft vermögenslos ist oder nicht. Nach der Rechtsprechung ist Vermögenslosigkeit jedenfalls in den Fällen anzunehmen, in denen das Insolvenzverfahren mangels Masse abgelehnt oder eingestellt worden ist.[41] Bei der Frage der Vermögenslosigkeit ist zudem zu beachten, dass die Ansprüche der Gesellschaft gegen die Gesellschafter aus der Verlustdeckungshaftung außer Betracht zu bleiben haben. Andernfalls würde eine Vor-GmbH nur bei Wertlosigkeit dieser Ansprüche vermögenslos sein.[42]

---

36 BGH WM 2003, 27, 28; *Hueck/Fastrich*, in Baumbach / Hueck, GmbHG, § 11 Rn. 29; *Raiser*, Kapitalgesellschaftsrecht, § 26 Rn. 99.
37 BGHZ 134, 333, 339; *Hueck/Fastrich*, in Baumbach / Hueck, GmbHG, § 11 Rn. 25 (mwN).
38 *Raiser*, Kapitalgesellschaftsrecht, § 26 Rn. 124; *ders./Veil*, BB 1996, 1344 ff.; *K. Schmidt*, in Scholz, GmbHG, § 11 Rn. 82 ff.
39 *Hueck/Fastrich*, in Baumbach / Hueck, GmbHG, § 11 Rn. 25.
40 BGHZ 134, 333, 341.
41 BFH NJW 1998, 2926, 2927.
42 Vgl. *Hueck/Fastrich*, in Baumbach / Hueck, GmbHG, § 11 Rn. 26.

B. Ansprüche der D-Bank auf Zahlung von 40 000 Euro gegen X, Y und Z

I. Anspruch aus Verlustdeckungshaftung

Ein Anspruch der D-Bank auf Zahlung von 40.000 Euro gegen X, Y und Z aus Verlustdeckungshaftung scheidet aus, weil die Verlustdeckungshaftung grundsätzlich nur als Innenhaftung ausgestaltet ist und die oben erwähnten Ausnahmen nicht vorliegen (s. o.).

II. Anspruch aus Handelndenhaftung (§ 11 Abs. 2 GmbHG) i. V. m. § 488 Abs. 1 S. 2 BGB

Der D-Bank könnte ein Anspruch gegen X, Y und Z auf Zahlung von 40.000 Euro aus § 11 Abs. 2 GmbHG i .V. m. § 488 Abs. 1 S. 2 BGB zustehen.

1. Vorgesellschaft

Eine Haftung aus § 11 Abs. 2 GmbHG besteht nur, wenn vor der Eintragung gehandelt worden ist, wenn also eine Vorgesellschaft vorliegt. Das ist hier, wie bereits festgestellt, für die»Hot-Pizza«-Vor-GmbH zu bejahen.

> **Hinweis:** § 11 Abs. 2 GmbHG ist nach herrschender Meinung nur auf die Vorgesellschaft, nicht aber auf die Vorgründungsgesellschaft anwendbar.[43] Auch erlischt die Haftung aus § 11 Abs. 2 GmbHG mit Eintragung der Gesellschaft.[44]

2. Handeln von X, Y und Z

Neben dem Vorliegen einer Vor-GmbH ist weitere Voraussetzung für die Bejahung eines Anspruchs der D-Bank aus § 11 Abs. 2 GmbHG, dass X, Y und Z vor Eintragung der Gesellschaft gehandelt haben. Als Geschäftsführer der GmbH hat Z den Darlehensvertrag mit der D-Bank abgeschlossen. Er ist Handelnder im Sinne von § 11 Abs. 2 GmbHG. Fraglich ist jedoch, ob auch X und Y als **Handelnde** anzusehen sind. Sie haben nämlich anders als Z den Darlehensvertrag mit der D-Bank nicht abgeschlossen. Die beiden waren bei den Vertragsverhandlungen auch nicht anwesend. Jedoch haben sie per Gesellschaftsvertrag der Aufnahme der Geschäftstätigkeit der Vor-GmbH zugestimmt. Ob eine solche **pauschale Zustimmung** zur Aufnahme der Geschäftstätigkeit ausreichend sein soll, um X und Y als»Handelnde« anzusehen, ist **umstritten**. Vor dem Entfall des Vorbelastungsverbotes wäre dies im Interesse des Gläubigerschutzes bejaht worden.[45] Mit der Aufgabe dieses Verbotes ist eine derart weite Auslegung des Handelndenbegriffes aber nicht mehr erforderlich, da nunmehr die Verbindlichkeiten automatisch auf die GmbH übergehen und die Gesellschafter im Rahmen der Vorbelastungshaftung für eine Unterdeckung des Stammkapitals einzustehen haben. Handelnder ist deshalb nur noch, wer als Geschäftsführer oder wie ein Geschäftsführer für die künftige GmbH tätig wird, nicht aber derjenige, der lediglich pauschal seine

---

43 BGHZ 91, 148, 152 f.; *Hueck/Fastrich*, in Baumbach / Hueck, GmbHG, § 11 Rn. 42; *Lutter/ Hommelhoff*, GmbHG, § 11 Rn. 2.

44 Oben, S. 9.

45 Zum Entfall des Vorbelastungsverbotes, siehe oben Fall 1.

Zustimmung zur Aufnahme der Geschäftstätigkeit erteilt.[46] X und Y sind daher keine Handelnden im Sinne von § 11 Abs. 2 GmbHG.

3. Handeln im Namen der Gesellschaft

Eine Haftung des Z besteht gemäß § 11 Abs. 2 GmbH nur, wenn er im Namen der Gesellschaft gehandelt hat. Da hier Z im Namen der »Hot-Pizza« GmbH und damit im Namen der künftigen GmbH aufgetreten ist, ist dies zu bejahen.

Hinweise:

1. Einigkeit besteht darin, dass ein Handeln im Namen der künftigen GmbH für das Eingreifen der Handelndenhaftung ausreicht. Unklar ist aber, ob auch ein Handeln im Namen der Vor-GmbH genügt. Teilweise wird das verneint,[47] teilweise bejaht.[48]

2. Die Handelndenhaftung umfasst nur rechtsgeschäftliches oder rechtsgeschäftsähnliches Handeln. Daher müssen die Handelnden nicht für Verbindlichkeiten einstehen, die auf gesetzlichen Verpflichtungen der Vor-GmbH beruhen,[49] wie es etwa bei zahlreichen sozial- und steuerrechtlicher Haftungstatbestände der Fall ist.

4. Inhalt der Haftung

Der Handelnde haftet so, als ob der Vertrag mit der künftigen GmbH abgeschlossen worden wäre. Folglich kann die D-Bank gemäß § 11 Abs. 2 GmbHG von Z Zahlung der 40.000 Euro verlangen.

Hinweise: Zahlt Z an die D-Bank die 40.000 Euro, kann er gemäß §§ 675, 670 BGB bei der Vorgesellschaft Regress nehmen oder Haftungsfreistellung verlangen (§ 257 BGB). Daneben könnte an einen Ausgleichsanspruch aus § 426 Abs. 1 bzw. Abs. 2 BGB gegen die Vor-GmbH bzw. gegen die GmbH gedacht werden. Dafür müssten Handelnder und Vor-GmbH als Gesamtschuldner anzusehen sein, was bei entsprechender Begründung durchaus bejaht werden kann.[50]

---

46 BGHZ 91, 148, 149.
47 *Roth*, in Roth/Altmeppen, GmbHG, § 11 Rn. 22.
48 *Hueck/Fastrich*, in Baumbach/Hueck, § 11 Rn. 44.
49 BSG, BB 1986, 2271, 2272.
50 A. A. *K. Schmidt*, in Scholz, GmbHG, § 11 Rn. 113.

Fall 3
»Der schöne Sportwagen«
Kapitalerhaltung, verdeckte Gewinnausschüttung, Geschäftsführerhaftung, Untreue; Missbrauch der Vertretungsmacht

Die Gesellschafter A, B und C sind Gesellschafter der Z-GmbH. A ist mit 51%, B mit 20% und C mit 29% beteiligt. Das Stammkapital der Gesellschaft beträgt 30.000 Euro. Geschäftsführer der Gesellschaft ist G. Unternehmensgegenstand der Gesellschaft ist der Handel mit neuen und gebrauchten Sportwagen der Luxusklasse. Die Sportwagen sind in der Bilanz der Z-GmbH ordnungsgemäß aktiviert. Zusammen mit verschiedenen anderen Vermögensgegenständen ergibt sich ein Aktivvermögen der GmbH in Höhe von 930.000 Euro. Dem stehen Verbindlichkeiten und Rückstellungen in Höhe von insgesamt 900.000 Euro gegenüber. Unter den Sportwagen der Z-GmbH befindet sich auch ein neues Modell italienischer Herkunft, das mit den Anschaffungskosten (100.000 Euro), die den wahren Wert des Fahrzeuges widerspiegeln, in der Bilanz aktiviert ist.

Als Liebhaber italienischer Sportwagen ist Gesellschafter A an dem Sportwagen besonders interessiert. Unter Hinweis auf seine Gesellschafterstellung und sein bisheriges Engagement in der GmbH gelingt es ihm, den G davon zu überzeugen, den Wagen für lediglich 10.000 Euro an ihn zu veräußern. A, der Kenntnis von der bilanziellen Situation der Gesellschaft hat, erhält das Fahrzeug und zahlt den Kaufpreis. Auf einer ersten Ausfahrt fährt A den Wagen ohne eigenes Verschulden gegen einen Baum. Das Fahrzeug wird dabei zerstört und ist völlig wertlos. Als die Mitgesellschafter B und C von dem Geschäft und dem Unfall des A erfahren, sind sie empört. Sie sind der Ansicht, A müsse der GmbH mindestens 90.000 Euro zahlen. A hält dem entgegen, dass eine solche Verpflichtung nicht bestünde. Das Geschäft sei rechtswirksam mit der GmbH zustande gekommen. Auch unter dem Gesichtspunkt einer möglichen Auszahlung aus dem Stammkapital könne nichts anderes gelten, da das Stammkapital der Gesellschaft, was zutrifft, durch spätere Gewinne der Z-GmbH wieder aufgefüllt worden sei. Falls dennoch sein Geschäft mit der GmbH unwirksam sein sollte, so habe er zumindest einen Anspruch auf Rückzahlung der von ihm geleisteten 10.000 Euro. Mit diesem Anspruch rechne er hilfsweise auf.

B und C fragen an, welche Ansprüche der Z-GmbH gegen A zustehen. Zudem möchten sie wissen, ob auch der G der Z-GmbH haftet.

Bearbeitervermerk: Es soll davon ausgegangen werden, dass sich der A im Zeitpunkt des Unfalles mit der Rückgabe des Wagens in Verzug befand.

Lösungsvorschlag Fall 3

A. Ansprüche der Z-GmbH gegen A

I. Anspruch auf Zahlung von 100.000 Euro gemäß § 31 Abs. 1 i. V. m. § 30 Abs. 1 GmbHG

Der Z-GmbH könnte wegen des Sportwagengeschäftes ein Zahlungsanspruch gegen A in Höhe von 100.000 Euro zustehen (§ 31 Abs. 1 i. V. m. § 30 Abs. 1 GmbHG). Voraussetzung dafür ist, dass es sich bei der Veräußerung des Sportwagens um eine Zahlung handelte, die der Vorschrift des § 30 GmbHG zuwider geleistet worden ist.

1. Verstoß gegen § 30 Abs. 1 GmbHG

Um einen Verstoß gegen § 30 Abs. 1 GmbHG bejahen zu können, müsste in der Veräußerung des Sportwagens eine **Auszahlung** aus dem zur Erhaltung des Stammkapitals erforderlichen Vermögens zu sehen sein. Das ist hier unter zwei Aspekten problematisch, nämlich **a)** dem Vorliegen einer Auszahlung und **b)** der dadurch bedingten Beeinträchtigung des zur Erhaltung des Stammkapitals erforderlichen Vermögens.

a) Auszahlung an Gesellschafter/verdeckte Gewinnausschüttung

(1) Weite Auslegung: Auszahlung im Sinne einer Vermögensminderung

Hier sind keine Barmittel, sondern ein Sportwagen und damit ein Sachwert aus der GmbH an den Gesellschafter A übertragen worden. Fraglich ist, ob auch in der **Übertragung von Sachwerten** eine Auszahlung im Sinne des § 30 Abs. 1 GmbHG zu sehen ist. Der Wortlaut der Norm spricht gegen eine solche Auslegung, weil Sachwerte im eigentlichen Wortsinne nicht ausgezahlt werden können. Zweck des § 30 GmbHG ist es jedoch, die Erhaltung des Stammkapitals zu sichern. Insofern ist § 30 GmbHG Ausprägung des Grundsatzes der Kapitalerhaltung. Daher kann es keinen Unterschied machen, ob Geld oder Sachwerte »ausgezahlt« werden. Der Begriff der **Auszahlung** des § 30 Abs. 1 GmbHG ist deshalb weit zu fassen. Unter ihn fallen nicht nur Geldzahlungen, sondern alle Leistungen, die das Gesellschaftsvermögen mindern.[51] Da die Veräußerung des Sportwagens zu einer Minderung des Gesellschaftsvermögens führte, ist hier somit grundsätzlich eine Auszahlung im Sinne des § 30 Abs. 1 GmbHG zu bejahen.

(2) Verneinung der Auszahlung wegen Gegenleistung des A?

Eine Auszahlung könnte hier aber ausnahmsweise deshalb verneint werden, weil A für den Sportwagen eine Gegenleistung gezahlt hat. So ist anerkannt, dass ein Verstoß gegen § 30 GmbHG dann nicht vorliegt, wenn der Gesellschafter eine **angemessene Gegenleistung** erbringt. Angemessen ist die Gegenleistung, wenn die Gesellschaft das Geschäft auch mit einem fremden Dritten zu den gleichen Bedin-

---

51　BGHZ 31, 276 (st. Rspr.).

gungen abgeschlossen hätte (sog. **Drittvergleich**).[52] § 30 GmbHG will das Stammkapital der Gesellschaft nämlich nicht schlechthin vor Verlusten schützen, sondern nur vor einer Schmälerung durch die Gesellschafter. Dahinter steht der Gedanke, dass das Stammkapital vor den Zugriffen der Gesellschafter besonders geschützt werden muss, weil es diesen wegen ihre Nähe zur Gesellschaft besonders leicht fällt, das Kapital der Gesellschaft zu entziehen. Eine solche verbotene Schmälerung des Stammkapitals durch die Gesellschafter liegt aber dann nicht vor, wenn die Gesellschaft das Geschäft auch mit einem gesellschaftsfremden Dritten zu denselben Bedingungen abgeschlossen hätte. Denn auch dann wäre es zu einem Vermögensabfluss gekommen.

Hier betrug die Gegenleistung des A für den Sportwagen lediglich 10.000 Euro, obwohl dieser einen Wert von 100.000 Euro aufwies. Bei einem derart **krassen Missverhältnis** von Leistung und Gegenleistung spricht eine **tatsächliche Vermutung** dafür, dass der G an einen gesellschaftsfremden Dritten den Wagen nicht für lediglich 10.000 Euro veräußert hätte und deshalb die Gegenleistung des A unangemessen war. Es liegt somit eine Auszahlung im Sinne des § 30 Abs. 1 GmbHG vor (sog. verdeckte Gewinnausschüttung).

b) Beeinträchtigung des zur Erhaltung des Stammkapitals erforderlichen Vermögens

Das zur Erhaltung des Stammkapitals erforderliche Vermögen ist beeinträchtigt, wenn die Veräußerung des Sportwagens zu einer Unterbilanz der Z-GmbH geführt hat.

Eine **Unterbilanz** liegt vor, wenn das Reinvermögen der Gesellschaft die satzungsgemäße Stammkapitalziffer nicht (mehr) deckt.[53] Das Reinvermögen berechnet sich aus der Differenz zwischen den Aktiva der Gesellschaft abzüglich der Verbindlichkeiten und der Rückstellungen.[54]

Hier betrug das Reinvermögen der Gesellschaft vor der Veräußerung des Sportwagens 30.000 Euro (930.000 Euro Aktivvermögen abzüglich 900.000 Euro Verbindlichkeiten und Rückstellungen). Durch die Veräußerung des Fahrzeuges ist der Gesellschaft ein Kaufpreis von 10.000 Euro zugeflossen. Zugleich ist ihr der Wert des Sportwagens (100.000 Euro) entzogen worden. Deshalb hat sich das Aktivvermögen der Gesellschaft um 90.000 Euro auf 840.000 Euro verringert. Da sich jedoch nicht auch die Höhe der Verbindlichkeiten (900.000 Euro) entsprechend verringert hat, ist die Gesellschaft durch den Vollzug des Sportwagengeschäftes in Höhe von 60.000 Euro überschuldet. Ihr fehlen insgesamt 90.000 Euro, um das satzungsmäßige Stammkapital (30.000 Euro) abdecken zu können. Der Sportwagenverkauf hat damit zu einer Unterbilanz in Höhe von 90.000 Euro geführt.

Hinweise: Eine Auszahlung des zur Erhaltung des Stammkapitals erforderlichen Vermögens liegt auch vor, wenn die Auszahlung zu einem Zeitpunkt erfolgt, in dem die Gesellschaft überschuldet ist und deshalb über kein Vermögen mehr verfügt, das der Erhaltung des Stammkapitals dient. Zwar könnte man in

---

52 *Hueck/Fastrich*, in Baumbach/Hueck, GmbHG, § 30 Rn. 15; *Raiser*, Kapitalgesellschaftsrecht, § 37 Rn. 16; BGH GmbHR 1996, 111, 112 (sog. Dritt- bzw. Fremdvergleich).

53 *Altmeppen*, in Roth/Altmeppen, GmbHG, § 30 Rn. 6; *Hueck/Fastrich*, in Baumbach/Hueck, GmbHG, § 30 Rn 7; *Raiser*, Kapitalgesellschaftsrecht, § 37 Rn. 10.

54 *Hueck/Fastrich*, in Baumbach/Hueck, GmbHG, § 30 Rn. 5; *Raiser*, Kapitalgesellschaftsrecht, § 37 Rn. 10.

solchen Fällen im Hinblick auf den Wortlaut des § 30 Abs. 1 GmbH dessen unmittelbare Anwendung verneinen,[55] jedoch gebietet der Zweck des § 30 GmbHG das Kapital der Gesellschaft zu erhalten – ihn erst recht anzuwenden, wenn überhaupt kein Vermögen mehr vorhanden ist.[56]

c) Zwischenergebnis

Die Veräußerung des Sportwagens verstößt gegen das Auszahlungsverbot des § 30 Abs. 1 GmbHG. Es liegt eine Zahlung vor, die der Vorschrift des § 30 GmbHG zuwider geleistet worden ist.

2. Inhalt des Anspruches

Fraglich ist, welche Rechtsfolge aus § 31 Abs. 1 GmbHG abgeleitet werden kann. Nach wohl überwiegender Ansicht geht der Anspruch des § 31 Abs. 1 GmbHG entweder auf Rückzahlung des gezahlten Geldbetrages oder – bei »Auszahlung« einer Sachleistung – auf **Rückübertragung der Sache**.[57] Eine Minderansicht möchte dagegen auch bei Übertragung einer Sache lediglich **Zahlung eines Geldbetrages** verlangen.[58] Hier kann der Streit offenbleiben, da der Sportwagen durch den Unfall des A zerstört worden ist und deshalb die Sachleistung nicht mehr übertragen werden kann. Sie ist unmöglich geworden (§ 275 Abs. 1 BGB). In solchen Fällen kann deshalb der Anspruch der Gesellschaft gegen den Gesellschafter nur noch auf Zahlung eines Geldbetrages gehen. Für das Entstehen dieses Sekundäranspruches kommt es auf ein Verschulden des A bezüglich des Unterganges des Sportwagens entgegen den allgemeinen Regeln des Schuldrechts (§§ 280 Abs. 1, 280 Abs. 3, 283 S. 1, 276 BGB) nicht an. Das ergibt sich aus dem Gebot der effektiven Kapitalaufbringung. A hat folglich trotz seines fehlenden Verschuldens an dem Unfall die entstandene Unterbilanz der Gesellschaft auszugleichen. Der Z-GmbH steht damit ein sofort fälliger[59] Rückzahlungsanspruch gegen A in Höhe von 90.000 Euro zu.

3. Erlöschen des Anspruches durch Wiederauffüllung des Stammkapitals?

Der Anspruch der GmbH gegen A auf Zahlung von 90.000 Euro könnte hier aber erloschen sein, weil das Stammkapital durch die späteren Gewinne der GmbH **wieder aufgefüllt** worden ist. In der älteren Rechtsprechung wurde ein solches Erlöschen mit dem Argument der **Zweckerreichung** bejaht.[60] Dabei wurde verkannt, dass § 31 GmbHG der Erhaltung des Stammkapitals dient. Die Vorschrift ist das Gegenstück zur Verpflichtung der Gesellschafter, die Einlage auf das Stammkapital zu erbringen. Da aber die Einlageverpflichtung der Gesellschafter

---

55 So die ältere Rechtsprechung, vgl. BGHZ 60, 324, 331.

56 *Hueck/Fastrich*, in Baumbach/Hueck, GmbHG, § 30 Rn. 9; *Raiser*, Kapitalgesellschaftsrecht, § 37 Rn. 12 (jeweils mwN) und jetzt auch BGH NJW 1990, 1730, 1732 sowie BGH ZIP 2002, 848, 849.

57 *Hueck/Fastrich*, in Baumbach/Hueck, GmbHG, § 31 Rn. 13 (mwN); *Raiser*, Kapitalgesellschaftsrecht, § 37 Rn. 24 f.

58 *Joost*, ZHR 148, [1984], 27, 53 f.

59 Vgl. BGH NJW 1987, 779, 779.

60 BGH NJW 1988, 139, 140.

wegen des Grundsatzes der realen Kapitalaufbringung nicht allein schon dann erlischt, wenn die GmbH anderweitig Kapital erhält, kann auch der Anspruch des § 31 GmbHG nicht durch eine anderweitige Abdeckung des Stammkapitals erlöschen. Für dieses Ergebnis spricht auch § 31 Abs. 2 GmbHG, der den Erstattungsanspruch des § 31 Abs. 1 GmbHG nur in einem einzigen Ausnahmefall entfallen lässt,[61] nämlich dann, wenn der Gesellschafter bei Empfang der Leistung gutgläubig gewesen ist und der Betrag nicht zur Befriedigung der Gläubiger erforderlich ist. Im Umkehrschluss bedeutet dies, dass in allen anderen Fällen ein ursprünglich bestehender Anspruch der Gesellschaft nicht erlischt. Der Anspruch der Z-GmbH besteht daher fort.

4. Erlöschen durch Aufrechnung, § 389 BGB?

Der Anspruch der Z-GmbH gegen A aus § 31 Abs. 1 GmbHG auf Zahlung von 90.000 Euro könnte jedoch durch die hilfsweise Aufrechnungserklärung des A in Höhe von 10.000 Euro untergegangen sein (§§ 388, 389 BGB). Dann müsste der Anspruch aus § 31 Abs. 1 GmbHG einer Aufrechnung überhaupt zugänglich sein. Das wird von einem Teil der Lehre bejaht, weil das Gesetz die Aufrechnung nicht ausdrücklich verbiete.[62] Jedoch ist zu bedenken, dass eine Aufrechenbarkeit des Anspruches aus § 31 Abs. 1 GmbHG dem **Gebot der realen Kapital(wieder)aufbringung**, das § 31 Abs. 1 GmbHG zugrunde liegt, zuwiderlaufen würde.[63] Auch stellt der Erstattungsanspruch des § 31 Abs. 1 GmbH die notwendige Ergänzung der Einlagenverpflichtung der Gesellschafter dar. Gegen diesen Einlagenanspruch aber ist die Aufrechnung gemäß § 19 Abs. 2 S. 2 GmbHG grundsätzlich ausgeschlossen.[64] Das muss auch für den Erstattungsanspruch gelten, da der Erstattungsanspruch des § 31 Abs. 1 GmbHG die Kehrseite des Einlagenanspruches darstellt. Mit einem Anspruch aus § 31 Abs. 1 GmbHG kann daher nicht aufgerechnet werden. Die Aufrechnung des A geht ins Leere.

5. Ausschluss durch § 31 Abs. 2 GmbHG?

Dem Anspruch der Z-GmbH gegen A auf von Zahlung 90.000 Euro steht der Einwand des § 31 Abs. 2 GmbHG nicht entgegen. Danach kann von einem Gesellschafter u. a. dann keine Erstattung der Auszahlung verlangt werden, wenn er gutgläubig gewesen ist. **Gutgläubigkeit** ist entsprechend § 932 Abs. 2 BGB anzunehmen, wenn der Gesellschafter die tatsächlichen Umstände, aus denen sich ein Verstoß gegen § 30 GmbHG herleiten lässt, entweder positiv kennt oder grob fahrlässig verkennt.[65] Hier kannte A die bilanziellen Verhältnisse der Gesellschaft. Er war deshalb bösgläubig.

---

61 H. L., vgl. *Altmeppen*, in Roth / Altmeppen, GmbHG, § 31 Rn. 8; *Hueck/Fastrich*, in Baumbach / Hueck, GmbHG, § 31 Rn. 6; *Raiser*, Kapitalgesellschaftsrecht (jeweils mwN) und jetzt auch BGH ZIP 2000, 1251, 1253 (»Balsam / Procedo I«).

62 So etwa *Hueck/Fastrich*, in Baumbach / Hueck, GmbHG, § 31 Rn. 6

63 BGH ZIP 2000, S. 1251, 1253 (»Balsam / Procedo I«).

64 Ebenso: BGH NZG 2001, 319, 320.

65 *Altmeppen*, in Roth / Altmeppen, GmbHG, § 31 Rn. 9; *Raiser*, Kapitalgesellschaftsrecht, § 37 Rn. 27 (jeweils mwN).

6. Geltendmachung

Fraglich ist, ob zur Geltendmachung des Anspruches aus § 31 Abs. 1 GmbHG ein Gesellschafterbeschluss gemäß § 46 Nr. 2 GmbHG notwendig ist. Funktionell handelt es sich nämlich bei dem Anspruch aus § 31 Abs. 1 GmbHG um den (wiederentstandenen) Einlagenanspruch. Gleichwohl findet § 46 Nr. 2 GmbHG auf die Fälle des § 31 Abs. 1 GmbHG keine Anwendung.[66] Andernfalls hätten es nämlich die Gesellschafter in der Hand, durch zeitliche Verzögerung der Fassung des Gesellschafterbeschlusses den Erstattungsanspruch verjähren zu lassen. Denn die Verjährung beginnt bereits mit der Auszahlung der Leistung (§ 31 Abs. 5 GmbHG).

7. Ergebnis

Die Z-GmbH hat gegen A gemäß § 31 Abs. 1 i. V. m. § 30 GmbHG einen Anspruch auf Zahlung von 90.000 Euro.

Hinweise: Falls der Anspruch der Z-GmbH aus § 31 Abs. 1 GmbHG gegen A nicht durchsetzbar sein sollte, haften die Mitgesellschafter B und C gemäß § 31 Abs. 3 GmbHG anteilig im Verhältnis ihrer Geschäftsanteile auf Erstattung, soweit der Betrag zur Befriedigung der Gläubiger erforderlich ist. Obergrenze der Haftung ist jedoch auch im Falle einer Überschuldung der GmbH die Stammkapitalziffer.[67] Das Hauptargument für diese einschränkende Auslegung des § 31 Abs. 3 GmbH besteht darin, dass ansonsten das Risiko der Mitgesellschafter unüberschaubar wäre. Anders als der A haben deshalb die Mitgesellschafter B und C für eine über den Betrag der Stammkapitalziffer hinausgehende Unterbilanz nicht einzustehen. B und C müssten daher nicht etwa 90.000 Euro anteilig ersetzen, sondern maximal den Betrag der Stammkapitalziffer, also jeweils 15.000 Euro.

II. Anspruch gegen A auf Zahlung von 100.000 Euro aus §§ 823 Abs. 2 BGB, 251 BGB i. V. m. § 30 Abs. 1 GmbHG

Ein Anspruch der Z-GmbH gegen A auf Zahlung von 100.000 Euro aus §§ 823 Abs. 2, 251 Abs. 1 BGB i. V. m. § 30 Abs. 1 GmbHG besteht nur, wenn es sich bei § 30 GmbHG um ein den **Schutz eines anderen** bezweckendes Gesetz handelt. Als zu schützende Gruppe könnten hier die Gläubiger der GmbH in Betracht kommen. Jedoch ist typischerweise der Gläubigerkreis einer GmbH **nicht hinreichend bestimmt**, um einen individualisierbaren Schutz bejahen zu können. Der Schutzgesetzcharakter des § 30 GmbH ist deshalb zu verneinen.[68] Aber auch wenn man § 30 GmbHG als Schutzgesetz ansehen würde, scheidet im Ergebnis ein Anspruch aus § 832 Abs. 2 BGB aus. Zum einen deshalb, weil der Erstattungsanspruch des § 31 Abs. 1 GmbHG als Spezialregelung deliktische Ansprüche verdrängt und

---

66 BGH NJW 1987, 779, 779; *Raiser*, Kapitalgesellschaftsrecht, § 37 Rn. 25.
67 BGH ZIP 2002, 848, 849 f.; jedoch strittig, näher dazu: *Raiser*, Kapitalgesellschaftsrecht, § 37 Rn. 35 (mwN) sowie *Altmeppen*, ZIP 2002, 961 ff.
68 BGHZ 110, 342, 359; *Altmeppen*, in Roth / Altmeppen, GmbHG, § 31 Rn. 25; *Raiser*, Kapitalgesellschaftsrecht, § 37 Rn. 26.

zum anderen deshalb, weil die Verletzung einer gläubigerschützenden Vorschrift nur die Gläubiger der Gesellschaft geltend machen können, nicht aber die GmbH.

III. Anspruch gegen A aus § 830 Abs. 2 BGB i. V. m. § 823 Abs. 2 BGB i. V. m. §§ 266 Abs. 1 Alt. 1 StGB

A könnte als Anstifter zu einer **Untreuehandlung** des G gemäß § 830 Abs. 2 BGB i. V. m. § 823 Abs. 2 BGB i. V. m. §§ 266 Abs. 1 Alt. 1 StGB auf Schadensersatz haften. § 266 StGB ist im Rahmen des § 823 Abs. 2 BGB als Schutzgesetz anerkannt.[69] Eine Anstifterstrafbarkeit des A kommt jedoch nur in Betracht, wenn sich der Haupttäter G mit der Veräußerung des Sportwagens wegen Untreue strafbar gemacht hat. Hier kommt von den beiden Alternativen des Untreuetatbestandes einzig der **Missbrauchstatbestand** des § 266 Abs. 1 Alt. 1 StGB in Betracht, da G rechtsgeschäftlich seine Verfügungsbefugnis missbraucht hat. Neben dem Missbrauch der Verfügungsbefugnis ist Voraussetzung für eine Strafbarkeit aus § 266 StGB, dass der G eine ihm gegenüber der GmbH obliegende **Vermögensbetreuungspflicht** verletzt hat.

1. Dem G obliegt eine Vermögensbetreuungspflicht, da es zu den Hauptpflichten des Geschäftsführers einer GmbH gehört, das Vermögen der GmbH selbstständig und eigenverantwortlich zu betreuen (vgl. § 35 GmbHG). Diese Pflicht hat er durch die Unterwertveräußerung des Sportwagens auch verletzt, denn ein ordentlicher und gewissenhafter Geschäftsführer hätte einen Wagen im Wert von 100.000 nicht ohne Not für lediglich 10.000 Euro veräußert.

2. Durch die Veräußerung des Sportwagengeschäftes ist der Z-GmbH ein Schaden in Höhe von 90.000 Euro entstanden. Auch handelte G vorsätzlich, rechtswidrig und schuldhaft. Der Untreuetatbestand ist damit im Grundsatz erfüllt.

3. Nicht jede Untreuehandlung des Geschäftsführers oder eines Gesellschafters kann jedoch zu einer Haftung gemäß § 823 Abs. 2 BGB führen. Es ist nämlich zu bedenken, dass die §§ 30 f. GmbHG nicht jede Vermögensschädigung einer zivilrechtlichen Haftung unterziehen wollen, sondern nur solche, die das Stammkapital angreifen. Diese **Grundentscheidung** des Gesetzgebers kann nicht durch eine vorbehaltlose Anwendung des § 823 Abs. 2 BGB i. V. m. § 266 StGB umgangen werden. Die zivilrechtliche Haftung des § 823 Abs. 2 BGB i. V. m. § 266 StGB kann deshalb nur eingreifen, wenn die Untreuehandlung zu einer **Beeinträchtigung des Stammkapitals** geführt hat.[70] Das ist hier zu bejahen, weil das Sportwagengeschäft eine erhebliche Unterbilanz verursachte (s. o.).

4. A hat den G auch gemäß § 26 StGB angestiftet. Er hat den G zur Veräußerung des Sportwagens überredet und damit dessen Tatentschluss hervorgerufen. A haftet daher als Anstifter gemäß § 830 Abs. 2, § 823 Abs. 2 BGB i. V. m. §§ 266, 26 StGB, 249 ff. BGB für den aus der Untreuehandlung des G entstandenen Schaden. Dieser

---

69 *Zöllner*, in Baumbach / Hueck, GmbHG, § 43 Rn. 62.
70 Vgl. *Kohlmann*, in Hachenburg, GmbHG, Vor. § 82 Rn. 199; *Ulmer*, FS Pfeiffer, 853, 868 f.; *Westermann*, in Scholz, GmbHG, § 30 Rn. 8; **anders der BGH**, der eine Untreuehandlung nicht nur bei einem Verstoß gegen die Stammkapitalgrenze, sondern bereits bejaht, wenn durch den Eingriff die »wirtschaftliche Existenz der Gesellschaft gefährdet wird« (BGHSt. 34, 379, 387 ff.; 35, 333, 336 ff.), was im praktischen Ergebnis jedoch kaum zu Unterschieden führen dürfte; gänzlich eine Haftung ablehnend: *Altmeppen*, in Roth / Altmeppen, GmbHG, § 43 Rn. 73.

beträgt nicht etwa 100.000 Euro, sondern nur 90.000 Euro, weil sich die Gesellschaft die Gegenleistung des A (10.000 Euro) im Wege des Vorteilsausgleiches anrechnen lassen muss. Auf die Aufrechnung des A kommt es mithin nicht mehr an.

IV. Anspruch gegen A auf Zahlung von 100.000 Euro aus §§ 812 Abs. 1 S. 1 Alt. 1, 818 Abs. 2 BGB

Der Z-GmbH könnte darüber hinaus gegen A ein Anspruch aus § 812 Abs. 1 S. 1 Alt. 1 BGB auf Zahlung von 100.000 Euro zustehen. Dann müsste die Veräußerung des Sportwagens rechtsgrundlos erfolgt sein. Das wäre der Fall, wenn der der Veräußerung zugrundeliegende Kaufvertrag unwirksam ist.

1. Unwirksamkeit wegen Missbrauchs der Vertretungsmacht

Der Kaufvertrag zwischen der Z-GmbH und dem A könnte wegen Missbrauchs der Vertretungsmacht unwirksam sein. Zwar hat der Geschäftsführer als gesetzlicher Vertreter einer GmbH gemäß §§ 35 Abs. 1, 37 Abs. 2 S. 1 GmbHG grundsätzlich unbeschränkte Vertretungsmacht. Das gilt jedoch nach den Grundsätzen der **Lehre vom Missbrauch der Vertretungsmacht** dann nicht, wenn **a)** dem Vertreter im Innenverhältnis Bindungen aufgelegt sind und **b)** der Vertreter und der andere Vertragspartner sich über diese Bindungen des Innenverhältnisses durch bewusstes (kollusives) Zusammenwirken hinwegsetzen.[71]

a) Bindung des Vertreters im Innenverhältnis

Die Bindung des G im Innenverhältnis könnte sich hier aus § 46 Nr. 1 Alt. 2 i. V. m. § 29 GmbHG ergeben. Nach diesen Vorschriften ist für die Gewinnverwendung nicht der Geschäftsführer, sondern die **Gesellschafterversammlung** zuständig. Es müsste sich daher bei der Veräußerung des Sportwagens um einen Akt der Ergebnis- bzw. Gewinnverwendung gehandelt haben. Rein formell betrachtet hat G hier keinen Gewinn verteilt, weil es an einem Gewinnverwendungsbeschluss fehlte. Jedoch gewährte G dem A eine Leistung aus dem Gesellschaftsvermögen, die nicht durch eine angemessene Gegenleistung[72] gedeckt war. Diese führte zu einer Vermögensminderung, sodass **materiell** gesehen eine Gewinnausschüttung vorliegt. Für eine solche wäre gemäß § 46 Nr. 1 Alt. 2 i. V. m. § 29 GmbHG ein Gesellschafterbeschluss notwendig gewesen. Daran aber fehlt es hier. Im Innenverhältnis stand G deshalb keine Kompetenz zu, den Sportwagen an A zu veräußern.

b) Hinwegsetzen durch bewusstes (kollusives) Zusammenwirken

A und G haben sich über die o. g. kompetenzrechtliche Bindung bewusst hinweggesetzt. Denn mangels entgegenstehender Sachverhaltsangaben ist davon auszugehen, dass sowohl A als auch G die innergesellschaftliche Kompetenzlage bekannt war.

---

71 Eingehend zur Lehre vom Missbrauch der Vertretungsmacht: *Heinrichs*, in Palandt, BGB, § 164 Rn. 13 ff.

72 Die Angemessenheit der Gegenleistung wird auch hier wieder durch den Drittvergleich bestimmt, siehe BGHZ 111, 224, 227 f.

Hinweis: Verdeckte Gewinnausschüttung haben nicht nur im Gesellschaftsrecht, sondern auch im Steuerrecht fatale Folgen.[73] Sie führen wegen § 8 Abs. 3 S. 2 KStG und § 7 GewStG zu einer (nachträglichen) Erhöhung des Gewinns, was erhebliche Steuernachforderungen nach sich ziehen kann. Darüber hinaus sind sie umsatzsteuerpflichtig und unterliegen beim Gesellschafter der Einkommensteuer

c) Zwischenergebnis

G hat seine Vertretungsmacht missbraucht. Die Bindungen, denen der G im Innenverhältnis hinsichtlich der Gewinnverwendung unterlegen war, »schlagen« damit auf die im Außenverhältnis unbeschränkte Vertretungsmacht des G »durch«. Er handelte als Vertreter ohne Vertretungsmacht. Da die Veräußerung des Sportwagens nicht gemäß § 177 BGB von der Z-GmbH genehmigt worden ist, ist der Kaufvertrag zwischen der Z-GmbH und dem A endgültig unwirksam. Die Übertragung des Sportwagens erfolgte somit rechtsgrundlos.

Hinweise: Verneint man einen Missbrauch der Vertretungsmacht, so ist zu fragen, ob sich die Unwirksamkeit des Kaufvertrages zwischen der Z-GmbH und A aus §§ 134, 138 BGB ergibt. Um eine Unwirksamkeit des Vertrages **gemäß § 134 BGB** bejahen zu können, müsste § 30 GmbHG als gesetzliches Verbot angesehen werden. Da aber § 30 GmbHG nicht den Abschluss von Kaufverträgen an sich verbietet, sondern lediglich verhindern will, dass das Stammkapital durch solche Auszahlungen angegriffen wird, denen keine adäquate Gegenleistung gegenübersteht, stellt § 30 GmbHG kein gesetzliches Verbot dar.[74] Auch kommt es allein durch den Abschluss des Verpflichtungsgeschäftes noch nicht zu einem Vermögensabfluss,[75] weil das Verpflichtungsgeschäft bilanziell aus Vorsichtsgründen (§ 252 Abs. 1 Nr. 4 HGB i. V. m. § 320 BGB) erst erfasst wird, wenn eine der Vertragsparteien ihre Hauptleistung erbracht hat (sog. schwebendes Geschäft).[76]

Für eine Unwirksamkeit des Kaufvertrages wegen **Sittenwidrigkeit** (§ 138 BGB) lässt sich zwar das Argument der Gläubigergefährdung heranziehen. Auch könnte auf das krasse Missverhältnis zwischen Leistung und Gegenleistung abgestellt werden. Gleichwohl ist hier eine Sittenwidrigkeit des Geschäftes abzulehnen, weil sich die Gesellschaft bei Abschluss des Sportwagengeschäftes in keiner Weise in einer Zwangslage befand. Sie hätte das Geschäft auch nicht zu diesen Bedingungen abschließen müssen. Ebenso greift der Gesichtspunkt der Gläubigerbenachteiligung nicht durch. Allein durch das Verpflichtungsgeschäft kommt es nämlich noch nicht zu einer Benachteiligung der Gläubiger, weil erst durch die spätere Erfüllung das Vermögen aus der GmbH abfließt (a. A. bei entsprechender Begründung jedoch gut vertretbar).

---

73 Zum Begriff der verdeckten Gewinnausschüttung: oben, S. 16 f. sowie *Hueck/Fastrich*, in Baumbach/Hueck, GmbHG, § 29 Rn. 68; *Raiser*, Kapitalgesellschaftsrecht, § 37 Rn. 16.

74 BGHZ 69, 274, 280, *Altmeppen*, in Roth/Altmeppen, GmbHG, § 30 Rn. 45 ff.; *Raiser*, Kapitalgesellschaftsrecht, § 37 Rn. 31 f.

75 *Hueck/Fastrich*, in Baumbach/Hueck, GmbHG, § 30 Rn. 21; *Raiser*, § 37 Rn. 31 (jeweils mwN).

76 Näher zur Bilanzierung schwebender Geschäfte: *Crezelius*, Steuerrecht II, § 8 Rn. 27.

2. Rechtsfolge und Inhalt des Bereicherungsanspruches

Da hier neben der Rechtsgrundlosigkeit der Leistung auch die anderen Voraussetzungen des § 812 Abs. 1 S. 1 Alt. 1 BGB zu bejahen sind, besteht grundsätzlich ein Bereicherungsanspruch der Z-GmbH gegen A.

Fraglich ist, ob A sich wegen der Zerstörung des Wagens auf **Entreicherung** berufen kann (§ 818 Abs. 3 BGB). Das ist zu verneinen, weil A bösgläubig gewesen ist. Er kannte die bilanzielle Lage der Gesellschaft und wusste, dass G ohne Vertretungsmacht handelte. Auch die für die bereicherungsrechtliche Rückabwicklung von gegenseitigen Verträge entwickelte **Saldotheorie** findet wegen der Bösgläubigkeit des A keine Anwendung.[77]

A haftet deshalb gemäß §§ 819 Abs. 1, 818 Abs. 4 BGB nach den allgemeinen Vorschriften. Er hat der Gesellschaft gemäß § 292 Abs. 1 BGB i. V. m. §§ 989, 287 S. 2, 251 Abs. 1 BGB Schadensersatz in Höhe von 90.000 Euro zu leisten.

V. Anspruch auf Zahlung von 100.000 Euro aus §§ 985, 986 BGB i. V. m. § 283 BGB

Ein Anspruch der Z-GmbH gegen A aus §§ 985, 986 BGB i. V. m. § 283 BGB setzt zunächst das Bestehen eines **Eigentümer-Besitzer-Verhältnisses** hinsichtlich des Sportwagens voraus. Die Z-GmbH müsste daher trotz der erfolgten Veräußerung des Wagens an A Eigentümer des Autos geblieben sein. Das wäre zu bejahen, wenn die Übereignung des Wagens an A unwirksam bzw. nichtig gewesen wäre. Die Nichtigkeit des Verfügungsgeschäftes könnte sich hier aus § 134 BGB i. V. m. § 30 GmbHG ergeben. Zwar wird ebenso wie beim Verpflichtungsgeschäft eine Einstufung des § 30 GmbHG als Verbotsgesetz überwiegend abgelehnt,[78] dennoch möchte ein Teil der Lehre die Unwirksamkeit des Verfügungsgeschäftes mit einer Analogie zu § 57 Abs. 1 AktG begründen.[79] Im Aktienrecht führt diese Vorschrift zur Nichtigkeit des Verfügungsgeschäftes. Hier braucht auf diese Argumentation nicht weiter eingegangen zu werden, da ein Anspruch der Z-GmbH auf Schadensersatz schon deshalb ausscheidet, weil § 283 BGB auf den dinglichen Herausgabeanspruch der §§ 985, 986 BGB nicht anwendbar ist. Denn die Regelungen des Eigentümer-Besitzer-Verhältnisses stellen einen ausdifferenzierten Normenkomplex dar, der durch die Anwendung des allgemeinen Schuldrechts nicht umgangen werden darf.[80]

B. Ansprüche der Z-GmbH gegen G

I. Anspruch auf Zahlung von 90.000 Euro aus § 43 Abs. 2 und Abs. 3 S. 1 Alt. 1 GmbHG

Da G mit der Veräußerung des Sportwagens an A eine »Zahlung« geleistet hat, die den Bestimmungen des § 30 GmbHG zuwider lief, ist G der Gesellschaft gemäß § 43 Abs. 2 und 3 S. 1 Alt. 1 GmbHG zum Ersatz des daraus entstandenen Scha-

---

77 Allgemein zur Saldotheorie: *Larenz/Canaris*, Lehrbuch des Schuldrechts, Band II/2, § 73 III.
78 Siehe etwa BGH BB 1997, 1807, 1808; *Raiser*, Kapitalgesellschaftsrecht, § 37 Rn. 32.
79 *Wiedemann*, Gesellschaftsrecht, Band 1, § 8 III 1 a, S. 442.
80 Jedoch strittig, näher dazu: *Kropholler*, BGB, § 985 Rn. 6; *Medicus*, in MüKo-BGB, § 985, Rn. 31 ff.

dens in Höhe von 90.000 Euro verpflichtet. G haftet insoweit zusammen mit A als Gesamtschuldner.[81]

II. Anspruch aus § 280 Abs. 1 BGB (pVV des Anstellungsvertrages)

Ein Schadensersatzanspruch aus § 280 Abs. 1 BGB (pVV des Anstellungsvertrages) setzt voraus, dass § 280 BGB neben § 43 Abs. 2 GmbHG überhaupt anwendbar ist. Das ist zu verneinen, weil § 43 Abs. 2 GmbHG als Spezialregelung eine Haftung aus § 280 Abs. 1 BGB verdrängt.[82]

III. Anspruch aus § 823 Abs. 2 BGB i. V. m. § 266 StGB

Da der Geschäftsführer G hier eine Untreuehandlung begangen hat, die wegen der Schmälerung des Grundkapitals auch zivilrechtlich relevant ist,[83] haftet G der Z-GmbH gemäß § 823 Abs. 2 BGB i. V. m. § 266 StGB auf Schadensersatz in Höhe von 90.000 Euro.

Literaturhinweis: Eine lesenswerte Einführung zum Handelsbilanzrecht findet sich bei *Crezelius*, JA 1990, 366 ff. (Teil 1) sowie JA 1991, 1 ff. (Teil 2). Zur Einführung in die Buchführungstechnik ist *Wuttke/Weidner*, Buchführungstechnik und Bilanzsteuerrecht, zu empfehlen.

---

81 *Zöllner*, in Baumbach / Hueck, § 43 Rn. 39.
82 *Altmeppen*, in Roth / Altmeppen, GmbHG, § 43 Rn. 22; *Raiser*, Kapitalgesellschaftsrecht, § 32 Rn. 78 (mwN).
83 Dazu oben, S. 21.

Fall 4
»Falsche Medizin«
Mängelhaftung für fehlerhafte Sacheinlagen

Die drei Medizinstudenten V, H und L haben während ihres Studiums ein neues Medikament zur Heilung von Schlafstörungen entwickelt. Sie beschließen, dieses bundesweit zu vertreiben und gründen die Medi-Tech GmbH. Die Gesellschaft weist ein Stammkapital von 30.000 Euro auf. An ihr sind H und L mit insgesamt 25.000 Euro und V mit 5.000 Euro beteiligt. Geschäftsführer ist der H.

Anders als H und L erbringt V seine Einlage nicht in bar, sondern in Form eines gebrauchten Lieferwagens. Diesen stellt er der Gesellschaft vor ihrer Eintragung zur freien Verfügung. Der Wert des Lieferwagens beträgt im Eintragungszeitpunkt 5.000 Euro. Wenige Wochen nach Eintragung der Medi-Tech GmbH versagen Motor und Getriebe des Kraftfahrzeuges. Der Schaden geht auf einen Defekt zurück, der unerkannt bereits im Zeitpunkt der Übergabe des Lieferwagens an die GmbH vorlag. Der Wert des Lieferwagens beträgt wegen des Defektes nur noch 2.000 Euro. Der Aufwand für eine Reparatur liegt bei ca. 3.000 Euro. Das ist dem H zu viel. Er fordert deshalb V auf, den Motor- und Getriebeschaden auf seine Kosten zu beseitigen. V weigert sich. Auch lehnt er die Lieferung eines ähnlichen Transporters ab.

H fragt seinen Rechtsberater, ob die Medi-Tech GmbH im Hinblick auf den Defekt des Lieferwagens von dem »Kaufvertrag« mit V zurücktreten könne oder sonstige Ansprüche bestünden.

Lösungsvorschlag Fall 4

I. Anspruch aus § 9 Abs. 1 GmbHG auf Zahlung der Wertdifferenz

Ein Anspruch der Medi-Tech GmbH aus § 9 Abs. 1 GmbHG auf Zahlung der Wertdifferenz in Höhe von 3.000 Euro besteht nicht. Denn laut Sachverhalt entsprach der Wert des Lieferwagens zum Zeitpunkt der Eintragung mit 5.000 Euro genau dem Betrag der von V übernommenen Stammeinlage.

II. Ersatzansprüche wegen falscher Angaben

Als Anspruchsgrundlage für Ersatzansprüche wegen falscher Angaben im Zusammenhang mit der Gründung kommen sowohl § 9 a Abs. 1 GmbHG als auch § 823 Abs. 2 BGB i. V. m. § 82 Abs. 1 Nr. 1 GmbHG in Betracht. Beide Anspruchsgrundlagen verlangen, dass V bei der Gründung der Gesellschaft **falsche Angaben** gemacht hat. Das wäre etwa der Fall, wenn er von dem drohenden Motor-und Getriebeschaden gewusst hätte und gleichwohl den Wert des Lieferwagens mit 5.000 Euro festgesetzt hätte. Für eine solche Kenntnis des V sind keine Anhaltspunkte ersichtlich. Zwar war die Ursache des Motor- und Getriebeschadens bereits im Zeitpunkt der Übergabe des Wagens an die Gesellschaft vorhanden, davon wussten jedoch weder V noch H und L etwas, weil laut Sachverhalt der Defekt im Übergabezeitpunkt des Lieferwagens unerkannt gewesen ist.

Hinweis: Bei Prüfung des § 9 a GmbHG sowie des § 823 Abs. 2 BGB ist stets zu beachten, dass beide Ansprüche vom Geschäftsführer bzw. einem Gesellschafter der Gesellschaft nur geltend gemacht werden können, wenn ein entsprechender Gesellschafterbeschluss vorliegt (§ 46 Nr. 8 GmbHG) bzw. die Voraussetzungen der actio pro socio zu bejahen sind.[84]

III. Anspruch aus Vorbelastungshaftung

Ansprüche der Medi-Tech GmbH aus der sog. **Vorbelastungshaftung** (auch Unterbilanzhaftung) sind zu verneinen. Die Vorbelastungshaftung ist gesetzlich nicht ausdrücklich geregelt, ergibt sich jedoch aus **Prinzip der Kapitalaufbringung**. Sie ist nur einschlägig, wenn im Zeitpunkt der Eintragung das Vermögen der Gesellschaft die Stammkapitalziffer nicht erreicht.[85] Hier wies der Lieferwagen zum Zeitpunkt der Eintragung einen Wert von 5.000 Euro auf, was genau der Höhe der von V übernommenen Stammeinlage entsprach. Mangels weiterer Anhaltspunkte ist zudem davon auszugehen, dass zum Zeitpunkt der Eintragung das Stammkapital unversehrt vorhanden gewesen ist.

IV. Rücktritt gemäß §§ 437 Nr. 2 Alt. 1, 440 S. 1, 323 BGB

Fraglich ist, ob die Medi-Tech GmbH von der Erbringung der Sacheinlage durch V gemäß §§ 437 Nr. 2, 440, 323 BGB **zurücktreten** kann. Dann müsste hier ein **Kaufvertrag** vorliegen.

---

84 Vgl. *Hueck/Fastrich*, in Baumbach / Hueck, GmbHG, § 9 a Rn. 14.
85 Ausführlich zur Vorbelastungshaftung, oben Fall 1.

Bei einem Kaufvertrag verpflichtet sich der Verkäufer, die Sache dem Käufer zu übergeben und ihm daran Besitz und Eigentum zu verschaffen (§ 433 Abs. 1 BGB). Im Gegenzug übernimmt der Käufer die Pflicht, den Kaufpreis an den Verkäufer zu zahlen und die gekaufte Sache abzunehmen (§ 433 Abs. 2 BGB). Hier hat sich V im Gesellschaftsvertrag (vgl. § 3 Abs. 1 Nr. 4 GmbHG) verpflichtet, seine Stammeinlage durch Übergabe und Übereignung eines Lieferwagens zu erbringen. Betrachtet man nur die Pflichten des V als Erbringer einer Sacheinlage, sind diese mit den Pflichten eines Verkäufers identisch. Anders verhält es sich dagegen mit der dem V versprochenen Gegenleistung, nämlich der Begründung der Mitgliedschaft an der Medi-Tech GmbH. Dabei handelt es sich nämlich nicht um eine Geldzahlung, sondern um eine Rechtseinräumung. Insofern könnte statt an einen Kaufvertrag an einen **Tauschvertrag** gedacht werden (§ 480 BGB). Entscheidend aber spricht sowohl gegen einen Kauf- als auch gegen einen Tauschvertrag, dass es sich bei dem hier zugrundeliegenden Rechtsgeschäft, dem Gesellschaftsvertrag, um einen **gesellschaftsrechtlichen Organisationsakt** handelt, der zur Gründung einer neuen Gesellschaft führt.[86] Der Gesellschaftsvertrag enthält damit eine Rechtsfolge, die für Austauschverträge untypisch ist. Daher kann die Erbringung einer Sacheinlage weder als Kauf- noch als Tauschvertrag eingeordnet werden. Es handelt sich um einen **Vertrag sui generis**. Die Vorschriften des Kaufrechtes sind folglich nicht anwendbar.

V. Rücktritt gemäß §§ 437 Nr. 2 Alt. 1, 440 S. 1, 323 BGB analog

Auch wenn die kaufrechtlichen Vorschriften nicht unmittelbar eingreifen, so ist jedoch anerkannt, dass die §§ 437 Nr. 2 Alt. 1, 440 S. 1, 323 BGB auf mangelhafte Sacheinlagen zumindest **analoge** Anwendung finden.[87]

1. Vorliegen eines Sachmangels gemäß § 434 BGB analog

Bei dem Motor- und Getriebeschaden handelt es sich um einen **Sachmangel** entsprechend § 434 Abs. 1 S. 2 Nr. 1 BGB. Denn ein Lieferwagen mit defektem Motor und Getriebe ist nicht mehr zu dem vertraglich vereinbarten Verwendungszweck einsetzbar. Zwar ist der Defekt erst nach Übergabe des Fahrzeuges und damit nach **Gefahrenübergang** eingetreten, was an sich zur Verneinung einer Mängelhaftung führen müsste, da gemäß § 434 Abs. 1 S. 1 BGB eine solche Haftung nur besteht, wenn der Mangel bei Gefahrenübergang (§ 446 BGB) vorliegt. Laut Sachverhalt war jedoch die **Ursache** des Defektes bereits bei Übergabe des Lieferwagens vorhanden. Das aber reicht aus, um einen Sachmangel zum Zeitpunkt des Gefahrenübergangs begründen zu können.[88]

2. Entbehrlichkeit einer Nachfrist

Entsprechend § 437 Nr. 2 BGB i. V m. § 323 Abs. 1 BGB kann die Medi-Tech GmbH nur zurücktreten, wenn dem V eine Frist zur Nacherfüllung gesetzt worden ist. Hier ist diese Nachfristsetzung gemäß § 323 Abs. 2 Nr. 1 BGB entbehrlich, weil

---

86 BGHZ 45, 338, 345.
87 BGHZ 45, 338, 345.
88 Vgl. *Putzo*, in Palandt, 60. Aufl., § 459 Rn. 6. Beim Verbrauchsgüterkauf (§§ 474 ff. BGB) greift zudem die Vermutungsregel des § 476 BGB ein. Bei Abgabe einer Haltbarkeitsgarantie gilt die Vermutungsregel des § 443 Abs. 2 BGB.

V sowohl die Beseitigung des Mangels als auch die Lieferung eines anderen Lieferwagens abgelehnt hat.

3. Kein Ausschluss des Rücktrittsrechtes gem. §§ 323 Abs. 5 S. 2, 323 Abs. 6 BGB analog

Ein Ausschluss des Rücktrittsrechtes der Medi-Tech GmbH analog §§ 323 Abs. 5 S. 2, 323 Abs. 6 BGB wegen Geringfügigkeit des Mangels kommt nicht in Betracht, weil ein Motor- und Getriebeschaden einen erheblichen Mangel darstellt. Auch sind keine Anhaltspunkte dafür ersichtlich, dass die Medi-Tech GmbH den Motor- und Getriebeschaden zu verantworten hat.

4. Rechtsfolge: Rücktritt?

Die Medi-Tech GmbH könnte somit entsprechend §§ 437 Nr. 2, 440 S. 1, 323, 346 ff. BGB von der mit V geschlossenen Sacheinlageverpflichtung zurücktreten. Bei der Rückabwicklung ist jedoch zu beachten, dass die Medi-Tech GmbH gemäß § 346 Abs. 1 BGB im Gegenzug für die Rückgabe des Lieferwagens die Anteile des V an der Gesellschaft erhalten würde. Der Erhalt der Anteile aber verstieße gegen § 33 Abs. 1 GmbHG. Danach darf die Gesellschaft Geschäftsanteile nur erwerben, wenn die Einlagen auf diese Anteile vollständig geleistet worden sind. Die Einlage des V ist hier aber nicht vollständig geleistet, weil wegen der Zug-um-Zug-Rückabwicklung (vgl. 348 BGB) der LKW eine logische Sekunde vor Erhalt der Anteile aus dem Vermögen der Gesellschaft wieder entnommen werden muss. Dem V ist es deshalb verwehrt, seine Anteile zurückzugeben. Um dennoch eine Rückabwicklung zu ermöglichen, hat der V sein ursprüngliches Einlageversprechen in bar zu erfüllen. Begründet wird diese Bareinlageverpflichtung damit, dass ein Gesellschafter an sein im Gesellschaftsvertrag gegebenes Versprechen, die Kapitalgrundlagen der Gesellschaft zu schaffen, wegen des **Grundsatzes der Kapitalaufbringung** gebunden ist. Er muss deshalb bei einem Rücktritt sein ursprüngliches Einlageversprechen Zug-um-Zug gegen Herausgabe des Lkw in bar erfüllen.[89]

VI. Anspruch auf Minderung gemäß § 437 Nr. 2 Alt. 2 i. V. m. § 441 BGB analog

Wegen des Sachmangels steht der Medi-Tech GmbH darüber hinaus gegen V ein Anspruch auf Minderung zu (§ 437 Nr. 2 Alt. 2 i. V. m. § 441 BGB analog). Wie beim Rücktritt sind aber auch hier die vom Gesetz vorgesehenen **Rechtsfolgen** der Minderung **zu modifizieren**. Der V hat im Wege der Minderung nicht etwa einen Teil seiner Stammeinlage an die GmbH »als Minderung« zurückzugeben, sondern er hat den Minderungsbetrag **analog § 9 GmbHG** in bar einzuzahlen.[90]

V. Notwendigkeit eines Gesellschafterbeschlusses

Der Medi-Tech GmbH steht im Wege des Rücktritts gegen V entsprechend §§ 437 Nr. 2 Alt. 1, 440, 323 BGB ein Anspruch auf Einzahlung der Stammeinlage in bar

---

89 BGHZ 45, 338, 345; *Hueck/Fastrich*, in Baumbach/Hueck, § 5 Rn. 39; *Lutter/Hommelhoff*, GmbHG, § 5 Rn. 26.
90 Vgl. *Hueck/Fastrich*, in Baumbach/Hueck, § 5 Rn. 39; *Lutter/Hommelhoff*, GmbHG, § 5 Rn. 26.

gegen Rückgewähr des Lieferwagens zu. Alternativ kann die GmbH analog §§ 437 Nr. 2 Alt. 1, 441 BGB Minderung verlangen. V muss dann den Minderungsbetrag in bar einzahlen. Materiell gesehen hat V damit seine Stammeinlage (erneut) einzuzahlen. Deshalb ist zur Geltendmachung sowohl der Rücktritts- als auch der Minderungsrechte ein Beschluss der Gesellschafterversammlung erforderlich (§ 46 Nr. 2 GmbHG).

Fall 5
»Vergebliche Dot-Com-Euphorie«
Eigenkapitalersetzendes Darlehen, Stehenlassen eines Darlehens, eigenkapitalersetzende Nutzungsüberlassung, Finanzplankredit

X, Y und Z sind an der Dot-Com-GmbH zu je einem Drittel beteiligt. Geschäftsführer der GmbH ist der Z.

Die Dot-Com-GmbH entwickelt Software für den Internetbereich und besitzt ein Stammkapital von 90.000 Euro. Bei ihrer Gründung im Jahr 1998 haben die Gesellschafter gemäß § 3 des Gesellschaftsvertrages vereinbart, der Gesellschaft jedes Jahr ein zinsloses Darlehen in Höhe von 50.000 Euro mit einer Laufzeit von einem Jahr zur Verfügung zu stellen. Bislang wurde ein solches Darlehen nicht gewährt. Unabhängig von dieser Darlehensverpflichtung überließ Gesellschafter X im Jahr 1999 der Gesellschaft ein jederzeit rückzahlbares Darlehen in Höhe von 20.000 Euro.

Anfang 2001 verschlechtert sich die finanzielle Lage der Dot-Com-GmbH erheblich. Die von ihr produzierte Internetsoftware ist nicht mehr gefragt. Die Liquiditätslage ist äußerst angespannt. Nur mit Mühe kann die Gesellschaft die Löhne bezahlen. Mit den Computerlieferanten wurden bereits umfangreiche Stundungsvereinbarungen getroffen. Auch verfügt die Gesellschaft über keine wesentlichen Kreditsicherheiten mehr. Die Banken sind nicht bereit, der Gesellschaft weiteren Kredit zu gewähren. Als X von dieser Situation erfährt, denkt er darüber nach, sein im Jahr 1999 gewährtes Darlehen sofort abzuziehen. Er ist jedoch der Ansicht, er könne das Darlehen in dieser schwierigen Zeit nicht kündigen, weil andernfalls die Gesellschaft sofort in den Konkurs gehen würde und er an die Zukunft der Gesellschaft glaubt. Um die Gesellschaft zu retten, kommt er auf die Idee, dieser ein weiteres Darlehen zu überlassen. Von seinem Rechtsberater weiß er, dass die Zurverfügungstellung von Gesellschafterdarlehen in der Krise äußerst gefährlich sein kann. Um derartigen Problemen aus dem Weg zu gehen, lässt er seiner Ehefrau F die Darlehenssumme in Höhe von 30.000 Euro zukommen und beauftragt sie, der Gesellschaft das Darlehen zu gewähren. So geschieht es.

Mitgesellschafter Y ist ebenfalls über die Lage der Gesellschaft besorgt und möchte der Gesellschaft helfen. Er weiß, dass die Dot-Com-GmbH dringend zwei Pkw für den weiteren Aufbau ihres Vertriebs benötigt und sie diese Fahrzeuge wegen der schlechten finanziellen Lage der Gesellschaft weder von einem Autoverleiher noch von einer Leasingfirma erhalten wird. Y vermietet daher der Dot-Com-GmbH zum 1. Februar 2001 zwei Pkw auf unbestimmte Zeit. Der monatliche Mietzins beträgt für beide Wagen angemessene 500 Euro.

Trotz der Rettungsmaßnahmen verschlechtert sich die Liquiditätslage der Gesellschaft weiter. Z erkennt, dass sich der Gang zum Insolvenzrichter wegen der fehlenden Liquidität nicht vermeiden lassen wird. Um dennoch das 20.000-Euro-Darlehen seines Mitgesellschafters X zu retten, zahlt Z dieses Anfang Juli 2001 unter

Ausnutzung der letzten finanziellen Reserven an X zurück. Das Stammkapital der Gesellschaft war zu diesem Zeitpunkt noch voll vorhanden. Einige Tage später verspricht Z gegenüber X, auch der F ihr Darlehen zurückzuzahlen, sobald die Gesellschaft wieder über ausreichende Barmittel verfügt. Im August 2001 erhält schließlich die F ihr Geld wieder. Zu diesem Zeitpunkt war das zur Erhaltung des Stammkapitals erforderliche Vermögen der Gesellschaft bereits zur Hälfte aufgebraucht, was sowohl F als auch Y wussten.

Anfang Januar 2002 stellt Z im Namen der Dot-Com-GmbH Insolvenzantrag. Wenig später wird das Insolvenzverfahren eröffnet.

Insolvenzverwalter I fragt an, ob die Dot-Com-GmbH

1. die an F und X zurückgezahlten Darlehensbeträge zurückfordern kann,

2. die an Y gezahlten Mietzahlungen von 500 Euro für den Zeitraum Februar bis Dezember 2001 zurückverlangen kann und die Pkw ohne Zahlung eines Mietzinses weiter zur Nutzung behalten darf.

Lösungsvorschlag Fall 5

Zu Frage 1: Rückforderung der Darlehensbeträge von X und F

A. Ansprüche der Dot-Com-GmbH auf Rückforderung der 30.000 Euro gegen F

I. Anspruch aus § 143 Abs. 1 S. 1 InsO i. V. m. § 135 Nr. 2 InsO

Fraglich ist, ob der Dot-Com-GmbH ein Anspruch auf Zahlung der 30.000 Euro aus § 143 Abs. 1 S. 1 InsO zusteht. Dann müsste die Rückzahlung der Darlehenssumme an die F eine anfechtbare Rechtshandlung sein.

1. Anfechtbare Rechtshandlung

Die Anfechtbarkeit der Darlehensrückzahlung könnte sich hier aus § 135 Nr. 2 InsO ergeben, da mit der Rückzahlung der Darlehenssumme die Darlehensforderung der F befriedigt worden ist. Voraussetzung ist, dass die Darlehensforderung der F entweder als Forderung eines Gesellschafters auf Rückgewähr eines eigenkapitalersetzenden Darlehens einzustufen ist oder als eine dem gleichgestellte Forderung anzusehen ist. Da F nicht Gesellschafterin der Dot-Com-GmbH ist, kommt hier nur letzteres in Betracht.

a) Gleichgestellte Forderung

Welche Forderungen dem Anspruch eines Gesellschafters auf Rückgewähr eines eigenkapitalersetzenden Darlehens gleichgestellt sind, lässt sich aus § 32a Abs. 3 S. 1 GmbHG entnehmen. Diese Vorschrift erweitert den Anwendungsbereich des § 32a Abs. 1 GmbHG nicht nur sachlich auf solche Handlungen, die der Darlehensgewährung wirtschaftlich entsprechen, sondern auch persönlich. Sie erfasst nämlich auch gesellschaftsfremde Dritte.

(1) Ehefrau als Dritter i. s. d. § 32a Abs. 3 S. 1 GmbHG?

Fraglich ist, ob die Ehefrau F als Dritter im Sinne des § 32a Abs. 1 GmbHG anzusehen ist. Dafür spricht zunächst der Wortlaut der Norm, denn die F ist keine Gesellschafterin der Dot-Com-GmbH und damit an sich **Dritter**. Jedoch ist nicht jeder Außenstehender als »Dritter« im Sinne dieser Vorschrift einzustufen. Denn die Umqualifizierung eines Darlehens in ein eigenkapitalersetzendes Darlehen beruht auf der Erwägung, dass die Gesellschafter einer GmbH eine **Finanzierungs(folge)verantwortung** trifft.[91] Ein Gesellschafter muss deshalb, falls er der GmbH in der Krise statt der gebotenen Eigenkapitalzufuhr Fremdkapital gewährt, damit leben, dass das Fremdkapital faktisch wie Eigenkapital behandelt wird und nicht zurückverlangt werden kann. Diese Finanzierungsfolgeverantwortung trifft die Gesellschafter deshalb, weil sie grundsätzlich Einfluss auf die Geschicke der Gesellschaft haben. Fehlt ein solcher Einfluss, so besteht auch keine Finanzierungsfolgeverantwortung. Diese Überlegung wird durch die gesetzliche Regelung des § 32a Abs. 3 S. 2 GmbHG bestätigt. Danach finden die Vorschriften

---

91 *Hueck/Fastrich*, in Baumbach / Hueck, GmbHG, § 32a Rn. 3; *Raiser*, Kapitalgesellschaftsrecht, § 38 Rn. 17 (jeweils mwN); kritisch jedoch *Altmeppen*, in Roth / Altmeppen, GmbHG, § 32a Rn. 9.

über den Eigenkapitalersatz auf Gesellschafter mit sog. »**Zwerganteilen**« keine Anwendung, da solche Minderheitsgesellschafter typischerweise keinen Einfluss auf die Geschäftsführung der Gesellschaft ausüben. Wenn aber bereits nicht jeder Gesellschafter eine solche Verantwortung trägt, kann sie erst recht nicht jeden Dritten treffen. **Familienangehörige** sind daher nur dann als Dritte im Sinne des § 32 a Abs. 3 GmbHG anzusehen, wenn das von Familienangehörigen gewährte Darlehen aus den Mitteln des Gesellschafters stammt.[92] Hier hat X der F das Geld zur Verfügung gestellt und sie beauftragt, in ihrem Namen der Dot-Com-GmbH das Darlehen zu bewilligen. Das Geld stammt damit aus den Mitteln des Gesellschafters X. Die F ist deshalb als Dritte im Sinne des § 32 a Abs. 3 S. 1 GmbHG anzusehen.

(2) Eigenkapitalersetzendes Darlehen?

Die Forderung der F auf Rückgewähr des Darlehens ist aber nur dann von § 135 Nr. 2 InsO erfasst, wenn das Darlehen **eigenkapitalersetzend** ist. Gemäß § 32 a Abs. 1 GmbHG weist ein Darlehen eigenkapitalersetzenden Charakter auf, wenn es **in der Krise gewährt** wird, also zu einem Zeitpunkt, in dem ein ordentlicher Kaufmann der Gesellschaft entweder Eigenkapital zugeführt oder sie liquidiert hätte. Eine derartige Krise ist insbesondere anzunehmen, wenn die Gesellschaft **kreditunwürdig** ist, wenn also die Gesellschaft ihren Kapitalbedarf von dritter Seite zu marktüblichen Bedingungen nicht mehr decken kann.[93] Bei der Beurteilung dieser Frage sind die gesamten Möglichkeiten der Gesellschaft, sich am Kapitalmarkt einzudecken, zu berücksichtigen – also nicht nur die Absage der Hausbank.[94]

Hier erhielt die Gesellschaft weder von der Hausbank noch von einer anderen Bank Kredit. Sie verfügte zudem über keine wesentlichen Sicherheiten. Daher war die Gesellschaft zum Zeitpunkt der Darlehensgewährung kreditunwürdig. Das Darlehen der F ist damit eigenkapitalersetzend.

(3) Ergebnis

Bei dem Darlehen der F handelt es sich um ein eigenkapitalersetzendes Darlehen. Die Rückzahlung der Darlehenssumme kann daher gemäß § 135 Nr. 2 InsO angefochten werden. Im Falle der Anfechtung hat die F die 30.000 Euro gemäß § 143 Abs. 1 S. 1 InsO in die Insolvenzmasse zurückzuzahlen.

II. Rückzahlungsanspruch aus § 31 Abs. 1 GmbHG i. V. m. § 30 Abs. 1 GmbHG

Fraglich ist, ob der Dot-Com-GmbH neben § 143 Abs. 1 S. 1 InsO auch ein Anspruch auf Rückzahlung der 30.000 Euro aus § 31 Abs. 1 GmbHG i. V. m. § 30 Abs. 1 GmbHG zusteht. Dann müssten die §§ 30 f. GmbHG neben §§ 143, 135 InsO i. V. m. § 32 a GmbHG anwendbar sein.

---

92 *Hueck/Fastrich*, in Baumbach / Hueck, GmbHG § 32 a Rn. 25; *Raiser*, Kapitalgesellschaftsrecht, § 38 Rn. 24; BGH NJW 1993, 2179, 2180; 1995, 326, 330.
93 BGHZ 76, 326, 330; *Hueck/Fastrich*, in Baumbach / Hueck, GmbHG, § 32 a Rn. 43; *Raiser*, Kapitalgesellschaftsrecht, § 38 Rn. 32.
94 *Hueck/Fastrich*, in Baumbach / Hueck, GmbHG, § 32 a Rn. 43.

1. Anwendbarkeit

Der Anwendbarkeit der §§ 30 f. GmbHG könnte entgegenstehen, dass der Gesetzgeber mit Einfügung des § 32 a GmbHG im Zuge der GmbHG-Novelle von 1980 das Eigenkapitalersatzrecht der GmbH **abschließend** regeln wollte. Mit dieser Novelle sollte an die bisherigen von Rechtsprechung und Literatur zu § 30 GmbHG entwickelten Grundsätze angeknüpft und auf eine gesetzliche Grundlage gestellt werden.[95] Das ist dem Gesetzgeber aber nur zum Teil gelungen. Denn einerseits geht der Schutz des § 32 a GmbHG weiter als der des § 30 GmbHG, da § 32 a GmbH eigenkapitalersetzende Darlehen nicht nur bis zur Höhe der Wiederauffüllung des Stammkapitals, sondern in unbegrenzter Höhe erfasst. Andererseits bleibt § 32 a GmbHG deutlich hinter den Anforderungen der §§ 30 f. GmbHG zurück. So greift das Rückzahlungsverbot des § 32 a GmbHG erst mit förmlicher Eröffnung des Insolvenzverfahrens ein. Auch können rückgewährte Darlehen über § 143 i. V. m. § 135 Nr. 2 InsO nur zurückverlangt werden, wenn die Rückzahlung des Darlehens während des letzten Jahres vor dem Antrag auf Insolvenzeröffnung erfolgt ist. Demgegenüber verjährt der Anspruch aus § 31 Abs. 1 i. V. m. § 30 GmbH erst nach fünf Jahren (§ 31 Abs. 5 GmbHG). Wegen dieser **Schutzlücken** kann § 32 a GmbHG nicht als abschließend angesehen werden. Die §§ 30 f. GmbHG müssen deshalb neben den § 32 a GmbHG, §§ 143, 135 InsO anwendbar sein.[96]

Hinweise: Die Vorschriften der §§ 30 f. GmbHG gelten nicht für solche Darlehen, die gemäß § 32 a Abs. 3 S. 2–3 GmbHG aus dem Anwendungsbereich des § 32 a Abs. 1 GmbHG herausgenommen sind, also beispielsweise nicht für **Sanierungsdarlehen.** Denn wenn auch Sanierungsdarlehen über § 30 Abs. 1 GmbHG in Eigenkapital umqualifiziert werden könnten, liefe die in § 32 a Abs. 3 S. 2–3 GmbHG angelegte Privilegierung solcher Darlehen ins Leere.[97]

2. Verstoß gegen § 30 GmbH bei Rückgewähr eines Darlehens?

Ein Rückzahlungsanspruch aus § 31 Abs. 1 GmbHG i. V. m. § 30 Abs. 1 GmbHG setzt voraus, dass es sich bei der Rückzahlung der 30.000 Euro an F um eine Zahlung handelt, die der Vorschrift des § 30 Abs. 1 GmbHG zuwider geleistet worden ist.

a) Geltung des § 30 GmbHG für Rückzahlung von Darlehen

§ 30 Abs. 1 GmbHG verbietet nach seinem Wortlaut die Rückzahlung von Einlagen an die Gesellschafter nur insoweit, als dadurch das zur Erhaltung des Stammkapitals erforderliche Vermögen beeinträchtigt wird. Bei der Gewährung eines Darlehens durch einen Gesellschafter an die Gesellschaft handelt es sich aber nicht um eine Einlage, also Eigenkapital, sondern um Fremdkapital. Daher ist fraglich, ob § 30 GmbHG überhaupt die Rückgewähr eines Gesellschafterdarle-

---

95 RegBegr. BT-DS 8/1347, S. 39.
96 BGHZ 90, 370, 376 ff.; *Raiser*, Kapitalgesellschaftsrecht, § 38 Rn. 14 f. und 56; *K. Schmidt*, in Scholz, GmbHG, § 32 a Rn. 11, 76 (mwN), kritisch jedoch *Hueck/Fastrich*, in Baumbach/Hueck, GmbHG, § 32 a Rn. 74.
97 *Hueck/Fastrich*, in GmbHG, § 32 a Rn. 75.

hens verbieten kann. Grundsätzlich wird man das verneinen müssen. Jedoch sind nach herrschender Meinung Darlehen insoweit vom Auszahlungsverbot des § 30 Abs. 1 GmbHG erfasst, als das mit den Darlehen zur Verfügung gestellte Kapital zur Erhaltung des Stammkapitals erforderlich ist.[98] Das ist der Fall, wenn die Darlehen von den Gesellschaftern in der Krise gewährt worden sind, denn zu diesem Zeitpunkt hätte ein ordentlicher Kaufmann statt Fremdkapital neues Eigenkapital zugeführt (sog. eigenkapitalersetzende Darlehen).[99] Solche Darlehen fallen daher grundsätzlich unter das Auszahlungsverbot des § 30 Abs. 1 GmbHG. Dieses Ergebnis lässt sich auch mit dem **Verbot des widersprüchlichen Verhaltens** (§ 242 BGB) begründen.[100] Gewährt nämlich ein Gesellschafter in der Krise der Gesellschaft der GmbH ein Darlehen, wird im Rechtsverkehr der Eindruck erweckt, die Gesellschaft sei weiterhin lebensfähig. Zieht er aber ausgerechnet in der Krise, also zu einer Zeit, in der die Gesellschaft das Geld dringend benötigt, das Darlehen wieder ab, setzt er sich zu seinem früheren Verhalten in Widerspruch.[101]

b) Beeinträchtigung des Stammkapitals

Die Rückzahlung eigenkapitalersetzender Darlehen verstößt nur dann gegen § 30 Abs. 1 GmbHG, wenn dadurch das zur Erhaltung des Stammkapitals erforderliche Vermögen beeinträchtigt worden ist.[102]

Hier wurden an die F 30.000 Euro zurückgezahlt, und zwar zu einem Zeitpunkt, in dem das Stammkapital der Dot-Com-GmbH bereits zur Hälfte auf 45.000 Euro aufgebraucht war. Es bestand damit eine Unterbilanz in Höhe von 45.000 Euro. Daher waren hier die gesamten an die F ausgezahlten 30.000 Euro als erforderlich, um das Stammkapital der Gesellschaft zu erhalten. Das Geld hätte nicht an die F gezahlt werden dürfen.

c) Geltung des Auszahlungsverbotes auch gegenüber Dritten?

Der Wortlaut des § 30 Abs. 1 GmbHG verbietet die Auszahlung von Vermögen nur an Gesellschafter. Da die F jedoch kein Gesellschafter der Dot-Com-GmbH ist, ist fraglich, ob das **Auszahlungsverbot** des § 30 Abs. 1 GmbHG auch hier gilt. Der Anwendung des § 30 GmbHG auf gesellschaftsfremde Dritte könnte ein Umkehrschluss zu § 32 a Abs. 3 S. 1 GmbHG entgegenstehen. Diese Vorschrift stellt Auszahlungen an gesellschaftsfremde Dritte solchen an die Gesellschafter gleich. In § 30 GmbHG dagegen fehlt eine solche Gleichstellungsregel. Jedoch ist schon vor Einfügung der §§ 32 a f. GmbHG anerkannt gewesen, dass Zahlungen an gesellschaftsfremde Dritte dem Auszahlungsverbot des § 30 GmbHG jedenfalls insoweit unterliegen, als die Dritten eine dem Gesellschafter zurechenbare Finanzierungsentscheidung treffen.[103] Da der Gesetzgeber mit der Schaffung des § 32 a GmbHG die hergebrachten Rechtsprechungsgrundsätze zu §§ 30 f. GmbHG nicht einschränken, sondern nur gesetzlich verankern wollte, gelten diese somit weiter-

---

98 St. Rspr.: BGHZ 31, 258, 268 ff, für lediglich analoge Anwendung: *Altmeppen*, in Roth/ Altmeppen, GmbHG, § 32 a Rn. 40 und wohl auch *Raiser*, Kapitalgesellschaftsrecht, § 38 Rn. 56 ff.

99 Siehe bereits oben, S. 34.

100 *Raiser*, Kapitalgesellschaftsrecht, § 38 Rn. 16.

101 *Hueck/Fastrich*, in Baumbach/Hueck, GmbHG, Rn. 73.

102 *Raiser*, Kapitalgesellschaftsrecht, § 38 Rn. 56 (mwN).

103 Vgl. *Hueck/Fastrich*, in Baumbach/Hueck, GmbHG, § 32 a Rn. 75.

hin fort. Folglich sind auch Dritte von § 30 GmbHG erfasst, soweit sie eine dem Gesellschafter zurechenbare Finanzierungsentscheidung treffen. Das wurde hier bezüglich der F bereits bejaht,[104] sodass die F einem Gesellschafter gleichzustellen ist. Mit der Rückzahlung der 30.000 Euro ist deshalb gegen § 30 Abs. 1 GmbHG verstoßen worden.

3. Rechtsfolge: Rückzahlung

Die Rückzahlung des Darlehens an die F stellt eine Zahlung dar, die der Vorschrift des § 30 Abs. 1 GmbHG zuwider geleistet worden ist. Da die F Kenntnis von der bilanziellen Lage der Gesellschaft hatte und sie deshalb bösgläubig war, die Ausschlussvorschrift des § 31 Abs. 2 GmbHG nicht ein. Die Dot-Com-GmbH kann somit von der F gemäß § 31 Abs. 1 GmbHG Rückzahlung der 30.000 Euro verlangen.

B. Ansprüche auf Rückforderung der 20.000 Euro gegen X

I. Anspruch aus §§ 143 Abs. 1 S. 1, 135 Nr. 2 InsO i. V. m. § 32 a Abs. 1 GmbHG

Ein Anspruch der Dot-Com-GmbH gegen X auf Rückzahlung der 20.000 Euro gemäß §§ 143 Abs. 1 S. 1, 135 Nr. 2 InsO i. V. m. § 32 a Abs. 1 GmbHG setzt voraus, dass es sich bei dem Darlehen des X um ein eigenkapitalersetzendes Darlehen im Sinne des § 32 a Abs. 1 GmbHG handelt.

1. »Stehenlassen« als Ausdruck einer Finanzierungsentscheidung

Um das Darlehen des X als eigenkapitalersetzend qualifizieren zu können, müsste es nach der obigen Formel zu einem Zeitpunkt gewährt worden sein, in dem die GmbH kreditunwürdig war.[105] Hier gewährte der X das Darlehen bereits im Jahr 1999 und damit vor Eintritt der Kreditunwürdigkeit der Dot-Com-GmbH, sodass an sich eine Umqualifizierung des Darlehens in Eigenkapital nicht in Betracht kommt. Zu bedenken ist aber, dass X das Darlehen nach Eintritt der Kreditunwürdigkeit zumindest nicht abgezogen hat, obwohl es jederzeit kündbar war. Fraglich ist, ob auch ein solches **einseitiges »Stehenlassen«** eines Darlehens zu einer Umqualifizierung des Darlehens in Eigenkapital führt. Die Rechtsprechung und ein großer Teil der Lehre bejahen dies, soweit das Stehenlassen Ausdruck einer **Finanzierungsentscheidung** des Gesellschafters ist.[106] Denn nur bei Vorhandensein einer solchen Entscheidung sei es gerechtfertigt, einem Gesellschafter die aus § 32 a GmbHG folgende Finanzierungsfolgeverantwortung aufzubürden. Weil aber das »Stehenlassen« Ausdruck einer Finanzierungsentscheidung ist, müsse der Gesellschafter jedoch entweder von der Krise positiv Kenntnis gehabt haben oder die Möglichkeit bestanden haben, dass er von den Umständen, die die Krise begründen, Kenntnis nehmen konnte.[107] Hier wusste X von der Krise der Dot-Com-GmbH. Gleichwohl hat er das Kapital nicht abgezogen, obwohl dies wegen der Kündigungsmöglichkeit rechtlich zulässig gewesen wäre. Angesichts dieser Umstände hat er daher eine Finanzierungsentscheidung getroffen. Ein Teil der Lehre hält dagegen die Finanzierungsentscheidung für nicht genügend, um ein

---

104 Siehe oben, S. 33 f.
105 Vgl. oben, S. 34.
106 BGHZ 105, 168, 185 f.; *Raiser*, Kapitalgesellschaftsrecht, § 38 Rn. 36 f.
107 *Raiser*, Kapitalgesellschaftsrecht, § 38 Rn. 37.

»Stehenlassens« mit einer Darlehensgewährung gleichzustellen.[108] Ein »Stehenlassen« erfolge nämlich nur kraft einseitiger Entscheidung des Gesellschafters. Ein solches Verhalten könne aber nur dann einer Darlehensgewährung entsprechen, wenn zusätzlich zu der einseitigen Finanzierungsentscheidung des Gesellschafters eine entsprechende **Finanzierungsabrede**, die auch konkludent geschlossen werden kann, mit der Gesellschaft getroffen wird. Hier ist eine solche Abrede nicht ersichtlich, sodass nach dieser Ansicht eine Umqualifizierung des Darlehens nicht möglich wäre. Einer solchen engen Auslegung des Gesetzes ist jedoch entgegenzuhalten, dass § 32 a GmbHG Ausdruck der Finanzierungsfolgeverantwortung der Gesellschafter ist. Diese Finanzierungsfolgeverantwortung trifft die Gesellschafter unabhängig davon, ob mit der Gesellschaft eine dem Darlehen ähnliche Finanzierungsabrede geschlossen worden ist oder nicht. Entscheidend ist allein, ob der Gesellschafter die Gesellschaft in der Krise **bewusst unterstützt** hat.[109] Daher ist hier das einseitige »Stehenlassen« des Darlehens der Gewährung eines eigenkapitalersetzenden Darlehens gleichzustellen.

2. Rechtfertigung durch Treuepflicht?

Das »Stehenlassen« des Darlehens könnte durch die dem X gegenüber der Dot-Com-GmbH obliegende Treuepflicht gerechtfertigt sein. Der X hat das Darlehen nämlich nur deshalb nicht abgezogen, weil er den sicheren Konkurs der Gesellschaft vermeiden wollte. Bei der Anwendung der Treuepflicht ist jedoch zu beachten, dass nicht der Regelung des § 32 a GmbHG zuwider läuft.[110] Genau das aber würde geschehen, wenn die Treuepflicht zur Rechtfertigung des »Stehenlassens« eines Darlehens herangezogen werden könnte. Denn die Darlehen werden typischerweise deshalb »stehengelassen«, um den Totalausfall zu vermeiden. Eine Rechtfertigung des »Stehenlassens« über die Treuepflicht kommt daher nicht in Betracht.

3. Rechtsfolge

Da es sich bei dem Darlehen des X um ein eigenkapitalersetzendes Darlehen handelt und das »Stehenlassen« auch nicht durch die Treuepflicht gerechtfertigt ist, stellt die Rückzahlung des Darlehens eine anfechtbare Rechtshandlung gemäß § 135 Nr. 2 InsO dar. X hat gemäß § 143 Abs. 1 S. 1 InsO die 20.000 Euro an die GmbH zurückzuzahlen.

II. Anspruch aus § 31 Abs. 1 GmbHG i. V. m. § 30 Abs. 1 GmbHG

Ein Anspruch der Dot-Com-GmbH gegen X auf Rückzahlung der 20.000 Euro aus § 31 Abs. 1 GmbHG i. V. m. § 30 Abs. 1 GmbHG scheidet aus, weil das Geld zu einem Zeitpunkt zurückgezahlt worden ist, zu dem das zur Erhaltung des Stammkapitals erforderliche Vermögen der Dot-Com-GmbH noch vorhanden gewesen ist und somit keine gegen § 30 Abs. 1 GmbHG verstoßende Auszahlung vorliegt.

---

108 *K. Schmidt*, Gesellschaftsrecht, § 37 IV 2 b.
109 *Hueck/Fastrich*, in Baumbach / Hueck, GmbHG, § 32 a Rn. 37.
110 *Lutter/Hommelhoff*, GmbHG, § 32 a/b Rn. 49.

Zu Frage 2: Ansprüche auf Rückforderung der Miete gegen Y und Weiternutzung der Pkw

A. Anspruch auf Rückzahlung der Miete

I. Anspruch aus §§ 143, 135 Nr. 2 InsO i. V. m. § 32 a Abs. 1 u. Abs. 3 S. 1 GmbHG

Ein Anspruch der Dot-Com-GmbH gegen Y auf Rückzahlung der Miete gemäß § 143 Abs. 1 S. 1 InsO besteht nur, wenn es sich bei den Mietzahlungen um anfechtbare Rechtshandlungen handelt. Dann müssten gemäß § 135 Nr. 2 InsO die Mietzinsforderungen des Y der Forderung eines Gesellschafters auf Rückzahlung eines eigenkapitalersetzenden Darlehens gleichgestellt sein.

1. Nutzungsüberlassung als Eigenkapitalersatz

a) Grundsätzliche Gleichstellung mit Darlehensgewährung

Ob Mietzinsforderungen mit einer eigenkapitalersetzenden Darlehensforderungen gleichgestellt werden können, richtet sich nach § 32 a Abs. 3 S. 1 GmbHG. Danach sind alle Rechtshandlungen als eigenkapitalersetzend anzusehen, die der Gewährung eines eigenkapitalersetzenden Darlehens wirtschaftlich entsprechen. Gegen eine Gleichstellung einer Mietzinsforderung bzw. Nutzungsüberlassung mit der Darlehensgewährung spricht, dass beide Vorgänge rechtlich unterschiedlich strukturiert sind. Während bei einem Darlehen die darlehensweise gewährten Sachen in das Eigentum des Darlehensnehmers übergehen (vgl. §§ 488, 607 BGB), erfolgt bei einer **Nutzungsüberlassung** gerade kein Eigentumsübergang. Andererseits ist zu bedenken, dass die Nutzungsüberlassung wirtschaftlich gesehen dem **Sachdarlehen** (§ 607 BGB) sehr **nahekommt**.[111] Hinzu kommt, dass im Falle der Nutzungsüberlassung ebenso wie bei einer Darlehensgewährung im Rechtsverkehr der Eindruck erweckt wird, die Gesellschaft sei lebensfähig. An dieser Finanzierungsfolgeverantwortung aber muss sich der Gesellschafter festhalten lassen.[112] Die Nutzungsüberlassung kann folglich einer Darlehensgewährung gleichgestellt werden.

b) Eigenkapitalersetzender Charakter der Nutzungsüberlassung

Die Gleichstellung einer Nutzungsüberlassung mit einem eigenkapitalersetzenden Darlehen setzt des weiteren voraus, dass die Nutzungsüberlassung auch wirklich eigenkapitalersetzenden Charakter aufweist. Das ist der Fall, wenn die beiden Pkw zu einem Zeitpunkt der Dot-Com-GmbH überlassen worden sind, zu dem ordentliche Kaufleute der Gesellschaft statt dessen Eigenkapital zugeführt hätten. Zur genauen Ermittlung dieses Zeitpunktes wird – anders als bei der Gewährung von Darlehen – nicht auf das Kriterium der Kreditunwürdigkeit, sondern auf das der **Überlassungsunwürdigkeit** abgestellt.[113]

---

111 *Hueck/Fastrich*, in Baumbach/Hueck, GmbHG, § 32 a Rn. 32 a.
112 BGHZ 109, 55; 121, 31; 127, 1; 127, 17; *Hueck/Fastrich*, in Baumbach/Hueck, GmbHG, § 32 a Rn. 32 a; *Raiser*, Kapitalgesellschaftsrecht, § 38 Rn. 42.
113 BGHZ 109, 55, 62 ff; 121, 31, 38 ff; *Hueck/Fastrich*, in Baumbach/Hueck, GmbHG, § 32 a Rn. 48 a; *Raiser*, Kapitalgesellschaftsrecht, § 38 Rn. 42.

Hinweise: Werden der Gesellschaft keine Standardwirtschaftsgüter, sondern spezielle Wirtschaftsgüter überlassen, wie etwa eine auf die Belange der Gesellschaft zugeschnittene **Spezialmaschine**, wird wieder das Kriterium der **Kreditunwürdigkeit** herangezogen. Dahinter steht die Erwägung, dass ein Vermieter eine derartige Spezialmaschine regelmäßig nicht an einen Dritten weiter vermieten kann. Daher wird der Vermieter eine solche Maschine nur dann an die Gesellschaft vermieten, wenn er von der Gesellschaft während der Laufzeit des Mietvertrages den Mietzins erhält, d. h. wenn sie kreditwürdig ist[114]

Eine Gesellschaft ist überlassungsunwürdig, wenn sie von dritter Seite die überlassenen Wirtschaftsgüter nicht erhalten würde.[115] Hier hätte die Gesellschaft wegen schlechten finanziellen Lage die zwei Pkw weder von einer Autovermietung noch von einer Leasingfirma zur Verfügung gestellt bekommen. Die Gesellschaft war damit zum Zeitpunkt, in dem Y die zwei Pkw der Gesellschaft zur Nutzung überließ, überlassungsunwürdig. Die Vermietung der zwei Pkw ist damit eigenkapitalersetzend. Sie steht gemäß § 32 a Abs. 3 S. 1 GmbHG einer eigenkapitalersetzenden Darlehensgewährung gleich.

2. Ergebnis

Die Vermietung der zwei Pkw hat eigenkapitalersetzenden Charakter (§ 32 a Abs. 3 S. 1 GmbHG). Die Dot-Com-GmbH kann deshalb von Y gemäß §§ 143 Abs. 1 S. 1, 135 Nr. 2 InsO i. V. m. § 32 a Abs. 3 S. 1 GmbHG die Mietzahlungen für die Monate Februar 2001 bis Dezember 2001 in Höhe von jeweils 500 Euro zurückverlangen.

II. Anspruch aus § 31 Abs. 1 GmbHG i. V. m. § 30 Abs. 1 GmbHG

Ein Anspruch der Dot-Com-GmbH auf Rückzahlung der Miete für die Zeit von Februar bis Dezember 2001 besteht gemäß § 31 Abs. 1 GmbHG nur, wenn die Mietzahlungen von jeweils 500 Euro der Vorschrift des § 30 Abs. 1 GmbHG zuwider geleistet worden sind.

1. Bei isolierter Betrachtung stellen die Mietzinszahlungen keine Auszahlungen dar, die gegen das Verbot des § 30 Abs. 1 GmbHG verstoßen. Denn die Zahlungen waren laut Sachverhalt angemessen, sodass die Gesellschaft denselben Betrag hätte aufwenden müssen, wenn sie die Fahrzeuge von einem fremden Dritten angemietet hätte (so. Dritt- oder Fremdvergleich). Geschäfte, die einem solchen Vergleich standhalten, sind aber grundsätzlich nicht vom Verbot des § 30 GmbHG erfasst.[116]

2. Ebenso wie bei der Darlehensgewährung wird jedoch bei einer Nutzungsüberlassung der Eindruck erweckt, die Gesellschaft sei weiterhin lebensfähig. Daher entspricht es der **Finanzierungsfolgeverantwortung** des überlassenden Gesellschafters, dass die Nutzungsüberlassung ebenso wie die Darlehensgewährung

---

114 BGHZ 109, 55, 62 ff; *Hueck/Fastrich*, in Baumbach/Hueck, GmbHG, § 32 a Rn. 48 b.
115 *Hueck/Fastrich*, in Baumbach/Hueck, GmbHG, § 32 a Rn. 48 a; *Raiser*, Kapitalgesellschaftsrecht, § 38 Rn. 42.
116 Ausführlich dazu, oben, S. 16 f.

als Eigenkapital behandelt wird.[117] Mietzinszahlungen dürfen daher nicht ausgezahlt werden, soweit dieses Geld zur Erhaltung des Stammkapitals erforderlich
ist.[118] Da im Zeitraum Februar 2001 bis Juli 2001 das zur Erhaltung des Stammkapitals erforderliche Vermögen der Gesellschaft noch vorhanden war, verstoßen die
Mietzahlungen für diesen Zeitraum nicht gegen § 30 Abs. 1 GmbHG. Sie können
deshalb auch nicht gemäß § 31 Abs. 1 GmbHG zurückverlangt werden. Anders
sieht es dagegen mit den Mietzahlungen für die Monate August 2001 bis Dezember 2001 aus. In diesem Zeitraum war das zur Erhaltung des Stammkapitals erforderliche Vermögen mindestens zur Hälfte aufgebraucht. Die für die Mietzahlungen verwendeten Barmittel waren daher zur Erhaltung des Stammkapitals erforderlich, sodass mit den Auszahlungen gegen § 30 Abs. 1 GmbHG verstoßen wurde. Da zudem Y von der ab August 2001 eingetretenen bilanziellen Situation der
Gesellschaft Kenntnis hatte, war er auch bösgläubig; § 31 Abs. 2 GmbHG greift
deshalb nicht ein. Der Insolvenzverwalter kann folglich von Y gemäß § 31 Abs. 1
GmbHG Rückzahlung der Mieten für die Monate August bis Dezember 2001 verlangen.

B. Anspruch auf Weiternutzung der Pkw gemäß § 535 BGB

Der Anspruch der Dot-Com-GmbH auf Weiternutzung der zwei Pkw ergibt sich
unmittelbar aus § 535 BGB. Die Dauer der Weiternutzung richtet sich grundsätzlich nach der Laufzeit und den Kündigungsrechten des abgeschlossenen Mietvertrages.[119] Hier wurde der Mietvertrag auf unbestimmte Zeit geschlossen, sodass
auch das Nutzungsrecht der Dot-Com-GmbH an den Pkw auf unbestimmte Zeit
besteht. Ein Kündigungsrecht des Y gemäß § 542 Abs. 1 BGB wird man solange
verneinen müssen, wie sich die Dot-Com-GmbH in der Krise befindet.[120] Denn insoweit ist die Nutzungsüberlassung eigenkapitalersetzend.[121]

Fraglich ist, ob die GmbH dem Y auch weiterhin Miete zu zahlen hat. Das ist zu
verneinen, weil die Nutzungsüberlassung eigenkapitalersetzenden Charakter
aufweist. Damit unterliegt, wie aufgezeigt, der Mietzins den Regeln des Eigenkapitalersatzrechtes. Er kann deshalb nicht verlangt werden (§ 30 Abs. 1 GmbHG
bzw. § 32 a Abs. 1 und Abs. 3 S. 1 GmbHG).[122]

Exkurs: Von den eigenkapitalersetzenden Darlehen des § 32 a GmbHG sind die
sog. **Finanzplankredite** zu unterscheiden. Bei diesen verpflichten sich die Gesellschafter, wie etwa hier X, Y und Z in § 3 des Gesellschaftsvertrags, der
GmbH unter bestimmten Voraussetzungen zukünftig ein oder mehrere Darlehen zu überlassen. Allein mit dieser Verpflichtung wird jedoch das Darlehen
selbst noch nicht gewährt. Es handelt sich vielmehr um eine Art **Vorvertrag**.
Bei Eintritt der Krise stellt sich für die Gesellschafter regelmäßig die Frage, ob

---

117 *Hueck/Fastrich*, in Baumbach / Hueck, GmbHG, § 32 a Rn. 59 a und 75.
118 *Raiser*, Kapitalgesellschaftsrecht, § 38 Rn. 42.
119 BGHZ 127, 1, 10, *Hueck/Fastrich*, in Baumbach / Hueck, GmbHG, § 32 a Rn. 59 d (mwN);
     Raiser, Kapitalgesellschaftsrecht, § 38 Rn. 45.
120 *Lutter/Hommelhoff*, GmbHG, § 32 a Rn. 152, a. A. *Raiser*, Kapitalgesellschaftsrecht, § 38
     Rn. 45 sowie BGHZ 127, 1, 10 f., die auf den hypothetischen Parteiwillen abstellen
     möchten.
121 Dazu bereits oben, S. 39 f.
122 BGHZ 109, 55, 66; 121, 31, 42, 43 ff.; *Hueck/Fastrich*, in Baumbach / Hueck, GmbHG,
     § 32 a Rn. 59 a (mwN); *Raiser*, Kapitalgesellschaftsrecht, § 38 Rn. 42.

sie an diesen Vorvertrag noch gebunden sind. In Betracht kommt hier insbesondere ein Kündigungsrecht gemäß § 490 Abs. 1 BGB. Im Ergebnis besteht jedoch Einigkeit, dass ein solches Kündigungsrecht zu verneinen ist. Während die Lehre dies mit einer analogen Anwendung der §§ 30, 32 a GmbHG begründen möchte,[123] geht der BGH einen anderen Weg. Er stellt Darlehenszusagen, die im Gesellschaftsvertrag enthalten sind oder im Zusammenhang mit diesem abgegeben worden sind, Einlagenverpflichtungen gleich, sodass diese gemäß § 19 Abs. 2 GmbHG unkündbar sind.[124]

---

123 *Raiser*, Kapitalgesellschaftsrecht, § 38 Rn. 62 f. (mwN).
124 Vgl. BGHZ 142, 116, 121 ff.

Fall 6
»Falsche Spur«
Exkurs: Kapitalerhaltung in der GmbH & Co. KG

Immobilienfachmann F sowie Privatier P möchten in den Neuen Bundesländern Immobilien erwerben. Sie wittern das große Geschäft und gründen die Immofonds GmbH & Co. KG. An dieser beteiligen sie sich als Kommanditisten mit einer Einlage von jeweils 2.000 Euro. Eine entsprechende Eintragung ins Handelsregister erfolgt.

Beide Kommanditisten zahlen ihre Einlage vollständig auf das Konto der Gesellschaft ein. Das Geld zur Bezahlung der Einlage erhielt der F von P als unverzinsliches Darlehen.

Persönlich haftender Gesellschafter der Immofonds GmbH & Co. KG ist die Immofonds GmbH mit einem Stammkapital und Gesamtvermögen von 25.000 Euro. Die GmbH beteiligt sich an der Immofonds GmbH & Co. KG mit 25.000 Euro. Sie zahlt diese Summe ordnungsgemäß auf das Konto der KG ein. Die dafür der GmbH gewährte Beteiligung ist in den Handelsbüchern der GmbH ordnungsgemäß mit den Anschaffungskosten von 25.000 Euro aktiviert. Einziger Gesellschafter der Immofonds GmbH ist der B, ein Bruder des P. B erhielt ebenso wie der F das Geld für die Beteiligung darlehensweise von P.

Zum Geschäftsführer der GmbH wird der F bestellt. Noch bevor die Immofonds GmbH & Co. KG auch nur eine Immobilie erwirbt, bemerkt F, dass die Geschäfte in den Neuen Bundesländern nicht wie geplant laufen. Dies teilt er sofort dem P mit. P beschließt daraufhin, das gesamte Vermögen der Immofonds GmbH & Co. KG (29.000 Euro) aus der KG abzuziehen und es dauerhaft in zukunftsträchtigere Internet-Aktien anzulegen. F stimmt dem zu und überweist die 29.000 Euro der KG auf das Privatkonto des P.

1. Haftet P den Gläubigern der Immofonds GmbH & Co. KG gemäß § 171 Abs. 1 HGB i. V. m. §§ 161 Abs. 2, 128 HGB auf Zahlung von 29.000 Euro?

2. Besteht ein Anspruch der Immofonds GmbH & Co. KG gegen P auf Rückzahlung der 29.000 Euro aus § 31 GmbHG in direkter oder analoger Anwendung?

Lösungsvorschlag Fall 6

Zu Frage 1: Haftung des P gegenüber den Gläubiger auf Rückzahlung von 29.000 Euro aus § 171 Abs. 1 HGB

Ein Anspruch der Gläubiger der Immofonds GmbH & Co. KG aus § 171 Abs. 1 HGB i. V. m. §§ 161 Abs. 2, 128 HGB auf Zahlung von 29.000 Euro gegen P setzt im Umkehrschluss zu § 171 Abs. 1, 2. HS HGB voraus, dass P seine Einlage noch nicht geleistet hat. Laut Sachverhalt hat P seine Einlage jedoch bereits in Höhe von 2.000 Euro auf das Konto der KG eingezahlt. Er hat damit seine Einlage erbracht.

Die Einlage könnte jedoch kraft gesetzlicher Fiktion gemäß § 172 Abs. 4 S. 1 HGB als nicht geleistet gelten. Das ist der Fall, wenn die **Einlage** dem P **zurückgezahlt** worden ist. Hier wurde das gesamte Vermögen der Immofonds GmbH & Co. KG an den P ausgezahlt, mithin auch seine Einlage. Die Einlage des P gilt daher gemäß § 172 Abs. 4 S. 1 HGB als nicht geleistet.

Die Haftung des P ist gemäß § 171 Abs. 1 HGB auf die Höhe seiner Einlage begrenzt. Gemeint ist damit die **Hafteinlage**, also die Einlage, mit der P laut Handelsregister an der Gesellschaft beteiligt ist.[125] Die Hafteinlage beträgt hier 2.000 Euro. P haftet somit gemäß § 171 Abs. 1 HGB i. V. m. §§ 161 Abs. 2, 128 HGB maximal in Höhe von 2.000 Euro.

> **Hinweise:** Von der Hafteinlage des Kommanditisten ist die sog. **Pflichteinlage** zu unterscheiden. Die Pflichteinlage ist die Einlage, die der Gesellschafter gegenüber der KG als Einlage erbringen will. Sie betrifft anders als die Hafteinlage nicht das Außen-, sondern das Innenverhältnis der Gesellschaft.[126] Im Regelfall werden sich beide Einlagen betragsmäßig decken, zwingend ist das jedoch nicht.

Zu Frage 2: Anspruch der Immofonds GmbH & Co. KG auf Rückzahlung der 29.000 Euro gegen P aus § 31 GmbHG in direkter oder analoger Anwendung

I. Anspruch aus § 31 Abs. 1 GmbHG

Ein Anspruch auf Rückzahlung der 29.000 Euro gegen P aus § 31 Abs. 1 GmbHG besteht nur, wenn die Auszahlung der 29.000 Euro der Vorschrift des § 30 Abs. 1 GmbHG zuwider läuft.

1. Schmälerung des Stammkapitals der Immofonds GmbH

Um einen Verstoß gegen § 30 Abs. 1 GmbHG bejahen zu können, müsste zunächst das zur Erhaltung des Stammkapitals erforderliche Vermögen der Immofonds GmbH ausgezahlt worden sein. Problematisch ist hier, dass die 29.000 Euro nicht aus dem Vermögen der Immofonds GmbH geflossen sind, sondern aus dem der Immofonds GmbH & Co. KG. Insofern könnte ein Verstoß gegen § 30 GmbHG

---

125 *Koller*, in Koller / Roth / Morck, HGB, § 171 Rn. 5; *Raiser*, Kapitalgesellschaftsrecht, § 45 Rn. 12.
126 *Koller*, in Koller / Roth / Morck, HGB, § 171 Rn. 4.

zu verneinen sein. § 30 GmbHG verlangt jedoch keine Auszahlung im Wortsinne. Ausreichend ist vielmehr, wenn das zur Erhaltung des Stammkapitals erforderliche Vermögen der Immofonds GmbH beeinträchtigt worden ist. Dies kann nicht nur durch eine Auszahlung, sondern etwa auch durch eine Wertminderung geschehen. Denn § 30 Abs. 1 GmbHG bezweckt keinen gegenständlichen, sondern nur einen wertmäßigen Vermögensschutz.[127]

Hier ist die 25.000-Euro-Beteiligung der Immofonds GmbH an der Immofonds GmbH & Co. KG der einzige Vermögenswert der GmbH. Nach der erfolgten Ausschüttung aus dem Vermögen der Immofonds GmbH & Co. KG ist der Wert dieser Beteiligung erheblich und dauerhaft vermindert. Er dürfte bei praktisch Null liegen. Der Wert der Beteiligung ist deshalb in den Büchern der GmbH gemäß § 253 Abs. 2 S. 3, Hs. 2 HGB zwingend von 25.000 Euro auf den buchhalterischen »Erinnerungswert« von 1 Euro abzuschreiben. Diese **Abschreibung** hat zur Folge, dass das zur Erhaltung des Stammkapitals erforderliche Vermögen der Immofonds GmbH aufgezehrt wird, denn die Beteiligung war der einzige Vermögensgegenstand der GmbH, der das Stammkapital der GmbH abdeckte.

Hinweise: Eine Schmälerung des Vermögens der Komplementärs-GmbH bei einer GmbH & Co. KG kann nicht nur eintreten, wenn, wie hier, die GmbH vermögensmäßig an der KG beteiligt ist und diese Beteiligung aufgrund bestimmter Vorgänge in der KG abgeschrieben werden muss, sondern auch dann, wenn keine vermögensmäßige Beteiligung vorliegt. Denn auch dann haftet die GmbH als persönlich haftender Gesellschafter gemäß §§ 161 Abs. 2, 128 HGB für die Verbindlichkeiten der KG. Im Falle der Überschuldung der KG muss die GmbH daher eine Rückstellung bilden (§ 249 HGB) oder eine Verbindlichkeit passivieren, ohne dass ihr ein werthaltiger Rückgriffsanspruch gegen die KG zusteht.[128] Dadurch kann es zu einem Absinken des zur Erhaltung des Stammkapitals erforderlichen Vermögens kommen.

2. P als GmbH-Gesellschafter

§ 30 Abs. 1 GmbHG setzt des weiteren voraus, dass das zur Erhaltung des Stammkapitals erforderliche Vermögen der Immofonds GmbH an einen GmbH-Gesellschafter »ausgezahlt« worden ist, d. h. ein Gesellschafter der Immofonds GmbH die Gelder erhielt. Hier wurde das Geld an P ausgezahlt. P ist jedoch kein Gesellschafter der Immofonds GmbH, sondern lediglich an der Immofonds GmbH & Co. KG als Kommanditist beteiligt. Folglich ist durch die Auszahlung der 29.000 Euro kein Gesellschafter der Immofonds GmbH begünstigt worden. Es liegt daher keine Zahlung vor, die gegen die Vorschrift des § 30 Abs. 1 GmbHG verstößt. Ein Anspruch aus § 31 GmbHG gegen P scheidet damit aus.

II. Anspruch der Immofonds GmbH & Co. KG aus § 31 Abs. 1 GmbHG analog

Zwar wurde hier ein Anspruch der Immofonds GmbH & Co. KG gegen P aus § 31 Abs. 1 GmbHG auf Rückzahlung der 29.000 Euro abgelehnt, der KG könnte aber ein inhaltsgleicher Anspruch gegen P aus § 31 Abs. 1 GmbHG analog zustehen.

---

127 *Raiser*, Kapitalgesellschaftsrecht, § 37 Rn. 1 ff.
128 Vgl. BGH NJW 1990, 1725, 1729; 1973, 1036, 1038.

Gegen eine solche analoge Anwendung des § 31 Abs. 1 GmbHG lässt sich einwenden, dass P lediglich Kommanditist der KG ist. Anders als der GmbH-Gesellschafter verspricht der Kommanditist nämlich gerade nicht die Erhaltung des Stammkapitals der GmbH. Denn er ist an der GmbH überhaupt nicht beteiligt. Jedoch ist zu bedenken, dass den Gläubigern einer GmbH & Co. KG nur ein **begrenzter Haftungsfonds** zur Verfügung steht. Wenigstens dieser Fonds muss den Gläubigern erhalten bleiben. Da dieser Fonds, wie aufgezeigt, auch durch Auszahlungen an die Kommanditisten geschmälert werden kann, muss das Auszahlungsverbot der §§ 30 f. GmbHG auch für die Kommanditisten gelten. Daher sind entsprechend § 31 Abs. 1 GmbHG auch die Kommanditisten unabhängig von der Höhe ihrer Haftsumme verpflichtet, Auszahlungen aus dem Vermögen **der KG** zu erstatten, soweit dadurch zugleich das Stammkapital der GmbH angegriffen worden ist.[129] Der Nur-Kommanditist einer GmbH & Co. KG ist daher ebenso wie ein GmbH-Gesellschafter für die Ausstattung der GmbH mit Kapital verantwortlich.[130] Dieses Ergebnis wird durch die Vorschrift des **§ 172 a HGB** bestätigt. Danach gelten die § 32 a und b GmbHG und damit das Verbot der Rückgewähr eigenkapitalersetzender Darlehen auch für die Darlehensgewährung von Kommanditisten. Das aber bedeutet nichts anderes, als dass der Gesetzgeber den Kommanditisten einer GmbH & Co. KG eine **Finanzierungsverantwortung** für die GmbH auferlegt hat.

Die aus der Finanzierungsverantwortung der Kommanditisten resultierenden Ansprüche auf Wiedereinzahlung ausgeschütteter Beträge aus dem GmbH & Co. KG-Vermögen stehen der KG zu.[131] Denn aus deren Vermögen erfolgten die Ausschüttungen. Sie sind deshalb auch wieder in das Vermögen der KG zurückzuführen.

Der Immofonds GmbH & Co. KG kann deshalb gegen P entsprechend § 31 Abs. 1 GmbHG einen Anspruch auf Rückzahlung von 29.000 Euro geltend machen.

---

129 BGH NJW 1990, 1725, 1729; *Hueck/Fastrich*, in Baumbach/Hueck, GmbHG, § 30 Rn. 23 (mwN); *Raiser*, Kapitalgesellschaftsrecht, § 45 Rn. 15 f.; *K. Schmidt*, Gesellschaftsrecht, § 56 Vb 1 b.
130 BGH NJW 1990, 1725, 1729.
131 Für einen Anspruch der KG: BGH NJW 1973, 1936, 1938; *Hueck/Fastrich*, in Baumbach/Hueck, GmbHG, § 30 Rn. 22 (mwN); *Raiser*, Kapitalgesellschaftsrecht, § 45 Rn. 15.

Fall 7
»Fehlgeschlagene Studententräume«
Verdeckte Sacheinlage, Schütt-aus-Hol-zurück-Verfahren

Die beiden Betriebswirtschaftsstudenten S und W wollen möglichst schnell und einfach viel Geld verdienen. Da S über gute Beziehungen zu einem Sojamehlproduzenten in den USA verfügt und dieses Mehl in Deutschland ihrer Ansicht nach sehr gefragt ist, beschließen beide, neben dem Studium einen Sojamehlhandel aufzubauen. Um möglichst nicht persönlich zu haften, wollen beide das Unternehmen in der Rechtsform einer GmbH betreiben. Sie vereinbaren, die Soja-GmbH, deren Stammkapital 30.000 Euro betragen wird, zu gründen. An der Gesellschaft sollen beide Studenten zu gleichen Anteilen beteiligt sein und jeweils als alleinvertretungsberechtigte Geschäftsführer fungieren.

S und W erkundigen sich bei einem Rechtsanwalt über den genauen Gründungsablauf einer GmbH. Nachdem dieser ihnen die Details mitgeteilt hat, empfinden S und W die Gründungsprozedur als äußerst lästig. Insbesondere sehen sie es als Zumutung an, 30.000 Euro in bar in die GmbH einlegen zu müssen. Das Geld möchten sie lieber für sich behalten, um es in Clubs und Bars ausgeben zu können.

Da S und W jeweils einen Sportwagen besitzen, den sie von ihren Eltern zum Bestehen der universitären Zwischenprüfungen geschenkt bekommen hatten, kommen sie auf die Idee, statt des Geldes die Sportwagen in die GmbH einzubringen und diese dann als Dienstwagen für private Zwecke zu nutzen. Als sie von ihrem Rechtsanwalt hören, dass die Einbringung der Sportwagen eine Sachgründung darstellt, die wegen der Erstellung eines Sachgründungsberichtes noch komplizierter als eine Bargründung sei, ersinnen sie folgenden Plan: Bei der Gründung der Soja-GmbH werden die Einlagen von jeweils 15.000 Euro in voller Höhe in bar eingebracht. Einen Monat nach Eintragung der Gesellschaft soll die GmbH die beiden Sportautos zu jeweils 15.000 Euro von S und W abkaufen. So geschieht es.

Der Sojamehlhandel verläuft anfangs sehr einträglich. Berauscht von dem Geld, verbringen W und S noch mehr Zeit als sonst in Clubs und Bars. Dort geben sie sich als erfolgreiche junge Geschäftsleute aus, kümmern sich allerdings immer weniger um den Sojamehlhandel. Die Geschäfte der Gesellschaft laufen deshalb immer schlechter. Wenig später fahren S und W die beiden Sportwagen auf einer Dienstreise ohne Eigenverschulden zu Schrott. Die Wagen werden von einem Autoverwerter entsorgt.

Knapp ein Jahr nach Gründung der Soja-GmbH muss über deren Vermögen das Insolvenzverfahren eröffnet werden.

1. Insolvenzverwalter I fragt an, ob der Gesellschaft im Zusammenhang mit dem Sportwagengeschäft irgendwelche Ansprüche gegen S und W zustehen. Es ist

davon auszugehen, dass der Kaufpreis von jeweils 15.000 Euro dem realen Wert der Sportwagen entsprach.

2. S und W verlangen Ersatz für ihre beiden Sportwagen und Rückzahlung der bereits geleisteten Bareinlagen. Zu Recht?

Lösungsvorschlag Fall 7

Zu Frage 1: Ansprüche des Insolvenzverwalters

I. Anspruch auf Rückzahlung der 30.000 Euro aus § 31 Abs. 1 GmbHG i. V. m. § 30 Abs. 1 GmbHG

Der Insolvenzverwalter könnte gegen die S und W wegen des Ankaufs der Sportwagen einen Anspruch der Soja-GmbH auf Rückzahlung der 30.000 Euro gemäß § 80 Abs. 1 InsO, § 31 Abs. 1 GmbHG i. V. m. § 30 Abs. 1 GmbHG geltend machen. Dann müsste mit der Auszahlung des Kaufpreises für die Sportwagen (30.000 Euro) der Vorschrift des § 30 Abs. 1 GmbHG zuwider gehandelt worden sein. Das ist nur der Fall, wenn durch die Auszahlung das zur Erhaltung des Stammkapitals der Soja-GmbH erforderliche Vermögen angegriffen worden ist. Das könnte auf den ersten Blick bejaht werden, da hier 30.000 Euro aus der Gesellschaft geflossen sind, was nominal dem Stammkapital der Gesellschaft entspricht. Zu beachten ist jedoch, dass § 30 Abs. 1 GmbHG keinesfalls den konkret-gegenständlichen Erhalt des Stammkapitals verlangt, sondern die Beeinträchtigung des Vermögens unter Berücksichtigung einer **rechnerisch-bilanziellen Betrachtungsweise** erfordert.[132]

Hier zahlte die Soja-GmbH an die Gesellschafter S und W zwar 30.000 Euro aus, dafür erhielt die GmbH allerdings auch zwei Sportwagen mit einem Wert von zusammen 30.000 Euro. Wegen der Gleichwertigkeit der Gegenleistungen ist das zur Erhaltung des Stammkapitals erforderliche Vermögen auch nach Auszahlung der 30.000 Euro noch vorhanden. Folglich liegt kein Verstoß gegen § 30 Abs. 1 GmbHG vor. Ein Anspruch aus § 31 Abs. 1 GmbHG besteht damit nicht.

II. Anspruch auf nochmalige Einzahlung der Bareinlage in Höhe von 30.000 Euro nach § 3 Abs. 1 Nr. 4 GmbHG i. V. m. § 19 Abs. 5 GmbHG analog

Der Soja-GmbH könnte gegen S und W ein Anspruch auf (nochmalige) Einzahlung der Bareinlage aus § 3 Abs. 1 Nr. 4 GmbHG i. V. m. § 19 Abs. 5 GmbHG analog zustehen.

Dann dürfte der Anspruch der Soja-GmbH auf Erbringung der Bareinlage aus § 3 Abs. 1 Nr. 4 GmbHG noch nicht gemäß § 362 BGB durch **Erfüllung** erloschen sein. Erfüllung könnte insofern eingetreten sein, als S und W die nach § 3 Abs. 1 Nr. 4 GmbHG versprochenen 30.000 Euro bereits als Bareinlage eingezahlt haben. Da S und W aber von Anfang an planten, mit Hilfe der späteren Sportwagenveräußerung die 30.000 Euro aus der GmbH wieder abzuziehen, ist fraglich, ob die Erfüllungswirkung der Einzahlung anzuerkennen ist.

1. Versagung der Erfüllungswirkung gemäß § 19 Abs. 5 GmbHG Alt 1. GmbH

Gemäß § 19 Abs. 5 GmbHG ist die Erfüllungswirkung einer Einlagenzahlung grundsätzlich zu verneinen, wenn eine vereinbarte Bareinlage nicht durch Bargeld, sondern durch einen Sachwert an **Erfüllungs Statt** geleistet wird.[133] Hier haben S und W die im Gesellschaftsvertrag versprochene Bareinlage in bar an die So-

---

132 So bereits RGZ 142, 286, 290 (st. Rspr.).
133 *Hueck/Fastrich*, in Baumbach / Hueck, GmbHG, § 19 Rn. 24 (mwN); *Lutter/Hommelhoff*, GmbHG, § 19 Rn. 36; *Raiser*, Kapitalgesellschaftsrecht, § 28 Rn. 16.

ja-GmbH gezahlt, sodass § 19 Abs. 5 Alt. 1 GmbHG jedenfalls vom Wortlaut her nicht einschlägig ist.

2. Versagung der Erfüllungswirkung gemäß § 19 Abs. 5 analog (verdeckte Sacheinlage)

Fraglich ist, ob hier § 19 Abs. 5 Alt. 1 GmbHG analog anzuwenden ist, weil bei wirtschaftlicher Betrachtungsweise S und W keine Bar-, sondern eine Sacheinlage erbracht haben. Denn das mit der Bareinlage eingezahlte Geld war von vornherein dazu bestimmt, die Sportwagen von S und W zu erwerben. Die Sportwagen, nicht aber das Geld, sollte die Soja-GmbH endgültig behalten. Berücksichtigt man Sinn und Zweck des § 19 Abs. 5 GmbHG, die Einhaltung der strengen Sacheinlagevorschriften zu gewährleisten, indem Sacheinlagen im Gesellschaftsvertrag als solche ersichtlich zu machen sind,[134] liegt hier eine analoge Anwendung des § 19 Abs. 5 GmbHG nahe. Das hätte zur Folge, dass die Erfüllungswirkung der ursprünglich gezahlten Bareinlage zu versagen ist. Eine analoge Anwendung des § 19 Abs. 5 GmbHG ist aber nur möglich, wenn hier auch wirklich eine sog. **verdeckte Sacheinlage** vorliegt.[135]

a) Objektiver Tatbestand der verdeckten Sacheinlage

Der **objektive Tatbestand** der verdeckten Sacheinlage ist durch drei Tatbestandsmerkmale gekennzeichnet: **1.** Vorliegen einer Bareinlage, **2.** Vorliegen eines Umgehungsgeschäftes und **3.** enger sachlich-zeitlicher Zusammenhang zwischen 1. und 2.

(1) Bareinlage

Laut Sachverhalt haben S und W die Zahlung einer Bareinlage in einer Gesamthöhe vom 30.000 Euro vereinbart. Das Geld wurde von beiden vollständig eingezahlt. Eine Bareinlage liegt damit vor.

(2) Umgehungsgeschäft: Ausschaltung der Werthaltigkeitskontrolle und Registerpublizität

Nicht jedes nach der Gründung erfolgte Geschäft eines Gesellschafters mit der GmbH ist als Umgehungsgeschäft einzustufen. Normale **Drittgeschäfte** müssen zulässig sein. Daher stellt sich die Frage, wie unzulässige Umgehungsgeschäfte von zulässigen Drittgeschäften abzugrenzen sind. Diese Abgrenzung wird dadurch erschwert, dass Umgehungsgeschäfte in verschiedenen Erscheinungsformen auftreten können. So kann etwa die GmbH das als Bareinlage eingezahlte Geld des Gesellschafters für die Tilgung einer privaten Schuld des Gesellschafters bei einem Dritten verwenden oder, wie hier, einen Gegenstand von dem Gesellschafter käuflich erwerben. Um ein **Umgehungsgeschäft** sicher als solches identifizieren zu können, sollte man sich die **Wesensmerkmale** eines Umgehungsgeschäftes vor Augen führen. Typischerweise fließt bei einem solchen Geschäft die zuvor eingezahlte Bareinlage aus der Gesellschaft wieder ab. Die Geldleistung

---

134　*Hueck/Fastrich*, in Baumbach/Hueck, GmbHG, § 19 Rn. 23; *Lutter/Hommelhoff*, GmbHG, § 19 Rn. 33.

135　*Hueck/Fastrich*, in Baumbach/Hueck, GmbHG § 19 Rn. 30 (mwN); *Raiser*, Kapitalgesellschaftsrecht, § 26 Rn. 72.

des Einlegers gleicht einem »**geworfenen Ball, der an einem Gummiband hängt und wieder zurückschnellt.**«[136] Im Gegenzug erhält die Gesellschaft einen Sachgegenstand. Dessen Wert kann bei Eintragung der Gesellschaft wegen der gewählten Verfahrensweise durch das Registergericht nicht kontrolliert werden (§§ 5 Abs. 4, 9 c Abs. 1 S. 2 GmbHG). Auch die registerlichen Publizitätsvorschriften laufen leer. Für den Rechtsverkehr besteht weiterhin der Eindruck, das Kapital der Gesellschaft setzt sich, wie bei der Gründung der Gesellschaft vereinbart, aus Bareinlagen zusammen.

Hier wurden zwar von S und W Bareinlagen vereinbart und von beiden auch in voller Höhe eingezahlt. Durch den Ankauf der beiden Sportwagen sind die Einlagen jedoch wieder aus der GmbH herausgeflossen, und zwar ohne dass die Übertragung der Sportwagen publik gemacht worden ist und deren Werthaltigkeit überprüft wurde. Die für die Sachgründung geltenden Werthaltigkeits- und Publizitätsvorschriften (§§ 5 Abs. 4, 9 c Abs. 1 S. 2 GmbHG) laufen somit ins Leere. Es liegt ein Umgehungsgeschäft vor.

(3) Enger sachlicher und zeitlicher Zusammenhang

Neben der objektiven Umgehung der Wertprüfungs- und Publizitätsvorschriften wird für den objektiven Tatbestand der verdeckten Sacheinlage ein **enger sachlicher und zeitlicher Zusammenhang** zwischen Bareinlage und Gegengeschäft gefordert.[137] Lehre und Rechtsprechung setzen diesen Zeitraum auf **ungefähr 6 Monate** an.[138] Hier erfolgte das Umgehungsgeschäft einen Monat nach Gründung. Ein enger sachlicher und zeitlicher Zusammenhang zwischen Bareinlage und Gegengeschäft ist folglich zu bejahen, sodass hier der objektive Tatbestand der verdeckten Sacheinlage erfüllt ist.

b) Subjektives Tatbestandsmerkmal: Umgehungsabrede

Strittig ist, ob der Tatbestand der verdeckten Sacheinlage neben objektiven Merkmalen noch **subjektive Tatbestandsmerkmale** enthält. Eine Ansicht hält allein das objektive Vorliegen eines Umgehungsgeschäft, das in einem sachlich-zeitlichem Zusammenhang zur Bareinlage steht, für ausreichend.[139] Dem ist **entgegenzuhalten**, dass normale **Verkehrsgeschäfte** zwischen Gesellschaftern und Gesellschaft **nicht verboten** sein dürfen. Diese sollten nicht allein deshalb unzulässig sein, weil ein enger sachlich-zeitlicher Zusammenhang zur Gründung besteht. Deshalb muss zwischen einem zulässigen Verkehrsgeschäft und einem unzulässigen Koppelungsgeschäft auch auf subjektiver Ebene abgegrenzt werden können. Daher ist nach der Rechtsprechung der Tatbestand einer verdeckten Sacheinlage nur zu bejahen, wenn neben den objektiven Merkmalen auch das Bestehen einer subjektiven **Umgehungsabrede** nachgewiesen werden kann. Das Bestehen dieser Abrede wird vermutet, wenn das Gegengeschäft in engem sachlich-zeitlichen Zusammenhang mit der Bareinlageverpflichtung steht.[140]

---

136 BGHZ 28, 314, 319 f.
137 BGHZ 132, 133, 139; *Raiser*, Kapitalgesellschaftsrecht, § 26 Rn. 79.
138 *Lutter/Hommelhoff*, GmbHG, §5 Rn. 40, 43; OLG Köln ZIP 1999, 399, 400; skeptisch: *Raiser*, Kapitalgesellschaftsrecht, § 26 Rn. 80.
139 *Lutter/Hommelhoff*, GmbHG § 5 Rn. 43; *Raiser*, Kapitalgesellschaftsrecht, § 26 Rn. 81.
140 BGH NJW 1996, 1286, 1288.

Hier haben S und W die Vorgehensweise genau geplant und mit dem Sportwagengeschäft bewusst bezweckt, die Sacheinlagevorschriften zu umgehen. Der subjektive Tatbestand der verdeckten Sacheinlage ist damit erfüllt.

c) Kritik

Die Rechtsfigur der verdeckten Sacheinlage wird von einer **Mindermeinung abgelehnt**. Die Regeln der verdeckten Sacheinlage seien eine **Überreaktion** des Rechts. Für den Gläubigerschutz reichten die normalen Gründungsvorschriften sowie die **haftungsbewehrte Selbstverantwortung** der Gesellschaftsorgane aus.[141] Die **praktischen Erfahrungen** zeigen jedoch, dass die Selbstverantwortung der Organe gerade nicht genügt, um das Prinzip der Kapitalaufbringung **effektiv durchzusetzen**.[142]

Daher möchte eine **vermittelnde Meinung** zwar grundsätzlich die Notwendigkeit der Rechtsfigur von der verdeckten Sacheinlage anerkennen, der Gesellschaft aber keinen vollen Anspruch auf erneute Einzahlung der Bareinlage zubilligen, sondern lediglich einen Anspruch auf Zahlung der **Differenz** zwischen der geschuldeten Bareinlage und dem Wert der verdeckten Sacheinlage.[143] Dagegen spricht aber, dass sich der genaue **Wert** einer verdeckten Sacheinlage im nachhinein regelmäßig nur **schwer ermitteln** lassen wird. Diese Unsicherheiten dürfen nicht zu Lasten der Gesellschaft und damit zu Lasten des Prinzips der effektiven Kapitalaufbringung gehen. Es ist daher an der Rechtsfigur der verdeckten Sacheinlage in vollem Umfang festzuhalten.

d) Zwischenergebnis:

Bei dem Ankauf der beiden Sportwagen handelt es sich um eine verdeckte Sacheinlage. Es findet § 19 Abs. 5 GmbHG analoge Anwendung. Deshalb ist den Einlagenzahlungen von S und W ihre Erfüllungswirkung zu versagen. Der Soja-GmbH steht daher gemäß § 3 Abs. 1 Nr. 4 GmbHG gegen S und W ein Anspruch auf erneute Einzahlung der Bareinlage in Höhe von jeweils 15.000 Euro zu.

> **Hinweise:** Das Vorliegen einer verdeckten Sacheinlage ist nicht immer leicht zu erkennen. Problematisch sind etwa solche Fälle, in denen die Gesellschafter ihre Einlageverpflichtung bei einer Barkapitalerhöhung[144] mit Mitteln erfüllen wollen, die sie kurz zuvor von der Gesellschaft aufgrund einer Gewinnauszahlung (zum Zwecke der sofortigen Wiedereinlage) erhalten haben. (sog. Schütt-aus-Hol-zurück-Verfahren)[145] Um auch solche Fallkonstellationen als Umgehung der Sacheinlagevorschriften erfassen zu können, sollte man sich **Sinn und Zweck** der Rechtsfigur der verdeckten Sacheinlage vergegenwärtigen. Wie bereits oben aufgezeigt, bezwecken die Sacheinlagevorschriften des GmbH-Rechts **zweierlei**: Zum einen soll eine **Prüfung der Werthaltigkeit** der Sacheinlage stattfinden. Daher müssen die Gesellschafter gemäß § 5 Abs. 4 S. 2 GmbHG

---

141 Vgl. etwa *Einsele*, NJW 1996, 2681, 2683 ff.; *Roth*, NJW 1991, 1913, 1916 f.

142 *Hüffer*, AktG, § 27 Rn. 12; *Raiser*, Kapitalgesellschaftsrecht, § 26 Rn. 77.

143 *Grunewald*, Gesellschaftsrecht, 2. C. Rn. 27 f.

144 Auch bei einer Kapitalerhöhung sind gemäß § 56 Abs. 2 GmbHG die §§ 9 und 19 Abs. 5 GmbHG zu beachten.

145 Näher dazu: *Endriss/Haas/Küpper*, Steuerkompendium, Band 1, Körperschaftsteuer, Rn. 82.

einen Sachgründungsbericht aufstellen und der Registerrichter die Werthaltigkeit der Sacheinlagen überprüfen (arg. § 9 c Abs. 1 S. 2 GmbHG). Zum anderen dienen die Sacheinlagevorschriften der (Register-) **Publizität**. Den Gläubigern soll erkennbar sein, dass bei Gründung der Gesellschaft keine Barmittel, sondern nur Sachmittel zugeflossen sind. Sind diese Werthaltigkeits- und Publizitätsvorschriften durch eine Gegengeschäft ausgeschaltet worden, liegt eine verdeckten Sacheinlage vor. Dagegen ist eine verdeckten Sacheinlage zu verneinen, wenn zwar eine Gegengeschäft vorliegt, jedoch sowohl eine Prüfung der Werthaltigkeit als auch eine ausreichende Registerpublizität des Gegengeschäftes gesichert ist. Mit diesen Erwägungen stellt der BGH das **Schütt-aus-Hol-zurück-Verfahren** von den Regeln der verdeckten Sacheinlage frei, wenn im Kapitalerhöhungsbeschluss und gegenüber dem Registergericht offengelegt wird, dass die Kapitalerhöhung in einem Schütt-aus-Hol-zurück-Verfahren erfolgen soll.[146]

III. Anspruch aus § 985 BGB auf Rückzahlung des Kaufpreises in Höhe von 30.000 Euro

Ein Anspruch der Soja-GmbH gemäß § 985 BGB auf Rückzahlung der 30.000 Euro setzt voraus, dass die Soja-GmbH noch Eigentümerin des Geldes ist. Anders als im Aktienrecht, wo gemäß § 27 Abs. 3 AktG auch die **dinglichen Erfüllungshandlungen** ausdrücklich von der Unwirksamkeit erfasst sind, führt die verdeckte Sacheinlage im GmbH-Recht nicht zur Unwirksamkeit der dinglichen Erfüllungsgeschäfte.[147] Das ergibt sich aus einem Umkehrschluss zu § 27 Abs. 3 AktG. Ein Anspruch der Soja-GmbH aus § 985 BGB gegen S und W auf Rückzahlung des Geldes besteht deshalb nicht.

IV. Anspruch aus § 812 Abs. 1 S. 1 Alt. 1 BGB (Leistungskondiktion)

Ein Anspruch der Soja-GmbH auf Rückzahlung der 30.000 Euro aus § 812 Abs. 1 Alt. 1 BGB ist zu bejahen. Die Soja-GmbH hat den Kaufpreis für die beiden Sportwagen (30.000 Euro) **ohne Rechtsgrund** an S und W geleistet, denn das Vorliegen einer verdeckten Sacheinlage führt gemäß § 134 BGB zur Unwirksamkeit des schuldrechtlichen Teils des Umgehungsgeschäftes, also der zugrundeliegenden Kaufverträge.

Auf den bereicherungsrechtlichen Rückzahlungsanspruch findet die **Saldotheorie** keine Anwendung.[148] Zwar handelt es sich bei dem Verkauf der Sportwagen um gegenseitige Verträge. S und W sind aber als bösgläubig anzusehen, sodass ihnen die Privilegien der Saldotheorie nicht zugute kommen können.

---

146 BGHZ 135, 381, 384 ff.; anders noch BGHZ 113, 335, 340 ff; *Raiser*, Kapitalgesellschaftsrecht, § 26 Rn. 73.

147 *Hueck/Fastrich*, in Baumach / Hueck, GmbHG, § 19 Rn. 30 c, *Raiser*, Kapitalgesellschaftsrecht, § 26 Rn. 70 f., jedoch strittig.

148 Anders jedoch die herrschende Meinung, ohne sich aber mit der Frage der Bösgläubigkeit auseinanderzusetzen, vgl. BGH ZIP 1998, S. 780, *Hueck/Fastrich*, in Baumbach / Hueck, GmbHG, § 19 Rn. 30 c; *Raiser*, Kapitalgesellschaftsrecht, § 26 Rn. 71; kritisch dagegen *Bayer*, ZIP 1998, 1985, 1991.

Zu Frage 2: Ansprüche S und W gegen die Soja-GmbH auf Ersatz für die Sportwagen sowie auf Rückzahlung der geleisteten Bareinlage

I. Ansprüche auf Ersatz für die beiden Sportwagen

1. Anspruch auf Schadensersatz gemäß §§ 990, 989 BGB

Ansprüche von S und W auf Schadensersatz wegen Zerstörung der Sportwagen aus dem **Eigentümer-Besitzer-Verhältnis** scheitern bereits daran, dass die Sportwagen wirksam an die GmbH übereignet worden sind. Denn das dingliche Erfüllungsgeschäft ist, wie aufgezeigt, trotz des Vorliegens einer verdeckten Sacheinlage wirksam. Es bestand damit zu keinem Zeitpunkt ein Eigentümer-Besitzer-Verhältnis.

2. Ansprüche des S und W auf Herausgabe bzw. Nutzungs- und Wertersatz gemäß § 812 Abs. 1 S. 1 Alt. 1 BGB (Leistungskondiktion)

Da der **Kaufvertrag** über die beiden Sportwagen **unwirksam** ist (s. o.), hat die Soja-GmbH **Besitz und Eigentum** an den Fahrzeugen ohne Rechtsgrund erlangt hat. Sie hat daher die Sportwagen gemäß § 812 Abs. 1 S. 1 Alt. 1 BGB an W und S herauszugeben. Da dies wegen der Verschrottung der beiden Sportwagen **unmöglich** ist, schuldet die Soja-GmbH gemäß § 818 Abs. 1, 2 BGB lediglich **Herausgabe des Verschrottungserlöses.**

II. Anspruch auf Rückzahlung der Bareinlage (30.000 Euro) aus § 812 Abs. 1 S. 2 Alt. 2 BGB

Die Zahlung der Bareinlage durch S und W hat ihre **Tilgungswirkung** verfehlt (s. o.). Ihnen steht daher gemäß § 812 Abs. 1 S. 2 Alt. 2 BGB jeweils ein Rückzahlungsanspruch gegen die Soja-GmbH in Höhe von 15.000 Euro zu. Diesen Rückzahlungsanspruch können S und W nicht mit dem Anspruch der Soja-GmbH aus § 3 Abs. 1 Nr. 4 GmbHG i. V. m. § 19 Abs. 5 GmbHG (analog) auf nochmalige Einlagenzahlung aufrechnen, da es § 19 Abs. 2 S. 2 GmbHG den GmbH-Gesellschaftern verwehrt, die Einlageverpflichtung mit einer Gegenforderung aufzurechnen.

> **Beispiel zum Aufrechnungsverbot:** Gesellschafter G hat seine Einlageverpflichtung in Höhe von 10.000 Euro gegenüber der Gesellschaft noch nicht erfüllt. Er hat jedoch der GmbH einen Pkw für 10.000 Euro veräußert. Die Gesellschaft hat den Kaufpreis noch nicht gezahlt, weil sie sich in Zahlungsschwierigkeiten befindet. Sie verlangt daher von G die Zahlung der Einlage. Hier wäre es für die GmbH und ihre Gläubiger im Hinblick auf das Prinzip der effektiven Kapitalaufbringung ungünstig, wenn G diese Forderung der GmbH mit seiner Kaufpreisforderung aufrechnen könnte und daher nicht zahlen müsste. Daher verbietet § 19 Abs. 2 GmbHG in diesem Fall die Aufrechnung durch den Gesellschafter.
>
> Nicht in § 19 Abs. 2 GmbHG geregelt ist dagegen die Frage, ob die GmbH aufrechnen darf.[149] Dennoch ist anerkannt, dass auch die GmbH wegen des Prin-

---

149 Ganz h. M., siehe nur *Hueck/Fastrich*, in Baumbach/Hueck, GmbHG, § 19 Rn. 18 (mwN).

zips der effektiven Kapitalaufbringung grundsätzlich einem Aufrechnungsverbot unterliegt, denn es kann im obigen Beispiel keinen Unterschied machen, ob der Gesellschafter oder die GmbH aufrechnet. Davon sind jedoch verschiedene Ausnahmen anerkannt:

Im Ausgangsfall ist beispielsweise nicht die GmbH, sondern der G illiquid. Er verlangt daher von der Gesellschaft die Zahlung des Kaufpreises. Darf die Gesellschaft mit ihrer Einlagenforderung aufrechnen? Das ist im Grundsatz zu verneinen. Ausnahmsweise besteht für ein solches Aufrechnungsverbot jedoch kein Anlass, falls eine Aufrechnung für die GmbH wirtschaftlich sinnvoll ist. Das ist etwa der Fall, wenn die Forderung des Gesellschafters gegen die GmbH **vollwertig, fällig und liquide** im Sinne von unbestritten ist[150] oder wenn, wie hier, die Erfüllung der Einlagenforderung wegen der schlechten wirtschaftlichen Lage des Gesellschafters gefährdet ist und die Gesellschaft zur Bezahlung ihrer Schuld mehr aufwenden müsste, als sie durch die Eintreibung der Einlagenforderung erhalten würde.[151]

Fraglich ist, ob der Anspruch der beiden Gesellschafter auf Rückzahlung der Bareinlage im Wege der **Saldotheorie** mit dem Anspruch der Gesellschaft auf Rückzahlung des Kaufpreises zu saldieren ist, so dass der Anspruch der Gesellschafter im Wege der Saldierung untergeht. Das wird teilweise bejaht.[152] Jedoch dient die Saldotheorie nur der Rückabwicklung von Ansprüchen, die in einem Gegenseitigkeitsverhältnis zueinander standen bzw. stehen. Das aber ist hier gerade nicht der Fall. Bareinlage- und Kaufpreisverpflichtung sind rechtlich zwei völlig verschiedene Ansprüche, die nicht über ein Gegenseitigkeitsverhältnis verbunden sind. Die Saldotheorie findet hier daher keine Anwendung. S und W haben deshalb gemäß § 812 Abs. 2 S. 2 Alt. 2 BGB Anspruch auf Rückzahlung der erbrachten Bareinlage in Höhe von jeweils 15.000 Euro.

Hinweise:

1. In der Praxis sind die aus einer verdeckten Sacheinlage erwachsenen Gegenansprüche der Gesellschafter regelmäßig wertlos, weil sich die Gesellschaft meistens in der Insolvenz befinden wird und zudem das Aufrechnungsverbot des §19 Abs. 2 S. 2 GmbHG eingreift.

2. Nach der jüngeren Rechtsprechung des BGH kann eine verdeckte Sacheinlage geheilt werden, wenn durch satzungsändernden Beschluss die ursprüngliche Bareinlage in eine Sacheinlage umgewandelt wird.[153] Einlagengegenstand der Sacheinlage ist dabei nicht etwa der von der Gesellschaft im Rahmen des Umgehungsgeschäftes erworbene Sachgegenstand, sondern der Bereicherungsanspruch des Gesellschafters wegen der fehlgeschlagenen Bareinlagenleistung.[154]

Literaturhinweis: Bayer, ZIP 1998, 1985, 1990 ff. (lesenswert!)

---

150   BGHZ 125, 141, 143 (st. Rspr); *Raiser*, Kapitalgesellschaftsrecht, § 28 Rn. 12.
151   BGHZ 15, 52, 57 f.
152   *Ulmer*, in: Hachenburg, GmbHG, § 19 Rn. 115; *Bayer*, EWiR 1999, S. 69, 70.
153   BGHZ 132, 141 ff.; *Raiser*, Kapitalgesellschaftsrecht, § 26 Rn. 82.
154   Aber strittig, näher dazu: *Hueck/Fastrich*, in Baumbach / Hueck, GmbHG, § 5 Rn. 51 b (mwN).

Fall 8
»Hungerlauf«
Beschlussanfechtung, Gleichbehandlungsgrundsatz, Treuepflicht

Die Ypsilon-GmbH stellt sehr erfolgreich Feinmesstechnik für den industriellen Einsatz her. An ihr sind die Gesellschafter H und K mit jeweils 45 Prozent beteiligt. Die restlichen 10% der Anteile hält der F. Dieser ist ein für H und K unbequemer Gesellschafter. Zwar haben die beiden die Gesellschaft gemeinsam mit F gegründet, mittlerweile jedoch sind die Fähigkeiten und Kenntnisse des F nicht mehr gefragt. Da F zudem sehr kritisch die Geschäftspolitik der Ypsilon-GmbH hinterfragt und auch schon mehrfach erfolgreich Gesellschafterbeschlüsse vor Gericht hat aufheben lassen, wollen H und K ihn seit geraumer Zeit loswerden. Sie versuchten deshalb schon mehrfach, ihn zu überreden, seinen Anteil an H oder K zu veräußern. Er lehnte bislang jedoch immer ab. H und K ersannen daher Anfang 2000 eine andere Strategie. Sie wollen fortan alle Gewinne der Gesellschaft thesaurieren, um den F solange »auszuhungern«, bis er »freiwillig« seinen Anteil zu einem niedrigen Preis an H oder K veräußert. Auf den folgenden Gesellschafterversammlungen der Jahre 2000, 2001 und 2002 beschlossen daher H und K gegen die Stimmen des F, dass der gesamte Jahresgewinn nicht als Dividende ausgeschüttet werde, sondern in die Rücklagen der Gesellschaft einzustellen sei. Offiziell begründet wurde dieses Vorgehen damit, dass die Ypsilon-GmbH Reserven für schlechtere Zeiten zu bilden habe. In Wahrheit verfügt die Gesellschaft über mehr als ausreichend liquide Mittel und bilanzielle »Polster«, um die künftigen Geschäftsjahre erfolgreich bestehen zu können. Auch sind die Fertigungsmaschinen und sonstigen Betriebsmittel auf dem neuesten Stand der Technik und müssen frühestens in fünf Jahren erneuert werden. Zudem verfügt die Gesellschaft über einen großen und treuen Kundenstamm. Die Gesellschaft ist wegen ihres Forschungsvorsprunges Marktführer auf dem Gebiet der Feinmesstechnik. F weiß dies und erkennt, dass H und K ihn über den Umweg der Gewinnthesaurierung loswerden wollen. Er möchte deshalb gegen den Gewinnverwendungsbeschluss des Jahres 2001 Anfechtungsklage erheben.

Hat eine Anfechtungsklage des F Aussicht auf Erfolg?

Lösungsvorschlag Fall 8

Die Klage hat Aussicht auf Erfolg, wenn sie zulässig und begründet ist.

A. Zulässigkeit

I. Statthafte Klageart

Die Geltendmachung rechtlicher Mängel von Gesellschafterbeschlüssen ist im GmbHG – anders als im AktG – nicht geregelt. Weitgehend Einigkeit besteht darin, dass sich die Wirksamkeit von GmbH-Gesellschafterbeschlüssen nicht nach den allgemeinen Regeln (**§§ 134, 138 BGB)** richtet. Denn eine Anwendung der §§ 134, 138 BGB würde allein schon wegen ihrer Unbestimmtheit zu erheblicher Rechtsunsicherheit führen, was mit den Erfordernissen des Kapitalgesellschaftsrechtes nicht zu vereinbaren ist.[155] Statt dessen sind die aktienrechtlichen Anfechtungs- bzw. Nichtigkeitsregeln der **§§ 241 ff. AktG analog** anzuwenden.[156] Das gilt insbesondere für die Frage der statthaften Klageart. Da F Anfechtungsklage erheben möchte und Nichtigkeitsgründe nicht ersichtlich sind, ist hier demnach die Anfechtungsklage (§§ 246, 248 AktG analog) die statthafte Klageart.

II. Klagegegner

Klagegegner ist analog § 246 Abs. 2 AktG die Ypsilon-GmbH, vertreten durch ihren Geschäftsführer.

III. Zuständiges Gericht

Örtlich und sachlich zuständig ist gemäß § 246 Abs. 3 S. 1 AktG analog das Landgericht, in dessen Bezirk die Ypsilon-GmbH ihren Sitz hat.

IV. Allgemeines Rechtsschutzbedürfnis

Bei GmbH-Gesellschaftern ist im Falle einer Beschlussanfechtung das allgemeine Rechtsschutzbedürfnis als Prozessvoraussetzung im Regelfall als gegeben anzusehen. Da keine atypischen Umstände vorliegen, ist dieses hier somit zu bejahen.

V. Ergebnis

Die Anfechtungsklage des F ist zulässig.

B. Begründetheit

Die Anfechtungsklage des F gegen den Gewinnverwendungsbeschluss ist begründet, wenn F die Klage fristgerecht einreicht, er anfechtungsbefugt ist und Anfechtungsgründe vorliegen.

---

155 *K. Schmidt*, in Scholz, GmbHG § 45 Rn. 36.
156 H.M., vgl. *Raiser*, Kapitalgesellschaftsrecht, § 33 Rn. 71; *Roth*, in Roth/Altmeppen, GmbHG, § 47 Rn. 82, kritisch dagegen *Zöllner*, in Baumbach/Hueck, GmbHG, Anh. § 47 Rn. 2 f.

I. Vorliegen von Nichtigkeitsgründen analog § 241 AktG

Unabhängig vom Vorliegen der eben erwähnten Anfechtungsvoraussetzungen ist die Klage des F aber bereits begründet, wenn **Nichtigkeitsgründe** (§ 241 AktG) vorliegen. Zwar erhebt hier F lediglich Anfechtungsklage, Nichtigkeits- und Anfechtungsklage verfolgen jedoch dasselbe materielle Ziel, nämlich die richterliche Klärung der Nichtigkeit des Beschlusses mit Wirkung für und gegen jedermann. Der **Streitgegenstand** ist damit **identisch**. Der Anfechtungsantrag schließt die Feststellung der Nichtigkeit mit ein.[157] Hilfs- bzw. Eventualanträge müssen nicht gestellt werden.[158] Es ist Sache des Gerichtes und nicht des Klägers, ob die Regeln der Nichtigkeitsklage (§§ 241, 249 AktG) oder die der Anfechtungsklage (§§ 243, 246, 248 AktG) zur Anwendung kommen. Bedeutsam ist die Abgrenzung zwischen Anfechtungs- und Nichtigkeitsklage nur für die **Tenorierung des Urteils** sowie für Fälle, in denen die einmonatige Anfechtungsfrist des § 246 Abs. 1 AktG verstrichen ist. Dann nämlich können lediglich Nichtigkeitsgründe geltend gemacht werden.

Das Eingreifen von Nichtigkeitsgründen ergibt sich aus der auch im GmbH-Recht grundsätzlich entsprechend anwendbaren Vorschrift des § 241 AktG.

> **Hinweis:** Bei der analogen Anwendung des § 241 AktG sind stets die Besonderheiten des GmbH-Rechts zu berücksichtigen.[159] So dürfte etwa die in § 241 Nr. 1 AktG angeordnete Nichtigkeitsfolge im Falle der Verletzung von Ladungsvorschriften bei einer GmbH, die regelmäßig personalistischer strukturiert ist als eine AG, unangemessen hart sein.[160]

Hier kommt als Nichtigkeitsgrund einzig ein Verstoß gegen § 241 Nr. 3 AktG in Betracht. Dann müsste die unterbliebene Gewinnausschüttung dem »Wesen der GmbH« widersprechen.

> **Hinweise:** Bei einer schulmäßigen Prüfung des § 241 Abs. 1 Nr. 3 AktG ist die Norm vom Konkreten zum Allgemeinen hin zu untersuchen. Zunächst ist also zu fragen, ob Gläubigerschutzvorschriften verletzt worden sind, sodann, ob Verstöße gegen Vorschriften, die dem öffentlichen Interesse dienen, gegeben sind und erst abschließend, ob ein Beschluss mit dem Wesen der Aktiengesellschaft bzw. der GmbH nicht zu vereinbaren ist.

Das »**Wesen der GmbH**« ist berührt, wenn der Beschluss grundlegende Strukturmerkmale der Gesellschaft verletzt oder aus anderen Gründen offensichtlich keinen Bestand haben kann, ohne dass sich dies auf eine konkrete Norm stützen

---

157 BGHZ 134, S. 364, 366 f.; ZIP 2002, 1684, 1686; *Hüffer*, in: Geßler / Hefermehl / Eckardt / Kropff, § 246, Rn. 20 f.; *ders.*, AktG, § 246 Rn. 13; *Raiser*, Kapitalgesellschaftsrecht, § 16 Rn. 171.

158 So aber noch BGHZ 32, 318, 322.

159 *Raiser*, Kapitalgesellschaftsrecht, § 33 Rn. 72; *Zöllner*, in Baumbach / Hueck, GmbHG, Anh. § 47 Rn. 19 ff.

160 *Zöllner*, in Baumbach / Hueck, § Anh. § 47 Rn. 21 a; für Nichtigkeit dagegen *Raiser*, Kapitalgesellschaftsrecht, § 33 Rn. 72 sowie OLG München, GmbHR 2000, 486, 488 f.

lässt.[161] Dem Nichtigkeitsgrund »Wesen der GmbH« kommt daher nur eine Auffangfunktion zu.[162] Hier wurde lediglich der Gewinn nicht ausgeschüttet. Da das GmbH-Recht keinen Anspruch auf Gewinnausschüttung kennt, wie § 29 Abs. 2 GmbHG zeigt, kann der Thesaurierungsbeschluss nicht gegen das »Wesen der GmbH« verstoßen. Eine Nichtigkeit des Beschlusses analog § 241 Nr. 3 AktG scheidet daher aus.

II. Anfechtungsgründe § 243 AktG analog

1. Anfechtungsbefugnis und –frist

Als Anfechtungsgründe kommen entsprechend § 243 Abs. 1 AktG Gesetzes- oder Satzungsverstöße in Frage. Verstöße gegen die Satzung der Ypsilon-GmbH sind nicht ersichtlich. Der Gewinnverwendungsbeschluss der Gesellschaft könnte jedoch gegen das Gesetz verstoßen. Insbesondere erscheint hier ein Verstoß gegen § 29 Abs. 2 GmbHG für möglich. Darüber hinaus ist an einen Verstoß gegen den Gleichbehandlungsgrundsatz sowie an eine Verletzung der Treuepflicht zu denken. Alle drei Anfechtungsgründe können aber nur dann berücksichtigt werden, wenn F anfechtungsbefugt ist und er die Klage innerhalb der Anfechtungsfrist erhebt.

a) Klagefrist

Für die Klagefrist bei der Anfechtung von GmbH-Beschlüssen gilt **nicht** die **starre Monatsfrist** des § 246 Abs. 1 AktG. Denn die Einführung einer solchen Frist ist Sache des Gesetzgebers. Dennoch besteht Einigkeit darüber, dass die Klage nicht unbefristet erhoben werden kann und eine den Umständen nach zu bemessende **angemessene Frist** gelten muss. Als **Leitbild** wird dabei die Monatsfrist des § 246 Abs. 1 AktG herangezogen,[163] sodass die Klage grundsätzlich innerhalb eines Monates zu erheben ist. F sollte daher seine Klage innerhalb eines Monats einreichen.

b) Anfechtungsbefugnis

Anders als im Aktienrecht (§ 245 AktG) ist im GmbH-Recht **jeder Gesellschafter** anfechtungsbefugt, und zwar unabhängig davon, ob er an der Beschlussfassung teilgenommen hat und Widerspruch zu Protokoll erhoben hat. Denn eine Übertragung der speziellen aktienrechtlichen Anfechtungsbefugnis (§ 245 Nr. 1–3 AktG) ergibt für die GmbH keinen Sinn, weil GmbH-Beschlüsse nicht protokollpflichtig sind.[164] F ist deshalb als Gesellschafter der Ypsilon-GmbH ohne weiteres zur Anfechtung des Gewinnverwendungsbeschlusses befugt.

---

161 *Zöllner*, in Baumbach/Hueck, GmbHG, Anh. § 47 Rn. 23; ähnlich: *Raiser*, Kapitalgesellschaftsrecht, § 33 Rn. 73.
162 *Hüffer*, AktG, § 241 Rn. 16; ausführlich: *Raiser*, Kapitalgesellschaftsrecht, § 16 Rn. 131 ff.
163 BGH NJW 1990, 2625, 2625; *Raiser*, Kapitalgesellschaftsrecht, § 33 Rn. 77; kritisch: *Zöllner*, in Baumbach/Hueck, GmbHG, Anh. § 47 Rn. 78 a ff.
164 *Raiser*, Kapitalgesellschaftsrecht, § 33 Rn. 76; *Zöllner*, in Baumbach/Hueck, GmbHG, Anh. § 47 Rn. 72.

Hinweis: Die Anfechtungsbefugnis ist ebenso wie die Anfechtungsfrist Ausdruck des **materiellen Anfechtungsrechts**. Sie ist somit ebenso wie die Anfechtungsfrist nicht bei der Zulässigkeit, sondern bei der **Begründetheit der Klage** zu prüfen.[165]

2. Formelle Rechtswidrigkeit des Beschlusses

Formelle Rechtsverletzungen des Beschlusses, wie etwa die Nichteinhaltung von Ladungsfristen, sind nicht ersichtlich.

3. Materielle Rechtswidrigkeit des Beschlusses

a) Verstoß gegen § 29 Abs. 2 GmbHG

§ 29 Abs. 2 GmbHG gibt der Gesellschaftermehrheit anders als § 58 AktG keine Bindungen auf, welcher Teil des Jahresüberschusses in die Rücklagen einzustellen bzw. vorzutragen ist und welcher Teil ausgeschüttet werden kann.[166] Die Entscheidung obliegt allein dem **freien Ermessen der Gesellschafter**. Der Gewinnverwendungsbeschluss der Ypsilon-GmbH kann daher auch nicht gegen § 29 Abs. 2 GmbHG verstoßen.

b) § 254 Abs. 1 AktG analog?

Die Anfechtung des F könnte hier aber auf § 254 Abs. 1 AktG analog gestützt werden. § 254 Abs. 1 AktG gestattet bei der Aktiengesellschaft die Anfechtung von Gewinnverwendungsbeschlüssen, wenn die Hauptversammlung über das bei vernünftiger kaufmännischer Beurteilung erforderlicher Maß hinaus Gewinne in Rücklagen einstellt bzw. vorträgt. Voraussetzung für eine analoge Anwendung des § 254 AktG ist das Vorliegen einer Gesetzeslücke und damit einer planwidrigen Unvollständigkeit des Gesetzes.[167] Eine solche **Lücke** ist im GmbH-Recht zu **verneinen**.[168] Denn im Regierungsentwurf zum Bilanzrichtliniengesetz war die Einfügung eines dem § 254 AktG entsprechenden § 42 h GmbHG vorgesehen. Dennoch ist diese Vorschrift nicht Gesetz geworden.[169] Außerdem scheitert eine analoge Anwendung des § 254 AktG daran, dass § 254 AktG auf die kapitalistische Struktur der Aktiengesellschaft zugeschnitten ist und somit auf die stärker personalistisch geprägte GmbH nicht übertragbar ist.[170]

c) Verstoß gegen den Gleichbehandlungsgrundsatz

F könnte den Gewinnverwendungsbeschluss wegen eines Verstoßes gegen den Gleichbehandlungsgrundsatz anfechten. Anders als im Aktienrecht (§ 53 a AktG)

165 *Hüffer*, AktG, § 245 Rn. 2 und § 246 Rn. 20; *Raiser*, Kapitalgesellschaftsrecht, § 16 Rn. 144.
166 *Hueck/Fastrich*, in Baumbach / Hueck, GmbHG, § 29 Rn. 29; *Raiser*, Kapitalgesellschaftsrecht, § 36 Rn. 22.
167 Zum Begriff der Gesetzeslücke: *Larenz/Canaris*, Methodenlehre, S. 194.
168 *Hommelhoff*, ZGR 86, 418, 423; *K. Schmidt*, in Scholz, GmbHG, § 46 Rn. 31; *Raiser*, Kapitalgesellschaftsrecht, § 36 Rn. 26.
169 *Raiser*, Kapitalgesellschaftsrecht, § 36 Rn. 26.
170 *Hueck/Fastrich*, in Baumbach / Hueck, GmbHG, § 29 Rn. 31.

ist der Gleichbehandlungsgrundsatz im GmbH-Recht nicht ausdrücklich geregelt. Er gilt aber auch hier,[171] da er bei privatrechtlichen Personenzusammenschlüssen Ausdruck eines **allgemeinen Rechtsgedankens** ist.[172] Der Gleichbehandlungsgrundsatz verlangt von der Gesellschaft, alle Gesellschafter grundsätzlich gleich zu behandeln. Ungleichbehandlungen sind nur bei Vorliegen eines sachlichen Grundes gerechtfertigt.[173] Da hier bei der Gewinnverteilung alle drei Gesellschafter der Ypsilon-GmbH unberücksichtigt geblieben sind, liegt kein Verstoß gegen den Gleichbehandlungsgrundsatz vor.

d) Treuepflichtverstoß

(1) Geltung der Treuepflicht im GmbH-Recht

Der Gewinnverwendungsbeschluss der Ypsilon-GmbH könnte gegen die Treuepflicht verstoßen. Auch wenn die Rechtsgrundlage der Treuepflicht umstritten ist,[174] besteht Einigkeit darüber, dass eine Pflichtenbindung nicht nur zwischen den Gesellschaftern einer Personengesellschaft besteht, sondern trotz der körperschaftlichen Struktur auch zwischen den Gesellschaftern einer GmbH.[175] Denn eine GmbH ist oftmals ähnlich **personalistisch strukturiert** wie eine Personengesellschaft.[176] Zudem bedarf die Möglichkeit der Gesellschaftermehrheit, kraft Mehrheitsbeschluss auf die Rechte der Minderheit einzuwirken, als **Gegengewicht** der entsprechenden Pflicht der Mehrheit, auf die Interessen der Minderheit angemessen Rücksicht zu nehmen.[177] Auch ist zu bedenken, dass es widersinnig wäre, in der Personengesellschaft eine Treuebindung der Mitglieder anzunehmen und bei einem Formwechsel dieser Gesellschaft in eine GmbH die Treuepflicht plötzlich zu verneinen. Die Gesellschafter können nämlich, bildlich gesprochen, ihre Treuepflicht nicht einfach »an der Garderobe abgeben«.

(2) Inhalt der Treuepflicht

Der Inhalt der den Gesellschaftern obliegenden Treuepflicht lässt sich schlagwortartig mit den drei Begriffen **Förderpflicht** – aus der u. U. eine Pflicht zur positiven Stimmabgabe gefolgert wird –, **Schädigungsverbot** und **Rücksichtnahmepflicht** zusammenfassen.[178] Hier kommt einzig eine Verletzung der Rücksichtnahmepflicht in Betracht. Welche Intensität die Rücksichtnahmepflicht entwickelt, hängt von den Umständen des Einzelfalles ab und wird im Wege einer Interessenabwägung ermittelt.[179] Ausschlaggebend sind die Gesichtspunkte der Geeignetheit, Erforderlichkeit und Angemessenheit der jeweiligen Maßnahme im Hinblick auf das Gesellschaftsinteresse.[180] Deshalb verstößt der Gewinnverwendungsbeschluss

---

171 *Raiser*, Kapitalgesellschaftsrecht, § 28 Rn. 56.
172 *Hueck/Fastrich*, in Baumbach / Hueck, GmbHG, § 13 Rn. 35, *Raiser*, Kapitalgesellschaftsrecht, § 28 Rn. 56 und § 12 Rn. 55, jeweils mwN.
173 *Hueck/Fastrich*, in Baumbach / Hueck, GmbHG, § 13 Rn. 36; *Raiser*, Kapitalgesellschaftsrecht, § 28 Rn. 56.
174 Ausführlich dazu: *M. Winter*, Mitgliedschaftliche Treuebindungen, S. 46 ff.
175 *Hueck/Fastrich*, in Baumbach / Hueck, GmbHG, § 13 Rn. 21 (mwN)
176 *Raiser*, Kapitalgesellschaftsrecht, § 28 Rn. 37.
177 BGH NJW 1976, 191, 191; *Raiser*, Kapitalgesellschaftsrecht, § 12 Rn. 26.
178 Vgl. *Raiser*, Kapitalgesellschaftsrecht, § 12 Rn. 47 sowie Rn. 54.
179 *Raiser*, Kapitalgesellschaftsrecht, § 12 Rn. 48.
180 *Hueck/Fastrich*, in Baumbach / Hueck, GmbHG, § 29 Rn. 32.

der Ypsilon-GmbH nur gegen die Treuepflicht, wenn die Rücklagenbildung im Hinblick auf das Gesellschaftsinteresse als nicht geeignet, als nicht erforderlich oder als nicht angemessen anzusehen ist. Hier ist insbesondere fraglich, ob die Einstellung des gesamten Jahresgewinns unter Berücksichtigung der guten wirtschaftlichen Lage der Ypsilon-GmbH erforderlich ist. Für eine Bejahung der Erforderlichkeit spricht immerhin, dass nach Ansicht von H und K die Gesellschaft Reserven für schlechtere Zeiten bilden müsse. Jedoch ist für die Beurteilung der Erforderlichkeit einer Reservenbildung nicht die subjektive Sicht der Mitgesellschafter entscheidend, sondern allein, ob unter Berücksichtigung aller Umstände die Reservenbildung kaufmännisch **objektiv erforderlich** ist.[181] Hier verfügt die Ypsilon-GmbH über mehr als ausreichend liquide Mittel und bilanzielle »Polster«, um erfolgreich die kommenden Geschäftsjahre überstehen zu können. Auch sind die Fertigungsmaschinen und sonstigen Betriebsmittel auf dem neuesten technischen Stand. Sie müssen frühestens in fünf Jahren erneuert werden. Die Risiken aus dem operativen Geschäft sind zudem als gering einzuschätzen, da die Gesellschaft nicht nur wegen ihres Forschungsvorsprungs Marktführer auf dem Gebiet der Feinmesstechnik ist, sondern laut Sachverhalt auch über einen großen und treuen Kundenstamm verfügt. Die Einstellung des gesamten Jahresgewinns ist daher bei objektiver kaufmännischer Betrachtung nicht erforderlich, sodass der Gewinnverwendungsbeschluss gegen die Treuepflicht verstößt.

IV. Ergebnis

Die Klage des F ist zulässig und begründet.

---

181 *Hueck/Fastrich*, in Baumbach/Hueck, GmbHG, § 29 Rn. 34; *Raiser*, Kapitalgesellschaftsrecht, § 36 Rn. 26.

Fall 9
»Alte Freundschaft«
Bezugsrecht und Bezugsrechtsausschluss

F, H und Z sind Gesellschafter der Werbeagentur »art promotion« GmbH und jeweils alleinvertretungsberechtigte Geschäftsführer der Gesellschaft. F und H halten zusammen 85% der Geschäftsanteile der GmbH. Die Gesellschaft weist ein Stammkapital von 30.000 Euro auf und arbeitet sehr profitabel. Alle drei Gesellschafter können von den jährlichen Gewinnausschüttungen ein luxuriöses Leben führen. Anders dagegen der X, ein alter Studienfreund von F und H. Auch dieser gründete nach Abschluss seines Studiums eine Werbeagentur, jedoch nur mit mäßigem Erfolg. X lebt gerade so am Rande des Existenzminimums. F und H möchten aus alter Verbundenheit den X gerne in ihre Gesellschaft aufnehmen. X soll 12% der Geschäftsanteile erhalten. Auf einer der nächsten Gesellschafterversammlungen beschließen daher F und H gegen die Stimmen des Z, das Stammkapital der Gesellschaft durch Ausgabe einer neuen Stammeinlage zu erhöhen und zugleich das Bezugsrecht aller Altgesellschafter auszuschließen. Der neue Geschäftsanteil soll zum Nennwert der Stammeinlage an X ausgegeben werden. Vor der Beschlussfassung legte die Geschäftsführung einen ausführlichen Bericht zur Begründung des Bezugsrechtsausschlusses und des Ausgabepreises der neuen Anteile vor. Auch die sonstigen Beschlussformalitäten wurden eingehalten.

Z ist über den Bezugsrechtsausschluss erbost. Zum einen findet er es unerhört, dass der neue Geschäftsanteil lediglich für den Nennbetrag ausgegeben werden soll. Denn das entspreche, was zutrifft, nur einem Viertel des wahren Wertes der Anteile. Zum anderen befürchtet Z, dass seine Dividendeneinnahmen künftig sinken werden, weil der Gewinn der Gesellschaft nun auch noch mit X geteilt werden müsse. Auch sei die Aufnahme des X überflüssig, da dieser ein »Lebemann« sei und fachlich keine Ahnung habe. Außerdem widerspreche es jeder vernünftigen Geschäftspolitik, die neuen Geschäftsanteile nur aus alter Verbundenheit an X auszugeben. Der von der Gesellschafterversammlung beschlossene Bezugsrechtsausschluss sei deshalb unwirksam. Ihm, dem Z, stünde daher nach wie vor ein Recht auf anteilige Übernahme der neuen Stammeinlage bzw. des neuen Geschäftsanteils zu. F und H lehnen dies ab. Zum einen sei der Bezugsrechtsausschluss wirksam und zum anderen stehe GmbH-Gesellschaftern überhaupt kein Bezugsrecht zu. Der Bezugsrechtsausschluss sei nur vorsorglich auf Anraten der Rechtsberater erfolgt.

Z fragt an, ob ihm ein Recht auf anteilige Übernahme der neuen Stammeinlage bzw. auf anteiligen Erhalt des neuen Geschäftsanteils zusteht.

Lösungsvorschlag Fall 9

Dem Z steht ein Recht auf anteilige Übernahme der neuen Stammeinlage bzw. des neuen Geschäftsanteiles zu, wenn die »art promotion« GmbH verpflichtet ist, den Altgesellschaftern einen ihrer bisherigen Beteiligung am Stammkapital entsprechenden Teil der neuen Stammeinlage einzuräumen.

> **Hinweis:** Terminologisch ist im GmbH-Recht zwischen **Stammeinlage** und **Geschäftsanteil** zu unterscheiden. Der Geschäftsanteil verkörpert das dem jeweiligen Gesellschafter zustehende Mitgliedschaftsrecht. Die Höhe des Geschäftsanteils richtet sich gemäß § 14 GmbHG nach dem Betrag der von den einzelnen Gesellschaftern bei Gründung oder Kapitalerhöhung übernommenen Stammeinlage. Die Stammeinlage wiederum bestimmt den Anteil des jeweiligen Gesellschafters am Stammkapital und dessen Beitragspflicht (vgl. § 3 Abs. 1 Nr. 4 und § 5 Abs. 1 GmbHG). Im Übrigen ist die Unterscheidung zwischen Stammeinlage und Geschäftsanteil lediglich begrifflicher Natur.[182]

I. Anspruch auf Übernahme aus Bezugsrecht

Eine Verpflichtung der »art promotion« GmbH auf anteilige Gewährung von Geschäftsanteilen könnte dann bestehen, wenn GmbH-Gesellschaftern ein **Bezugsrecht** auf neue Geschäftsanteile zusteht. Ob aber ein solches Bezugsrecht im GmbH-Recht existiert, ist fraglich. Im Aktienrecht bestimmt zwar § **186 Abs. 1** **AktG**, dass jeder Aktionär Anspruch auf anteilige Zuteilung neuer Aktien hat. Im GmbH-Recht fehlt aber eine solche Regelung, sodass ein Bezugsrecht hier durchaus verneint werden könnte. Bekräftigt wird diese Sichtweise durch § 55 Abs. 2 GmbHG, der es den Gesellschaftern gestattet, zur Übernahme neuer Anteile auch Dritte zuzulassen.[183] Jedoch sagt § 55 Abs. 2 GmbH nichts darüber aus, ob ein gesetzliches Bezugsrecht existiert. Daher kann § 55 Abs. 2 GmbHG auch so verstanden werden, dass die Gesellschafter die neuen Anteile nicht zwingend selbst übernehmen müssen, sondern auch an Dritte vergeben dürfen.[184] Entscheidend aber spricht für die Existenz eines Bezugsrechts der GmbH-Gesellschafter die **Rechtslage im Aktienrecht**. Dort steht, wie bereits aufgezeigt, allen Aktionären gemäß § 186 Abs. 1 AktG ein Bezugsrecht zu. Damit soll den Aktionären die Möglichkeit eingeräumt werden, bei jeder Kapitalerhöhung ihre Beteiligungsquote durch Ausübung des Bezugsrechtes zu erhalten. Diese gesellschafterschützende Erwägung trifft auch auf die GmbH zu. Das gilt um so mehr, als die GmbH typischerweise weniger kapitalistisch geprägt ist als die AG[185] und GmbH-Anteile bei weitem nicht so fungibel sind wie Aktien. Der GmbH-Gesellschafter ist deshalb sogar schutzwürdiger als ein Aktionär. Er muss folglich mindestens genauso geschützt sein wie ein Aktionär.[186] Auch im GmbH-Recht steht daher den Gesellschaftern bei Kapitalerhöhungen ein Bezugsrecht **entsprechend** § **186 Abs. 1 AktG** zu.

---

182 Vgl. *Roth*, in Roth / Altmeppen, GmbHG, § 5 Rn. 19.
183 *Roth*, in Roth / Altmeppen, GmbHG, § 55 Rn. 18.
184 *Priester*, DB 1980, 1925, 1928.
185 *K. Schmidt*, Gesellschaftsrecht, § 37 V 1 ee; *Raiser*, Kapitalgesellschaftsrecht, § 39 Rn. 6; grundlegend: *Priester*, DB 1980, 1925, 1927 ff.
186 *Priester*, DB 1980, 1925, 1028.

II. Wirksamer Ausschluss des Bezugsrechts

Die Gesellschafterversammlung der »art promotion« GmbH hat im Kapitalerhöhungsbeschluss das Bezugsrecht der Gesellschafter ausgeschlossen. Das könnte zum Entfall des grundsätzlich bestehenden Bezugsrechtes des Z führen. Voraussetzung ist jedoch, dass der hier vorgenommene Bezugsrechtsausschluss wirksam ist. Andernfalls lebt das Bezugsrecht des Z wieder auf.

1. Dispositionsbefugnis der Gesellschafterversammlung

Fraglich ist zunächst, ob das Bezugsrecht überhaupt zur Disposition der Gesellschafterversammlung steht. Dagegen könnte immerhin der Zweck des Bezugsrechtes sprechen, die Gesellschafter(minderheit) vor einem Absinken der Beteiligungsquote zu schützen. Die Bestimmung des § 55 Abs. 2 GmbHG zeigt jedoch, dass die neuen Anteile auch an Dritte vergeben werden können. Sie setzt damit die Möglichkeit eines Bezugsrechtsausschlusses voraus.

2. Formale Rechtmäßigkeit des Bezugsrechtsausschlusses

Da hier das Bezugsrecht der GmbH-Gesellschafter vorrangig mit einer Analogie zu § 186 AktG begründet worden ist, sind die formalen Anforderungen, die § 186 AktG an den Bezugsrechtsausschluss stellt, auch im GmbH-Recht zu beachten.[187] Daher bedarf analog § 186 Abs. 3 S. 2 AktG ein Bezugsrechtsausschluss neben der Stimmenmehrheit des § 53 Abs. 2 GmbHG eine Kapitalmehrheit von drei Viertel des bei der Beschlussfassung vertretenen Stammkapitals.[188] Auch muss nach § 186 Abs. 3 S. 1 AktG der Bezugsrechtsausschluss im Kapitalerhöhungsbeschluss selbst erfolgen. Hier besitzen H und F zusammen 85% der GmbH-Anteile, sodass davon auszugehen ist, dass der Beschluss mit der erforderlichen Mehrheit zustande gekommen ist. Laut Sachverhalt ist der Bezugsrechtsausschluss auch durch den Kapitalerhöhungsbeschluss selbst erfolgt.

Von diesen Formalien abgesehen verlangt § 186 Abs. 4 S. 1 und S. 2 AktG darüber hinaus, den Bezugsrechtsausschluss auf der Tagesordnung ausdrücklich anzukündigen und eine schriftliche Begründung für den Bezugsrechtsausschluss vorzulegen.[189] Beide Voraussetzungen sind hier erfüllt. Die art promotion GmbH hatte den Bezugsrechtsausschluss ausdrücklich angekündigt und einen entsprechenden schriftlichen Bericht erstellt.

3. Materielle Rechtmäßigkeit des Bezugsrechtsausschlusses

§ 186 AktG stellt neben verschiedenen formellen Anforderungen keine ausdrücklichen materiellen Anforderungen an die Rechtmäßigkeit eines Bezugsrechtsausschlusses. Materielle Anforderungen könnten sich aber aus § 255 Abs. 2 AktG analog sowie aus der Rechtsfigur der materiellen Beschlusskontrolle ergeben.

---

187 *Zöllner*, in Baumbach/Hueck, GmbHG, § 55 Rn. 13.
188 *Raiser*, Kapitalgesellschaftsrecht, § 39 Rn. 7.
189 *Zöllner*, in Baumbach/Hueck, GmbHG, § 55 Rn. 13.

a) § 255 Abs. 2 AktG analog

§ 255 Abs. 2 AktG findet im GmbH-Recht analoge Anwendung.[190] Gemäß § 255 Abs. 2 AktG kann ein Kapitalerhöhungsbeschluss mit Bezugsrechtsausschluss angefochten werden, wenn der **Ausgabebetrag** der neuen Geschäftsanteile **unangemessen niedrig** ist. Bei der Frage der Angemessenheit sind alle Umstände des Einzelfalles zu berücksichtigen.

Hier sollen die neuen Anteile zu einem Viertel des wahren Wertes ausgegeben werden. Das ist zwar ein starkes Indiz für die Unangemessenheit des Ausgabebetrages, reicht allein aber noch nicht aus, um die Unangemessenheit des Ausgabepreises der Anteile begründen zu können. So könnte nämlich ein derart niedriger Ausgabebetrag aus Gründen des Gesellschaftsinteresses gerechtfertigt sein, etwa wenn die Gesellschaft mit einem Dritten eine strategische Allianz eingehen möchte, der Dritte dazu aber nur bereit ist, wenn er Anteile zu einem Vorzugspreis erhält. Hier soll dem X jedoch nur aus alter Freundschaft ein preiswerter Gesellschaftsanteil verschafft werden. Das aber ist kein Grund, der einen derartigen Preisabschlag rechtfertigt. Daher kann der Ausgabebetrag der Anteile nur als unangemessen niedrig angesehen werden. Der Bezugsrechtsausschluss ist deshalb analog § 255 Abs. 2 AktG anfechtbar.

b) Verstoß gegen den Gleichbehandlungsgrundsatz

Anders als in § 53 a AktG ist der Gleichbehandlungsgrundsatz im GmbH-Recht nicht ausdrücklich geregelt. Er gilt aber auch dort,[191] da er Ausdruck eines für alle privatrechtlichen Personenvereinigungen geltenden **allgemeinen Rechtsgedankens** ist.[192] Hier scheidet ein Verstoß gegen den Gleichbehandlungsgrundsatz jedoch aus, weil in dem Kapitalerhöhungsbeschluss alle Gesellschafter vom Bezugsrecht gleichermaßen ausgeschlossen worden sind. Eine Ungleichbehandlung liegt damit nicht vor.

c) Materielle Beschlusskontrolle

(1) Anwendbarkeit

Nach den Regeln der von Literatur und Rechtsprechung entwickelten sog. materiellen Beschlusskontrolle ist ein **Gesellschafterbeschluss** nur rechtmäßig, wenn er **sachlich gerechtfertigt** ist.[193] Hauptanwendungsfall der materiellen Beschlusskontrolle ist der aktienrechtliche Bezugsrechtsausschluss.[194] Auch der Bezugsrechtsausschluss der GmbH-Gesellschafter unterliegt der materiellen Beschlusskontrolle.[195] Denn die Existenz eines Bezugsrechts der GmbH-Gesellschafter wird in Analogie zum Aktienrecht hauptsächlich mit der Erwägung begründet,

---

190 *Zöllner*, in Baumbach / Hueck, GmbHG, Anh. § 47 Rn. 56.
191 *Raiser*, Kapitalgesellschaftsrecht, § 39 Rn. 7.
192 *Hueck/Fastrich*, in Baumbach / Hueck, GmbHG, § 13 Rn. 35 (mwN); *Raiser*, Kapitalgesellschaftsrecht, § 28 Rn. 56 ff.
193 Grundlegend: BGHZ 71, 40, 44 ff. (»Kali+Salz«); jüngst: BGHZ 138, 71, 76 (»Sachsenmilch«).
194 Vgl. BGHZ 71, 40, 44 ff. (»Kali+Salz«).
195 *Raiser*, Kapitalgesellschaftsrecht, § 39 Rn. 7; *Zöllner*, in Baumbach / Hueck, GmbHG, § 55 Rn. 15.

die GmbH-Gesellschafter seien mindestens ebenso schutzwürdig wie die Aktionäre. Daher muss die zum Schutz der (Minderheits-)Aktionäre entwickelte materielle Beschlusskontrolle auch auf den Bezugsrechtsausschluss im GmbH-Recht anwendbar sein.

Eine materielle **Beschlusskontrolle** ist jedoch **ausnahmsweise** dann **nicht** vorzunehmen, wenn die Voraussetzungen des § 186 Abs. 3 S. 4 AktG vorliegen. Mit dieser Regelung wollte der Gesetzgeber den Anwendungsbereich der materiellen Beschlusskontrolle einschränken.[196] Da die hier vorgenommene Kapitalerhöhung die 12-Prozent-Grenze des § 186 Abs. 3 S. 4 AktG übersteigt, **greift** die Ausnahmevorschrift des **§ 186 Abs. 3 S. 4 AktG nicht** ein. Damit kann auch die Frage offenbleiben, ob die Vorschrift des § 186 Abs. 3 S. 4 AktG überhaupt im GmbH-Recht anwendbar ist.

> **Hinweise:** Ausführlich zur wichtigen Frage des Anwendungsbereiches der materiellen Beschlusskontrolle, siehe Fall 3 zum Aktienrecht.

(2) Prüfungsmaßstab

Der Prüfungsmaßstab der materiellen Beschlusskontrolle lässt sich allgemein dahingehend umschreiben, dass der zu überprüfende Beschluss nur rechtmäßig ist, wenn er **sachlich gerechtfertigt** ist. Diese sachliche Rechtfertigung wurde in der Rechtsprechung lange Zeit erst dann bejaht, wenn der Beschluss im **Gesellschaftsinteresse** liegt und die beschlossene Maßnahme zur Erreichung des Gesellschaftsinteresses **geeignet, erforderlich und angemessen** ist.[197] Zwei **jüngere Urteile** des BGH zum genehmigten Kapital (§§ 202 ff. AktG),[198] insbesondere die »Siemens/ Nold«-Entscheidung, haben diese Prüfformel jedoch abgeändert. So **beschränkte** der BGH den Prüfungsumfang beim genehmigten Kapital des Aktienrechtes lediglich auf die **Geeignetheitsprüfung**. Das wirft die Frage auf, ob diese Beschränkungen auf **andere Fälle** der Beschlusskontrolle zu übertragen sind.[199] In der »Siemens/Nold«-Entscheidung bezogen sich die Ausführungen des BGH lediglich auf die Wiederherstellung der Funktionsfähigkeit des genehmigten Kapitals. Sie sind daher als Reaktion auf die Kritik an der restriktiven »Holzmann«-Doktrin[200] zu verstehen, aber nicht als eine komplette Aufgabe der bisherigen Prüfformel. Im GmbH-Recht ist zudem zu beachten, dass die Gesellschafter einer GmbH weitaus schutzbedürftiger sind als die Gesellschafter einer AG. Anders als die Aktionäre können sich nämlich GmbH-Gesellschafter wegen der vergleichsweise geringen Fungibilität der GmbH-Anteile nur schwer von diesen trennen. Es muss deshalb im GmbH-Recht bei der herkömmlichen Prüfformel bleiben.

Unabhängig davon scheitert hier die sachliche Rechtfertigung des Bezugsrechtsausschlusses aber bereits daran, dass der Bezugsrechtsausschluss nicht im Gesell-

---

196 Vgl. *Hüffer*, AktG, § 186 Rn. 39 e.
197 Grundlegend: BGHZ 71, 40, 44 ff. vgl. auch *Hüffer*, AktG, § 243 Rn. 22 ff. [mwN] sowie *Raiser*, Kapitalgesellschaftsrecht, § 39 Rn. 7; *Zöllner*, in Baumbach/Hueck, GmbHG, § 55 Rn. 15.
198 BGHZ 136, 133, 139 (»Siemens/Nold«); BGHZ 144, 290 ff. (»adidas-Salomon«).
199 So etwa: *Kindler*, ZGR 1998, 35, 49 f.; 53, 64; *Volhard*, AG 1998, 397, 403 sowie LG Stuttgart, ZIP 1998, 422, 425
200 BGHZ 83, 319, 326 f. (»Holzmann«).

schaftsinteresse liegt. Denn die Aufnahme des neuen Gesellschafters X dient nur dazu, dem X einen Freundschaftsdienst zu erweisen. Daran aber kann eine auf Gewinnerzielung ausgerichtete Gesellschaft kein Interesse haben.

d) Verstoß gegen § 243 Abs. 2 AktG analog (Erstreben von Sondervorteilen)?

Der Bezugsrechtsausschluss der »art promotion« GmbH könnte darüber hinaus gemäß § 243 Abs. 2 AktG analog unwirksam sein. § 243 Abs. 2 AktG findet im GmbH-Recht entsprechende Anwendung.[201] H und F müssten mit der Ausübung ihres Stimmrechtes einen **Sondervorteil** zum Schaden der Gesellschaft oder der anderen Gesellschafter zu erlangen versucht haben. Sondervorteil ist jeder Vorteil, der nicht all denen zufließt, die sich gegenüber der Gesellschaft in der gleichen Lage befinden.[202] Hier soll X die GmbH-Geschäftsanteile zu einem besonders günstigen Preis erwerben. Er erhält damit einen geldwerten Vorteil, der den anderen Gesellschaftern nicht zufließt und der wirtschaftlich nicht gerechtfertigt ist. Ein Sondervorteil liegt somit vor.

Auch ist ein Schaden der Gesellschaft zu bejahen, da diese bei Ausführung des Beschlusses ihre Geschäftsanteile ohne sachlichen Grund erheblich unter Marktwert an einen gesellschaftsfremden Dritten veräußert.

Auf **subjektiver Tatbestandsebene** setzt § 243 Abs. 2 AktG voraus, dass die abstimmenden Gesellschafter zumindest mit bedingtem Vorsatz hinsichtlich der Vorteilserlangung handelten.[203] Die Existenz dieser subjektiven Komponente folgt aus dem Wortlaut des § 243 Abs. 2 S. 1 AktG (»zu erlangen suchte«).[204] Ein solcher Vorsatz des H und des F ist hier zu bejahen. Denn beiden kam es gerade darauf an, dem X die Anteile an der Gesellschaft besonders günstig zu verschaffen.

Da damit sowohl die objektiven als auch die subjektiven Voraussetzungen des § 243 Abs. 2 AktG erfüllt sind, ist der hier vorgenommene Bezugsrechtsausschluss analog § 243 Abs. 2 AktG anfechtbar.

4. Geltendmachung der Unwirksamkeit

Der Ausschluss des Bezugsrechtes der Altgesellschafter der »art promotion« GmbH ist aus verschiedenen Gründen rechtswidrig. Das allein führt aber noch nicht zur Unwirksamkeit des Bezugsrechtsausschlusses und damit zur (Wieder-)Entstehung des Bezugsrechts des Z. Denn es liegen keine Nichtigkeits-, sondern nur Anfechtungsgründe vor (§ 243 AktG). Bis zur Nichtigkeitserklärung des Beschlusses gemäß § 248 Abs. 1 S. 1 AktG ist der Bezugsrechtsausschluss deshalb wirksam. Um die Unwirksamkeit des Bezugsrechtsausschlusses geltend zu machen, müsste Z daher entsprechend §§ 246, 248 AktG Anfechtungsklage erheben.

Fraglich ist jedoch, ob selbst bei erfolgreicher Anfechtung des Bezugsrechtsausschlusses der Anspruch des Z auf Zuteilung der Anteile überhaupt wieder auflebt. Das könnte auf den ersten Blick bejaht werden, weil die Unwirksamkeit des Be-

---

201 *Lutter/Hommelhoff*, GmbHG, Anh. § 47 Rn. 46; *Zöllner*, in Baumbach / Hueck, GmbHG, Anh. § 47 Rn. 46.

202 Ähnlich: *Hüffer*, AktG, § 243 Rn. 35.

203 *Hüffer*, AktG, § 243 Rn. 31 und 34; *Zöllner*, in Baumbach / Hueck, GmbHG, Anh. § 47 Rn. 46.

204 *Hüffer*, AktG, § 243 Rn. 31.

zugsrechtsausschlusses eigentlich die Folge haben müsste, das ursprüngliche Bezugsrecht wieder herzustellen.[205] Hier aber bildete der Bezugsrechtsausschluss mit dem Kapitalerhöhungsbeschluss **eine Einheit**. Die Kapitalerhöhung selbst ist aber weder nichtig noch anfechtbar. Es liegt bei erfolgreicher Anfechtung des Bezugsrechtsausschlusses daher nur eine **Teilnichtigkeit** des Beschlusses vor. Auf teilnichtige Beschlüsse findet § 139 BGB Anwendung.[206] Dieser ordnet grundsätzlich die Totalnichtigkeit an, es sei denn, es ist ausnahmsweise ein anderer Wille erkennbar. Hier wurde die Kapitalerhöhung nur deshalb durchgeführt, um den X als neuen Gesellschafter zu besonders vorteilhaften Bedingungen in die Gesellschaft aufnehmen zu können. Bei Scheitern des Bezugsrechtsausschlusses lässt sich dieses Ziel aber nicht mehr wie ursprünglich geplant erreichen. Ein Wille der beschließenden Gesellschafter, die Kapitalerhöhung auch für den Fall aufrecht zu erhalten, dass der Bezugsrechtsausschluss scheitert, kann somit nicht angenommen werden. Deshalb ist im Falle einer Anfechtungsklage nicht nur der Bezugsrechtsausschluss, sondern auch die Kapitalerhöhung gemäß §§ 139 BGB, 248 AktG für nichtig zu erklären. Mangels wirksamer Kapitalerhöhung kann dem Z aber kein Bezugsrecht zustehen.

III. Ergebnis

Es existiert kein Anspruch des Z auf Zuteilung der neuen Geschäftsanteile.

---

205 Siehe oben, S. 66.
206 BGHZ 11, 231 ff.

Fall 10
»Harter Stein«
Insolvenzantragspflicht, Vertreterhaftung. Geschäftsführerhaftung, Konkursverschleppung, Quotenschaden

U ist mit 49% und V mit 51% an der Betonbrecher GmbH beteiligt. Die Gesellschaft ist auf den Abriß von Bauwerken spezialisiert und weist ein Stammkapital von 30.000 Euro auf. Geschäftsführer ist der V.

Die Betonbrecher GmbH konnte ihren Umsatz in den letzten beiden Jahre verdreifachen, musste dafür allerdings erhebliche Kredite aufnehmen. Hauptkreditgeber ist die Hausbank »Heiße Kasse« (H). Bei dieser unterhält die GmbH ihr Geschäftskonto, auf das alle Zahlungen eingehen. Die GmbH darf das Konto um bis zu zwei Millionen Euro überziehen. Von dieser Kreditlinie hat die Gesellschaft in voller Höhe Gebrauch gemacht.

Wegen des harten Konkurrenzkampfes im Baugewerbe erhält die Betonbrecher GmbH immer weniger Aufträge. Sie kann ihren Sprengstofflieferanten L, der der Gesellschaft Sprengstoff im Wert von 20.000 Euro geliefert hat, nicht mehr bezahlen, hat im Übrigen aber ihre Zahlungen noch nicht eingestellt. Auch die Schuldenlast der Gesellschaft wird immer bedrückender. Um eine mögliche Überschuldung der Betonbrecher GmbH aufzuzeigen, stellt Steuerberater S im Auftrag der Gesellschaft eine Bilanz der Betonbrecher GmbH auf. In dieser setzt S die Aktivposten der Gesellschaft mit Fortführungswerten an. Aus der Bilanz ergibt sich eine Überschuldung der GmbH um eine Million Euro. S teilt dies sofort sowohl dem V als auch dem U mit. Er weist beide auf die gesetzliche Insolvenzantragspflicht des Geschäftsführers einer GmbH hin. V und U vereinbaren, keinen Insolvenzantrag zu stellen, da ihrer Ansicht nach die Schwierigkeiten der Gesellschaft in Kürze behoben sein werden.

Vier Wochen später erfährt die Hausbank H von der bestehenden Überschuldung der Gesellschaft. Anders als V und U schätzt H die Lage der Gesellschaft richtigerweise prekär ein. So ist bekannt, dass sich die Auftragslage im Baugewerbe wegen der schlechten Konjunktur keineswegs verbessern wird. H bangt daher um die Rückzahlung des Überziehungskredites. Weil H den Kredit ohne Sicherheiten einräumte, weiß H genau, dass sie im Falle einer Insolvenz der Betonbrecher GmbH das Geld nicht zurück bekommen wird. Um wenigstens einen Teilbetrag zu erhalten, beschließt H, der Betonbrecher GmbH einen Überbrückungskredit in Höhe von 100.000 Euro zu gewähren. Im Gegenzug müssen U und V persönliche Sicherheiten stellen. Mit Hilfe des Überbrückungskredites soll die Betonbrecher GmbH so lange wie möglich ihren Geschäftsbetrieb fortsetzen, um so aus den laufenden Einnahmen den Kontokorrentkredit abzahlen zu können.

Die Finanzspritze der H hilft der Gesellschaft tatsächlich, sich über Wasser zu halten. Die Betonbrecher GmbH erhält einige kleinere Aufträge im Gesamtumfang von 20.000 Euro. Diese werden allesamt per Scheck bezahlt. Die Schecks löst V auf das nach wie vor debitorische Konto der Gesellschaft bei der H ein.

Da sich die prekäre Situation der Gesellschaft nicht grundlegend ändert, überredet V seinen Bekannten T unter Hinweis darauf, dass sogar die H-Bank der GmbH ein Darlehen von 100.000 Euro gewährte und daher die GmbH ohne Zweifel kreditwürdig sei, der Gesellschaft ein jederzeit rückzahlbares Darlehen in Höhe von 30.000 Euro zu überlassen. T willigt ein und überweist das Geld auf das bei der H geführte Konto der GmbH.

Wenig später ist die Gesellschaft nicht mehr zu retten. Zwei Monate nachdem V und U erstmals Kenntnis von Überschuldung erlangt hatten, stellt V schließlich Insolvenzantrag. Das zuständige Gericht eröffnet das Insolvenzverfahren und ernennt den I zum Insolvenzverwalter.

Fragen:

1. T und L, dessen Sprengstofflieferung noch nicht bezahlt sind, erfahren, dass V und U bereits frühzeitig von der Überschuldung der Gesellschaft Kenntnis hatten. Sie hätten daher schon längst Insolvenzantrag stellen müssen. Bei rechtzeitiger Antragstellung wäre ihre Insolvenzquote höher ausgefallen. L hätte dann statt 1.000 Euro gut 3.000 Euro aus der Insolvenzmasse erlangt. Diese Differenz verlangt L von V und U zurück.

Auch T möchte sich mit seiner Insolvenzquote von 1.500 Euro nicht zufrieden geben. Er meint, wenn er von der Konkursreife der Gesellschaft gewusst hätte, hätte er ihr nie ein Darlehen gewährt. Er fordert deshalb sowohl von V als auch von U Rückzahlung des Darlehens in Höhe von 30.000 Euro. Auch von H verlangt T Ersatz der 30.000 Euro. Durch den Überbrückungskredit hätte H nämlich die GmbH gezielt am Leben gehalten und den Eindruck erweckt, der Gesellschaft gehe es gut.

Welche Ansprüche stehen T und L zu? Können sie diese Ansprüche während des Insolvenzverfahrens geltend machen? (Hinweis: Zinsansprüche sind nicht zu prüfen)

2. Insolvenzverwalter I möchte wissen, welche Ansprüche der Betonbrecher GmbH gegen V zustehen und ob er diese gegebenenfalls ohne Gesellschafterbeschluss durchsetzen kann.

Lösungsvorschlag Fall 10

A. Ansprüche des L

I. Ansprüche gegen V

1. Anspruch aus c. i. c. (§§ 280 Abs. 1, § 311 Abs. 2, § 241 Abs. 2 BGB)

Dem L könnte gegen V ein Ersatzanspruch aus § 280 Abs. 1 BGB (c. i. c.) zustehen. Das setzt neben dem Bestehen eines **Schuldverhältnisses** zwischen L und V zumindest voraus, dass V eine dem L gegenüber bestehende Pflicht verletzt hat. Eine solche Pflichtverletzung ist hier nicht erkennbar. Zwar könnte daran gedacht werden, dem Geschäftsführer einer GmbH die Pflicht aufzuerlegen, seine Geschäftspartner im Falle der Insolvenzreife der Gesellschaft über deren finanziellen Lage aufzuklären. Zum Zeitpunkt des Geschäftsabschlusses mit L befand sich die Betonbrecher GmbH aber noch nicht in einem insolvenzreifen Zustand. Eine entsprechende Aufklärungspflicht ist daher nicht begründbar.

2. Anspruch aus § 823 Abs. 2 BGB i. V. m. § 64 Abs. 1 GmbHG

V hat dem L aus § 823 Abs. 2 BGB i. V. m. § 64 Abs. 1 GmbHG auf Schadensersatz zu haften, wenn § 64 Abs. 1 GmbHG als **Schutzgesetz** im Sinne des § 823 Abs. 2 BGB anzusehen ist, V gegen § 64 Abs. 1 GmbHG verstoßen hat und die sonstigen Voraussetzungen des § 823 Abs. 2 BGB vorliegen.

a) Schutzgesetzcharakter und Verstoß gegen § 64 Abs. 1 GmbHG

§ 64 Abs. 1 GmbHG ist nach allgemeiner Meinung Schutzgesetz im Sinne des § 823 Abs. 2 BGB, da die in § 64 Abs. 1 GmbHG enthaltene **Insolvenzantragspflicht** den Schutz der Gesellschaftsgläubiger bezweckt.[207] V könnte diese Insolvenzantragspflicht verletzt haben, wenn er als Geschäftsführer der Betonbrecher GmbH den Insolvenzantrag zu spät gestellt hat. Gemäß § 64 Abs. 1 GmbHG ist der Insolvenzantrag durch den Geschäftsführer unverzüglich, spätestens aber drei Wochen nach Eintritt der Zahlungsunfähigkeit oder Überschuldung, zu stellen. Entscheidend ist deshalb, zu welchem Zeitpunkt die Gesellschaft bereits zahlungsunfähig oder überschuldet gewesen ist.

(1) Zahlungsunfähigkeit

Die Gesellschaft konnte bereits die Sprengstofflieferung des L nicht mehr bezahlen. Sie könnte deshalb schon zu diesem Zeitpunkt zahlungsunfähig gewesen sein. **Zahlungsunfähigkeit** liegt gemäß **§ 17 Abs. 2 S. 1 InsO** vor, wenn der Schuldner nicht mehr in der Lage ist, die fälligen Zahlungsverpflichtungen zu erfüllen. Das wird gemäß § 17 Abs. 2 S. 2 InsO vermutet, wenn der Schuldner seine Zahlungen eingestellt hat. Die Betonbrecher GmbH konnte zwar die Schuld des L nicht mehr bezahlen, hatte aber im Übrigen ihre Zahlungen noch nicht eingestellt. Das spricht nicht nur gegen das Eingreifen der Vermutung des § 17 Abs. 2 S. 2 InsO, sondern überhaupt gegen das Vorliegen von Zahlungsunfähigkeit.

---

207 BGHZ 29, 100, 103; 126, 181, 190; *Raiser*, Kapitalgesellschaftsrecht, § 32 Rn. 104.

(2) Überschuldung

Die Gesellschaft könnte aber in dem Zeitpunkt, in dem S die Bilanz aufgestellt hat, überschuldet gewesen sein.

Überschuldung ist gemäß § 19 Abs. 2 InsO zu bejahen, wenn das Vermögen der Gesellschaft die Verbindlichkeiten nicht mehr deckt. Bei der Aufstellung der Überschuldungsbilanz ist das Vermögen der Gesellschaft grundsätzlich mit **Liquidationswerten** anzusetzen, es sei denn, die Fortsetzung des Unternehmens ist überwiegend wahrscheinlich (§ 19 Abs. 2 S. 2 InsO). Mit dieser Legaldefinition ist der vor Inkrafttreten der InsO geltende sog. **zweistufige Überschuldungsbegriff**, der bei Überschuldung nur dann zur Stellung des Insolvenzantrages verpflichtete, wenn zusätzlich eine negative Fortführungsprognose bestand,[208] **überholt**. Es kommt nunmehr gemäß § 19 Abs. 2 InsO allein auf den Eintritt der Überschuldung an. Lediglich bei der Frage, wie die Vermögenswerte der Gesellschaft zu bewerten sind, sind bei positiver Fortführungsprognose Fortführungs- statt Liquidationswerten heranzuziehen.[209] Hier hatte S die Vermögenswerte der Gesellschaft mit Fortführungswerten bilanziert, dennoch lag eine Überschuldung der GmbH vor. Hätte S statt dessen Liquidationswerte angesetzt, wäre die Überschuldung noch größer ausgefallen. Daher lag spätestens zu dem Zeitpunkt, als S die Bilanz aufstellte, Überschuldung der Betonbrecher GmbH vor.

(3) Zwischenergebnis

V hat laut Sachverhalt erst zwei Monate nach der Mitteilung des S den Insolvenzantrag gestellt. Damit hat er die maximal dreiwöchige Überlegungsfrist des § 64 Abs. 1 GmbHG überschritten. Ein Verstoß gegen § 64 Abs. 1 GmbHG ist somit zu bejahen.

> **Hinweise:**
>
> **1.** Die Insolvenzantragspflicht des § 64 Abs. 1 GmbHG trifft nicht nur den bestellten, sondern auch den sog. **faktischen Geschäftsführer**.[210] Faktischer Geschäftsführer ist derjenige, der die Geschäfte der Gesellschaft wie ein Geschäftsführer führt, ohne aber formal zum Geschäftsführer bestellt zu sein. Unerheblich ist, ob die fehlende Bestellung darauf beruht, dass sie unwirksam ist oder darauf, dass überhaupt kein Bestellungsakt vorliegt. Eine völlige Verdrängung des bestellten durch den faktischen Geschäftsführer ist nicht notwendig.[211] Entscheidend ist allein, ob der faktische Geschäftsführer mit Duldung der Gesellschafter maßgebend nach außen hin die Geschäftsführung der Gesellschaft übernommen hat.[212]
>
> Beispiel: Der Geschäftsmann G ist wegen einer Straftat gemäß § 283 StGB rechtskräftig verurteilt worden. Um das Verbot des § 6 Abs. 2 S. 3 GmbHG zu umge-

---

208 So noch BGHZ 119, 201, 213 f.
209 *Lutter/Hommelhoff*, GmbHG, § 64 Rn. 10; *Schulze-Osterloh*, in Baumbach/Hueck, GmbHG, § 64 Rn. 11
210 BGHZ 104, 44, 46 ff.; BGH ZIP 2002, 848, 851.
211 BGHZ 104, 44, 48.
212 BGH ZIP 2002, 848, 851; *Schulze-Osterloh*, in Baumbach/Hueck, GmbHG, § 64 Rn. 40; *Lutter/Hommelhoff*, GmbHG, § 64 Rn. 49.

hen, setzt er seine Ehefrau als Geschäftsführerin ein, führt aber die Geschäfte der Gesellschaft faktisch alleine. Auch ihn trifft die Insolvenzantragspflicht.

2. Eine dem § 64 Abs. 1 GmbHG vergleichbare Regelung findet sich in § 92 Abs. AktG. Dort trifft die Insolvenzantragspflicht den Vorstand und bei der KGaA gemäß § 283 Nr. 14 AktG den persönlich haftenden Gesellschafter.[213]

b) Verschulden

Der Verstoß des V gegen § 64 Abs. 1 GmbHG erfolgte vorsätzlich. Denn V wusste sowohl von der bestehenden Überschuldung als auch von seiner Insolvenzantragspflicht.

c) Schaden

Fraglich ist, welcher Schaden dem L durch die verspätete Stellung des Insolvenzantrages entstanden ist. Nach der **Differenzhypothese** des § 249 S. 1 BGB hat der Ersatzpflichtige den Zustand herzustellen, der bestanden hätte, wenn das schädigende Ereignis nicht eingetreten wäre. Hätte V den Insolvenzantrag rechtzeitig gestellt, wäre die Insolvenzquote höher ausgefallen. L hätte 3.000 statt 1.000 Euro aus der Insolvenzmasse erhalten. Der sog. **Quotenschaden** des L beträgt damit 2000 Euro.[214]

d) Geltendmachung

Problematisch ist, ob L überhaupt befugt ist, seinen Anspruch auf Ersatz des Quotenschadens gegenüber V geltend zu machen. Das wäre gemäß **§ 92 S. 1 InsO** ausgeschlossen, wenn der Quotenschaden als sog. **Gesamtschaden** einzustufen ist. Dann dürfte nämlich nur der Insolvenzverwalter den Anspruch geltend machen. Gemäß § 92 S. 1 InsO ist ein Schaden als Gesamtschaden anzusehen, wenn dieser durch eine Verringerung des zur Insolvenzmasse gehörenden Vermögens vor oder nach Eröffnung des Insolvenzverfahrens verursacht worden ist. Genau das ist bei einem Quotenschaden der Fall.[215] L darf daher während des Insolvenzverfahrens den Anspruch gegen V nicht geltend machen. Erst nach Beendigung des Insolvenzverfahrens kann L den Anspruch individuell durchsetzen.[216]

II. Ansprüche gegen U

1. Vertragliche bzw. quasivertragliche Ansprüche

Vertragliche oder quasivertragliche Ansprüche gegen U, etwa aus c. i. c. (§§ 280 Abs. 1, § 311 Abs. 2 und 3, § 241 Abs. 2 BGB), bestehen nicht, da L mit U in keinerlei rechtsgeschäftlichen Kontakt getreten ist.

---

213 Näher zur Insolvenzantragspflicht in der KGaA: BGH NJW 1979, 1829 ff. (»Herstatt«).
214 Ausführlich zum Quotenschaden: *Raiser*, Kapitalgesellschaftsrecht, § 32 Rn. 108; *Schulze-Osterloh*, in Baumbach / Hueck, GmbHG, § 64 Rn. 85.
215 BGHZ 138, 211, 214, *Raiser*, Kapitalgesellschaftsrecht, § 32 Rn. 108; *Schulze-Osterloh*, in Baumbach / Hueck, GmbHG, § 64 Rn. 88.
216 *Schulze-Osterloh*, in Baumbach / Hueck, GmbHG, § 64 Rn. 88.

2. Anspruch aus § 823 Abs. 2 BGB i. V. m. § 64 Abs. 1 GmbHG

Ein Anspruch des L gegen U auf Schadensersatz gemäß § 823 Abs. 2 BGB i. V. m. § 64 Abs. 1 GmbHG scheidet aus, weil die Insolvenzantragspflicht des § 64 Abs. 1 GmbHG nur den Geschäftsführer bzw. den faktischen Geschäftsführer trifft, aber nicht den Gesellschafter.[217] U ist weder Geschäftsführer der Betonbrecher GmbH noch liegen Anhaltspunkte vor, die auf eine faktische Geschäftsführerstellung des U hindeuten. U kann somit nicht gegen § 64 Abs. 1 GmbHG verstoßen haben.

3. Anspruch aus § 830 Abs. 2 BGB i. V. m. § 823 Abs. 2 BGB i. V. m. § 64 Abs. 1 GmbHG

Dem L könnte gegen U ein Anspruch auf Ersatz seines Quotenschadens aus § 830 Abs. 2 BGB i. V. m. § 823 Abs. 2 BGB i. V. m. § 64 Abs. 1 GmbHG zustehen. Dann müsste U als Anstifter oder Gehilfe der **Konkursverschleppung** des V anzusehen sein, was sich nach den allgemeinen strafrechtlichen Teilnahmeregeln (§§ 26 f. StGB) beurteilt.[218] Unerheblich ist dabei, ob U als Anstifter, Gehilfe oder Mittäter an der Tat beteiligt gewesen ist, da § 830 Abs. 2 BGB alle (strafrechtlichen) Beteiligungsformen gleich stellt. Entscheidend ist allein der Teilnahmevorsatz. Hier wusste U aufgrund der Beratung mit S, dass V wegen der eingetretenen Überschuldung einen Insolvenzantrag zu stellen hatte. Er kam bewusst mit V überein, diesen Antrag nicht einzureichen. U ist deshalb als Teilnehmer anzusehen und haftet dem L gesamtschuldnerisch (§ 840 Abs. 1 BGB) gemäß § 830 Abs. 2 BGB i. V. m. § 823 Abs. 2 BGB i. V. m. § 64 Abs. 1 GmbHG auf Ersatz seines Quotenschadens, mithin auf 2.000 Euro. Während des Insolvenzverfahrens kann dieser Anspruch nur vom Insolvenzverwalter geltend gemacht werden (§ 92 S. 1 InsO).

B. Ansprüche des T auf Zahlung von 30.000 Euro

I. Ansprüche gegen V

1. Anspruch aus c. i. c. (§§ 280 Abs. 1, §§ 311 Abs. 2 und 3, § 241 Abs. 2 BGB)

Dem T könnte gegen V ein Anspruch auf Zahlung von 30.000 Euro aus § 280 Abs. 1 BGB **(culpa in contrahendo)** zustehen. Denn V überredete den T, der GmbH Kredit zu gewähren, obwohl diese sich in einer Krise befand. Voraussetzung für einen Anspruch des T aus §§ 280 Abs. 1 BGB ist aber, dass zwischen V und T ein Schuldverhältnis im Sinne des § 311 BGB bestand.

a) Schuldverhältnis kraft geschäftlichen Kontaktes (§ 311 Abs. 2 Nr. 2 BGB)

Ein Schuldverhältnis kann gemäß § 311 Abs. 2 Nr. 2 BGB durch **geschäftlichen Kontakt** bei Anbahnung eines Vertrages entstehen. Hier war V an den Vertragsverhandlungen jedoch nur als Vertreter der GmbH beteiligt. Das Darlehen gewährte T nicht dem V, sondern der Betonbrecher GmbH. Zwischen V und T wurde deshalb kein Rechtsgeschäft angebahnt. Ein Schuldverhältnis kraft geschäftlichen Kontaktes (§ 311 Abs. 2 Nr. 2 BGB) scheidet aus.

---

217 BGH WM 1973, 1354, 1355.

218 Vgl. BGH NJW 1979, 1829, 1829; *Thomas*, in Palandt, BGB, 61. Aufl., § 830 Rn. 4.

b) Schuldverhältnis kraft Inanspruchnahme besonderen persönlichen Vertrauens

Ungeachtet der Voraussetzungen des § 311 Abs. 2 Nr. 2 BGB kann ein Schuldverhältnis gemäß § 311 Abs. 3 BGB auch begründet werden, wenn ein vertragsfremder Dritter in besonderem Maße Vertrauen in Anspruch genommen hat und dadurch die Vertragsverhandlungen oder den Vertragsschluss erheblich beeinflusst hat.[219] Der Dritte muss ein über das normale Verhandlungsvertrauen hinausgehendes Vertrauensmoment geschaffen haben.[220] An das Vorliegen dieses **Vertrauensmomentes** sind strenge Anforderungen zu stellen, weil GmbH-Gesellschafter gemäß § 13 Abs. 2 GmbHG grundsätzlich nicht persönlich haften sollen. Hier sind keine solche Umstände erkennbar, aus denen sich derart besondere Vertrauensmomente ableiten ließen. Ein Schuldverhältnis zwischen V und T gemäß § 311 Abs. 3 BGB besteht deshalb nicht.

c) Schuldverhältnis kraft wirtschaftlichen Eigeninteresses des Vertreters

In der – allerdings stark umstrittenen[221] – Rechtsprechung wird darüber hinaus ein Schuldverhältnis angenommen, wenn der Dritte ein **wirtschaftliches Eigeninteresse** an dem Vertragsschluss aufweist.[222] Dieses Eigeninteresse könnte hier damit begründet werden, dass V als **Mehrheitsgesellschafter** der Betonbrecher GmbH mittelbar von der Darlehensgewährung des T profitiert. In der älteren Rechtsprechung des BGH wurde ein solches Profitinteresse als ausreichend für die Bejahung eines wirtschaftlichen Eigeninteresses des Vertreters angesehen.[223] Das führte jedoch zu einer Umgehung des § 13 Abs. 2 GmbHG. Danach haften nämlich die Gesellschafter gerade nicht für Verbindlichkeiten der Gesellschaft. Vor allem aber steht die Begründung eines Schuldverhältnisses in der Fallgruppe des wirtschaftlichen Eigeninteresses im Widerspruch zu § 311 Abs. 3 BGB, wonach ein Schuldverhältnis mit einem am Vertrag nicht beteiligten Dritten nur bei enttäuschtem Vertrauen entsteht.[224] Um ein Schuldverhältnis allein mit dem wirtschaftlichen Eigeninteresse des Gesellschaftergeschäftsführers begründen zu können, müssen also neben dem Eigeninteresse **zusätzliche Umstände** ersichtlich sein, die das Eingreifen einer solchen Haftung über den Wortlaut des § 311 Abs. 3 BGB hinaus rechtfertigen.[225] Das gilt um so mehr, als bei einem Handeln des Geschäftsführers für eine insolvenzreife Gesellschaft regelmäßig bereits andere Anspruchsgrundlagen, wie etwa aus Delikt, eingreifen.[226] Hier sind solche zusätzlichen haftungsbegründenden Umstände nicht ersichtlich, sodass die Begründung eines Schuldverhältnisses aufgrund wirtschaftlichen Eigeninteresses des V ausscheidet.

---

219 BGHZ 126, 181, 183, 189; *Raiser*, Kapitalgesellschaftsrecht, § 32 Rn. 99 f.
220 *Raiser*, Kapitalgesellschaftsrecht, § 32 Rn. 100.
221 Vgl. *Ulmer*, NJW 1983, 1577, 1579 (mwN); *Wiedemann*, NJW 1984, 2286, 2287.
222 BGH NJW 1983, 676, 677 (restriktiver jetzt: BGHZ 126, 181, 183).
223 BGHZ 87, 27, 33 f.
224 *Rehbinder*, FS R. Fischer, 1979, S. 579, 598 f.
225 BGH ZIP 1986, 26, 29; BGHZ 126, 181, 184 f.; *Raiser*, Kapitalgesellschaftsrecht, § 32 Rn. 100.
226 BGHZ 126, 181, 188 f.

2. Anspruch aus § 823 Abs. 2 BGB i. V. m. § 263 StGB

Ein Anspruch des T gegen V auf Schadensersatz kommt nicht in Betracht, weil, in dubio pro reo davon auszugehen ist, dass V jedenfalls in dem Zeitpunkt, als er den T zur Darlehensgewährung überredete, geglaubt hat, den Kredit zurückzahlen zu können. Es liegt folglich keine vorsätzliche Täuschung vor.

3. Anspruch aus § 823 Abs. 2 BGB i. V. m. § 64 Abs. 1 GmbHG

T könnte gegen V jedoch ein Schadensersatzanspruch aus § 823 Abs. 2 BGB i. V. m. § 64 Abs. 1 GmbHG in Höhe von 30.000 Euro zustehen. Eine solche deliktische Haftung des V ist bereits oben gegenüber den Altgläubigern dem Grunde nach bejaht worden.[227] T aber gehört nicht zu den Alt-, sondern zu den **Neugläubigern**, denn er hat seine Forderung erst nach Eintritt der Insolvenzreife der Gesellschaft erworben. Daher ergibt sich das Problem, ob Neugläubiger überhaupt dem Schutz des § 64 Abs. 1 GmbHG unterfallen. Falls das bejaht werden kann, stellt sich die weitere Frage, ob Neugläubigern unbegrenzter Schadensersatz zu gewähren ist oder ob die Schadenshöhe wie bei den Altgläubigern auf den Quotenschaden begrenzt ist.

a) Schutz des § 64 Abs. 1 GmbHG auch für Neugläubiger

Um einen Anspruch des T aus § 823 Abs. 2 BGB i. V. m. § 64 Abs. 1 GmbHG gegen V begründen zu können, müssten die Neugläubiger in den Schutzbereich des § 64 Abs. 1 GmbHG einbezogen sein. In der **älteren Rechtsprechung** und Lehre wurde das teilweise verneint,[228] weil die Neugläubiger keine individuell abgrenzbare Gruppe seien und als Teil der Allgemeinheit nicht den Schutz des § 64 Abs. 1 GmbHG genießen könnten. Dabei wurde aber übersehen, dass die Verpflichtung eines GmbH-Geschäftsführers, Insolvenzantrag zu stellen, nicht nur in dem Zeitpunkt besteht, in dem er von der Insolvenzreife erfährt, sondern solange andauert, wie der Zustand der Überschuldung bzw. Zahlungsunfähigkeit besteht. Es handelt sich gewissermaßen um eine Art **Dauerpflicht**. Der Geschäftsführer ist deshalb nicht nur gegenüber den Altgläubigern, sondern auch gegenüber den Neugläubigern verpflichtet, Insolvenzantrag zu stellen. Die Neugläubiger werden damit ebenso wie die Altgläubiger vom Schutzbereich des § 64 Abs. 1 GmbHG erfasst.[229]

b) Umfang des Schadensersatzanspruches

(1) Begrenzung auf Quotenschaden?

Gegenüber den Altgläubigern ist der Anspruch aus § 823 Abs. 2 BGB i. V. m. § 64 Abs. 1 GmbHG auf den sog. Quotenschaden begrenzt.[230] **Quotenschaden** ist der Schaden, den die Altgläubiger dadurch erleiden, dass sich infolge der Verschleppung des Insolvenzantrages die Insolvenzmasse beispielsweise durch Eingehung neuer Verbindlichkeiten vermindert und sich damit die erzielbare In-

---

227 Siehe oben, S. 75.
228 LG Kiel, NJW 1954, 1850; *Ulmer*, ZIP 1993, 769, 771.
229 BGHZ 29, 100, 104; 126, 181, 190 f.; *Raiser*, Kapitalgesellschaftsrecht, § 32 Rn. 108.
230 Dazu bereits oben, S. 75.

solvenzquote verringert.[231] In der älteren Rechtsprechung wurde den Neugläubigern ebenfalls nur ein Anspruch auf Ersatz des Quotenschadens zugebilligt,[232] was teilweise in der Lehre noch immer vertreten wird.[233] Begründet wird diese Beschränkung des Schadensersatzanspruches damit, dass andernfalls die Neugläubiger einer GmbH weiterreichenden Schutz genießen würden als etwa Geschäftspartner einer OHG. Eine solche Privilegierung sei durch nichts gerechtfertigt.[234] Dabei wird aber übersehen, dass ein Verweis der Neugläubiger auf den Quotenschaden mit den allgemeinen Regeln des Schadensersatzrechtes nicht vereinbar ist.[235] Denn gemäß der **Differenzhypothese** des § 249 S. 1 BGB sind die Neugläubiger so zu stellen, als wäre das schädigende Ereignis, also die Nichtstellung des Insolvenzantrages, nicht eingetreten. Bei rechtzeitiger Stellung des Insolvenzantrages aber hätten die Neugläubiger mit der GmbH nicht kontrahiert und demzufolge überhaupt keinen Vermögensverlust erlitten.[236] Ihnen ist deshalb das gesamte negative Interesse zu ersetzen.[237] Dafür spricht auch der Zweck des § 64 Abs. 1 GmbHG, der im Interesse des Gläubigerschutzes insolvenzreife Gesellschaften möglichst rasch aus dem Rechtsverkehr entfernen möchte.[238]

Dem T ist daher das negative Interesse zu erstatten. Er ist folglich so zu stellen, als ob er der GmbH das Darlehen nicht gewährt hätte. Bei der Berechnung des Schadens ist jedoch zu berücksichtigen, dass T aus der Insolvenzmasse bereits 1.500 Euro als Quote erhalten hat.[239] Dieser Betrag ist von den 30.000 Euro abzuziehen, sodass sich im Ergebnis der Schaden des T auf 28.500 Euro beläuft.

> **Hinweise:** Ob die eben aufgezeigte Rechtsprechung zur Ermittlung des Schadensumfanges der Neugläubiger auch auf solche Ansprüche zu übertragen ist, die nicht auf einem Rechtsgeschäft, sondern auf gesetzlichen Haftungstatbeständen beruhen, ist umstritten. Gegen eine Anwendung dieser Grundsätze auf »**gesetzliche**« Neugläubiger lässt sich anführen, dass der Zweck des § 64 Abs. 1 GmbHG lediglich darin besteht, insolvenzreife Gesellschaften aus dem Rechts-, aber nicht auch aus dem Unrechtsverkehr fernzuhalten.[240] Anderseits ist die Verweisung der Neugläubiger auf das negative Interesse konsequente Anwendung der schadensersatzrechtlichen Differenzhypothese. Diese aber gilt unabhängig davon, ob ein Schaden auf Gesetz oder Vertrag beruht.[241]

---

231 BGHZ 126, 181, 190; 138, 211, 221, *Raiser*, Kapitalgesellschaftsrecht, § 32 Rn. 108; *Schulze-Osterloh*, in Baumbach / Hueck, GmbHG, § 64 Rn. 88.
232 Vgl. BGHZ 29, 100, 105 ff.
233 *Schulze-Osterloh*, in Baumbach / Hueck, § 64 Rn. 84 (mwN).
234 BGHZ 29, 100, 106 f.
235 So jetzt: BGHZ 126, 181, 193.
236 BGHZ 126, 181, 192 f.; *Raiser*, Kapitalgesellschaftsrecht, § 32 Rn. 108.
237 *Lutter/Hommelhoff*, GmbHG, § 64 Rn. 40; *Raiser* Kapitalgesellschaftsrecht, § 32 Rn. 108.
238 BGHZ 126, 181, 194.
239 Vgl. BGHZ 138, 211, 216.
240 Vgl. *Altmeppen*, in Roth / Altmeppen, GmbHG, § 64 Rn. 16.
241 Vgl. etwa *Reiff/Arnold*, ZIP 1998, 1893, 1896 ff.

(2) Mitverschulden, § 254 Abs. 1 BGB

T hat es unterlassen, vor Kreditgewährung die Bonität der GmbH zu überprüfen. Ihn trifft daher ein Mitverschulden von fünfzig Prozent.[242] Er kann daher von V lediglich 14. 250 Euro verlangen.

c) Geltendmachung

Fraglich ist, ob T während des Insolvenzverfahrens seinen Anspruch auf Zahlung von 14.250 Euro gegen V selbst durchsetzen kann oder ob insoweit erneut § 92 InsO eingreift. Das wäre der Fall, wenn der Schaden des T als **Gesamtschaden** anzusehen ist. Dann dürfte nur der Insolvenzverwalter den Anspruch geltend machen. Gemäß § 92 S. 1 InsO ist ein Schaden als Gesamtschaden einzustufen, wenn dieser durch eine Verringerung des zur Insolvenzmasse gehörenden Vermögens vor oder nach Eröffnung des Insolvenzverfahrens verursacht worden ist. Das aber ist hier gerade nicht der Fall. Anders als bei den Altgläubigern (s. o.) besteht der Schaden des T nämlich nicht in einer Verringerung seiner Insolvenzquote, sondern darin, dass er bei rechtzeitigem Antrag überhaupt nicht mit der Gesellschaft kontrahiert hätte. Es geht ihm damit um den Ersatz des negativen Interesses. Das aber ist von § 92 Abs. 1 S 1 InsO nicht erfasst.[243] T kann folglich seinen Anspruch gegen V ohne Einschaltung des Insolvenzverwalters geltend machen.

II. Ansprüche gegen U auf Zahlung von 30.000 Euro

1. Anspruch aus c. i. c. (§ 280 Abs. 1 i. V. m. §§ 311 Abs. 2 und 3, 241 Abs. 2 BGB)

Ein Anspruch des T gegen U auf Zahlung von 30.000 Euro aus § 280 Abs. 1 BGB (c. i. c.) ist mangels Bestehen eines Schuldverhältnisses zwischen U und T zu verneinen. Denn T hatte mit U keinen geschäftlichen Kontakt (§ 311 Abs. 2 Nr. 2 BGB). Auch kommt eine Vertreterhaftung des U nicht in Betracht. Diese scheitert schon daran, dass U bei den Vertragsverhandlungen zur Darlehensgewährung nicht zugegen war und auch sonst kein Vertrauenstatbestand gesetzt hat (vgl. § 311 Abs. 3 BGB).

2. Anspruch aus § 830 Abs. 2 BGB, § 823 Abs. 2 BGB i. V. m. § 64 Abs. 1 GmbHG

Ein Anspruch des T gegen U aus § 830 Abs. 2 BGB, § 823 Abs. 2 BGB i. V. m. § 64 Abs. 1 GmbHG ist dem Grunde nach zu bejahen. Denn U hat als Gehilfe bzw. Anstifter an der **Insolvenzverschleppung** des V mitgewirkt.[244] Er haftet daher dem T gemäß § 830 Abs. 2 BGB für den daraus entstandenen Schaden. Dieser beträgt abzüglich der erhaltenen Insolvenzquote 28.500 Euro. T muss sich aber auch hier ein Mitverschulden in Höhe von 50% anrechnen lassen (§ 254 Abs. 1 BGB). Er kann deshalb gegen U nur in Höhe von 14.250 Euro vorgehen. U und V haften dem T als Gesamtschuldner (§ 840 Abs. 1 BGB).

---

242 Vgl. OLG München, NJW 1970, 1924, 1926 f. sowie BGHZ 126, 181, 200 f.; **a. A. vertretbar.**
243 BGHZ 138, 211, 214.
244 Dazu bereits oben, S. 76.

III. Anspruch T gegen H aus § 826 BGB

Weil zwischen T und H keine vertraglichen Beziehungen bestanden, kommt ein Anspruch des T gegen die Bank H auf Rückzahlung von 30.000 Euro lediglich aus Delikt (§ 826 BGB) in Betracht. H müsste dazu den T in sittenwidriger Weise vorsätzlich geschädigt haben.

1. Sittenwidrige vorsätzliche Schädigung

Die Sittenwidrigkeit einer Handlung ist nach der althergebrachten Formel des Reichsgerichts zu bejahen, wenn das Verhalten gegen das Rechts- und Anstandsgefühl aller billig und gerecht Denkenden verstößt.[245] Die H wollte hier mit der Gewährung der 100.000 Euro keineswegs die Betonbrecher GmbH sanieren, was zulässig gewesen wäre, sondern vor allem auf Kosten der Neugläubigern die Rückzahlung ihres Kontokorrentkredits sichern. Denn sie rechnete damit, dass wegen des Mittelzuflusses der Eindruck hervorgerufen wird, die Betonbrecher GmbH sei noch weiterhin lebensfähig, sodass (Neu-) Gläubiger weiterhin mit der Gesellschaft Geschäfte abschließen würden. Da die H zugleich wusste, dass die Betonbrecher GmbH nicht mehr zu retten war, nahm sie die Schädigung dieser Gläubiger billigend in Kauf, was das Rechts- und Anstandsgefühl aller billig und gerecht Denkenden verletzt. Die H fügte daher den (Neu-) Gläubigern in sittenwidriger Weise vorsätzlich Schaden zu.

2. Schadensumfang

Hätte die H mit ihrem Darlehen die Betonbrecher GmbH nicht länger am Leben erhalten, hätte T der Betonbrecher GmbH kein Darlehen in Höhe von 30.000 Euro gewährt. Der Schaden des T beläuft sich aber nicht auf 30.000 Euro, sondern nur auf 14.250 Euro, weil sich T auch hier die Insolvenzquote von 1.500 Euro sowie ein Mitverschulden in Höhe von fünfzig Prozent anrechnen lassen muss.

H haftet gemäß § 840 Abs. 1 BGB zusammen mit U und V als Gesamtschuldner.

C. Ansprüche der Betonbrecher GmbH gegen V

I. Ansprüche wegen verspäteter Stellung des Insolvenzantrages

1. Anspruch aus § 43 Abs. 2 GmbHG

Ein Anspruch der Betonbrecher GmbH gegen V aus § 43 Abs. 2 GmbHG setzt eine schuldhafte Pflichtverletzung voraus. Das ist hier im Grundsatz zu bejahen. Hat die ihm obliegende Pflicht, gemäß § 64 Abs. 1 GmbHG rechtzeitig Insolvenzantrag zu stellen, im Prinzip verletzt.[246] Ausnahmsweise könnte eine Pflichtverletzung des V aber deshalb zu verneinen sein, weil der Gesellschafter U die verspätete Stellung des Insolvenzantrages gebilligt hat. Ein GmbH-Geschäftsführer handelt nämlich dann nicht pflichtwidrig, wenn die Handlung auf einer **Weisung der Gesellschafter** beruht.[247] Hier kann offenbleiben, ob die Billigung des U als Weisung der Gesellschafter zu verstehen ist, denn selbst wenn dem so wäre, so ist jedenfalls

---

245 RGZ 80, 219, 221.
246 Dazu bereits oben, S. 73 f.
247 BGH NJW 1974, 1088, 1089; *Raiser*, Kapitalgesellschaftsrecht, § 32 Rn. 90.

die Weisung, den Insolvenzantrag nicht zu stellen, rechtswidrig. Eine rechtswidrige Weisung führt aber nicht zu einer Entlastung des Geschäftsführers.[248] Das zeigt § 43 Abs. 3 S. 2 GmbHG deutlich, der einen Verzicht der Gesellschaft auf Ersatzansprüche gegen die Geschäftsführer dann ausschließt, wenn, wie in der Insolvenz einer Gesellschaft regelmäßig der Fall, der zu erlangende Ersatz regelmäßig zur Befriedigung der Gläubiger erforderlich ist.

Der V hat es somit pflichtwidrig unterlassen, rechtzeitig Insolvenzantrag zu stellen. Er haftet der Betonbrecher GmbH für den durch die verspätete Antragstellung entstandenen Schaden, insbesondere für die dadurch eingetretene Vermögensminderung.

2. Anspruch aus pVV des Anstellungsvertrages (§ 280 Abs. 1 BGB i. V. m. § 311 Abs. 1 BGB)

Der Geschäftsführer einer GmbH ist gemäß § 64 Abs. 1 GmbHG verpflichtet, rechtzeitig Insolvenzantrag zu stellen. Diese Pflicht obliegt ihm auch gegenüber der GmbH und entspringt nicht nur dem Gesetz, sondern folgt auch aus dem **Anstellungsvertrag**. V verletzte diese Pflicht des Anstellungsvertrages, weil er nicht rechtzeitig Insolvenzantrag stellte, dennoch ist hier eine Haftung des V aus § 280 Abs. 1 BGB (pVV) i. V. m. dem Anstellungsvertrag ausgeschlossen. § 280 Abs. 1 BGB wird nämlich von der Spezialregel des § 43 Abs. 2 GmbH verdrängt.

II. Anspruch wegen Scheckeinreichung aus § 64 Abs. 2 GmbHG in Höhe vom 20.000 Euro

1. Scheckeinlösung als Zahlung?

Eine Haftung des V gemäß § 64 Abs. 2 GmbHG für die Einreichung der Schecks auf das Konto bei H ist zu bejahen, wenn die Scheckeinreichung als »Zahlung« im Sinne des § 64 Abs. 2 S. 1 GmbHG anzusehen ist. Bei wörtlicher Auslegung des § 64 Abs. 2 S. 1 GmbH könnte der Annahme einer »**Zahlung**« entgegenstehen, dass V überhaupt kein Geld ausgezahlt hat. Denn durch die Scheckeinlösung wurde lediglich die Scheckforderung mit der Debitforderung der Bank verrechnet. Allerdings ist der Begriff der Zahlung entsprechend dem Zweck des § 64 Abs. 2 S. 1 GmbHG weit auszulegen.[249] Die Norm möchte nicht nur die Insolvenzmasse erhalten, sondern vor allem eine **gleichmäßige Befriedigung** der Insolvenzgläubiger sicherstellen.[250] Dem aber widerspricht es, wenn V auf ein debitorisches Kontokorrentkonto einen Scheck einzahlt, der aufgrund der Kontokorrentabrede mit einem bestehenden Sollsaldo zugunsten eines Gläubigers verrechnet wird. Denn die Scheckeinreichung ist bei wirtschaftlicher Betrachtung nicht anders zu beurteilen, als wenn der entsprechende Geldbetrag direkt von V an H gezahlt worden wäre. Deshalb ist eine Scheckeinlösung als Zahlung im Sinne des § 64 Abs. 2 S. 1 GmbHG zu verstehen.[251] Dagegen lässt sich auch nicht einwenden, dass V nach Einzug des Schecks im Rahmen der Kreditlinie sofort wieder über den

---

248 *Raiser*, Kapitalgesellschaftsrecht, § 32 Rn. 90.
249 BGH DStR 2000, 210, 210.
250 BGH DStR 2000, 210, 210.
251 BGH DStR 2000, 210, 210; *Altmeppen*, in Roth / Altmeppen, GmbHG, § 64 Rn. 25.

Betrag zugunsten der GmbH verfügen konnte. Denn die Schecksumme fehlt am Ende in der Masse.[252]

2. Haftungsausschluss gemäß § 64 Abs. 2 S. 2 GmbHG?

Gemäß § 64 Abs. 2 S. 2 GmbHG ist eine Haftung des V für die Einreichung der Schecks zu verneinen, sofern er die »Zahlungen« mit der Sorgfalt eines ordentlichen Geschäftsmannes vorgenommen hat. Das wäre z. B. bei Abführung von Sozialversicherungsbeträgen der Fall, nicht aber bei der hier erfolgten Einziehung eines Schecks auf ein debitorisches Konto. V hätte die Scheckeinreichung unterlassen und der Erhaltung der Masse Priorität einräumen müssen.[253] Er haftet deshalb der GmbH gemäß § 64 Abs. 2 GmbHG auf Schadensersatz in Höhe von 20.000 Euro

III. Geltendmachung der Ersatzansprüche

Fraglich ist, ob der Insolvenzverwalter die der Betonbrecher GmbH gegen V zustehenden Ersatzansprüche ohne Gesellschafterbeschluss geltend machen darf. Dem könnte § 46 Nr. 8 GmbHG entgegenstehen, wonach die Geltendmachung von Ersatzansprüchen der Gesellschaft gegen Gesellschafter bzw. Geschäftsführer grundsätzlich der **Zustimmung der Gesellschafterversammlung** bedarf. Das Vorhandensein eines solchen Beschlusses ist grundsätzlich nicht nur im Innen-, sondern auch im Außenverhältnis Voraussetzung für die Durchsetzung des Anspruches.[254] Bei Fehlen des erforderlichen Zustimmungsbeschlusses ist eine Klage als unbegründet abzuweisen.[255]

Hinweise: Eines solchen Zustimmungsbeschlusses bedarf nicht bei Maßnahmen des einstweiligen Rechtsschutzes.

§ 46 Nr. 8 GmbHG ist auf die Geltendmachung von Ersatzansprüchen der Gesellschaft durch den Insolvenzverwalter jedoch nicht anwendbar.[256] Der I kann daher die Ansprüche auch ohne Beschluss der Gesellschafterversammlung geltend machen.

Hinweis: Wer im Rahmen des § 46 Nr. 8 GmbHG eine andere Auffassung vertritt und einen Gesellschafterbeschluss verlangt, muss beachten, dass dem V bei der Beschlussfassung gemäß § 47 Abs. 4 S. Alt. 2 GmbHG kein Stimmrecht zusteht.

---

252 BGH DStR 2000, 210, 211.
253 Vgl. BGH DStR 2000, 210, 211.
254 BGHZ 28, 355, 358; *Lutter/Hommelhoff*, GmbHG, § 46 Rn. 22; *Zöllner*, in Baumbach/Hueck, GmbHG, § 46 Rn. 40.
255 BGH NJW 1960, 1667, 1667.
256 BGH NJW 1960, 1667, 1667; *Zöllner*, in Baumbach/Hueck, GmbHG, § 46 Rn. 39.

Fall 11
»Dunkle Machenschaften«
Gesellschafterausschluss

Die Softshop GmbH stellt Software für das Internet her. Das Stammkapital der Gesellschaft ist voll eingezahlt. Entwicklungsleiter der GmbH ist der F, der zugleich 10% der Gesellschaftsanteile hält. F ist seit längerem mit seiner Situation bei der Softshop GmbH unzufrieden. Er wird seiner Ansicht nach relativ schlecht bezahlt.

Als eine Konkurrenzfirma von der Situation erfährt, bietet sie ihm eine außerordentlich gut dotierte Stelle als Entwicklungschef an. F willigt ein und kündigt seine Anstellung bei der Softshop GmbH. Um sich bei seinem neuen Arbeitgeber einen guten Start zu verschaffen, kopiert F nachts in den Büroräumen der Softshop GmbH deren Kundenkartei, Strategiepläne und alle anderen wichtigen Geschäftsunterlagen. Die Quellcodes der Softshop GmbH, die für die Erstellung der von der Softshop GmbH produzierten Software notwendig sind, nimmt er auf Diskette mit.

Die übrigen Gesellschafter der Softshop GmbH sind über das Verhalten ihres Mitgesellschafters F empört. Sie sind der Ansicht, mit so einem Gesellschafter könnten sie nicht länger in einer Gesellschaft zusammenarbeiten. Sie möchten ihn daher aus der Gesellschaft ausschließen. Genügend freie Rücklagen sind vorhanden, aus denen F im Falle eines Ausschlusses abgefunden werden könnte. Jedoch enthält die Satzung der Gesellschaft keine Klausel, die einen Gesellschafterausschluss zulässt.

Die Mitgesellschafter fragen an, ob trotz des Fehlens einer entsprechenden Klausel der unliebsame F aus der Gesellschaft ausgeschlossen werden kann und welches Verfahren dabei zu beachten ist.

Lösungsvorschlag Fall 11

I. Ausschluss gemäß § 34 GmbHG

Ein Ausschluss des F durch Einziehung seiner Geschäftsanteile gemäß § 34 GmbHG ist nicht möglich, da eine entsprechende Klausel in der Satzung fehlt.

II. Ausschluss gemäß § 21 Abs. 2 GmbHG (Kaduzierung)

Ebenso kommt ein Ausschluss des F gemäß § 21 Abs. 2 GmbHG nicht in Betracht. Laut Sachverhalt sind nämlich die Stammeinlagen der Softshop GmbH vollständig eingezahlt, sodass F mit der Zahlung seiner Stammeinlage auch nicht säumig sein kann.

III. Ausschlussrecht aus wichtigem Grund?

1. Zulässigkeit

In Betracht kommt ein Ausschluss des F aus wichtigem Grund. Ein solches Ausschlussrecht ist im GmbHG nicht geregelt. § 61 Abs. 1 GmbHG sieht lediglich die **Auflösung** der gesamten Gesellschaft bei Vorliegen eines wichtigen Grundes vor, nicht aber den Ausschluss eines einzelnen Gesellschafters.

Jedoch ist dem Gesellschaftsrecht ein Ausschlussrecht aus wichtigem Grund nicht unbekannt, wie die entsprechenden Regelungen im Personengesellschaftsrecht zeigen (§ 737 BGB, § 140 HGB). Fraglich ist, ob auch im GmbH-Recht ein solches Ausschlussrecht anzuerkennen ist. Dem könnte das kapitalgesellschaftsrechtliche Prinzip der **Aufbringung des Stammkapitals** entgegenstehen. Denn eine Ausschließung hätte zur Folge, dass der ausgeschlossene Gesellschafter noch nicht erfüllte Einlageverpflichtungen nicht einzuzahlen bräuchte. Er wäre entgegen § 19 Abs. 2 S. 1 GmbHG von seiner Einlagenverpflichtung befreit. Trotz dieser Bedenken ist die Möglichkeit des Ausschlusses eines Gesellschafters aus wichtigem Grund im GmbH-Recht anerkannt.[257] Sie wird mit einer **Analogie zu §§ 314, 737 BGB, 140 HGB** begründet.[258] Denn es muss den Mitgesellschaftern möglich sein, einen »Störenfried«, der die Zusammenarbeit in der Gesellschaft unmöglich macht, auch ohne Erhebung einer Auflösungsklage (§ 61 GmbHG) auszuschließen.[259]

> **Hinweise:** Neben dem Recht der Gesellschafterversammlung zum Ausschluss eines einzelnen Gesellschafters aus wichtigem Grund ist das ungeschriebene Recht eines jeden GmbH-Gesellschafters anerkannt, selbst aus wichtigem Grund gemäß § 314 BGB aus der Gesellschaft auszutreten.[260]

---

257 Vgl. BGHZ 9, 157, 159.
258 BGHZ 9, 157, 159, 161 f.; 16, 317, 322; *Hueck/Fastrich*, in Baumbach / Hueck, GmbHG, Anh, § 34 Rn. 2 (mwN); *Raiser*, Kapitalgesellschaftsrecht, § 30 Rn. 62; *K. Schmidt*, Gesellschaftsrecht, § 35 IV 2 b.
259 BGHZ 9, 157, 159.
260 Dazu: *Raiser*, Kapitalgesellschaftsrecht, § 30 Rn. 64; *K. Schmidt*, Gesellschaftsrecht, § 35 IV 3.

2. Voraussetzungen des Ausschlussrechts

a) Vorliegen eines wichtigen Grundes

Ein wichtiger zum Ausschluss berechtigender Grund kann in Anlehnung an § 314 **Abs. 1 S. 2 BGB** bejaht werden, wenn den Mitgesellschaftern unter Berücksichtigung aller Umstände die Fortsetzung der Gesellschaft mit dem betreffenden Gesellschafter wegen seines Fehlverhaltens oder seiner Persönlichkeit nicht mehr zugemutet werden kann.[261]

Hier hat der F Strategiepläne, Kundenkartei, Quellcodes sowie geheime Geschäftsunterlagen kopiert und zur Konkurrenz mitgenommen. Dadurch hat er sich wegen Verrats von Geschäfts- und Betriebsgeheimnissen zum Nachteil der Softshop GmbH strafbar gemacht (§ 17 UWG) und die Vertrauensbasis der Mitgesellschafter erheblich erschüttert. Eine weitere Zusammenarbeit mit F ist den Mitgesellschaftern deshalb nicht mehr zumutbar. Ein wichtiger Grund liegt damit vor.

b) Letztes Mittel (ultima ratio)

Der Gesellschafterausschluss muss das letzte Mittel bleiben. Er ist daher nur zulässig, wenn ein **milderes Mittel** nicht mehr in Betracht kommt. Weniger einschneidende Maßnahmen, wie etwa die Übertragung des Geschäftsanteils auf einen Treuhänder oder nur der Entzug des Stimmrechts,[262] dürfen nicht mehr möglich sein.[263] Hier hat der F nicht nur in strafrechtlich relevanter Form Geschäftsgeheimnisse der Softshop GmbH an die Konkurrenz verraten, sondern er hat zugleich gezeigt, dass ihm der wirtschaftliche Erfolg der Gesellschaft gleichgültig ist. Gegenüber einem solchen Gesellschafter aber kommt nur der sofortige Ausschluss in Betracht.

c) Kein Verstoß gegen Prinzip der Kapitalerhaltung

Anders als bei der Ausschließung eines Gesellschafters gemäß § 21 GmbHG, bei der der Gesellschafter seinen Geschäftsanteil ohne Erhalt einer Abfindung verliert, steht dem ausscheidenden Gesellschafter bei einer Ausschließung aus wichtigem Grund eine **Abfindung** in Höhe des wahren Wertes seines Geschäftsanteils zu.[264] Das ergibt sich mittelbar aus § 140 Abs. 2 HGB, da dieser vom Bestehen eines Abfindungsanspruches ausgeht. Die Softshop GmbH ist somit im Falle des Ausscheidens des F verpflichtet, dem F eine dem Wert seines Anteils entsprechende Abfindung zu zahlen. Wie die Wertung des **§ 34 Abs. 3 GmbHG** jedoch zeigt, darf die Abfindungszahlung nicht dazu führen, dass das zur Erhaltung des **Stammkapitals** erforderliche Vermögen **angegriffen** wird. In einem solchen Fall wäre eine Ausschlussklage, selbst wenn ein wichtiger Grund vorliegt,[265] grundsätzlich abzuweisen, da das **Prinzip der Kapitalerhaltung** dem Interesse der Mit-

---

261 *Hueck/Fastrich*, in Baumbach / Hueck, GmbHG, Anh. § 34 Rn. 3; *Raiser*, Kapitalgesellschaftsrecht, § 30 Rn. 62.
262 *Hueck/Fastrich*, in Baumbach / Hueck, GmbHG, Anh. § 34 Rn. 6.
263 BGHZ 16, 317, 322; *Hueck/Fastrich*, in Baumbach / Hueck, GmbHG, Anh. § 34 Rn. 6; *Raiser*, Kapitalgesellschaftsrecht, § 30 Rn. 62.
264 BGHZ 9, 157, 168.
265 BGHZ 9, 157, 175.

gesellschafter an einem Gesellschafterausschluss vorgeht. Hier aber sind laut Sachverhalt genügend freie Rücklagen vorhanden, um den F abzufinden. Das Prinzip der Kapitalerhaltung steht deshalb einem Ausschluss des F nicht entgegen.

3. Ausschlussverfahren

a) Ausschlussklage

Der Ausschluss eines Gesellschafters erfordert gemäß § 140 HGB, § 61 Abs. 2 GmbHG analog die Erhebung einer Ausschlussklage.[266] Denn wegen der Bedeutung eines Ausschlusses für die Mitgesellschafter, für die Gesellschaft und für den Auszuschließenden selbst muss über deren Wirksamkeit Klarheit bestehen. Das Urteil hat **rechtsgestaltende Wirkung**.[267] Die Softshop GmbH hat demnach Ausschlussklage zu erheben, um den F aus der Gesellschaft auszuschließen.

> **Hinweis:** Damit der ausgeschlossene Gesellschafter die ihm zustehende Abfindungszahlung erhält, ergeht in der Praxis das Ausschlussurteil unter der aufschiebenden Bedingung, dass die Abfindung an den Gesellschafter gezahlt wird.[268]

b) Gesellschafterbeschluss

Die Erhebung der Klage unterliegt als Geschäftsführungsmaßnahme zwar an sich allein dem Geschäftsführer der Softshop GmbH, dennoch besteht wegen der Konsequenzen einer solchen Klage Einigkeit, dass die Entscheidung, ob eine Ausschlussklage erhoben werden soll, nicht allein in der Entscheidungsgewalt des Geschäftsführers liegen kann. Vielmehr ist stets ein Gesellschafterbeschluss erforderlich.[269] Das zeigt auch § 46 Nr. 4 Alt. 2 GmbHG. Danach obliegt zwar nur die Einziehung eines Geschäftsanteils (§ 34 GmbHG) dem Beschluss der Gesellschafterversammlung. Weil aber die Einziehung eines Geschäftsanteils mit dem Gesellschafterausschluss vergleichbar ist, muss auch der Gesellschafterausschluss **analog § 46 Nr. 4 Alt. 2 GmbHG** von einem Gesellschafterbeschluss gedeckt sein.

Fraglich ist, welche **Mehrheit** für die Fassung eines solchen Beschlusses notwendig ist. Die Rechtsprechung verlangt in Analogie zu § 60 Abs. 1 Nr. 2 GmbHG eine Mehrheit von mindestens drei Viertel der abgegebenen Stimmen, da die Ausschließung einer Auflösung ähnele.[270] Jedoch lässt § 47 Abs. 1 GmbHG für den Beschluss der Einziehung von Geschäftsanteilen bereits die einfache Stimmenmehrheit genügen. Wegen der Vergleichbarkeit der Sachverhalte muss dies aber auch für den Ausschließungsbeschluss gelten.[271] Entgegen der Rechtsprechung ist da-

---

266 BGHZ 9, 157, 177; *Hueck/Fastrich*, in Baumbach/Hueck, GmbHG, Anh. § 34 Rn. 8; K. Schmidt, Gesellschaftsrecht, § 35 IV 2 c; *Raiser*, Kapitalgesellschaftsrecht, § 30 Rn. 63.
267 BGHZ 9, 157, 166; *Lutter/Hommelhoff*, GmbHG, § 34 Rn. 30.
268 BGHZ 9, 157, 174; *Hueck/Fastrich*, in Baumbach/Hueck, GmbHG, Anh. § 34 Rn. 12 (mwN).
269 BGHZ 9, 157, 177; *Hueck/Fastrich*, in Baumbach/Hueck, GmbHG, Anh. § 34 Rn. 9 (mwN).
270 BGHZ 9, 157, 177; BGH ZIP 2003, 395, 396 f.; *Lutter/Hommelhoff*, GmbHG, § 34 Rn. 15.
271 *Hueck/Fastrich*, in Baumbach/Hueck, GmbHG, Anh. § 34 Rn. 9 (mwN).

her die **einfache Stimmenmehrheit** ausreichend. Deshalb haben die Gesellschafter der Softshop GmbH mit einfacher Mehrheit die Ausschließung des F und Erhebung der Ausschlussklage zu beschließen. Das Stimmrecht des F unterliegt dabei einem Stimmverbot (§ 47 Abs. 4 S. 2 Alt. 2 GmbHG).

> **Hinweis:** Durch den Ausschluss verliert der Gesellschafter lediglich die Befugnisse zur Ausübung seiner Gesellschafterrechte, also etwa zur Ausübung des Stimmrechts sowie sein Gewinnbezugsrecht.[272] Er bleibt ansonsten aber Inhaber seines Geschäftsanteils. Jedoch kann der Geschäftsanteil auf die Gesellschaft (§ 33 Abs. 2 GmbHG), auf Mitgesellschafter oder auf Dritte übertragen werden.

IV. Ergebnis

F kann aus der Gesellschaft ausgeschlossen werden. Die Gesellschafter der Softshop GmbH haben dazu einen Ausschließungsbeschluss mit mindestens einfacher Stimmenmehrheit zu fassen. Außerdem ist durch den Geschäftsführer die Erhebung einer Ausschlussklage zu veranlassen sowie an den F eine Abfindung zu zahlen.

---

272 Näher dazu: *Hueck/Fastrich*, in Baumbach/Hueck, GmbHG, Anh. § 34 Rn. 13 (mwN); *Lutter/Hommelhoff*, GmbHG, § 34 Rn. 30.

2. Kapitel:
Fälle zum Aktienrecht

Fall 1
»Alte Kleider«
Mantelgründung, Vorbelastungs- und Handelndenhaftung

B ist Alleingesellschafter und zugleich einziges Vorstandsmitglied der 1990 gegründeten Textilexport AG. Das satzungsmäßige Grundkapital der Gesellschaft beträgt 100.000 Euro. Das Kapital wurde von B bei Gründung voll eingezahlte und war bei Eintragung der Gesellschaft unversehrt vorhanden.

Seit Anfang 2001 laufen die Geschäfte der Textilexport AG immer schlechter. Um konkurrenzfähig zu bleiben, sieht sich die AG gezwungen, ihre Waren unter Einstandspreis zu verkaufen, was zur Vermögenslosigkeit der Gesellschaft führt. B hat deshalb keine Lust mehr, den Textilhandel weiter zu betreiben. Da die AG keine Schulden aufweist, stellt B deren Unternehmen ein. Um trotzdem noch zu etwas Geld zu kommen, möchte er die AG als leeren Mantel für 5.000 Euro verkaufen.

B bietet die Gesellschaft dem K an. Dieser hat gerade eine Softwarefirma gegründet und ist sehr an dem AG-Mantel der Textilexport AG interessiert. Er benötigt nämlich zur Vorbereitung seines geplanten Börsenganges dringend eine Aktiengesellschaft. K entschließt sich deshalb, die AG zu erwerben. Am 1. Oktober 2002 erhält er von B für 5.000 Euro alle Anteile der Textilexport AG. Nach Erhalt der Anteile ruft er sofort eine Hauptversammlung ein. Dort wechselt er zunächst den Aufsichtsrat aus und lässt sich von diesem zum Alleinvorstand der AG bestellen. Anschließend ändert die Hauptversammlung ordnungsgemäß den bisherigen Unternehmensgegenstand der AG (»Handel mit Textilien«) in den neuen Unternehmensgegenstand»Herstellung und Vertrieb von Software« um. Zugleich wird die Firma der AG in »intrashop« umbenannt. Alle Änderungen werden am 2. Oktober 2002 in das Handelsregister eingetragen. Die AG war zu diesem Zeitpunkt weiterhin vermögenslos.

Am 4. Oktober 2002 bestellt K namens der AG bei dem Computerhändler C zehn hochwertige Computer zum Gesamtpreis von 20.000 €. Der C liefert die Computer sofort, die AG bezahlt sie jedoch nicht.

Das Geschäftskonzept des K geht nicht auf. Die von der AG entwickelte Software findet keinen Absatz. Am 1. November 2002 muss K schließlich Insolvenz anmelden.

Der Insolvenzverwalter fragt an, ob er gegen K einen Anspruch auf Neueinzahlung des satzungsgemäßen Stammkapitals in Höhe von 100.000 Euro durchsetzen kann. Wenigstens aber möchte er einen Anspruch auf Neueinzahlung des gesetzlichen Mindestkapitals in Höhe von 50.000 Euro geltend machen.

Abwandlung: Die AG muss keine Insolvenz beantragen. Die von K veranlassten Satzungsänderungen werden nicht in das Handelsregister eingetragen. Kann C vom – ordnungsgemäß in das Handelsregister eingetragenen – Vorstand K Zahlung der für die Computerlieferung ausstehenden 20.000 Euro verlangen?

Lösungsvorschlag Fall 1

Insolvenzverwalter I könnte gemäß § 80 InsO gegen K die folgenden Ansprüche der Gesellschaft geltend machen:

I. Anspruch aus § 54 Abs. 1 AktG auf Einzahlung der Einlage

Ein Anspruch aus § 54 Abs. 1 AktG auf Einzahlung der Einlage besteht nicht, weil das Grundkapital bereits 1990 voll eingezahlt worden ist. Die Einlageforderung ist damit durch Erfüllung erloschen (§ 362 BGB).

II. Anspruch aus Vorbelastungshaftung

Fraglich ist, ob hier ein Anspruch aus der im Wege der Rechtsfortbildung entwickelten **Vorbelastungshaftung** gegen B bzw. K besteht.[273] Die Vorbelastungshaftung ist im GmbH-Recht in Anlehnung an § 9 GmbHG entwickelt worden.[274] Sie gilt auch **im Aktienrecht**.[275] Anspruchsinhaberin ist sowohl im GmbH- als auch im Aktienrecht die Gesellschaft. Der Anspruch richtet sich gegen die Gesellschafter. Er ist zu bejahen, wenn im **Eintragungszeitpunkt** der Gesellschaft deren Reinvermögen hinter dem Grundkapital zurückgeblieben ist, wenn also eine **Unterbilanz** bestand. Als Rechtsfolge haben die Gesellschafter die Unterbilanz anteilig auszugleichen.

Hier war im Zeitpunkt der Eintragung im Jahr 1990 das Grundkapital der Textilexport AG in voller Höhe vorhanden. Ein Anspruch der Gesellschaft aus Vorbelastungshaftung scheidet somit aus.

III. Anspruch aus analoger Anwendung der Vorbelastungshaftung

1. Zulässigkeit einer Analogie

Möglicherweise könnte der Gesellschaft aber ein Anspruch aus **analoger Anwendung** der **Vorbelastungshaftung** zustehen. Eine solche Analogie wird von der herrschenden Meinung im Falle eines Mantelaufkaufes bejaht,[276] von einer Mindermeinung dagegen abgelehnt.[277] Gegen eine Analogie wird eingewandt, das Gesetz verlange lediglich, dass die Gesellschaft im Zeitpunkt der Gründung mit dem (satzungsgemäßen) Mindestkapital ausgestattet sei. Nach der Gründung aber werde das Grundkapital nicht mehr durch die Vorbelastungshaftung, sondern etwa mit Hilfe der **Durchgriffshaftung** oder §§ 57 ff. AktG gesichert. Zudem bestehe kein wesentlicher Unterschied zwischen einer Mantelverwendung und einem bloßen Gesellschafterwechsel.[278] Daher sei die analoge Anwendung der Vorbelastungshaftung auf einen Mantelkauf nicht angebracht. Jedoch wird dabei übersehen, dass bei einem Mantelkauf die **Gründungsvorschriften umgangen** werden. Das müsste an sich zur Unzulässigkeit solcher Rechtsgeschäfte führen.[279]

---

273 Ausführlich zur Vorbelastungshaftung, oben Fall 1 (GmbH-Recht).
274 Grundlegend: BGHZ 80, 129, 140 ff.; jüngst: BGHZ 134, 333, 338.
275 *Hüffer*, AktG, § 41 Rn. 8; *Raiser*, Kapitalgesellschaftsrecht, § 11 Rn. 37.
276 *Pentz*, in MüKo-AktG, § 23 Rn. 113; *Raiser*, Kapitalgesellschaftsrecht, § 26 Rn. 35.
277 *Werner*, NZG 2001, 397, 399.
278 *Werner*, NZG 2001, 397, 399.
279 So noch OLG Hamburg, ZIP 1983, 570, 571 f.

Da aber ein erhebliches **praktische Bedürfnis** an der Zulässigkeit des Mantelkaufes besteht, hält die herrschende Meinung solche Geschäfte dennoch grundsätzlich für möglich.[280] Der Mantelkauf muss jedoch im Zeitpunkt des Erwerbs der Anteile den Anforderungen der Gründungsvorschriften entsprechen. Diese gelten daher analog.[281] Das gilt insbesondere für die §§ 7, 36 a AktG, die Nachgründungsvorschriften (§ 52 AktG), die Prüfungsvorschriften der §§ 33 ff. AktG, die Handelndenhaftung sowie für die Vorbelastungshaftung.[282]

2. Tatbestandsvoraussetzungen der Vorbelastungshaftung (analog)

Hier sind demnach die Regeln der Vorbelastungshaftung dann entsprechend anwendbar, wenn es sich bei der Veräußerung der Textilexport AG um einen Mantelkauf gehandelt hat.

Der **Mantelkauf** ist abzugrenzen von einer bloßen **Umorganisation**. Eine solche unterfällt nicht den Regeln der Vorbelastungshaftung. Die Abgrenzung kann im Einzelfall schwierig sein. Als **Indizien** für das Vorliegen eines Mantelkaufes können Änderungen des Unternehmensgegenstandes, der Firma sowie die Auswechslung der Geschäftsführung herangezogen werden. In jedem Fall aber ist ein Mantelkauf anzunehmen, wenn die Unternehmenstätigkeit erstmals oder nach Volleinstellung einer früheren Tätigkeit (wieder) neu aufgenommen wird. Dann handelt es sich **wirtschaftlich** gesehen um eine **Neugründung der Gesellschaft**, sodass die analoge Anwendung der Gründungsvorschriften gerechtfertigt ist.[283]

Bei der Textilexport AG wurden nicht nur Unternehmensgegenstand, Firma und Geschäftsleitung geändert, sondern auch die bereits eingestellte Tätigkeit der AG erneut aufgenommen. Daher liegt wirtschaftlich gesehen eine Neugründung und damit ein Mantelkauf vor. Die Grundsätze der Vorbelastungshaftung sind damit entsprechend anwendbar.

Nach den Regeln der Vorbelastungshaftung besteht ein Anspruch der Gesellschaft gegen K nur dann, wenn am Tag der wirtschaftlichen Neugründung der »intrashop AG« eine Unterbilanz bestand. Hier wies die »intrashop AG« am 2. Oktober 2002, dem Tag der Eintragung ihrer »Neugründung«, eine Unterbilanz in Höhe von 100.000 Euro auf, weil sie laut Sachverhalt zu diesem Zeitpunkt vermögenslos gewesen ist. Grundsätzlich besteht daher ein Anspruch der »intrashop AG« gegen K.

Hinweis: Scheitert die Eintragung der »Neugründung«/Mantelverwendung, greifen nicht die Regeln der Vorbelastungshaftung, sondern die der sog. **Verlustdeckungshaftung** entsprechend ein. Ebenso wie die Vorbelastungshaftung ist auch die Verlustdeckungshaftung eine Innenhaftung.[284]

---

280 Grundlegend: BGHZ 117, 323, 330 ff.
281 BGHZ 117, 323, 330 ff.; BGH ZIP 2003, 251, 251 f.; OLG Brandenburg, NZG 2002, 641, 643; *Raiser*, Kapitalgesellschaftsrecht, § 26 Rn. 35.
282 *Hüffer*, AktG, § 23 Rn. 27 f. (mwN). Inwieweit auch andere Gründungsvorschriften analog anzuwenden sind, wie etwa etwa § 8 GmbHG, ist umstritten, vgl. dazu BGH ZIP 2003, 251, 252.
283 *Hüffer*, AktG, § 23 Rn. 27 a; *Raiser*, Kapitalgesellschaftsrecht, § 26 Rn. 35.
284 Grundlegend zur Verlustdeckungshaftung: BGHZ 134, 333, 339 ff. (für die GmbH) sowie ausführlich oben Fall 2 zum GmbH-Recht.

3. Höhe der Haftung

Strittig ist die Höhe der Haftung, die bei einem Mantelkauf aus der entsprechenden Anwendung der Vorbelastungshaftung resultiert. Die Rechtsprechung neigt dazu, die Haftung bis zur Höhe des **satzungsmäßigen Grundkapitals** (hier also 100.000 Euro) eingreifen zu lassen.[285] Der K müsste somit das Kapital der Gesellschaft solange auffüllen, bis dieses die Stammkapitalziffer von 100.000 € erreicht hat, also bis die gesamte Unterbilanz vollständig beseitigt ist. Die Literatur möchte dagegen die Haftung des Gesellschafters auf die Höhe des gesetzlichen Mindestkapitals (also 50.000 Euro, vgl. § 6 AktG) beschränken. Nur bis zum Erreichen dieses Kapitalstocks sei das Vermögen der Gesellschaft abzudecken. Statt des Mantelkaufes hätten die Gesellschafter nämlich auch eine neue Gesellschaft gründen können. In diesem Fall aber hätten sie nur ein Stammkapital von 50.000 € aufzubringen gehabt. Das könne bei einem Mantelkauf nicht anders sein.[286] Jedoch ist zu bedenken, dass bei einem Mantelkauf die Käufer die Gesellschaft mit einem bestimmten satzungsmäßigen Grundkapital erwerben, auf dessen Existenz die Gläubiger vertrauen. Daher müssen sich die Erwerber eines solchen Mantels die konkrete satzungsmäßige Höhe des Grundkapitals entgegenhalten lassen. Deshalb haften sie nicht nur bis zur Auffüllung des gesetzlichen, sondern bis zur Auffüllung des satzungsmäßigen Grundkapitals. Weil die »Textilexport« AG im Zeitpunkt der Eintragung der Satzungsänderungen durch K vermögenslos, aber auch schuldenfrei gewesen ist, fehlten dem Vermögen der Gesellschaft bis zur Auffüllung des satzungsmäßigen Grundkapitals 100.000 Euro. Folglich haftet K der Gesellschaft auf einen Betrag von 100.000 Euro.

4. Ergebnis

Der Insolvenzverwalter kann gegen K einen Anspruch auf Neueinzahlung des satzungsmäßigen Stammkapitals in Höhe von 100.000 Euro geltend machen.

Hinweis: Von dem hier vorliegenden Mantelkauf ist die sog. Mantel- bzw. Vorratsgründung zu unterscheiden. Bei einer **Mantel- bzw. Vorratsgründung** wird eine Gesellschaft auf Vorrat gegründet, um die »Hülle« später an einen Erwerber (gewinnbringend) zu veräußern. Nach der älteren Rechtsprechung waren solche Gründungen wegen § 117 BGB unzulässig. Mittlerweile werden sie jedoch allgemein als statthaft angesehen. Voraussetzung ist jedoch, dass eine sog. offene Mantel- bzw. Vorratsgründung vorliegt, also insbesondere der Unternehmensgegenstand ausdrücklich auf die **Verwaltung eigenen Vermögens** beschränkt wird.[287]

---

285 BGHZ 117, 323, 331, OLG Frankfurt/M., GmbHR 1999, 32, 33.

286 *K. Schmidt*, Gesellschaftsrecht, § 4 III 3 d.

287 BGHZ 117, 323, 330 ff.; *Hüffer*, AktG, § 275 Rn. 17; *Hueck/Fastrich*, in: Baumbach/Hueck, GmbHG, § 3 Rn. 13; *Raiser*, Kapitalgesellschaftsrecht, § 26 Rn. 32.

Zur Abwandlung:

I. Anspruch aus § 433 Abs. 2 BGB

Ein Anspruch aus § 433 Abs. 2 BGB besteht nicht, da K lediglich als Vertreter der AG aufgetreten ist und daher kein Vertragspartner ist. Anhaltspunkte für ein Eingreifen der Vertreterhaftung (§ 280 Abs. 1 BGB i. V. m. § 311 Abs. 3 BGB) sind nicht ersichtlich.

II. Anspruch aus § 41 Abs. 1 S. 2 AktG (»Handelndenhaftung«)

Auch dieser Anspruch scheidet aus, weil K nicht vor Eintragung der Gesellschaft gehandelt hat. Die Eintragung erfolgte vielmehr bereits im Jahre 1990.

III. Anspruch aus § 41 Abs. 1 S. 2 AktG analog

Wie bereits bei Lösung des Ausgangsfalles aufgezeigt, bejaht die h. M. im Falle des Mantelkaufes eine **analoge Anwendung** der **Handelndenhaftung** bis zu dem Zeitpunkt, in dem die Mantelverwendung eingetragen worden ist.[288] Da hier diese Eintragung nicht erfolgte und K im Namen der Gesellschaft gehandelt hat, haftet er deshalb dem C entsprechend § 41 Abs. 1 S. 2 AktG auf Zahlung des Kaufpreises in Höhe von 20.000 €.

Hinweis: Das Problem des Mantelkaufes kann nicht nur bei der AG, sondern auch bei der GmbH auftreten. Die damit zusammenhängenden Probleme sind bei beiden Rechtsformen jedoch identisch.

Literaturhinweis: Werner, NZG 2001, 397 ff.

---

288 OLG Hamburg, ZIP 83, 570, 571 f.; *Hüffer*, AktG, § 23 Rn. 27 a; a. A. jedoch: *Werner*, NZG 2001, 397, 400; OLG Brandenburg, ZIP 1998, 2095, 2095 f.

Fall 2
»Der teure Berater«
Anfechtungsklage, verdeckte Gewinnausschüttung, Eigenkapitalersetzendes Gesellschafterdarlehen, Auskunftsrecht, Treuepflicht, Untreue

Rechtsanwalt und Ruheständler R hält 45 Prozent der Anteile an der Intelplex AG. Die Gesellschaft weist ein Grundkapital von 100.000 Euro auf. Neben dem R sind an der Gesellschaft A mit 20 Prozent sowie B mit 35 Prozent beteiligt.

Ende 2000 schließt R mit der Intelplex AG einen Beratervertrag. In diesem verpflichtet er sich, den Vorstand der AG in allen anfallenden Rechtsfragen zu beraten. Im Gegenzug soll R ein Beratungshonorar von jährlich 50.000 Euro, zahlbar jeweils zum Jahresende, erhalten. Für das Jahr 2001 wurde ihm dieses Honorar auch gezahlt. Beratungsleistungen hat R bislang jedoch nicht erbracht.

Anfang 2002 steuert das Unternehmen in eine wirtschaftliche Krise. Die Gesellschaft benötigt dringend neues Kapital. Die Hausbanken sind nicht bereit, der Gesellschaft Fremdkapital zur Verfügung zu stellen. Um die Gesellschaft »über Wasser zu halten,« entschließt sich R, der AG einen auf längere Zeit angelegten, aber jederzeit kündbaren Kredit in Höhe von 80.000 Euro zu gewähren. Trotz dieser Liquiditätszufuhr verschlechtert sich die Lage der AG weiter dramatisch. R zieht daher sein Darlehen Ende August 2002 aus der Gesellschaft wieder ab. Die gesetzliche Rücklage der AG war zu diesem Zeitpunkt bereits voll und das Grundkapital zur Hälfte aufgebraucht.

Der Vorstand erkennt, dass eine Insolvenz der Gesellschaft nicht zu vermeiden sein wird. Weil die Vorstandsmitglieder wegen der Misswirtschaft der Vergangenheit im Falle der Insolvenz eine persönliche Inanspruchnahme befürchten, kommen sie auf die Idee, den mit R abgeschlossen Beratervertrag der Hauptversammlung zur Billigung vorzulegen. Sie rufen ordnungsgemäß die Hauptversammlung ein. Gesellschafter B wendet sich gegen eine Billigung des Vertrages. Er vermutet – was den Tatsachen entspricht –, dass R mit Wissen des Vorstandes von Anfang an nur das Beratungshonorar »kassieren« wollte, ohne eine Gegenleistung zu erbringen. Um sich in dieser Frage Gewissheit zu verschaffen, verlangt B auf der Hauptversammlung vor der Beschlussfassung Auskunft vom Vorstand darüber, welche Beraterleistungen der R nach dem Vertrag erbringen müsse und welche er in qualitativer und quantitativer Hinsicht bisher erbracht habe. Der Vorstand verweigert die Beantwortung der Frage mit dem Hinweis darauf, dass »Vertragsinterna« nicht bekanntgegeben würden. R und A erklären daraufhin, sie könnten auch ohne Antwort auf die Frage des B dem Vertrag zustimmen. Anschließend beschließen sie mit ihren Stimmen die Billigung des Vertrages. B stimmt gegen den Beschluss und erklärt ordnungsgemäß Widerspruch zur Niederschrift.

1. B hält den Beschluss der Hauptversammlung für rechtswidrig und möchte Anfechtungsklage erheben. Hat eine solche Klage des B Aussicht auf Erfolg?

2. Im Dezember 2002 wurde das Insolvenzverfahren über die Intelplex AG eröffnet.

Der Insolvenzverwalter fragt an, ob er von R

a) das für 2001 gezahlte Beratungshonorar,

b) das an R zurückgezahlte Darlehen

zur Insolvenzmasse zurückverlangen kann?

Lösungsvorschlag Fall 2

Antwort zu Frage 1: Anfechtungsklage gegen Hauptversammlungsbeschluss

Die Klage des B hat Aussicht auf Erfolg, wenn sie zulässig und begründet ist.

I. Zulässigkeit

1. Statthafte Klageart

Die statthafte Klageart richtet sich nach dem Klagebegehren. B hält den Beschluss für rechtswidrig, d. h. er möchte bei verständiger Auslegung seines Begehrens die richterliche Klärung der Unwirksamkeit des Beschlusses mit Wirkung für und gegen jedermann erreichen, also auch mit Wirkung für und gegen Vorstand und Aufsichtsrat. Diesem Rechtsschutzziel dient gemäß § 248 Abs. 1 AktG die Anfechtungsklage.[289] Sie ist deshalb statthaft.

2. Klagegegner

Klagegegner ist gemäß § 246 Abs. 2 die Intelplex AG, vertreten durch Vorstand und Aufsichtsrat.

> **Hinweise:** Gemäß § 246 Abs. 2 S. 2 AktG wird im Anfechtungsprozess die Gesellschaft durch Vorstand und Aufsichtsrat vertreten. Das hat gemäß § 170 Abs. 1 ZPO zur Folge, dass die Klage sowohl dem Aufsichtsrat als auch dem Vorstand zugestellt werden muss, da andernfalls die Klage nicht zulässig erhoben ist (§ 253 Abs. 1 ZPO).[290] Eine Nachholung der Zustellung ist zwar grundsätzlich möglich, jedoch wird dafür meist die Monatsfrist des § 246 Abs. 1 AktG verstrichen sein.

3. Zuständiges Gericht

Örtlich und sachlich zuständig ist gemäß § 246 Abs. 3 S. 1 AktG das Landgericht, in dessen Bezirk die Intelplex AG ihren Sitz hat.

4. Allgemeines Rechtsschutzbedürfnis

Bei Aktionären ist im Regelfall das allgemeine Rechtsschutzbedürfnis als Prozessvoraussetzung vorhanden. Da hier keine atypischen Umstände vorliegen, ist somit das Rechtsschutzbedürfnis des B zu bejahen.

5. Ergebnis

Die Anfechtungsklage des B ist zulässig.

---

289 *Hüffer*, AktG § 246 Rn. 12; *Raiser*, Kapitalgesellschaftsrecht, § 16 Rn. 140.
290 St. Rspr.: BGH NJW 1992, 2099 f.

II. Begründetheit

Die Klage ist begründet, wenn B gemäß § 245 AktG anfechtungsbefugt ist, die Anfechtungsfrist des § 246 Abs. 1 AktG einhält und wenn Anfechtungsgründe (§ 243 Abs. 1 AktG) vorliegen.

1. Anfechtungsbefugnis und -frist

Die Anfechtungsbefugnis des B ergibt sich aus § 245 Nr. 1 AktG. B hat auf der Hauptversammlung ordnungsgemäß Widerspruch zur Niederschrift erklärt. Laut Sachverhalt hat B jedoch noch keine Klage erhoben. Falls er klagen sollte, müsste B die Klage innerhalb eines Monates nach der Beschlussfassung erheben (§ 246 Abs. 1 AktG).

Hinweise:

1. Die Monatsfrist des § 246 Abs. 1 AktG ist eine materiell-rechtliche Frist, weil sie das Anfechtungsrecht beschränkt. Sie ist deshalb anders als im öffentlichen Recht nicht innerhalb der Zulässigkeit, sondern innerhalb der Begründetheit der Klage zu prüfen.[291] Dasselbe gilt nach ganz h. M. für die Anfechtungsbefugnis.[292]

2. Bei Klageerhebung darf nicht übersehen werden, dass innerhalb der Anfechtungsfrist des § 246 Abs. 1 AktG alle Anfechtungsgründe ihrem wesentlichen Kern nach vorgetragen werden müssen, andernfalls sind sie unbeachtlich.[293]

2. Anfechtungsgründe

Als Anfechtungsgründe kommen gemäß § 243 Abs. 1 Gesetzes- oder Satzungsverstöße in Betracht. Da Satzungsverstöße nicht ersichtlich sind, sind hier lediglich Gesetzesverstöße näher zu prüfen.

a) Unberechtigte Auskunftsverweigerung, § 131 AktG

Dem B wurde die Antwort auf die Frage, welche Beraterleistungen der R in qualitativer und quantitativer Hinsicht bisher erbracht habe und zukünftig erbringen wird unter Hinweis auf die »Vertragsinterna« versagt. Darin könnte dann ein Gesetzesverstoß dann liegen (§ 243 Abs. 1 AktG), wenn die Verletzung des Auskunftsrechtes einen Anfechtungsgrund darstellt und die Auskunft zu Unrecht verweigert worden ist.

(1) Auskunftsverweigerung als Anfechtungsgrund

Aus der Existenz des § 243 Abs. 4 AktG ergibt sich mittelbar, dass die unberechtigte Verweigerung der Auskunft einen Anfechtungsgrund darstellt.[294] Das Aus-

---

291 *Hüffer*, AktG, § 246 Rn. 20; *Raiser*, Kapitalgesellschaftsrecht, § 16 Rn. 144.
292 *Hüffer*, AktG, § 245 Rn. 2.
293 BGHZ 120, 141, 157; *Raiser*, Kapitalgesellschaftsrecht, § 16 Rn. 144.
294 *Hüffer*, AktG, § 243 Rn. 45.

kunftserzwingungsverfahren des § 132 AktG braucht vor Erhebung einer Anfechtungsklage nicht (erfolglos) eingeleitet worden zu sein.[295]

(2) Unberechtigte Auskunftsverweigerung

(aa) Sachlicher Umfang des Auskunftsrechtes

Fraglich ist zunächst, ob die von B gewünschte Auskunft sachlich vom Auskunftsrecht erfasst ist. Das ist gemäß § 131 Abs. 1 S. 1 AktG der Fall, wenn die verlangte Auskunft sich auf Angelegenheiten der Gesellschaft bezieht und die Auskunft zur sachgemäßen Beurteilung des Gegenstandes der Tagesordnung erforderlich ist.

Zu den **Angelegenheiten der Gesellschaft** zählt alles, was zur AG und ihrer Tätigkeit gehört.[296] Hier geht es um die Frage des qualitativen und quantitativen Umfanges der Leistungen des R und damit letztlich darum, welche Gegenleistungen der AG aus dem Beratervertrag zustehen. Das ist eine Frage, die die Intelplex AG unmittelbar selbst betrifft. Es handelt sich somit um eine Angelegenheit der Gesellschaft. Da B genau darüber Auskunft erlangen wollte, betraf seine Frage eine Angelegenheit der Gesellschaft.

Die Auskunft muss des weiteren zur **sachgemäßen Beurteilung** des Tagesordnungspunktes **erforderlich** sein. Das ist der Fall, wenn sie vom Standpunkt eines objektiv denkenden Aktionärs ein für seine Urteilsbildung bei der Beschlussfassung wesentliches Element darstellt.[297]

Hier sollte die Hauptversammlung den Beratervertrag zwischen R und der Gesellschaft billigen. Ein sachgemäßes Urteil über das »Ob« der Billigung dieses Vertrages kann sich ein objektiv denkender Aktionär nur bilden, wenn ihm auch die Gegenleistung des R in quantitativer und qualitativer Hinsicht bekannt ist. Nur dann weiß nämlich der Aktionär, für was die AG das Honorar bezahlt und erst dann kann er sinnvoll einschätzen, ob der Vertrag zu billigen ist oder nicht. Der Umfang der von R zu erbringenden Gegenleistung ist damit ein wesentliches zur Urteilsbildung eines objektiv denkenden Aktionärs notwendiges Element; die Auskunft über die Gegenleistungen des R daher gemäß § 131 Abs. 1 S. 1 AktG erforderlich und sachlich vom Auskunftsrecht erfasst.

(bb) Auskunftsverweigerungsrecht, § 131 Abs. 3 AktG

Der Vorstand könnte dem B die Auskunft zu Recht verweigert haben, wenn ihm ein Auskunftsverweigerungsrecht zur Seite stand. Die **Auskunftsverweigerungsrechte** sind in § 131 Abs. 3 AktG **abschließend** geregelt (§ 131 Abs. 3 S. 2 AktG).

Der Vorstand verweigerte die Auskunft mit der Begründung, er wolle keine Auskünfte über Vertragsinterna erteilen. Er könnte sich deshalb auf das Auskunftsverweigerungsrecht des § 131 Abs. 3 Nr. 5 AktG (Vermeidung der eigenen Strafbar-

---

295 *Hüffer*, AktG, § 132 Rn. 2; OLG Stuttgart, AG 1992, 459; a. A.: *Eckardt*, in Geßler / Hefermehl / Eckardt / Kropff, § 132 Rn. 9.

296 *Hüffer*, AktG, § 131 Rn. 11; *Eckardt*, in Geßler / Hefermehl / Eckardt / Kropff, § 131 Rn. 46; *Raiser*, Kapitalgesellschaftsrecht, § 16 Rn. 47.

297 OLG Düsseldorf AG 1987, 21, 23; OLG Zweibrücken AG 1990, 496; *Hüffer*, AktG, § 131 Rn. 12; *Eckardt*, in Geßler / Hefermehl / Eckardt / Kropff, § 131 Rn. 33; *Raiser*, Kapitalgesellschaftsrecht, § 16 Rn. 48.

keit) berufen. Dann müsste die Auskunft über Vertragsinterna strafbar sein. Eine Strafbarkeit gemäß § 203 StGB sowie § 17 UWG scheidet aus, weil der Vorstand nicht zu den von diesen Normen erfassten Personenkreis zählt. Ebenfalls abzulehnen ist eine Berufung des Vorstandes auf § 404 AktG. Es kann nämlich nicht sein, dass das, was der Vorstand aufgrund von § 131 Abs. 1 AktG mitteilen muss, zugleich strafbar gemäß § 404 AktG ist. Denn dann würde das Auskunftsrecht des Aktionärs weitgehend leerlaufen.[298] Eine Anwendung des § 131 Abs. 3 Nr. 5 AktG scheidet deshalb aus. Anhaltspunkte für das Vorliegen anderer Verweigerungsgründe sind nicht ersichtlich. Dem Vorstand stand damit kein Auskunftsverweigerungsrecht zu. Er hat folglich dem B die Auskunft zu Unrecht verweigert.

(3) Ergebnis

Die unberechtigte Auskunftsverweigerung stellte eine Verletzung des § 131 AktG dar. Ein Gesetzesverstoß im Sinne des § 243 Abs. 1 AktG liegt somit vor.

(4) Relevanz für das Beschlussergebnis

Da es sich bei der Verletzung des Auskunftsrechtes um einen formalen Fehler im Beschlussverfahren handelt, ist fraglich, ob dieser Fehler auch beachtlich ist. Immerhin haben R und A erklärt, sie könnten auch ohne Kenntnis der Vertragsinterna über die Billigung des Vertrages entscheiden. Es ist somit davon auszugehen, dass die beiden auch bei ordnungsgemäßer Auskunftserteilung für die Billigung des Vertrages gestimmt hätten und der Beschluss zustande gekommen wäre. Damit fehlt es an der **Kausalität** des Verstoßes für das Beschlussergebnis. **§ 243 Abs. 4 AktG** zeigt jedoch, dass die Verletzung des Auskunftsrechtes auch bei fehlender Kausalität beachtlich ist.[299] Dahinter steht der Gedanke, den Vorstand und nicht die Hauptversammlung über die Kausalität einer Auskunftsverweigerung entscheiden zu lassen.[300] Allerdings wird aus Gründen der **Verhältnismäßigkeit** die Relevanz der Verletzung des Auskunftsrechts dann verneint, wenn aus der Sicht eines objektiv urteilenden Aktionärs die **Vernichtung des Beschlusses** angesichts der Bedeutung der Auskunftsverweigerung für den konkreten Beschlussgegenstand **unangemessen** hart wäre.[301] Eine solche Einschränkung ist hier nicht vorzunehmen. Denn der Vorstand wollte keine Details des Vertrages bekanntgeben. Das aber hat für die Aktionäre zur Folge, dass sie quasi blind über die Billigung des Vertrages abstimmen mussten. Auf ein solches Informationsdefizit hätte sich ein objektiv urteilender Aktionär nicht eingelassen. Daher ist die Verletzung des Auskunftsrechtes auch unter Berücksichtigung der von Rechtsprechung und Lehre vorgenommenen Einschränkungen für den gefassten Beschluss relevant und damit beachtlich.

---

298 *Eckardt*, in Geßler/Hefermehl/Eckardt/Kropff, § 131 Rn. 123; *Hüffer*, AktG, § 131 Rn. 31; ebenso im Ergebnis: *Zöllner*, in KK-AktG, § 131 Rn. 141, der den Begriff des Geschäfts- und Betriebsgeheimnisses in § 404 AktG einschränken will.

299 *Hüffer*, in Geßler/Hefermehl/Eckardt/Kropff, § 243 Rn. 116; *K. Schmidt*, in Großkommentar-AktG, § 243 Rn. 36; *Raiser*, Kapitalgesellschaftsrecht, § 16 Rn. 155.

300 Vgl. BGHZ 36, 121, 139.

301 BGHZ 35, 121, 140; *Raiser*, Kapitalgesellschaftsrecht, § 16 Rn. 155.

b) Stimmverbot des R nach § 136 Abs. 1 AktG?

R könnte gemäß § 136 Abs. 1 AktG bei der Abstimmung über den Vertrag einem Stimmverbot unterlegen haben, weil die Hauptversammlung über einen Vertrag zwischen ihm und der Gesellschaft abstimmte. Die Stimmen des R könnten deshalb gemäß § 134 BGB nichtig sein.

Ein ausdrücklich von § 136 Abs. 1 AktG erfasster Fall des Stimmverbotes liegt nicht vor. Fraglich ist deshalb, ob § 136 Abs. 1 AktG bei Abstimmungen über die Vornahme bzw. Billigung eines Rechtsgeschäftes analog anzuwenden ist. Immerhin besteht hier ein mit dem Regelungsgehalt des § 136 Abs. 1 AktG vergleichbarer Interessenkonflikt. Voraussetzung für eine analoge Anwendung des § 136 Abs. 1 AktG wäre aber eine **Gesetzeslücke**, also eine planwidrige Unvollständigkeit des Gesetzes. Für das Vorliegen einer Lücke könnte sprechen, dass etwa das im GmbH-Recht geregelte Stimmverbot auch die Vornahme von Rechtsgeschäften erfasst (§ 47 Abs. 4 S. 2 GmbHG). Jedoch wird die Aufzählung der Stimmverbote in § 136 Abs. 1 AktG als das Ergebnis einer bewussten gesetzgeberischen Entscheidungen angesehen und deshalb als **abschließend** betrachtet. Eine analoge Anwendung des § 136 Abs. 1 AktG auf andere Fälle ist deshalb nicht möglich.[302] Dafür lässt sich auch das im Aktienrecht stets relevante Argument der Rechtssicherheit anführen.[303]

Hinweise:

1. Eine detaillierte Antwort auf die Frage, ob die Vorschrift des § 136 Abs. 1 AktG analogiefähig ist, kann in einer Klausur nicht erwartet werden. Es ist daher auch vertretbar, eine **analoge Anwendung des § 136 Abs. 1 AktG** zu bejahen. Die Stimmen des R wären dann gemäß § 134 BGB nichtig und die Beschlussmehrheit unrichtig festgestellt. Weil damit ein Fehler im Beschlussverfahren vorliegen würde, käme es darauf an, ob dieser beachtlich ist. Vor allem die Rechtsprechung[304] stellt darauf ab, ob der Fehler das Ergebnis der Beschlussfassung beeinflusst hat (sog. **potenzielle Kausalität**). Wäre R von der Abstimmung ausgeschlossen gewesen, hätten die Stimmen des A allein nicht ausgereicht, um die für den Beschluss erforderliche Mehrheit zu erzielen, weil B gegen den Beschluss gestimmt hat. Der Nichtausschluss des R vom Stimmrecht wäre damit als Anfechtungsgrund beachtlich. Zu dem gleichen Ergebnis würde die **jüngere Lehre** kommen. Diese stellt nicht auf die potenzielle Kausalität ab, sondern unter Hinweis auf § 243 Abs. 4 AktG auf die **Relevanz des Normverstoßes** und differenziert nach dem Zweck der verletzten Norm (Relevanztheorie).[305] Je nach Bedeutung der Norm kommt sie zu einem unterschiedlichen Ergebnis hinsichtlich der Beachtlichkeit des Verfahrensfehlers. Von den Vertretern dieser Ansicht wird allerdings bei Stimmverboten – und damit bei Fällen unrichtiger Beschlussfeststellung – das Merkmal der Relevanz wieder durch das der potenziellen Kausalität ersetzt.[306] Daher würde hier die Relevanztheorie zum gleichen

---

302 *Hüffer*, AktG, § 136 Rn. 18; *Eckardt*, in Geßler / Hefermehl / Eckardt / Kropff, § 136 Rn. 11; offenlassend: OLG München, AG 1995, 381, 382.

303 *Raiser*, Kapitalgesellschaftsrecht, § 16 Rn. 80.

304 BGHZ 59, 369, 375; 86, 1, 3.

305 *Hüffer*, AktG, § 243 Rn. 13; *K. Schmidt*, Großkommentar-AktG, § 243 Rn. 21 ff.; *Raiser*, Kapitalgesellschaftsrecht, § 16 Rn. 152.

306 *K. Schmidt*, Großkommentar-AktG, § 243, Rn. 39; *Hüffer*, AktG, § 243 Rn. 19.

Ergebnis wie die Rechtsprechung führen. Der Beschluss wäre aufgrund der Verletzung des Stimmverbotes und der damit verbundenen unrichtigen Beschlussfeststellung anfechtbar.

2. Weitere Fälle eines Stimmverbotes bzw. des Ruhens des Stimmrechtes regeln die §§ 20 Abs. 7, 21 Abs. 4 AktG sowie § 328 Abs. 1 AktG bei wechselseitig beteiligten Unternehmen (§ 19 AktG). Außerhalb des Aktienrechtes ist § 28 WpHG zu beachten, der an die Mitteilungspflichten der §§ 21 ff. WpHG anknüpft. Diese gelten anders als die §§ 20 f. AktG nicht nur für Unternehmen, sondern auch für Privataktionäre. Gemäß § 28 WpHG ruht das Stimmrecht, wenn ein Aktionär Anteile einer börsennotierten Gesellschaft erwirbt und seiner Mitteilungspflicht gemäß § 21 WpHG nicht nachkommt. Anders als bei § 20 AktG entsteht die Mitteilungspflicht des § 21 WpHG nicht erst ab Erwerb von einem Viertel der Anteile, sondern bereits ab einem Erwerb von fünf Prozent. Zudem sind die Mitteilungspflichten des § 21 WpHG nicht nur gegenüber der Gesellschaft, sondern auch gegenüber der Bundesanstalt für Finanzdienstleistungsaufsicht zu erfüllen.[307]

c) Verstoß gegen § 57 Abs. 1, 3 AktG (»Verdeckte Gewinnausschüttung«)

Der streitgegenständliche Beschluss könnte gegen § 57 AktG verstoßen, weil er einen Beratervertrag billigt, der zu einem einseitigen Mittelabfluss zugunsten des R führen sollte. Ein Verstoß gegen § 57 AktG liegt nur dann vor, wenn der Beschluss unmittelbar selbst zu einem Mittelabfluss geführt hat oder einen solchen billigte. Zwar ist hier Ende 2001 das Honorar an den R ausgezahlt worden, diese Auszahlung war aber nicht unmittelbarer Gegenstand des Hauptversammlungsbeschlusses. Der Hauptversammlungsbeschluss billigte lediglich den Beratervertrag, ohne aber bereits zu einer konkreten Auszahlung zu führen. Der Beschluss verstößt deshalb nicht gegen § 57 AktG.

Hinweis: Bei entsprechender Begründung kann ein Verstoß gegen § 57 AktG auch bejaht werden.

3. Ergebnis

Der Beschluss ist aufgrund der unberechtigten Auskunftsverweigerung anfechtbar; die Klage des B begründet.

III. Endergebnis zu Frage 1

Die Klage des B ist zulässig und begründet. Sie hat Aussicht auf Erfolg.

---

307 Näher zu den Mitteilungspflichten des AktG und des WpHG: *Emmerich/Sonnenschein/ Habersack*, Konzernrecht, S. 91 ff.; *Raiser*, Kapitalgesellschaftsrecht, § 52 Rn. 1 ff.

Antwort zu Frage 2 a: Ansprüche hinsichtlich des Beraterhonorars von 50.000 €

I. Anspruch auf Rückzahlung aus §§ 62 Abs. 1 i. V. m. 57 Abs. 1 AktG

1. Geltendmachung des Anspruchs durch Insolvenzverwalter

Festzuhalten ist zunächst, dass der Insolvenzverwalter I gemäß § 80 Abs. 1 InsO berechtigt ist, einen eventuell bestehenden Anspruch der AG im eigenen Namen geltend zu machen.

2. Einlagenrückgewähr

Ein Anspruch aus § 62 Abs. 1 AktG setzt einen Verstoß gegen § 57 Abs. 1 und 3 AktG voraus. Dann müsste die Einlage an R zurückgewährt worden sein. Zur Bejahung einer Einlagenrückgewähr ist es nicht erforderlich, dass gerade die konkrete Einlage des R gegenständlich ausgezahlt worden ist. Denn § 57 AktG bezweckt einen **umfassenden Vermögensschutz.**[308] Entscheidend ist deshalb allein, ob eine Auszahlung zu einer Beeinträchtigung des Gesellschaftsvermögens geführt hat. Auch eine Leistung aus freien Rücklagen kann daher Einlagenrückgewähr darstellen. Anders als § 30 GmbHG schützt § 57 AktG nämlich nicht nur das Stamm- bzw. Grundkapital, sondern das gesamte Vermögen der AG vor den unberechtigten Zugriffen der Gesellschafter.

a) Verdeckte Gewinnausschüttung

Demgemäß fallen auch so genannte verdeckte Gewinnausschüttungen (vGA) unter das Verbot des § 57 Abs. 1 AktG.[309] Fraglich ist, ob hier eine vGA vorliegt. Unter eine vGA wird jede Leistung an einen Gesellschafter verstanden, bei der ein **objektives Missverhältnis** zwischen Leistung und Gegenleistung vorliegt, die zu einer Minderung des Gesellschaftsvermögens führt und nicht auf einem Gewinnverwendungsbeschluss beruht.[310] Von diesen drei Kriterien sind hier sind zwei problematisch: das objektive Missverhältnis zwischen Leistung und Gegenleistung sowie die Frage der Vermögensminderung.

(1) Objektives Missverhältnis

(aa) Konkretisierung durch Fremdvergleich

Ob ein objektives Missverhältnis zwischen Leistung und Gegenleistung vorliegt, kann auf unterschiedlichen Wegen ermittelt werden. In der Praxis stellt man auf den aus dem Steuerrecht bekannten **Fremd- oder Drittvergleich** ab.[311] Er ist Beweisanzeichen für das Vorliegen eines Missverhältnisses. Danach ist ein objektives

308 *Hüffer*, AktG, § 57 Rn. 3; *Lutter*, in KK-AktG, § 57 Rn. 5 sowie 8; *Raiser*, Kapitalgesellschaftsrecht, § 19 Rn. 1.

309 *Raiser*, Kapitalgesellschaftsrecht, § 19 Rn. 3.

310 BGHZ 31, 258, 276; *Hüffer*, AktG, § 57 Rn. 8; *Lutter*, in KK-AktG, § 57 Rn. 16; *Hefermehl/Bungeroth*, in Geßler/Hefermehl/Eckardt/Kropff, § 57 Rn. 11 f.; *Raiser*, Kapitalgesellschaftsrecht, § 19 Rn. 3.

311 BGH NJW 1987, 1194, 1195; *Lutter*, in KK-AktG, § 57 Rn. 15 sowie 21; *Hüffer*, AktG, § 57 Rn. 8.

Missverhältnis zu bejahen, wenn ein ordentlicher und gewissenhafter Geschäftsleiter die an den Gesellschafter erbrachte Leistung einem fremden Dritten nicht oder nicht zu diesem Preis gewährt hätte.[312]

Hier hat R keine Beraterleistungen erbracht und dennoch ein Gehalt von 50.000 Euro bezogen. Eine derart hohe Vergütung für die fehlende Erbringung einer Gegenleistung hätte ein ordentlicher und gewissenhafter Geschäftsleiter einem fremden Dritten nicht gewährt. Es ist somit von einem objektiven Missverhältnis zwischen der Leistung der Intelplex AG und der Gegenleistung des Gesellschafters R auszugehen.

(bb) Erforderlichkeit eines subjektiven Elementes?

Strittig ist, ob neben dem objektiven Missverhältnis ein subjektives Element in dem Sinne erforderlich ist, dass die Gesellschaft die Leistung bewusst nur wegen der Mitgliedschaft des Empfängers erbringt. Eine Mindermeinung möchte dies bejahen, weil ein subjektives Element den empirischen Regelfall treffe.[313] Dem ist mit der h. M. entgegenzuhalten, dass § 57 AktG einen **objektiven Vermögensschutz** bezweckt und deshalb keine weiteren subjektiven Anforderungen zu stellen sind.[314]

(2) Vermögensminderung

Fraglich ist, ob es durch die Auszahlung der 50.000 € zu einer Minderung des Gesellschaftsvermögens gekommen ist. Gegen eine Vermögensminderung könnte immerhin sprechen, dass der AG aufgrund der Auszahlung ein Rückzahlungsanspruch in gleicher Höhe zugeflossen ist.[315] Allerdings führt die Einbeziehung des durch eine vGA entstehenden Rückzahlungsanspruches zu einem **Zirkelschluss**. Eine Vermögensminderung würde dann praktisch nie vorliegen, da wegen der Entstehung des Rückzahlungsanspruches eine Vermögensminderung und damit eine verdeckte Gewinnausschüttung regelmäßig zu verneinen wäre. Daher ist richtigerweise der (künftige) Rückforderungsanspruch bei der Frage, ob eine Vermögensminderung vorliegt, außer Betracht zu lassen.[316] Es kommt allein auf den Vermögensabfluss seitens der Gesellschaft an. Weil R in Bezug auf den Vermögensabfluss keine gleichwertige Gegenleistung erbracht hat, ist durch die Auszahlung bei der Intelplex AG eine Vermögensminderung in Höhe von 50.000 € eingetreten.

(3) Kein Gewinnverwendungsbeschluss

Da ferner die Auszahlung der 50.000 Euro nicht auf einem Gewinnverwendungsbeschluss beruht, sind die Voraussetzungen einer verdeckten Gewinnausschüttung erfüllt.

---

312 *Lutter*, in KK-AktG, § 57 Rn. 21; *Raiser*, Kapitalgesellschaftsrecht, § 19 Rn. 3; BFHE 123, 475, 476 f.

313 *Hefermehl/Bungeroth*, in Geßler / Hefermehl / Eckardt / Kropff, § 57 Rn. 13.

314 *Hüffer*, AktG, § 57 Rn. 11, *Lutter*, in KK-AktG, § 57 Rn. 27; BGH NJW 1987, 1194, 1195.

315 *Knobbe-Keuk*, Unternehmenssteuerrecht, 9. Aufl., § 19 I 3 e, cc, S. 676.

316 Ebenso im Ergebnis: BFHE 150, 337, 342; FR 1990, 52 f.

> **Hinweis:** Weitere praxisrelevante Fälle einer verdeckten Gewinnausschüttung sind die Zahlung überhöhter Gehälter an Gesellschafter-Vorstände sowie die Bezahlung der Schuld eines Gesellschafters durch die Gesellschaft oder auch der Erlass einer Gesellschafter-Verbindlichkeit.

b) Ergebnis

Die Auszahlung der 50.000 € stellt eine verbotene Einlagenrückgewähr dar. Sie verstößt gegen § 57 Abs. 1 AktG. Der Insolvenzverwalter kann von R gemäß §§ 62 Abs. 1 i. V. m. 57 Abs. 1 AktG Rückzahlung der 50.000 € verlangen.

II. Anspruch auf Rückzahlung aus Treuepflichtverletzung

Treuepflichten bestehen nicht nur zwischen den einzelnen Aktionären einer Gesellschaft,[317] sondern auch zwischen dem Aktionär und der Gesellschaft.[318] Abgeleitet ist die Treuepflicht aus dem Organisationsvertrag der Gründer.[319] Schuldhafte (§ 276 BGB) Verstöße gegen die Treuepflicht können zu Schadensersatzansprüchen der Gesellschaft gegenüber dem Aktionär führen, die unter den Voraussetzungen der actio pro socio auch von anderen Aktionären eingeklagt werden können.[320]

Die Treuepflicht verpflichtet die Aktionäre, den Gesellschaftszweck zu fördern und dem Gesellschaftszweck widerstrebende Maßnahmen zu unterlassen.[321] Darüber hinaus unterliegt jeder Aktionär einem Schädigungsverbot.[322]

Hier hat R durch die Annahme des Geldes ohne Erbringung einer Beraterleistung der Inteplex AG Schaden zugefügt, und zwar vorsätzlich und damit schuldhaft (§ 276 BGB).

Wie bereits beim Begriff der verdeckten Gewinnausschüttung bleibt bei der Berechnung des Schadens gemäß § 249 S. 1 BGB ein bestehender Rückzahlungsanspruch der Gesellschaft außer Betracht. Der Schaden der AG beläuft sich damit auf 50.000 €.

Fraglich ist, ob Ansprüche, wie sie etwa aus der Verletzung der Treuepflicht erwachsen, überhaupt neben einem Anspruch aus § 62 Abs. 1 AktG bestehen können oder ob § 62 Abs. 1 AktG diese Ansprüche im **Wege der Spezialität** verdrängt. Denn grundsätzlich geht § 62 Abs. 1 AktG allen zivilrechtlichen Anspruchsgrundlagen auf Rückgewähr vor.[323] Hier aber handelt es sich nicht um einen Rück-

---

317 BGHZ 103, 184, 194 (»Linotype«), BGHZ 129, 136, 148 f. (»Girmes«); *Raiser*, Kapitalgesellschaftsrecht, § 12 Rn. 44 ff.
318 *Lutter*, ZHR 153 (1989), 446, 452 f.; *Hüffer*, AktG, § 53 a Rn. 19; *Raiser*, Kapitalgesellschaftsrecht, § 12 Rn. 44.
319 *Hüffer*, AktG, § 53 a Rn. 15, jedoch strittig, nach anderer Auffassung entspringt die Treuepflicht dem Gemeinschaftsverhältnis bzw. § 242 BGB; Übersicht zum Streitstand bei *Hüffer*, AktG, § 53 a Rn. 15 (mwN) sowie ausführlich: *Weber*, Vormitgliedschaftliche Treubindungen, S. 110 ff.
320 *Hüffer*, AktG, § 53 a Rn. 19 und 21; *Raiser*, Kapitalgesellschaftsrecht, § 12 Rn. 47.
321 *Hüffer*, AktG, § 53 a Rn. 16; *Raiser*, Kapitalgesellschaftsrecht, § 12 Rn. 54.
322 *Raiser*, Kapitalgesellschaftsrecht, § 12 Rn. 47.
323 *Raiser*, Kapitalgesellschaftsrecht, § 19 Rn. 11.

gewähr-, sondern um einen **Schadensersatzanspruch**, der deshalb nicht von § 62 AktG verdrängt wird.[324]

Der AG steht damit gegen R ein Anspruch auf Schadensersatz in Höhe von 50.000 € aus Treuepflichtverletzung i. V. m. §§ 249 ff. BGB zu.

III. Anspruch aus § 117 Abs. 1 S. 1 AktG

Um einen Anspruch der Intelplex AG gegen R auf Zahlung von Schadensersatz gemäß § 117 Abs. 1 S. 1 AktG begründen zu können, müsste R bei Vertragsschluss und Auszahlung des Geldes seinen **Einfluss auf die Gesellschaft** benutzt haben.

Ausreichend ist dafür jeder Machteinsatz, der geeignet ist, Führungspersonen der Gesellschaft zu einem schädigenden Handeln zu bestimmen.[325] Als Aktionär mit einer Beteiligung von 45% verfügt R über einen solchen Einfluss, weil bei lebensnaher Sachverhaltsauslegung davon auszugehen ist, dass sich Vorstand und Aufsichtsrat nicht gegen den Willen des größten Aktionärs der Gesellschaft stellen werden.

R müsste diesen Einfluss zur Auszahlung des Geldes eingesetzt haben; er müsste also von seinem Einfluss Gebrauch gemacht haben. Ausreichend ist bereits eine Mitursächlichkeit zwischen dem Verhalten des Einflussnehmers und dem Verhalten der Organe. Besondere Druckmittel oder gar eine Bestechung sind nicht nötig.[326] Hier ist davon auszugehen, dass der Vorstand die 50.000 € an einen Minderheitsgesellschafter nicht ausgezahlt hätte, mithin also der Einfluss des R als Hauptaktionär der Gesellschaft zumindest mitursächlich für die Auszahlung war. R hat damit seinen Einfluss i. S. v. § 117 Abs. 1 AktG benutzt, um die Auszahlung zu erhalten.

Die **Schadenshöhe** bemisst sich gemäß § 249 S. 1 BGB. Auch hierbei bleibt ein etwaiger Rückforderungsanspruch außer Betracht, sodass die Höhe des Schadens bei 50.000 € liegt. Ein Ausschluss des Schadensersatzanspruches gemäß § 117 Abs. 7 Nr. 1 AktG wegen einer etwaigen Billigung der Auszahlung durch die Hauptversammlung ist zu verneinen, denn die Hauptversammlung billigte zwar den Abschluss des Beratervertrages, nicht aber die konkrete Auszahlung des Geldes.[327]

Es besteht deshalb gemäß § 117 Abs. 1 AktG ein Anspruch der Intelplex AG gegen R auf Zahlung von Schadensersatz in Höhe von 50.000 €.

III. Anspruch auf Rückgewähr des Geldes aus §§ 985, 986 BGB

Ein Anspruch der Gesellschaft auf Rückgewähr des Geldes gemäß §§ 985, 986 BGB setzt voraus, dass die Gesellschaft noch Eigentümerin des Geldes ist. Zwar ist nach h. M. bei einer verdeckten Gewinnausschüttung das **dingliche Erfüllungsgeschäft** gemäß § 134 BGB nichtig,[328] dennoch ist die Gesellschaft keine Eigentü-

---

324 *Lutter*, in KK-AktG, § 62 Rn. 30; *Hefermehl/Bungeroth*, in Geßler/Hefermehl/Eckardt/Kropff, § 62 Rn. 27; *Hüffer*, AktG, § 62 Rn. 10.

325 *Hüffer*, AktG, § 57 Rn. 3; *Mertens*, in KK-AktG, § 117 Rn. 12; *Raiser*, Kapitalgesellschaftsrecht, § 12 Rn. 43.

326 *Mertens*, in KK-AktG, § 117 Rn. 15; *Hüffer*, AktG, § 117 Rn. 4.

327 Andere Auffassung vertretbar.

328 *Lutter*, in KK-AktG, § 57 Rn. 63; offenlassend: *Raiser*, Kapitalgesellschaftsrecht, § 19 Rn. 11.

merin des Geldes mehr. Bei lebensnaher Sachverhaltsauslegung ist nämlich davon auszugehen, dass die AG dem R das Geld nicht in bar, sondern per Banküberweisung »ausgezahlt« hat. Dann aber hat sie das Eigentum an den 50.000 Euro durch Einzahlung des Geldes an die Bank verloren.[329]

IV. Anspruch aus § 812 Abs. 1 S. 1 Alt. 1 BGB (Leistungskondiktion)

Ein Anspruch aus § 812 Abs. 1 S. 1 Alt. 1 BGB besteht nur, wenn Eigentum und Besitz an den 50.000 € dem R ohne Rechtsgrund geleistet worden sind. Hier könnte der Beratervertrag wegen des **kollusiven Zusammenwirkens** zwischen R und der Intelplex AG gemäß § 138 BGB nichtig sein. Nach der gängigen Formel des Reichsgerichtes ist ein Rechtsgeschäft sittenwidrig, wenn es das Anstandsgefühl aller billig und gerecht Denkenden verletzt.[330] Anders als bei Gesellschafterbeschlüssen, bei denen zur Beurteilung der Sittenwidrigkeit gemäß § 241 Nr. 4 AktG nur auf den Inhalt des Beschlusses selbst abgestellt wird, ist somit bei der allgemeinen Sittenwidrigkeitskontrolle des § 138 BGB eine Gesamtwürdigung aller Umstände vorzunehmen; d. h. neben dem Inhalt sind auch Beweggrund und Zweck des Rechtsgeschäftes zu berücksichtigen.[331] Ob hier der Vertrag mit dem R als sittenwidrig einzustufen ist, kann letztlich offen bleiben, denn § 62 AktG geht dem »schwächeren« Bereicherungsrecht als Spezialregel vor.[332] Ein Anspruch aus § 812 Abs. 1 S. 1 Alt. 1 BGB scheidet daher aus.

V. Anspruch aus § 823 Abs. 2 BGB i. V. m. § 57 AktG

Ein Schadensersatzanspruch aus § 823 Abs. 2 BGB i. V. m. § 57 AktG setzt voraus, dass es sich bei § 57 AktG um ein **Schutzgesetz** handelt. Schutzgesetz ist jede Rechtsnorm, die neben dem Schutz der Allgemeinheit zumindest auch den Schutz des Einzelnen bezweckt.[333]

Im GmbH-Recht wird die Einstufung des § 30 GmbHG als Schutzgesetz abgelehnt, da die bestehenden gesellschaftsrechtlichen Ausgleichsmöglichkeiten als ausreichend angesehen werden.[334] Ein Deliktsschutz sei weder erforderlich noch systemkonform.[335] Im Aktienrecht wird die Frage des Schutzgesetzcharakters des § 57 AktG bislang nicht diskutiert. Jedoch sprechen die im GmbH-Recht vorgebrachten Argumente auch hier gegen eine Einstufung des § 57 AktG als Schutzgesetz. Ein Anspruch der Intelplex AG gegen R auf Schadensersatz aus § 823 Abs. 2 BGB ist daher zu verneinen.

---

329 Vgl. zu dieser Problematik: *Claussen*, Bank- und Börsenrecht, § 7 I, S. 221.
330 RGZ 80, 219, 221.
331 *Heinrichs*, in Palandt, BGB, § 138 Rn. 7; BGHZ 107, 92, 97.
332 *Hefermehl/Bungeroth*, in Geßler / Hefermehl / Eckardt / Kropff, § 62 Rn. 26; *Hüffer*, AktG, § 62 Rn. 9; *Lutter*, in KK-AktG, § 57 Rn. 62 sowie 67; *Raiser*, Kapitalgesellschaftsrecht, § 19 Rn. 11.
333 *Thomas*, in Palandt, BGB, § 823 Rn. 141.
334 BGHZ 110, 342, 360; *Raiser*, Kapitalgesellschaftsrecht, § 37 Rn. 26.
335 BGHZ 110, 342, 360; *Goerdeler/Müller*, in Hachenburg, GmbHG, § 30 Rn. 16; kritisch: *Westermann*, in Scholz, GmbHG, § 30 Rn. 10.

VI. Anspruch aus § 823 Abs. 2 BGB i. V. m. § 263 Abs. 1 StGB

Um einen Anspruch der Intelplex AG gegen R aus § 823 Abs. 2 BGB i. V. m. § 263 Abs. 1 StGB bejahen zu können, müsste R eine Täuschung über Tatsachen vorgenommen haben und auf Seiten der Gesellschaft einen entsprechenden Irrtum erregt haben. Hier wollte R von Anfang an keine Beraterleistungen erbringen. Ob darin eine Täuschung im Sinne des § 263 Abs. 1 StGB zu erblicken ist, kann dahinstehen. Denn es fehlt jedenfalls an einem **Irrtum** des Getäuschten, also des Vorstandes. Der Vorstand wusste nämlich, dass R von Anfang an geplant hatte, keine Gegenleistung zu erbringen. Ein Betrug des R zum Nachteil der AG scheidet folglich aus, sodass ein Anspruch aus § 823 Abs. 2 BGB i. V. m. § 263 Abs. 1 StGB nicht besteht.

VII. Anspruch aus § 830 Abs. 2 BGB

R könnte als Anstifter gemäß § 830 Abs. 2 BGB der Intelplex AG auf Schadensersatz haften, wenn der Vorstand der AG durch die Auszahlung des Geldes eine unerlaubte Handlung gemäß § 823 Abs. 2 BGB i. V. m. § 266 Abs. 1 StGB **(Untreue)** begangen hat.

Der Untreuetatbestand setzt gemäß § 266 Abs. 1 StGB u. a. das Bestehen und die Verletzung einer Vermögensbetreuungspflicht voraus.[336]

Der Vorstand einer AG unterliegt einer **Vermögensbetreuungspflicht**, weil die Wahrnehmung fremder Vermögensinteressen, wie etwa § 93 Abs. 3 AktG zeigt, zu den Hauptpflichten des Vorstandes gehört und der Vorstand bei der Erfüllung dieser Pflichten gemäß § 76 AktG weitgehend selbstständig handelt.[337] Nach neuerer Rechtsprechung wird jedoch eine Verletzung dieser Vermögensbetreuungspflicht bei Geschäftsführer / Vorständen einer Kapitalgesellschaft erst bejaht, wenn durch die Handlung des Täters eine »**konkrete Existenzgefährdung**« der Gesellschaft verursacht worden ist.[338] Der vorliegende Sachverhalt enthält keine Anhaltspunkte darüber, ob bereits die Auszahlung des Geldes im Jahre 2001 zu einer solchen Existenzgefährdung geführt hat. In dubio pro reo muss eine solche abgelehnt werden. Eine Verletzung der Vermögensbetreuungspflicht durch den Vorstand liegt deshalb nicht vor, sodass sowohl eine Strafbarkeit gemäß § 266 StGB als auch ein Anspruch aus § 823 Abs. 2 BGB ausscheidet.

VIII. Schadensersatzanspruch aus § 826 BGB

R wollte von Anfang an die Gegenleistung des Vertrages nicht erbringen und hat sie auch für das Jahr 1999 nicht erbracht. Das wusste er zu dem Zeitpunkt, in dem er die 50.000 € in Empfang nahm. R fügte damit der Gesellschaft vorsätzlich Schaden zu, wobei er **kollusiv** mit dem Vorstand **zusammenwirkte**. Der R verstieß damit gegen das Anstandsgefühl aller billig und gerecht Denkenden und handelte in einer gegen die guten Sitten verstoßenden Weise.[339]

---

336 *Rengier*, Strafrecht, Besonderer Teil I, Vermögensdelikte, § 18 Rn. 8.
337 BGH NJW 2000, 154, 155 (GmbH-Geschäftsführer); allgemein zu den Tatbestandsmerkmalen einer Vermögensbetreuungspflicht: *Lackner/Kühl*, StGB, § 266 Rn. 9–11.
338 BGH NJW 2000, 154, 155; BGHSt 35, 333. 336 f.; *Lutter/Hommelhoff*, GmbHG, § 30 Rn. 5–7; *Fleck*, ZGR 1990, 31. 36 f.
339 Zum Begriff der Sittenwidrigkeit: RGZ 80, 219, 221.

Der somit zu bejahende Anspruch aus § 826 BGB wird nicht von dem oben bejahten Schadensersatzanspruch aus Treuepflicht verdrängt.[340] Daher steht der Intelplex AG nicht nur auf der Grundlage der Treuepflichtverletzung, sondern auch auf der Grundlage der §§ 826, 249 BGB ein Schadensersatz gegen R in Höhe von 50.000 € zu.

XI. Endergebnis zu Frage 2 a

Der Insolvenzverwalter kann von R Rückzahlung der 50.000 Euro verlangen. Dabei kann er sich auf insgesamt vier Anspruchsgrundlagen stützten: § 62 Abs. 1 AktG, Treuepflichtverletzung, § 117 Abs. 1 S. 1 AktG sowie § 826 BGB.

Antwort zu Frage 2 b: Ansprüche wegen Darlehensrückzahlung

Aufgrund der Rückzahlung des Darlehens an R Ende August 2002 könnte der AG ein Rückforderungsanspruch in Höhe von 80.000 Euro entstanden sein. Als Anspruchsgrundlagen kommen hier § 62 Abs. 1 AktG (analog) sowie § 143 Abs. 1 S. 1 InsO in Betracht. Daneben ist an bereicherungsrechtliche Ansprüche zu denken.

I. Anspruch gemäß §§ 62 Abs. 1 i. V. m. 57 Abs. 1 AktG analog

1. Aktivlegitimation des Insolvenzverwalters

Gemäß § 80 Abs. 1 InsO steht das Verwaltungs- und Verfügungsrecht dem Insolvenzverwalter zu.

2. Umqualifizierung des Darlehens in Eigenkapital

Ein Rückzahlungsanspruch gemäß § 62 Abs. 1 AktG setzt voraus, dass das von R gewährte Darlehen vom Schutz des § 57 Abs. 1 und 3 AktG umfasst ist. Das ist der Fall, wenn dieses als eigenkapitalersetzend anzusehen ist.

a) Anwendbarkeit des Eigenkapitalersatzrechtes

Die Umqualifizierung des von R gewährten Darlehens in Eigenkapital könnte sich aus den Regeln über **eigenkapitalersetzende Gesellschafterdarlehen** ergeben. Fraglich ist zunächst, ob solche Regelungen im Aktienrecht überhaupt existieren. So finden sich im Aktiengesetz, anders als in den §§ 32 a, b GmbHG, keine ausdrücklichen Vorschriften, nach denen ein Gesellschafterdarlehen als Eigenkapital anzusehen ist. Das wirft die Frage auf, ob die §§ 32 a und b GmbHG im Aktienrecht analog anzuwenden sind. Das ist abzulehnen, weil die §§ 32 a und b GmbH speziell auf die Besonderheiten der GmbH zugeschnitten sind.[341] Jedoch verbietet die **Verneinung** einer **Analogie** nicht, im Aktienrecht ähnliche Rechtsgrundsätze für eigenkapitalersetzende Darlehen aufzustellen, wie sie im GmbH-Recht gelten.[342] Denn auch ein Aktionär handelt **widersprüchlich** (§ 242 BGB), wenn er

---

340 BGHZ 65, 15, 21 (»ITT«).
341 BGHZ 90, 381, 385 f. (»Beton- und Monierbau«); zustimmend: *Raiser*, Kapitalgesellschaftsrecht, § 19 Rn. 29.
342 Herrschende Meinung, vgl. nur *Hüffer*, AktG, § 57 Rn. 17; *Raiser*, Kapitalgesellschaftsrecht, § 19 Rn. 31.

der Gesellschaft dringend benötigte Darlehensvaluta gewährt, diese dann aber in der Krise wieder abzieht, obwohl gerade zu diesem Zeitpunkt die Gesellschaft das Geld am dringendsten benötigt.[343] Als entscheidender Aspekt für die Umqualifizierung von Gesellschafterdarlehen wird in jüngerer Zeit zudem die **Finanzierungsfolgeverantwortung** der Gesellschafter angesehen.[344] Danach haben die Gesellschafter für die Folgen ihrer Finanzierungsentscheidung einzustehen, wenn und solange dadurch die Krise verschleppt wird.[345] Der Gedanke der Finanzierungsfolgeverantwortung gilt grundsätzlich auch für die Aktionäre. Gegen eine Übertragung vorstehender Erwägungen in das Aktienrecht könnte eingewandt werden, dass das AktG, wie etwa das Verbot der Ausschüttung von Gesellschaftsvermögen (§ 57 Abs. 1 und 3 AktG) sowie die Existenz einer gesetzlichen Rücklage (§ 150 AktG) zeigen, bereits kraft ausdrücklicher gesetzlicher Anordnung einen **stärkeren Kapitalschutz** als das GmbH-Recht aufweist. Daher sei ein zusätzlicher Gläubigerschutz, wie ihn die Umqualifizierung eigenkapitalersetzender Gesellschafterdarlehen biete, nicht notwendig. Dem ist entgegenzuhalten, dass selbst die strengen Kapitalerhaltungsvorschriften des AktG die Auskehr von gebundenem Vermögen, wie der vorliegende Fall zeigt, nicht verhindern können. Daher sind die o. g. Erwägungen auf das Aktienrecht zu übertragen. Auch den Aktionär trifft deshalb eine Finanzierungsfolgeverantwortung. Eigenkapitalersetzende Aktionärsdarlehen sind deshalb in das haftende Vermögen und damit in den Schutz des § 57 Abs. 1 und 3 AktG grundsätzlich einzubeziehen.[346]

b) Darlehen des R als Eigenkapitalersatz?

Mit der Frage zur Anwendbarkeit des Eigenkapitalersatzrechtes ist aber noch nicht die Frage beantwortet, ob das streitgegenständliche Darlehen des R als eigenkapitalersetzend anzusehen ist. Die Umqualifizierung eines Darlehens in Eigenkapital ist nämlich erst dann zu bejahen, wenn das Darlehen (1.) von einem Gesellschafter mit Finanzierungsfolgeverantwortung gewährt worden ist und (2.) die Gesellschaft im Zeitpunkt der Darlehensgewährung kreditunwürdig war. Darüber hinaus ist (3.) die konkrete Höhe der Umqualifizierung eines Darlehens zu hinterfragen.

(1) Finanzierungsfolgeverantwortung des R

Die Umqualifizierung von Gesellschafterdarlehen beruht auf der Erwägung, dass die Gesellschafter einer Finanzierungsfolgeverantwortung unterliegen (s. o.). Eine solche Finanzierungsfolgeverantwortung kann jedoch nicht jeden Gesellschafter treffen, denn sie setzt ein **Mindestmaß an Einfluss** voraus. Ein solcher Einfluss ist bei der Aktiengesellschaft regelmäßig nur bei solchen Aktionären zu bejahen, die eine **wesentliche Beteiligung** inne halten, also zumindest über eine **Sperr-**

---

343 BGHZ 31, 258, 272; 67, 171, 174 f.; *Raiser*, Kapitalgesellschaftsrecht, § 38 Rn. 16; vgl. auch *Altmeppen*, in Roth / Altmeppen, GmbHG, § 32 a Rn. 9.

344 BGHZ 127, 17, 29; 336, 344; *Altmeppen*, in Roth / Altmeppen, GmbHG, § 32 a Rn. 9; *Habersack*, ZHR 162 (1998), 201, 204; *Raiser*, Kapitalgesellschaftsrecht, § 38 Rn. 17.

345 *Altmeppen*, in Roth / Altmeppen, GmbHG, § 32 a Rn. 9; *Veil*, ZGR, 2000, 223, 232.

346 BGHZ 90, 381, 386 f. (»Beton- und Monierbau«).

minorität (mehr als 25% der Aktien) verfügen.[347] Hier hält R 45 Prozent der Anteile und damit mehr als die Sperrminorität. Er besitzt ein Mindestmaß an Einfluss. Ihm obliegt deshalb die o. g. Finanzierungsfolgeverantwortung.

(2) Kreditunwürdigkeit

R müsste das Darlehen einer kreditunwürdigen Gesellschaft gewährt haben. Nach einer gängigen Formel ist die Kreditunwürdigkeit einer Gesellschaft zu bejahen, wenn die Gesellschaft von dritter Seite keinen Kredit mehr zu marktüblichen Bedingungen erhalten hätte.[348] Hier wollten die Hausbanken der AG zum Zeitpunkt der Darlehensgewährung keinen Kredit zur Verfügung stellen. Die Intelplex AG war somit zu diesem Zeitpunkt kreditunwürdig. Folglich ist das Darlehen des R grundsätzlich als eigenkapitalersetzend anzusehen.

(3) Streit: Höhe der Umqualifizierung

Fraglich ist, in welcher Höhe das Darlehen des R in Eigenkapital umzuqualifizieren ist. Denkbar ist, dass es **vollumfänglich** vom Schutz des § 57 AktG erfasst ist oder aber auch nur bis zur Höhe des **satzungsmäßigen Grundkapitals**. Der BGH hat diese Frage bislang offengelassen.[349]

Ausgangspunkt der Diskussion ist § 57 Abs. 1 und 3 AktG, der jede Ausschüttung außerhalb des Bilanzgewinns verbietet. Daher müsste an sich jedes eigenkapitalersetzende Darlehen vollumfänglich von § 57 AktG erfasst sein. Teilweise wird jedoch vertreten, das Ausschüttungsverbot des § 57 Abs. 3 AktG diene nicht dem Gläubigerschutz, sondern nur dem Schutz der Gesellschaft vor einer Ausplünderung durch die Aktionäre. Die Gläubiger dagegen hätten nur Anspruch auf Erhalt des Grundkapitals, nicht aber auf Erhalt des darüber hinaus vorhandenen Vermögens.[350] Weil damit die Umqualifizierung eigenkapitalersetzender Darlehen letztlich nur den Schutz der Gläubiger diene, könne ein Aktionärsdarlehen nur bis zur Auffüllung des Grundkapitals als eigenkapitalersetzend eingestuft werden. Hält man dies für richtig, würde das Darlehen des R nur in Höhe von 50.000 € umqualifiziert sein, denn das Grundkapital der Gesellschaft (100.000 €) war zum Zeitpunkt der Darlehensgewährung bis zur Hälfte aufgebraucht.

Eine andere Auffassung möchte über das Grundkapital hinaus auch die gesetzliche Rücklage als geschützt ansehen und deshalb Gesellschafterdarlehen bis einschließlich dieser Rücklage als eigenkapitalersetzend ansehen.[351] Denn auf Dauer sei in einer AG wegen § 150 Abs. 3, 4 AktG nicht nur das Grundkapital, sondern auch die gesetzliche Rücklage, die ebenso wie das Grundkapital gläubigerschüt-

---

347 BGHZ 90, 381, 390; *Lutter*, in KK-AktG, § 57 Rn. 93; *Hüffer*, AktG, § 57 Rn. 18. *Raiser* dagegen möchte in Analogie zu § 32a Abs. 3 S. 2 GmbHG bereits ab einer Beteiligung von zehn Prozent eine wesentliche Beteiligung eines Aktionärs annehmen, *Raiser*, Kapitalgesellschaftsrecht, § 19 Rn. 32.

348 *Hüffer*, AktG, § 57 Rn. 16; *Lutter*, in KK-AktG, § 57 Rn. 89; *Raiser*, Kapitalgesellschaftsrecht, § 19 Rn. 33 sowie § 38 Rn. 32.

349 BGHZ 90, 381, 387 (»Beton- und Monierbau«).

350 *Immenga*, ZIP 83, 1405, 1411; Claussen, AG 1985, 173, 178; *Raiser*, Kapitalgesellschaftsrecht, § 19 Rn. 33.

351 *Schwark*, JZ 1984, 1036 f.; *Lutter*, in KK-AktG, § 57 Rn. 94; *Hommelhoff*, WM 1984, 1105, 1118.

zende Funktion aufweise, gebunden. Würde man sich dieser Auffassung anschließen, wäre das Darlehen des R in Höhe von 60.000 € umqualifiziert.

Eine dritte Ansicht wendet sich verstärkt dem Wortlaut des § 57 Abs. 3 AktG zu und sieht das gesamte Vermögen der AG außerhalb des Bilanzgewinns als gebunden an.[352] Danach wären eigenkapitalersetzende Aktionärsdarlehen in voller Höhe umqualifiziert, hier also in Höhe von 80.000 €. Für eine totale Umqualifizierung eines Darlehens spricht zunächst der Wortlaut des § 57 Abs. 3 AktG sowie der Sinn und Zweck des Eigenkapitalersatzrechtes, nämlich der Gläubigerschutz. Vor allem aber lässt sich den §§ 135, 143 InsO entnehmen, die seit der Einführung der Insolvenzordnung auch für die Aktiengesellschaft gelten, dass der Gesetzgeber bei Erlass der Insolvenzordnung von einer vollumfänglichen Umqualifizierung eigenkapitalersetzender Darlehen ausging.[353] Deshalb ist auch das Darlehen des R in voller Höhe von § 57 AktG erfasst.

c) Ergebnis

Das Darlehen des R ist in vollem Umfang als eigenkapitalersetzend anzusehen. Die Rückzahlung der Darlehenssumme verstößt gegen § 57 AktG. Der Insolvenzverwalter kann gemäß § 62 Abs. 1 AktG von R Rückzahlung der 80.000 € verlangen.

II. Anspruch aus § 143 Abs. 1 S. 1 InsO

Ein Anspruch auf Rückgewähr der an R ausgezahlten 80.000 € könnte sich des weiteren aus den insolvenzrechtlichen Anfechtungsregeln der §§ 143 Abs. 1 S. 1 i. V. m. 135 Nr. 2, 129 Abs. 1 InsO ergeben, sofern diese neben § 62 AktG überhaupt anwendbar sind und die Auszahlung der 80.000 Euro eine anfechtbare Rechtshandlung darstellt.

1. Parallele Anwendbarkeit

Die insolvenzrechtlichen Anfechtungsregeln bezwecken eine Stärkung des Gläubigerschutzes. Sie sind deshalb neben einem etwaigen Anspruch aus § 62 AktG anwendbar.[354] Es besteht ein »zweigleisiger« Eigenkapitalschutz.

2. Anfechtbare Rechtshandlung

Die Rückzahlung der 80.000 € ist gemäß § 135 Nr. 2 InsO auch als anfechtbare Rechtshandlung anzusehen, weil sie im letzten Jahr vor Eröffnung des Insolvenzverfahrens erfolgt ist.

---

352 *Westermann*, ZIP 82, 379, 387.
353 *Veil*, ZGR 2000, 223, 251 f.; *Bayer*, in Gerkan v. / Hommelhoff, Handbuch des Kapitalersatzrechts, Rn. 11.35.
354 *Raiser*, Kapitalgesellschaftsrecht, § 19 Rn. 33; Veil, ZGR 2000, 223, 251 ff.; zur insofern vergleichbaren Rechtslage im GmbH-Recht: BGHZ 90, 370, 377 ff.; *Lutter/Hommelhoff*, GmbHG, § 32 a/b, Rn 10.

3. Rechtsfolge und Ergebnis

Gemäß § 143 Abs. 1 S. 1 InsO ist der Rückzahlungsbetrag des Darlehens im Falle einer Insolvenzanfechtung in voller Höhe zurückzugewähren. Auf eine etwaige Gutgläubigkeit kann R sich nicht berufen (§ 143 Abs. 1 S. 2 InsO).

III. Anspruch aus § 812 Abs. 1 S. 1 Alt. 1 BGB (Leistungskondiktion)

Ein Anspruch der Gesellschaft gegen R auf Rückzahlung der 80.000 € aus § 812 Abs. 1 S. 1 Alt. 1 BGB scheidet aus. Die Umqualifizierung des Darlehens in Eigenkapital führt nicht zur Unwirksamkeit oder Nichtigkeit der Darlehensrückzahlung. Vielmehr kann dem Rückzahlungsanspruch des Darlehensgebers aus § 488 Abs. 1 S. 2 BGB lediglich die (aufschiebende) **Einrede** entgegensetzt werden, das Darlehen in der Krise nicht abziehen zu dürfen.[355] Der rechtliche Bestand des Darlehens wird dadurch aber nicht berührt. Etwas anderes ergibt sich auch nicht im Falle einer Insolvenzanfechtung. Denn anders als die zivilrechtliche Anfechtung führt die Insolvenzanfechtung nicht zur Nichtigkeit des angefochtenen Geschäftes, sondern ist lediglich Voraussetzung für die Entstehung des Anspruches aus § 143 InsO.[356]

IV. Anspruch aus § 813 Abs. 1 S. 1 BGB

Ein Anspruch der Intelplex AG aus § 813 Abs. 1 S. 1 BGB auf Rückzahlung der an R ausgezahlten 80.000 € ist ebenfalls zu verneinen. Der Intelplex AG müsste nämlich bei Rückzahlung des Darlehensbetrages eine **dauernde Einrede** gegen die Rückzahlung der Darlehenssumme zur Seite gestanden haben. Das aber ist zu verneinen. Denn der mögliche Einwand der Intelplex AG, bei dem Darlehen des R handele es sich um Eigenkapitalersatz und deshalb dürfe sie die Rückzahlung verweigern, kann nur während der Krise der Gesellschaft erhoben werden. Er stellt, wie bereits dargelegt, zwar eine aufschiebende, aber keine dauernde Einrede dar.

V. Endergebnis zu Frage 2 b

Der Insolvenzverwalter I kann von R gemäß § 62 Abs. 1 AktG sowie gemäß § 143 Abs. 1 S. 1 InsO Rückzahlung der Darlehenssumme in Höhe von 80.000 € verlangen.

---

355 Vgl. *Zeuner*, in Smid, InsO, § 143 Rn. 2.
356 *Hess*, InsO, § 143 Rn. 58 f.; *Zeuner*, in Smid, InsO, § 143 Rn. 1.

Fall 3
»Gutes Geschäft«
Anfechtungs- und Nichtigkeitsklage, positive Beschlussfeststellungsklage, Bezugsrechtsausschluss, materielle Beschlusskontrolle, Gleichbehandlungsgrundsatz, Sondervorteil, innerer Wert und Börsenkurs, »Greenshoe«

Die börsennotierte Info-Tech AG ist im Softwarebereich tätig. Ihr Grundkapital beträgt 50 Millionen Euro. 20% der Anteile befinden sich im Streubesitz, die restlichen 80% teilen sich die Gesellschafter A, B und C. A hält 50% der Anteile, B und C jeweils 15%. Die finanzielle Lage der Gesellschaft verschlechtert sich seit März 2001 erheblich. Insbesondere kämpft die Gesellschaft mit erheblichen Liquiditätsproblemen. Da die von der Info-Tech AG hergestellte Software als zukunftsträchtig gilt, möchte die langjährige Hausbank der Gesellschaft, die D-Bank, der AG ein Darlehen zu äußerst günstigen Bedingungen gewähren und zugleich Aktien der Gesellschaft erwerben. Auf der nächsten Hauptversammlung beschließen daher A und B mit den Stimmen der Kleinaktionäre, aber gegen die Stimmen des C, das Grundkapitals der Gesellschaft gegen Bareinzahlung um einen Nennbetrag von zehn Millionen Euro zu erhöhen. Die neuen Aktien, die einen Nennwert von einem Euro verkörpern, soll die D-Bank AG, an der auch der A und der B nicht unerheblich beteiligt sind, für 50 Euro erwerben. Das Bezugsrecht der Aktionäre wird im Kapitalerhöhungsbeschluss formal ordnungsgemäß ausgeschlossen. Auch die sonstigen Formalitäten werden eingehalten.

Aktionär C erklärt auf der Hauptversammlung gegen den Beschluss Widerspruch zu Protokoll. Er ist über den Bezugsrechtsausschluss empört. So notiere der Börsenkurs einer 1-Euro-Nennwertaktie der Gesellschaft im Durchschnitt der letzten sechs Monate bei 100 Euro. Damit erhalte die D-Bank die Aktien viel zu billig. Für einen derartigen Ausverkauf der Gesellschaft bestehe kein Anlass, weil andere Banken ähnliche Kreditkonditionen wie die D-Bank anbieten würden, zugleich aber bereit seien, für mindestens 70–80 Euro pro Aktie bei der Gesellschaft einzusteigen. Davon hätten auch A und B Kenntnis. Der D-Bank sei nur deshalb ein so günstiges Angebot gemacht worden, weil A und B zugleich Gesellschafter dieser Bank seien. Außerdem, so C, würden seine Dividenden- und Stimmrechte durch den Eintritt der D-Bank verwässert. Diese Anteilsverwässerung könne er nicht durch einen Zukauf weiterer Aktien ausgleichen, da wegen der derzeitigen Marktenge für C keine realistische Möglichkeit bestünde, Aktien der Gesellschaft über die Börse zu angemessenen Bedingungen zu erwerben.

C möchte den Bezugsrechtsausschluss gerichtlich für unwirksam erklären lassen. Hätte eine entsprechende Klage des C Aussicht auf Erfolg?

Abwandlung: Das Grundkapital der Gesellschaft wird nicht um zwanzig, sondern nur um zehn Prozent erhöht. Der Ausgabebetrag der Aktien beträgt 98 Euro.

Für C bestehen wiederum keine Möglichkeiten, Aktien der Gesellschaft am Markt nachzukaufen. Der aktuelle Börsenkurs der Unternehmensaktie notiert bei 100 Euro. Der wahre (innere) Wert der Info-Tech AG liegt jedoch, wie ein Wirtschaftsprüfer festgestellt hat und A und B wissen, bei 200 Euro pro Aktie.

Hat eine Anfechtungsklage des C Aussicht auf Erfolg?

Lösungsvorschlag Fall 3

A. Zulässigkeit der Klage

I. Statthafte Klageart

Fraglich ist zunächst die **statthafte Klageart**. Diese richtet sich nach dem **Klagebegehren**. C möchte den Beschluss für unwirksam erklären lassen. In Betracht kommen sowohl die **Nichtigkeitsklage** (§§ 241, 249 AktG) als auch die **Anfechtungsklage** (§§ 243, 246, 248 AktG) sowie die **allgemeine Feststellungsklage** (§ 256 Abs. 1 ZPO). Alle drei Klagearten führen zur Feststellung der Nichtigkeit eines Beschlusses, weil das Gericht die Nichtigkeit entweder deklaratorisch feststellt oder, wie bei der Anfechtungsklage, rechtsgestaltend erklärt.

> **Hinweise zur Abgrenzung der Nichtigkeits- von der allgemeinen Feststellungsklage:**
>
> **1.** Die Nichtigkeitsklage ist eine Spezialform der allgemeinen Feststellungsklage. Sie ist im Gegensatz zur Anfechtungsklage **keine Gestaltungsklage**. Ihr kommt keine kassatorische Wirkung zu.[357]
>
> **2.** Dem aufgrund der Nichtigkeitsklage ergehenden Urteil kommt anders als bei der allgemeinen Feststellungsklage (§ 256 Abs. 1 ZPO) **Inter-Omnes-Wirkung** zu (vgl. §§ 249 Abs. 1 i. V. m. 248 Abs. 1 S. 1 AktG).[358] An das Urteil sind somit auch diejenigen Aktionäre gebunden, die keine Klage erhoben haben.

a) Allgemeine Feststellungsklage, § 256 Abs. 1 ZPO

Eine Erhebung der **allgemeinen Feststellungsklage** gemäß § 256 Abs. 1 ZPO scheidet aus. Soweit nämlich, wie hier, der Kläger zum Kreis der gemäß § 249 anfechtungsberechtigten Personen gehört, wird die allgemeine Feststellungsklage von der wegen der Inter-Omnes-Wirkung weitergehenden Nichtigkeitsklage des § 249 AktG verdrängt.[359]

b) Nichtigkeits- oder Anfechtungsklage?

Nichtigkeits- und Anfechtungsklage verfolgen nach neuerer Rechtsprechung dasselbe materielle Ziel, nämlich die richterliche Klärung der Nichtigkeit eine Hauptversammlungsbeschlusses mit Wirkung für und gegen jedermann.[360] Der Anfechtungsantrag schließt daher die Feststellung der Nichtigkeit mit ein.[361] Hilfs- bzw. Eventualanträge müssen nicht gestellt werden.[362] Vielmehr ist es Sache des Gerichtes und nicht des Klägers, ob §§ 241, 249 AktG oder §§ 243, 248 AktG zur Anwendung kommen. **Bedeutsam** ist die Abgrenzung nur noch für die **Tenorierung** des

---

357 *Hüffer*, AktG, § 249 Rn. 10.
358 *Raiser*, Kapitalgesellschaftsrecht, § 16 Rn. 175.
359 *Hüffer*, AktG, § 249 Rn. 12; *Raiser*, Kapitalgesellschaftsrecht, § 16 Rn. 171.
360 BGHZ 134, 364, 366 f.
361 BGHZ 134, 364, 366 f.; ZIP 2002, 1684, 1686; *Hüffer*, in Geßler / Hefermehl / Eckardt / Kropff, § 246, Rn. 20 f.; *ders.*, AktG, § 246 Rn. 13; *Raiser*, Kapitalgesellschaftsrecht, § 16 Rn. 171.
362 So aber noch BGHZ 32, 318, 322.

Urteils **sowie** für die Fälle, in denen die einmonatige **Anfechtungsfrist** des § 246 Abs. 1 AktG **verstrichen** ist. Nach Ablauf der Anfechtungsfrist können nämlich nur noch Nichtigkeitsgründe geltend gemacht werden.

Vorliegend entspricht die Erhebung einer Anfechtungsklage am ehesten dem **Klagebegehren** des C, denn die Anfechtungsklage ermöglicht es dem Gericht, den Beschluss sowohl im Hinblick auf Anfechtungs- als auch hinsichtlich von Nichtigkeitsgründen umfassend zu prüfen. Die statthafte Klageart ist folglich die **Anfechtungsklage** (§§ 243, 248 AktG).

> **Hinweise zu weiteren Klagearten:**
>
> **1.** Auch die Erhebung einer allgemeinen Feststellungsklage durch einen Dritten ist grundsätzlich möglich, sofern die Voraussetzungen des § 256 Abs. 1 ZPO vorliegen.
>
> **2.** Zur **positiven Beschlussfeststellungsklage:** Bei der positiven Beschlussfeststellungsklage wird die Anfechtungsklage um den Antrag ergänzt, festzustellen, dass der Beschluss mit dem jeweils bezeichneten Inhalt zustande gekommen ist. Die Beschlussfeststellungsklage betrifft i. d. R ablehnende Beschlüsse und ist gleichfalls innerhalb der Monatsfrist des § 246 Abs. 1 AktG zu erheben.[363] Eine Beschlussfeststellungsklage ist nur zulässig, wenn das Gericht den »richtigen« Inhalt des Beschlusses selbst feststellen kann.
>
> **Bsp.:** Die Hauptversammlung hat einen bestimmten Antrag zu Unrecht abgelehnt, weil der Hauptversammlungsleiter sich bei der Stimmenauszählung verzählt hat. Hier wäre es unbillig, den Aktionär nach erfolgter Anfechtung auf erneute Beschlussfassung zu verweisen, weil nicht sicher ist, ob die Mehrheit für den Antrag ein zweites Mal zustande kommen wird.[364] Der vom Gericht festgestellte Inhalt des Beschlusses ergibt sich dann aus dem zu Unrecht auf der Hauptversammlung abgelehnten Antrag des Aktionärs.

II. Klagegegner ist gemäß § 246 Abs. 2 AktG die Info-Tech AG, vertreten durch Vorstand und Aufsichtsrat.

> **Hinweis:** Die Klage muss gemäß § 170 Abs. 1 ZPO innerhalb der Anfechtungsfrist sowohl an den Vorstand als auch an den Aufsichtsrat zugestellt werden. Anderenfalls ist die Anfechtungsklage nicht wirksam erhoben.[365]

III. Sachliche und örtliche Zuständigkeit

Sachlich und örtlich zuständig ist gemäß § 246 Abs. 3 S. 1 AktG das Landgericht, in dessen Bezirk die Info-Tech AG ihren Sitz hat.

---

363 *Raiser*, Kapitalgesellschaftsrecht, § 16 Rn. 181.
364 *Hüffer*, AktG, § 246 Rn. 42, ausführlich zur positiven Beschlussfeststellungsklage: *Raiser*, Kapitalgesellschaftsrecht, § 16 Rn. 179 ff.
365 St. Rspr.: BGH NJW 1992, 2099 f.

B. Begründetheit der Klage

Die Klage ist begründet, wenn A gemäß § 245 AktG **anfechtungsbefugt** ist, die **Anfechtungsfrist** des § 246 Abs. 1 AktG nicht verstrichen ist und **Anfechtungsgründe** (§ 243 Abs. 1 AktG) vorliegen. Da Nichtigkeits- und Anfechtungsklage dasselbe materielle Ziel verfolgen – die richterliche Klärung der Nichtigkeit des HV-Beschlusses mit Wirkung für und gegen jedermann[366] –, ist die Anfechtungsklage **des weiteren** begründet, wenn **Nichtigkeitsgründe** (§ 241 AktG) bestehen.

I. Vorliegen von Nichtigkeitsgründen

Der hier vorgenommene Bezugsrechtsausschluss könnte gegen § 186 AktG verstoßen. Fraglich ist, ob darin ein Nichtigkeitsgrund zu sehen ist. Die allgemeinen Nichtigkeitsgründe sind **abschließend** in § 241 AktG enthalten. Daneben enthalten die Sondervorschriften der §§ 250, 253 und 256 AktG verschiedene spezielle Nichtigkeitsgründe. Hier kommt von den Nichtigkeitsgründen lediglich die Generalklausel des § 241 Nr. 3 AktG in Betracht.

1. § 241 Nr. 3 AktG

§ 241 Nr. 3 AktG ist vom **Konkreten** zum **Allgemeinen** auszulegen. Deshalb ist zunächst zu prüfen, ob eine Verletzung des § 186 AktG als Verstoß gegen Gläubigerschutzvorschriften anzusehen ist. Ist das zu verneinen, so ist zu fragen, ob ein Verstoß gegen Vorschriften, die dem öffentlichen Interesse dienen, vorliegt und erst anschließend, ob ein Beschluss mit dem Wesen der Aktiengesellschaft nicht zu vereinbaren ist. Letzteres Tatbestandsmerkmal hat Auffangfunktion und regelmäßig keine Bedeutung.[367]

a) Verletzung von Gläubigerschutzvorschriften (§ 241 Nr. 3, 2. Fall)

Gläubigerschutzvorschriften sind alle Normen, die offenkundig wesentliche Bedeutung für den Gläubigerschutz aufweisen,[368] wie etwa die Vorschriften der Kapitalerhaltung (§§ 57, 71 ff. AktG). Das **Bezugsrecht** des § 186 AktG dient nicht dem Gläubigerschutz, sondern bezweckt allein, die Aktionäre bei einer Kapitalerhöhung vor einer **Verwässerung** ihrer Anteile zu schützen. Daher kann ein fehlerhafter Ausschluss des Bezugsrechtes nicht als Verletzung von Gläubigerschutzvorschriften angesehen werden.

b) Verletzung von Normen, die im öffentlichen Interesse liegen (§ 241 Nr. 3, 3. Fall)

Normen im öffentlichen Interesse sind solche, die ausschließlich oder überwiegend **im öffentlichen Interesse** existieren. Der Begriff des öffentlichen Interesses ist weit auszulegen. Er umfasst neben dem »ordre public« alle Normen, die das **Strukturbild einer Aktiengesellschaft** prägen, also Vorschriften der Verbandsstruktur, der Mitgliedschaft und der Kapitalstruktur, soweit diese, wie etwa die Regelungen der Kapitalerhaltung, nicht bereits zu den gläubigerschützenden Vor-

---

366 BGHZ 134, 364, 366 f.; *Raiser*, Kapitalgesellschaftsrecht, § 16 Rn. 171.
367 *Hüffer*, AktG, § 241 Rn. 16; *Raiser*, Kapitalgesellschaftsrecht, § 16 Rn. 135.
368 *Hüffer*, AktG, § 241 Rn. 17; *Raiser*, Kapitalgesellschaftsrecht, § 16 Rn. 132.

schriften zählen.[369] Eine solche weitreichende Bedeutung kommt dem **Bezugs-recht** jedoch **nicht** zu. Dieses hat als aktionärsschützendes Recht nur innergesellschaftliche Bedeutung. Eine Verletzung von Normen, die im öff. Interesse liegen, scheidet somit aus.

c) »Wesen der Aktiengesellschaft« (§ 241 Nr. 3, 1. Fall)

Ebenfalls nicht in Betracht kommt ein Verstoß gegen das »Wesen der Aktiengesellschaft«. Nach h. M. ist ein Beschluss mit dem »Wesen der Aktiengesellschaft« nicht zu vereinbaren, wenn er **offensichtlich keinen Bestand** haben kann, wenn also die **Nichtigkeit evident** ist, ohne dass sich dies auf eine konkrete Norm stützen lässt.[370]

> **Beispiel:** Die Grün-AG will den Aktionär X ausschließen, weil dieser aus dem Umweltschutzverband »Öko Für Immer« ausgetreten ist. Ein solcher Ausschluss ist nichtig, denn das »Wesen der Aktiengesellschaft« setzt keine bestimmten persönlichen Eigenschaften eines Aktionärs voraus. Entscheidend ist nämlich nicht die Person des Aktionärs, sondern dessen vermögensmäßige Beteiligung an der Gesellschaft.[371]

Hier ist die Nichtigkeit des Beschlusses keinesfalls evident. Ein Verstoß gegen das »Wesen der Aktiengesellschaft« liegt nicht vor.

2. Zwischenergebnis

Nichtigkeitsgründe sind nicht ersichtlich.

II. Anfechtungsgründe

1. Anfechtungsbefugnis und -frist

Die Berücksichtigung von Anfechtungsgründen setzt voraus, dass C anfechtungsbefugt ist sowie die Anfechtungsfrist des § 246 Abs. 1 AktG einhält.

Die Anfechtungsbefugnis des C ergibt sich aus § 245 Nr. 1 AktG. Denn der C erklärte auf der Hauptversammlung ordnungsgemäß Widerspruch zur Niederschrift. Hinsichtlich der Klagefrist ist davon auszugehen, dass C die Monatsfrist des § 246 Abs. 1 AktG einhalten wird.

> **Hinweise: 1.** Die Monatsfrist des § 246 Abs. 1 ist eine materiell-rechtliche Frist, weil sie das Anfechtungsrecht beschränkt. Anders als im öffentlichen Recht ist die Anfechtungsfrist nicht bei der Zulässigkeit, sondern bei der Begründetheit einer Klage zu prüfen.[372] Dasselbe gilt für die Anfechtungsbefugnis.[373]
>
> **2.** Im Prozess müssen alle Anfechtungsgründe innerhalb der Anfechtungsfrist vorgetragen werden, andernfalls sind sie unbeachtlich.[374]

---

369 *Hüffer*, AktG, § 241 Rn. 18.
370 *Hüffer*, AktG, § 241 Rn. 21.
371 RGZ 49, 77, 79.
372 *Hüffer*, AktG, § 246 Rn. 20 (mwN).
373 *Hüffer*, AktG, § 245 Rn. 2 (mwN).
374 BGHZ 120, 141, 157.

2. Anfechtungsgründe

Eine Anfechtung des Kapitalerhöhungsbeschlusses könnte hier sowohl gemäß § 243 Abs.1, 2 AktG als auch gemäß § 255 Abs. 2 AktG zu bejahen sein.

a) Anfechtung gemäß § 243 Abs. 1 AktG i. V. m. materieller Beschlusskontrolle

Gemäß § 243 Abs. 1 AktG kann eine Anfechtung auf Gesetzes- oder Satzungsverstöße gestützt werden. Satzungsverstöße sind nicht ersichtlich sind. Fraglich ist, ob Gesetzesverstöße vorliegen.

Die **formelle Rechtmäßigkeit** des Kapitalerhöhungsbeschlusses ist laut Sachverhalt zu bejahen. Der angefochtene Beschluss könnte jedoch materiell rechtswidrig sein. Dann müsste der in ihm enthaltene Ausschluss des Bezugsrechtes (§ 186 AktG) formell oder materiell fehlerhaft sein.

(1) Formelle Anforderungen an den Bezugsrechtsausschluss

§ 186 Abs. 4 AktG stellen für die Rechtmäßigkeit eines Bezugsrechtsausschlusses bestimmte Formerfordernisse auf, wie etwa die Erstellung eines **Vorstandsberichtes**.[375] Laut Sachverhalt ist von der Einhaltung dieser Erfordernisse auszugehen. Verstöße gegen die Formvorschriften des § 186 AktG sind daher zu verneinen.

(2) Materielle Anforderungen an Bezugsrechtsausschluss (sog. materielle Beschlusskontrolle)

Fraglich ist, ob neben den ausdrücklich in § 186 AktG erwähnten formellen Anforderungen an den Bezugsrechtsausschluss auch **materielle Anforderungen** zu stellen sind. Das wäre der Fall, wenn der Bezugsrechtsausschluss einer sog. **materiellen Beschlusskontrolle** unterliegt. Bei der Rechtsfigur der materiellen Beschlusskontrolle handelt es sich um ein von Literatur und Rechtsprechung entwickeltes Kontrollmittel, das zur Inhaltskontrolle von Gesellschafterbeschlüssen herangezogen wird. Danach ist ein Beschluss nur rechtmäßig, wenn er **sachlich gerechtfertigt** ist.[376]

(aa) Anwendungsbereich der materiellen Beschlusskontrolle

Die h. M. grenzt den **Anwendungsbereich** der materiellen Beschlusskontrolle mit Hilfe einer **Zwei-Schritt-Formel** ab.[377] Im ersten Schritt wird gefragt, ob mit dem Beschluss ein **schwerer Eingriff** in das Mitgliedschaftsrecht der Aktionäre verbunden ist und im zweiten, ob der **Gesetzgeber** die erforderliche **Abwägung** nicht bereits selbst **vorgenommen** hat. Kann letzteres bejaht werden, ist die Rechtsfigur der materiellen Beschlusskontrolle trotz Vorliegens eines schweren Eingriffs nicht anwendbar.

Hier wurde im Zusammenhang mit einer Kapitalerhöhung das Bezugsrecht der Aktionäre ausgeschlossen. Den Aktionären der Info-Tech AG stehen aus der Kapi-

---

375 Näher dazu: *Raiser*, Kapitalgesellschaftsrecht, § 20 Rn. 16 f.
376 *Raiser*, Kapitalgesellschaftsrecht, § 20 Rn. 18 ff.; grundlegend: BGHZ 71, 40, 44 ff. (»Kali+Salz«); jüngst: BGHZ 138, 71, 76 (»Sachsenmilch«).
377 BGHZ 71, 40, 45 (»Kali+Salz«); jüngst: BGHZ 138, 71, 76 (»Sachsenmilch«).

talerhöhung keine Aktien zu. Die Aktien werden einem Dritten, nämlich der D-Bank, zugeteilt. Die **Stimmrechtsanteile** der Altaktionäre sinken herab. Der herrschaftsrechtliche Bereich ihrer Mitgliedschaftsrechte wird damit **verwässert**. Darüber hinaus kommt es zu einer vermögensrechtlichen Verwässerung der Mitgliedschaftsrechte. So wird das **Dividendenrecht** ausgehöhlt, weil künftig ein fremder Dritter ebenfalls dividendenberechtigt ist. Zudem sinkt der Wert der Altanteile relativ zum Wert des Gesamtunternehmens herab. Denn die D-Bank kann die Aktien für 50 Euro erwerben und dieser Wert liegt deutlich unter dem Börsenwert der Aktie. Die D-Bank zahlt also für ihre Anteile erheblich weniger als es deren Marktwert entspricht. Der Gesamtwert der Gesellschaft erhöht sich deshalb nicht im gleichen Maße wie die Zahl der Anteile.

Damit liegt sowohl eine vermögensrechtliche als auch eine herrschaftsrechtliche Verwässerung der Mitgliedschaftsrechte vor. Ein schwerer Eingriff in die Rechte der (Minderheits-) Aktionäre der Info-Tech AG ist folglich zu bejahen.

Eine gesetzlich **vorweggenommene Abwägungsentscheidung**, die diesen Eingriff in die Mitgliedschaftsrechte rechtfertigt, lässt sich aus den §§ 183 ff. AktG **nicht** entnehmen. Insbesondere sehen die §§ 183 ff. AktG keine Entschädigungs- oder sonstige Ausgleichsrechte vor. Der Anwendungsbereich der materiellen Beschlusskontrolle ist deshalb grundsätzlich eröffnet.

Ausnahmsweise findet eine materielle Beschlusskontrolle aber dann nicht statt, wenn die Voraussetzungen des **§ 186 Abs. 3 S. 4 AktG** vorliegen. Mit dieser Regelung wollte der Gesetzgeber u. a. den Anwendungsbereich der materiellen Beschlusskontrolle einschränken.[378] Da hier die vorgenommene Kapitalerhöhung bei zwanzig Prozent liegt und diese die § 186 Abs. 3 S. 4 AktG zugrunde liegende Kapitalgrenze von zehn Prozent übersteigt, greift die Ausnahmevorschrift des § 186 Abs. 3 S. 4 AktG nicht ein.

Hinweise: Der Bezugsrechtsausschluss im Rahmen der Kapitalerhöhung gegen Einlagen ist das Paradebeispiel für die Anwendung der materiellen Beschlusskontrolle. Daneben ist die Notwendigkeit einer Beschlusskontrolle auch beim Bezugsrechtsausschluss im Zusammenhang mit dem genehmigten Kapital[379] sowie im GmbH-Recht bei der Aufhebung eines Wettbewerbsverbotes eines Gesellschafters anerkannt.[380] Während das Eingreifen der materiellen Beschlusskontrolle bei der bedingten Kapitalerhöhung[381] sowie bei Kapitalherabsetzungsbeschlüssen[382] heftig umstritten ist, wird deren Anwendung bei Auflösungsbeschlüssen,[383] bei der Genußrechtsausgabe,[384] bei der Einführung eines Höchststimmrechtes[385] sowie bei Hauptversamm-

---

378 *Hüffer*, AktG, § 186 Rn. 39 e; *Raiser*, Kapitalgesellschaftsrecht, § 20 Rn. 21.

379 BGHZ 83, 319 ff. (»Holzmann«); jüngst: BGHZ 136, 133 ff (»Siemens / Nold«).

380 BGHZ 80, 69, 74 (»Süssen«).

381 Eine materielle Beschlusskontrolle bei der bedingten Kapitalerhöhung etwa verneinend: *Hüffer*, AktG, § 192 Rn. 18; bejahend dagegen: *Bungeroth*, in: Geßler / Hefermehl / Eckardt / Kropff, § 192 Rn. 43–45 sowie *Raiser*, Kapitalgesellschaftsrecht, »§ 20 Rn. 37.

382 Verneinend etwa BGHZ 138, 71, 76 (»Sachsenmilch«); bejahend dagegen: *Hüffer*, AktG, § 222 Rn. 14.

383 BGHZ 76, 352, 353; 103, 184 ff. (»Linotype«).

384 BGHZ 120, 141 ff. (»Bremer Bankverein«).

385 BGHZ 70, 117 ff. (»Mannesmann«).

lungsbeschlüssen, die zu einem Delisting[386] der Gesellschaft führen, überwiegend abgelehnt.

(bb) Prüfungsmaßstab

Der Prüfungsmaßstab der materiellen Beschlusskontrolle lässt sich allgemein dahingehend umschreiben, dass der Beschluss nur rechtmäßig ist, wenn er **sachlich gerechtfertigt** ist (s. o.). Die ältere Rechtsprechung bejahte die sachliche Rechtfertigung erst dann, wenn der Beschluss zur Erreichung des Gesellschaftsinteresses **geeignet, erforderlich und angemessen** war.[387] Zwei **jüngere Urteile** des BGH zum genehmigten Kapital (§§ 202 ff. AktG) haben diesen Prüfungsmaßstab jedoch in Frage gestellt.[388] So **beschränkte** der BGH beim genehmigten Kapital den Prüfungsumfang auf die **Geeignetheitsprüfung**. Das wirft die Frage auf, ob diese Einschränkung des Prüfungsumfanges auch auf **andere Fälle** der Beschlusskontrolle zu übertragen ist.[389] Dagegen spricht, dass sich die Gründe, warum der BGH beim genehmigten Kapital die Beschränkung der Beschlusskontrolle vornahm, lediglich auf die Wiederherstellung der Funktionsfähigkeit des genehmigten Kapitals beschränkten. Die oben genannte »Siemens/Nold«-Entscheidung stellte im wesentlichen nur eine Reaktion auf die Kritik an der restriktiven »Holzmann«-Doktrin[390] dar. Außerdem gab der BGH im Leitsatz lediglich die »Holzmann«-Entscheidung auf, nicht aber auch die »Kali+Salz«-Entscheidung, mit der der BGH einst die Dreischrittprüfung von Geeignetheit, Erforderlichkeit und Verhältnismäßigkeit begründete. Daher muss es außerhalb des genehmigten Kapitals bei der herkömmlichen dreistufigen Prüfformel des BGH bleiben.[391]

Hier ist deshalb der Bezugsrechtsausschluss erst gerechtfertigt, wenn er zur Verfolgung des Gesellschaftsinteresses geeignet, erforderlich und angemessen ist.

Geeignetheit des Bezugsrechtsausschlusses

Da die Info-Tech AG mit erheblichen Liquiditätsproblemen zu kämpfen hat, führt der Aktienerwerb der D-Bank gegen Bareinlage zu einer Erhöhung der Barreserven der AG. Der Bezugsrechtsausschluss ist folglich zur Verfolgung der weiteren Gesellschaftsinteressen geeignet.

Erforderlichkeit des Bezugsrechtsausschlusses

Fraglich ist, ob der Bezugsrechtsausschluss in seiner konkreten Form auch erforderlich gewesen ist. Erforderlich ist er, wenn kein **milderes** gleich geeignetes **Mittel** vorhanden ist. Hier lagen Angebote anderer Banken vor, die nicht nur eine

---

386   *Schwark/ Geiser*, ZHR 161 (1997), 739, 763; OLG München, ZIP 2001, 700, 704 (»Macroton«).

387   *Hüffer*, AktG, § 243 Rn. 22 ff. (mwN); *Raiser*, Kapitalgesellschaftsrecht, § 16 Rn. 165 sowie § 20 Rn. 18; grundlegend: BGHZ 71, 40, 44 ff.

388   BGHZ 136, 133, 139 (»Siemens/Nold«); BGHZ 144, 290 ff. (»adidas-Salomon«).

389   Dies bejahend etwa: *Kindler*, ZGR 1998, 35, 49 f.; 53, 64; *Volhard*, AG 1998, 397, 403 sowie LG Stuttgart, ZIP 1998, 422, 425.

390   BGHZ 83, 319, 326 f. (»Holzmann«).

391   Vgl. dazu bereits oben, Fall 9 zum GmbH-Recht.

gleichwertige Kreditfinanzierung angeboten haben, sondern zudem die Aktien für einen Stückpreis von 70–80 Euro statt 50 Euro erworben hätten. Dann aber wäre der Gesellschaft erheblich mehr Liquidität zugeflossen und zugleich eine erheblich geringere Vermögensverwässerung der Anteile der Altaktionäre eingetreten. Das aber wäre im Vergleich zum Einstieg der D-Bank eine mildere und mindestens gleich geeignete Maßnahme gewesen. Der Bezugsrechtsausschluss ist deshalb nicht erforderlich.

(3) Ergebnis

Dem Bezugsrechtsausschluss mangelt es folglich an der notwendigen sachlichen Rechtfertigung. Das Fehlen der sachlichen Rechtfertigung des Bezugsrechtsausschlusses schlägt auf den Kapitalerhöhungsbeschluss durch (§ 139 BGB analog). Damit ist der gesamte Kapitalerhöhungsbeschluss gemäß § 243 Abs. 1 AktG anfechtbar.

b) Anfechtung des Bezugsrechtsausschlusses gemäß §§ 243 Abs. 1 i. V. m. § 53 a AktG

Eine Anfechtung des Bezugsrechtsausschlusses gemäß § 243 Abs. 1 AktG i. V. m. § 53 a AktG setzt eine Ungleichbehandlung voraus. Das wäre nur zu bejahen, wenn das Bezugsrecht einzelner Aktionäre ausgeschlossen worden wäre. Hier aber ist das Bezugsrecht aller Aktionäre ausgeschlossen worden. Eine Ungleichbehandlung liegt somit nicht vor.

> **Hinweis:** Wegen der Beteiligung des A und B an der D-Bank kann bei entsprechender Begründung eine Ungleichbehandlung auch bejaht werden. Diese wäre gemäß § 53 a AktG nur zulässig, wenn sie sachlich gerechtfertigt ist, was aus den oben unter **bb)** genannten Erwägungen aber abzulehnen ist.

c) Anfechtung des Bezugsrechtsausschlusses gemäß § 243 Abs. 2 AktG

Die praktische Bedeutung des § 243 Abs. 2 AktG ist gering, weil sich die meisten Fallkonstellationen bereits über die Treuepflichtverletzung bzw. die materielle Beschlusskontrolle lösen lassen.[392] Im Verhältnis zu § 243 Abs. 1 AktG kommt der Norm daher nur eine **Auffangfunktion** zu. Gleichwohl kann die Anfechtung eines Bezugsrechtsausschlusses grundsätzlich neben § 243 Abs. 1 AktG auch auf die Vorschrift des § 243 Abs. 2 AktG gestützt werden.[393]

Hier ist davon auszugehen, dass A und B nur deshalb dem Beschluss zugestimmt haben, weil sie selbst an der D-Bank beteiligt sind. Ein solches Verhalten berechtigt gemäß § 243 Abs. 2 AktG dann zur Anfechtung, wenn A und B für sich oder einen Dritten Sondervorteile zum Schaden der Gesellschaft zu erlangen suchten.

---

392 *Raiser*, Kapitalgesellschaftsrecht, § 16 Rn. 167. Praktisch bedeutsam bleibt § 243 Abs. 2 AktG jedoch im Falle eines Auflösungsbeschlusses, da nach h. M. bei diesem eine materielle Beschlusskontrolle nicht stattfindet, vgl. BGHZ 103, 184, 193 (»Linotype«).
393 *Hüffer*, AktG, § 243 Rn. 32; *Raiser*, Kapitalgesellschaftsrecht, § 20 Rn. 18.

(1) Sondervorteil

Der Begriff des **Sondervorteils** ist **weit** zu fassen. Er beinhaltet **jeden Vorteil**, der bei einer Gesamtwürdigung der Umstände als eine sachwidrige Bevorzugung erscheint.[394] Der Vorteil wird zwar regelmäßig in einem Vermögensvorteil bestehen, jedoch sind auch immaterielle Vorteile, wie etwa die Verbesserung der korporationsrechtlichen Stellung des Aktionärs bzw. eines Dritten, ausreichend. Hier soll die D-Bank mit Hilfe des Kapitalerhöhungsbeschlusses die Aktien der Gesellschaft für die Hälfte des aktuellen Börsenkurses erhalten, obwohl andere Banken bei sonst gleichen Bedingungen bereit gewesen wären, ca. 70–80 Euro zu bezahlen. Damit erlangt die D-Bank als »Dritter« einen Vorteil, der unter Berücksichtigung aller Umstände sachlich nicht gerechtfertigt ist.

(2) Schaden der Gesellschaft

Der Gesellschaft entsteht durch die Unter-Preis-Vergabe der Aktien an die D-Bank ein erheblicher Schaden, da sie auf diejenige **Vermögensvermehrung verzichtet**, die der Einstieg der anderen Banken zum Aktienpreis von 70–80 Euro zur Folge gehabt hätte.

(3) »Zu erlangen suchte«

Auf der **subjektiven Tatbestandsseite** verlangt § 243 Abs. 2 AktG **Vorsatz** der Handelnden (»zu erlangen suchte«). Bedingter Vorsatz genügt.[395] Hier ist davon auszugehen, dass A und B der D-Bank mit der Abstimmung bewusst einen unberechtigten Sondervorteil zum Schaden der Gesellschaft zuwendeten und diese Konsequenz billigend in Kauf nahmen. A und B handelten deshalb zumindest mit bedingtem Vorsatz.

(4) Kein angemessener Ausgleich, § 243 Abs. 2 S. 2 AktG

Eine Anfechtung gemäß § 243 Abs. 2 S. 1 AktG ist ausgeschlossen, wenn den anderen Aktionären ein angemessener Ausgleich für ihren Schaden gewährt worden ist, vgl. § 243 Abs. 2 S. 2 AktG. Das ist hier nicht der Fall; eine Anfechtung damit möglich.

(5) Ergebnis

C kann die Anfechtung des Kapitalerhöhungsbeschlusses neben § 243 Abs. 1 AktG auch auf § 243 Abs. 2 AktG stützen.

d) Anfechtung des Kapitalerhöhungsbeschlusses gemäß § 255 Abs. 2 AktG

§ 255 Abs. 2 AktG bezweckt, die Aktionäre vor einer übermäßigen Verwässerung ihrer Altanteile durch einen zu niedrigen Ausgabebetrag der neuen Aktien zu schützen.[396] Eine Anfechtung des Kapitalerhöhungsbeschlusses gemäß § 255

---

394 *Hüffer*, AktG, § 243 Rn. 35.
395 *Hüffer*, AktG, § 243 Rn. 34.
396 *Hüffer*, AktG, § 255 Rn. 2.

Abs. 2 AktG setzt deshalb die **Unangemessenheit** des Ausgabebetrages der Aktien voraus.

> **Hinweise:** Der Wortlaut des § 255 Abs. 2 AktG gestattet die Anfechtung wegen eines unangemessen Ausgabebetrages nur bei Anfechtung einer Kapitalerhöhung gegen Bar- bzw. Sacheinlagen. Das ergibt sich u. a. aus der Gesetzesüberschrift. Dennoch ist nach herrschender Meinung die Norm des § 255 Abs. 2 AktG auf eine Kapitalerhöhung, die im Wege des genehmigten Kapitals (§§ 202 ff. AktG) vollzogen wird, analog anzuwenden, weil auch beim genehmigten Kapital ein Schutz der Aktionäre vor Verwässerung ihrer Altanteile erforderlich ist.[397]

Bei der Beurteilung der Unangemessenheit des Ausgabepreises im Rahmen des § 255 Abs. 2 AktG sind alle Umstände des Einzelfalles zu berücksichtigen. Hier notiert der aktuelle Börsenkurs der Info-Tech AG bei 100 Euro pro Aktie. Gleichwohl sollen die Aktien nur für die **Hälfte dieses Wertes** ausgegeben werden. Zwar sicherte die D-Bank im Gegenzug eine weitere Finanzierung der Gesellschaft zu, bedenkt man jedoch, dass die Gesellschaft eine gleichwertige Kreditfinanzierung auch von anderen Banken erhalten hätte und diese bereit waren, ca. 70–80 Euro pro Aktie zu zahlen, kann der **Ausgabebetrag** von 50 Euro nur als **unangemessen** bezeichnet werden.

e) Zusammenfassung

Die Anfechtung des Kapitalerhöhungsbeschlusses der Info-Tech AG kann auf mehrere Gründe gestützt werden. Dem Beschluss fehlt es zunächst an der erforderlichen sachlichen Rechtfertigung (§ 243 Abs. 1 AktG). Er verstößt zudem sowohl gegen § 243 Abs. 2 AktG als auch gegen § 255 Abs. 2 AktG.

C. Ergebnis

Eine Anfechtungsklage des C ist zulässig und begründet. Sie hat Aussicht auf Erfolg.

> **1. Aufbauhinweis:** Statt wie hier zuerst Nichtigkeitsgründe und dann Anfechtungsgründe zu prüfen, kann der Beschluss auch erst allgemein auf Gesetzesverstöße hin überprüft werden, um in einem zweiten Schritt zu fragen, ob die konkreten Gesetzesverstöße zur Nichtigkeit oder nur zur Anfechtbarkeit führen. Ein solcher Aufbau ist jedoch dann nachteilig, wenn die Anfechtungsfrist des § 246 Abs. 1 AktG bereits verstrichen ist. In diesem Fall dürfen nämlich nur noch Nichtigkeitsgründe, aber keine Anfechtungsgründe mehr geprüft werden.
>
> **2. Hinweise zum »Greenshoe«-Verfahren:** Bei Börsengängen wird in der Regel eine sog. Mehrzuteilungsoption bzw. Zuteilungsreserve (»Greenshoe«[398]) vereinbart. Sinn dieser Option ist es, Aktien zur Verfügung zu haben, die im Falle

---

397 BGHZ 71, 40, 50 (»Kali+Salz«); *Raiser*, Kapitalgesellschaftsrecht, § 16 Rn. 160.

398 Die Bezeichnung »Greenshoe« geht auf die Greenshoe Manufacturing Co. Boston zurück, bei der dieses Verfahren erstmals eingesetzt wurde, vgl. *Groß*, ZIP 2002, 160, Fn. 3; *Meyer*, WM 2002, 1106; KG Berlin, ZIP 2001, 2178, 2181.

stark steigender Aktienkurse von dem Bankenkonsortium, das die Emission begleitet, zur **Kursstabilisierung** eingesetzt werden können.[399] Die Frage ist dabei, woher die Banken die dafür benötigten Aktien erhalten. In der Praxis haben sich zwei Wege etabliert. Entweder können die Aktien von einem Altaktionär der Gesellschaft zur Verfügung gestellt werden oder sie werden durch eine **Kapitalerhöhung** neu geschaffen werden.[400] Während erstere Möglichkeit regelmäßig unproblematisch ist, ist die Zulässigkeit einer Kapitalerhöhung aktienrechtlich umstritten. Denn das Bankenkonsortium übernimmt die Aktien aus der Kapitalerhöhung regelmäßig zum **Emissionspreis**, obwohl im Zeitpunkt der Ausnutzung der Mehrzuteilungsoption der Marktpreis der Aktien bereits über dem Emissionspreis liegt. Ob dies mit den gesetzlichen Anforderungen an einen angemessenen Ausgabepreis (§ 255 Abs. 2 AktG) vereinbar ist, ist mehr als fraglich.[401]

Zur Abwandlung:

Eine Klage des C hat Aussicht auf Erfolg, wenn sie zulässig und begründet ist.

A. Zulässigkeit

Hinsichtlich der Zulässigkeit der Klage kann auf die Lösung des Ausgangsfalles verwiesen werden. Eine Klage des C ist als Anfechtungsklage zulässig.

B. Begründetheit

Wie im Ausgangsfall kommen auch in der Abwandlung lediglich eine Anfechtung des Kapitalerhöhungsbeschlusses gemäß §§ 243 Abs. 1 AktG, 243 Abs. 2 AktG bzw. gemäß § 255 Abs. 2 AktG in Betracht.

I. Anfechtung gemäß § 243 Abs. 1 AktG

Auf § 243 Abs. 1 AktG kann eine Anfechtung des Beschlusses nur gestützt werden, wenn der im Kapitalerhöhungsbeschluss enthaltene Bezugsrechtsausschluss einer sachlichen Rechtfertigung bedarf, also einer materiellen Beschlusskontrolle unterliegt.

1. Ausschluss der materiellen Beschlusskontrolle durch § 186 Abs. 3 S. 4 AktG?

Hier könnte die materielle Beschlusskontrolle gemäß § 186 Abs. 3 S. 4 AktG ausgeschlossen sein, weil die Info-Tech AG ihr Grundkapital, anders als im Ausgangsfall, lediglich um zehn Prozent erhöht hat.

---

399 *Raiser*, Kapitalgesellschaftsrecht, § 20 Rn. 31.
400 Näher dazu: *Raiser*, Kapitalgesellschaftsrecht, § 20 Rn. 32 sowie ausführlich *Groß*, ZIP 2002, 160, 161; *Meyer*, WM 2002, 1106 ff.
401 Verneinend KG Berlin, ZIP 2001, 2178, 2180; bejahend *Groß*, ZIP 2002, 160, 163 ff. (mwN); *Meyer*, WM 2002, 1106, 1115.

a) Kein Überschreiten der Kapitalgrenze

Die von § 186 Abs. 3 S. 4 AktG vorausgesetzte Kapitalgrenze von zehn Prozent des Grundkapitals ist nicht überschritten.

b) Kein wesentliches Unterschreiten des Börsenpreises

Der Börsenpreis ist dann nicht wesentlich unterschritten, wenn der Ausgabebetrag der Aktien nicht mehr als 3–5% unter dem Börsenpreis liegt.[402] Dabei ist auf einen Durchschnittskurs abzustellen, weil das Gesetz auf die Festlegung eines Stichtages verzichtet hat.[403] Die für die Durchschnittsbildung notwendige Referenzperiode wird mit ca. 5 Börsentagen angegeben.[404] Hier kann auf eine Referenzperiode von sechs Monaten zurückgegriffen werden, da laut Sachverhalt der Börsenkurs der Unternehmensaktie im Durchschnitt der letzten sechs Monate bei 100 Euro notiert. Davon weicht der Ausgabebetrag mit 98 Euro lediglich um zwei Prozentpunkte ab, was nach dem eben Gesagten nur als ein unwesentliches Unterschreiten des Börsenkurses anzusehen ist.

c) Anwendung des § 186 Abs. 3 S. 4 AktG bei Marktenge?

Fraglich ist, ob wegen der laut Sachverhalt bestehenden **Marktenge** und den daraus resultierenden **fehlenden Zukaufsmöglichkeiten** des C eine Anwendung des § 186 Abs. 3 S. 4 AktG ausgeschlossen ist. Denn § 186 Abs. 3 S. 4 AktG geht stillschweigend davon aus, dass ein Verwässerungsschutz durch Beschlusskontrolle dann nicht erforderlich ist, wenn für die Altaktionäre ein Zukauf über die Börse problemlos möglich ist.[405] Bedenkt man jedoch den Zweck der Vorschrift, die Emission von Aktien zu erleichtern,[406] erscheint eine Beschränkung des Anwendungsbereiches der Norm nicht angebracht. Hinzu kommt, dass die Frage, wann für die Aktionäre ausreichende Zukaufsmöglichkeiten über die Börse bestehen und wann nicht, meist nicht eindeutig zu beantworten sein wird. Deshalb ist eine Einschränkung des Anwendungsbereiches des § 186 Abs. 3 S. 4 AktG nicht vorzunehmen. Folglich ist § 186 Abs. 3 S. 4 AktG anwendbar und damit hier eine materielle Beschlusskontrolle ausgeschlossen. Der Bezugsrechtsausschluss der Hauptversammlung der Info-Tech AG bedarf somit keiner sachlichen Rechtfertigung.

II. Anfechtung gemäß § 255 Abs. 2 AktG

Eine Anfechtung gemäß § 255 Abs. 2 AktG ist nur dann möglich, wenn die Aktien zu einem unangemessen niedrigen Ausgabebetrag ausgegeben worden sind. Bei der Beurteilung der Frage der Unangemessenheit sind alle Umstände des Einzelfalles zu berücksichtigen.

---

402 *Hüffer*, AktG, § 186 Rn. 39 d; *Raiser*, Kapitalgesellschaftsrecht, § 20 Rn. 21.
403 *Hüffer*, AktG, § 186 Rn. 39 d; a. A. *Marsch-Barner*, AG 1994, 532, 536 f.
404 *Lutter*, AG 1994, 429, 442.
405 *Lutter*, AG 1994, 429, 442.
406 *Marsch-Barner*, AG 1994, 532, 532; *Raiser*, Kapitalgesellschaftsrecht, § 20 Rn. 21.

1. Innerer Wert oder Börsenpreis?

Der wahre (innere) Wert der Gesellschaft beträgt laut Sachverhalt 200 Euro pro Aktie. Im Vergleich dazu notiert der Börsenkurs bei lediglich 100 Euro. Wäre für die Beurteilung der Frage, ob der Ausgabebetrag der Aktien unangemessen niedrig ist, nicht der innere Wert, sondern der **Börsenkurs** maßgebend, müsste hier die Unangemessenheit verneint werden. Denn der Ausgabebetrag liegt bei 98 Euro und unterschreitet den Börsenpreis nur geringfügig. Die herrschende Meinung hält dagegen bei der Beurteilung der Angemessenheit des Ausgabebetrages den **inneren Wert** (einschließlich stiller Reserven und Geschäftswert) für maßgebend. Denn § 255 Abs. 2 AktG schütze die Altaktionäre vor einer vermögensmäßigen Verwässerung der Altanteile. Außerdem habe die Mehrheit kein Recht, in die Mitgliedschaftsrechte der Minderheit durch Festsetzung eines zu niedrigen Ausgabebetrages einzugreifen.[407] Dem steht entgegen, dass Unternehmensbewertungen, die regelmäßig die Grundlage für die Ermittlung des inneren Wertes einer Aktie sind, häufig zu divergierenden Ergebnissen führen und deshalb keine bessere Entscheidungsgrundlage darstellen als der Börsenpreis.[408] Daher besteht kein Grund, dem Börsenpreis weniger zu vertrauen als einem Bewertungsgutachten. Im Gegenteil, Börsenpreise sind regelmäßig **informationseffizient**, d.h. in ihnen sind alle öffentlich bekannten bzw. bekanntzugebenden Informationen über das Unternehmen und die Marktlage bereits »eingepreist.« Deshalb muss bei der Beurteilung der Angemessenheit des Ausgabebetrages im Rahmen des § 255 Abs. 2 AktG nicht der innere Wert, sondern der Börsenpreis entscheidend sein.[409]

Vorliegend unterschreitet der geplante Ausgabebetrag der Aktien den durchschnittlichen Börsenkurs der letzten sechs Monate nur um 2%. Die Unangemessenheit des Ausgabebetrages ist daher zu verneinen.

2. Ergebnis

Der C kann eine Anfechtung des Kapitalerhöhungsbeschlusses nicht auf § 255 Abs. 2 AktG stützen.

III. Anfechtung gemäß § 243 Abs. 2 AktG

Folgt man der hier vertretenen Auffassung und lässt den Börsenkurs für die Frage der Unangemessenheit entscheidend sein, kann der Kapitalerhöhungsbeschluss auch nicht über § 243 Abs. 2 AktG angegriffen werden. Der D-Bank wird nämlich mit dem börsenkursnahen Bezugspreis von 98 Euro pro Aktie kein Sondervorteil eingeräumt. Zudem ist ein Schaden der Gesellschaft zu verneinen, da die anderen Banken lediglich 70–80 Euro pro Aktie geboten hatten.

IV. Zusammenfassung

Eine Anfechtung des Kapitalerhöhungsbeschlusses der Info-Tech AG kann weder auf § 243 Abs. 1 AktG noch auf §§ 243 Abs. 2 AktG, 255 Abs. 2 AktG gestützt werden. Die Klage des C ist damit zwar zulässig, aber nicht begründet.

---

407 *Hüffer*, AktG, § 186 Rn. 39 e.
408 *Schwark*, FS Claussen, 357, 365.
409 *Sinewe*, NZG 2002, 314, 317.

Fall 4

»Börseneuphorie«
Börsengang von Tochtergesellschaften,
»Holzmüller«-Doktrin, Vorerwerbsrecht und
Zuteilungsprivileg

Unternehmensgegenstand der börsennotierten Telefongesellschaft S-AG ist die Erbringung von Telekommunikationsdienstleistungen sowie der Erwerb und die Veräußerung von Beteiligungen. »Um Kasse zu machen«, möchte die S-AG ihre hundertprozentige Tochtergesellschaft S-Online AG über die Börse veräußern. Dazu sollen alle Aktien der S-Online AG im Wege des Börsenganges auf dem Markt gebracht werden. Eine zusätzliche Kapitalerhöhung in der S-Online AG ist nicht geplant.

Nach den Plänen des Vorstandes der S-AG sollen die Aktionäre der S-AG nicht zu dem Börsengang befragt werden. Sie sollen auch nicht bei der Veräußerung der Aktien bevorrechtigt bedient werden. Vielmehr haben sie, wie jeder andere auch, ihren jeweiligen Banken entsprechende Zeichnungsaufträge zu erteilen.

A, ein Aktionär der S-AG, erfährt davon und ist erbost. Die S-Online AG sei der zukunftsträchtigste Teil der S-AG und der einzige, der Gewinn erwirtschafte. Darüber hinaus mache die Beteiligung an der S-Online AG etwa 30% des Aktivvermögens sowie 60% des Grundkapitals der S-AG aus und sei deshalb für die AG sehr bedeutsam. Daher müsse der Vorstand vor Veräußerung der S-Online AG die Zustimmung der Hauptversammlung der S-AG einholen. Die Hauptversammlung habe der Veräußerung mit satzungsändernder Mehrheit zuzustimmen. Außerdem stehe den Aktionären der S-AG ein Bezugs- bzw. Vorkaufsrecht auf die Aktien der S-Online AG zu. Denn die S-Online AG sei erst mit dem Geld der Mutter erfolgreich geworden. Deshalb müssten auch die Aktionäre die Möglichkeit haben, an dem künftigen Erfolg der S-Online AG zu partizipieren. Da Börsengänge anderer Unternehmen in der Vergangenheit immer stark überzeichnet gewesen sind und der erste Börsenpreis regelmäßig über dem Emissionspreis liegt, sei die Möglichkeit einer angemessenen Partizipation nur gegeben, wenn den Altaktionären entsprechend ihrem Anteil an der Muttergesellschaft ein Bezugs- bzw. Vorkaufsrecht auf die Aktien der S-Online AG eingeräumt werde.

Um den Vorstand von seiner Rechtsansicht zu überzeugen, erhebt A Feststellungsklage und beantragt festzustellen, dass

1. der Vorstand der S-AG verpflichtet ist, vor dem Börsengang der S-Online AG die Zustimmung der Hauptversammlung der S-AG einzuholen.

2. der Börsengang nur durchzuführen ist, wenn die Hauptversammlung diesem zuvor mit mindestens satzungsändernder Mehrheit zugestimmt hat.

3. der Vorstand die Aktionäre der S-AG entsprechend ihrer jeweiligen Beteiligungsverhältnisse bevorrechtigt mit Anteilen an der S-Online AG zu bedienen hat.

Hat die Feststellungsklage des A Aussicht auf Erfolg?

(Bearbeitervermerk: Von der Zulässigkeit der Klage ist auszugehen.)

Lösungsvorschlag Fall 4

Die Feststellungsklage des A hat Aussicht auf Erfolg, wenn sie zulässig und begründet ist.

A. Zulässigkeit

Von der Zulässigkeit der Feststellungsklage (§ 256 Abs. 1 ZPO) ist laut Bearbeitervermerk auszugehen.

B. Begründetheit

I. Antrag zu 1.)

Der Feststellungsantrag zu 1.) ist begründet, wenn der Vorstand der S-AG vor dem Börsengang der S-Online AG die Zustimmung der Hauptversammlung einzuholen hat.

1. Ausdrückliche gesetzliche Zustimmungspflichten

a) § 179 a AktG

Eine Zustimmungspflicht der Hauptversammlung gemäß § 179 a AktG scheidet aus, weil hier nicht das gesamte, sondern nur ein Teil des Vermögens der S-AG veräußert werden soll. Auch eine **analoge Anwendung** des § 179 a AktG kommt aus Gründen der Rechtssicherheit nicht in Betracht. Denn dies würde zu erheblichen Abgrenzungsschwierigkeiten hinsichtlich der Frage führen, bei welchen Strukturmaßnahmen eine Analogie vorzunehmen ist und bei welchen nicht.[410]

b) § 119 Abs. 1 Nr. 6 AktG

§ 119 Abs. 1 Nr. 6 AktG ist nicht einschlägig. Die Vorschrift erfasst nur originäre Maßnahmen der Kapitalbeschaffung im Sinne der §§ 182 ff. AktG,[411] nicht aber die Veräußerung von Tochtergesellschaften.

c) §§ 119 Abs. 1 Nr. 5 i. V. m. 179 AktG (»Unterschreiten des Unternehmensgegenstandes«)

Grundsätzlich ist der Vorstand verpflichtet, den satzungsmäßig festgeschriebenen **Unternehmensgegenstand** nicht zu überschreiten. Darüber hinaus trifft ihn die Pflicht, den Unternehmensgegenstand möglichst auszufüllen.[412] Hier könnte der Börsengang der S-Online AG dazu führen, dass die S-AG nur noch **rein vermögensverwaltend** tätig wird und damit der Unternehmensgegenstand der S-AG faktisch nicht mehr ausgefüllt wird.[413]

Satzungsmäßiger Unternehmensgegenstand der S-AG ist die Erbringung von Telekommunikationsdienstleistungen sowie der Erwerb und die Veräußerung von

---

410 Vgl. BGHZ 83, 122, 129 (»Holzmüller«).
411 Vgl. *Hüffer*, AktG, § 119 Rn. 6.
412 *Habersack*, in Emmerich / Habersack, Konzernrecht, Vor. § 311 Rn. 11 (mwN).
413 Vgl. *Habersack*, in: Emmerich / Habersack, Konzernrecht, Vor. § 311 Rn. 20.

Beteiligungen. Mangels entgegenstehender Sachverhaltshinweise ist davon auszugehen, dass die S-AG auch nach Veräußerung ihrer Beteiligung an der S-Online
AG Telefondienstleistungen erbringen kann sowie Beteiligungen erwerben und
veräußern wird. Eine faktische Umwandlung des Unternehmensgegenstandes
in eine rein vermögensverwaltende Aktiengesellschaft ist daher nicht zu befürchten.

2. Zustimmungspflicht aus »Holzmüller«-Doktrin

Eine Zustimmungspflicht der Hauptversammlung könnte sich jedoch aus der
»Holzmüller«-Doktrin ergeben. Die **Rechtsgrundlage** der »Holzmüller«-Doktrin
ist umstritten. Während der BGH sie in der Reduzierung des von § 119 Abs. 2
AktG vorausgesetztem Vorlageermessens erblicken möchte,[414] argumentiert ein
Großteil der Literatur mit einer **Einzel- bzw. Gesamtanalogie** zu den Vorschriften
der §§ 179 a AktG, 293 Abs. 2 S. 1, 319 Abs. 2 AktG sowie der §§ 123 ff. 125, 13, 65
UmwG.[415] Hier kann dieser rein dogmatische Streit indes offenbleiben. Denn unabhängig von der Rechtsgrundlage ist eine Geschäftsführungsmaßnahme nach
der »Holzmüller-Doktrin« jedenfalls dann vorlagepflichtig ist, wenn sie so tief
in die Mitgliedschaftsrechte der Aktionäre eingreift, dass der Vorstand vernünftigerweise nicht annehmen kann, er dürfe sie ausschließlich in eigener Verantwortung treffen.[416]

Die geplante Veräußerung der Aktien der S-Online AG stellt letztlich nur einen
Aktiv-Aktiv-Tausch dar, weil das bisher in der Beteiligung gebundene Geld als
Kaufpreis dem Vermögen der Gesellschaft wieder zufließt.[417] Fraglich ist, ob bereits deshalb das Vorliegen eines tiefen Eingriffs in die Mitgliedschaftsrechte verneint werden kann. So hält die wohl **herrschende Meinung** bestimmte Fälle des
Aktiv-Aktiv-Tausches für vorlagepflichtig. Dabei wird überwiegend auf bilanzielle Gesichtspunkte abgestellt. Danach soll eine Vorlagepflichtigkeit zu bejahen
sein, wenn die Beteiligungsveräußerungen die 10% des Eigenkapitals[418] bzw. 10%
der Bilanzsumme bzw. des Grundkapitals[419] betreffen. Andere möchten die
Schwellenwerte auf 20–25% der Aktiva[420] bzw. 50% des Grundkapitals fest-
legen.[421] Argumentiert wird mit einer Analogie zu § 62 Abs. 1 UmwG (10% des
Grundkapitals) bzw. mit einer Parallele zu §§ 192 Abs. 3 S. 1, 202 Abs. 3 S. 1
AktG (50% des Grundkapitals). Richtigerweise kann es für die Beurteilung der
Vorlagepflichtigkeit nicht allein auf die bilanziellen Auswirkungen der geplanten
Strukturmaßnahme ankommen, denn in den Fällen der Beteiligungsveräußerung
handelt es sich regelmäßig nur um einen gewinnneutralen Aktiv-Aktiv-Tausch.
Das allein aber kann nicht zu einem Eingriff in das Mitgliedschaftsrecht führen.

---

414 BGHZ 83, 122, 130 f. (»Holzmüller«).
415 *Habersack*, in Emmerich / Habersack, Konzernrecht, Vor. § 311 Rn. 16 (mwN); *Raiser*, Ka-
      pitalgesellschaftsrecht, § 16 Rn. 13.
416 BGHZ 83, 122, 131.
417 *Habersack*, in Emmerich / Habersack, Konzernrecht, Vor. § 311 Rn. 20.
418 *Gessler*, FS Stimpel, S. 771, 787.
419 *Lutter*, FS Fleck, S. 169, 179 und wohl auch *Habersack*, in Emmerich/ Habersack, Kon-
      zernrecht, Vor. § 311 Rn. 19.
420 So die wohl h. M.: *Busch/Groß*, AG 2000, 503, 507 (mwN); *Lutter*, FS Stimpel, S. 825, 850;
      ders., AG 2000, 342; *Raiser*, Kapitalgesellschaftsrecht, § 16 Rn. 14; LG Frankfurt / M., ZIP
      1997, 1698, 1701
421 *Veil*, ZIP 1998, 361, 369.

Daher ist auch bei Beteiligungsveräußerungen auf das **Gesamtbild der Umstände** abzustellen.

Hier macht die Beteiligung an der S-Online AG 30% des Gesamtvermögens und 60% des Grundkapitals der S-AG aus. Es handelt sich dabei nicht nur um den zukunftsträchtigsten Unternehmensteil, sondern auch um den derzeit einzigen Unternehmensteil handelt, der mit Gewinn arbeitet. Deshalb droht bei dessen Veräußerung eine erhebliche Beeinträchtigung des Dividendenrechts der Aktionäre. Unter Berücksichtigung dieser Umstände ist ein tiefer Eingriff in das Mitgliedschaftsrecht der Aktionäre durchaus zu bejahen. Die geplante Beteiligungsveräußerung ist damit vorlagepflichtig. Im Übrigen ist eine Vorlagepflicht auch nach den obigen Ansichten begründet, weil die Beteiligung an der S-Online AG 30% des Aktivvermögens und 60% des Grundkapitals der S-AG ausmacht und die o. g. Schwellenwerte übertroffen sind.

3. Ergebnis

Der Vorstand der S-AG hat vor dem Börsengang der S-Online AG die Zustimmung der Hauptversammlung einzuholen. Der Feststellungsantrag des A ist begründet.

II. Begründetheit des Antrages zu 2.)

Der Antrag des A zu 2.) ist begründet, wenn die Zustimmung der Hauptversammlung zum Börsengang der S-Online AG nicht nur mit einfacher, sondern mit satzungsändernder Mehrheit zu erfolgen hat. Der BGH hat sich zu den **Mehrheitserfordernissen** bei vorlagepflichtigen Maßnahmen innerhalb der Obergesellschaft bislang nicht geäußert. Da aber der BGH die Vorlagepflicht bei »Holzmüller«-Maßnahmen dogmatisch auf § 119 Abs. 2 AktG stützt, spricht vieles dafür, die **einfache Stimmenmehrheit** des § 133 Abs. 1 AktG genügen zu lassen.[422] Jedoch ist die Bezugnahme des BGH auf § 119 Abs. 2 AktG nur wenig überzeugend. Richtigerweise ist die Vorlagepflicht mit Hilfe einer Einzel- bzw. Gesamtanalogie zu §§ 179 a AktG, 293 Abs. 2 S. 1, 319 Abs. 2 AktG sowie zu §§ 123 ff. 125, 13, 65 UmwG zu begründen.[423] Denn in diesen Vorschriften zeigt das Gesetz allgemein, welche Anforderungen an Strukturmaßnahmen zu stellen sind. Demgemäß müssen auch die dort geltenden Mehrheitserfordernisse auf »Holzmüller«-Beschlüsse übertragen werden. Neben der einfachen Stimmenmehrheit des § 133 Abs. 1 AktG ist deshalb für das Zustandekommen eines solchen Beschlusses eine **satzungsändernde Mehrheit** von drei Vierteln des vertretenen Grundkapitals erforderlich.[424] Der Antrag des A zu 2.) ist damit begründet

> **Hinweise:** In § 179 AktG sind die für eine Satzungsänderung notwendigen Mehrheitserfordernisse nicht vollständig umschrieben. Neben der von § 179 AktG geforderten **Kapitalmehrheit** ist für eine Satzungsänderung darüber hinaus die einfache **Stimmenmehrheit** des § 133 AktG erforderlich.[425] Beide Mehrheiten werden zwar regelmäßig zusammen vorliegen, jedoch sind Fälle denkbar, in denen zwar die notwendige Kapitalmehrheit erreicht ist, aber auf-

---

422 *Westermann*, ZGR 1984, 352, 362.
423 *Habersack*, in Emmerich/Habersack, Vor. § 311 Rn. 16 (mwN); *Raiser*, Kapitalgesellschaftsrecht, § 16 Rn. 13.
424 Ebenso: *Raiser*, Kapitalgesellschaftsrecht, § 16 Rn. 18.
425 *Hüffer*, AktG, § 179 Rn. 14; *Raiser*, Kapitalgesellschaftsrecht, § 16 Rn. 70.

grund von statuarischen Höchststimmrechten (§ 134 AktG) die Stimmenmehrheit zu verneinen ist.

III. Begründetheit des Antrages zu 3.)

Der Antrag zu 3.) ist **begründet, wenn** den Aktionären der S-AG beim Börsengang der S-Online AG ein **Recht** auf bevorrechtigten **Erwerb** der Aktien der Tochter zusteht.

1. Meinungsstand

a) Bezugsrecht aus § 186 AktG

Ein Bezugsrecht der Aktionäre der S-AG aus § 186 AktG ist zu verneinen. Denn § 186 AktG erfasst nur Kapitalerhöhungen der (Mutter-) Gesellschaft, nicht aber der Tochtergesellschaft.

b) Bezugsrecht aus § 186 AktG analog

Für ein Bezugsrecht entsprechend § 186 AktG lässt sich der **Sinn und Zweck** des § 186 AktG anführen. So dient § 186 AktG dazu, die Aktionäre bei Kapitalerhöhungen u. a. vor einer vermögensmäßigen Verwässerung ihrer Altanteile zu schützen. Kommt es im Rahmen eines Börsenganges einer Tochtergesellschaft zu einem erheblichen »**Underpricing**« der Anteile, tritt bei der Mutter-AG ein erheblicher Vermögensverlust ein. Dieser führt mittelbar zu einer **Vermögensverwässerung** der Altanteile, was eine analoge Anwendung des § 186 AktG rechtfertigen könnte.[426]

c) Vorerwerbsrecht bzw. Zuteilungsprivileg

Unabhängig von einer analogen Anwendung des § 186 AktG wird in der Literatur ein Recht der Aktionäre der Muttergesellschaft auf vorrangigen Erwerb der Anteile der Tochter unter dem Stichwort **Vorerwerbsrecht** bzw. **Zuteilungsprivileg** diskutiert. Das Vorerwerbsrecht ergebe sich aus der **Treuepflicht** des Vorstandes gegenüber seinen Aktionären.[427] Dahinter steht auch hier der Gedanke, dass das mit einer Emission oftmals verbundene »Underpricing« zu einem Eingriff in die Vermögenssphäre der Aktionäre führe. Deshalb verdichte sich die Treuepflicht dahingehend, dass der Vorstand als Ausgleich für die Vermögenseinbußen vorrangig den Aktionären die Aktien aus dem Börsengang anzubieten habe.[428] Ähnlich argumentiert eine andere Ansicht. Nach dieser soll aus den eben genannten Gründen das Ermessen des Vorstandes bei der Verteilung der Aktien auf Null reduziert sein, sodass die Aktien zuerst den Aktionären zu offerieren sind (sog. **Zuteilungsprivileg**).[429]

---

426 Ähnlich: *Lutter*, AG 2001, 349, 350.
427 *Lutter*, AG 2001, 349, 351.
428 *Lutter*, AG 2001, 349, 351.
429 *Becker/Fett*, WM 2001, 549, 555 f.

2. Bedenken

Sowohl gegen die Annahme eines Bezugsrechtes entsprechend § 186 AktG als auch gegen ein Vorerwerbsrecht bzw. ein Zuteilungsprivileg bestehen erhebliche Bedenken. Denn bei konsequenter Weiterentwicklung dieser Erwägungen müsste bei **jedem Aktiv-Aktiv-Tausch** ein Vorerwerbsrecht der Aktionäre angenommen werden, also etwa auch dann, wenn eine Großbank ihre Kunstsammlung veräußern möchte.[430] Auch bezweckt das Bezugsrecht des § 186 AktG lediglich, dem Aktionär die Chance einzuräumen, bei Kapitalerhöhungen seine Beteiligungsquote zu wahren.[431] Bei einem Börsengang einer Tochtergesellschaft aber geht es lediglich um einen Aktiv-Aktiv-Tausch, der sich strukturell von einer Kapitalerhöhung erheblich unterscheidet. Wegen dieser Unterschiede ist jede Analogie zu § 186 AktG fraglich.[432] Nicht zuletzt ergibt sich bei Bejahung eines Vorerwerbsrecht ein praktisches Problem: Das Gelingen größerer Emissionen setzt voraus, dass ein Großteil der Aktien frei auf dem Markt veräußert werden kann.[433] Ein Vorerwerbsrecht oder Zuteilungsprivileg der Aktionäre der Muttergesellschaft würde dem entgegenstehen und ist deshalb abzulehnen (andere Auffassung vertretbar).

3. Ergebnis

Den Aktionären der S-AG steht weder ein Bezugsrecht noch ein Vorerwerbsrecht bzw. Zuteilungsprivileg auf Aktien der S-Online AG zu. Der Antrag des A zu 3. ist unbegründet.

---

430 *Habersack*, WM 2001, 545, 547.
431 *Habersack*, WM 2001, 545, 548.
432 *Busch/Groß*, AG 2000, 503, 508.
433 *Busch/Groß*, AG 2000, 503, 509.

Fall 5
»Maßlose Bereicherung«
Ausgabe von Aktienoptionen an Führungskräfte, Anfechtungsklage, Sondervorteil/materielle Beschlusskontrolle

Die Z-AG ist ein weltweit agierendes Softwareunternehmen mit zahlreichen Standorten in Deutschland und Nordamerika. Seit einigen Jahren sieht sich die Gesellschaft einem verstärkten Wettbewerb um gute Mitarbeiter ausgesetzt. Zahlreiche Spitzenkräfte sind bereits zur Konkurrenz abgewandert. Neue Kräfte sind nur schwer zu rekrutieren und fordern regelmäßig als Bonus eine Bezahlung mit Aktienoptionen.

Um den Personalschwund zu stoppen und um künftigen Mitarbeitern Aktienoptionen anbieten zu können, beschließt die Z-AG, einen Aktienoptionsplan aufzulegen. Dabei ist geplant, die Optionen nicht nur an den Vorstand und die sonstigen Führungskräfte auszugeben, sondern auch an den Aufsichtsrat.

Mit den Aktienoptionen sollen die Optionsberechtigten das Recht erwerben, je Option eine Aktie der Z-AG zu dem Preis zu erwerben, mit dem die Aktie am Ausgabetag der Option notiert. Die Optionen dürfen frühestens ein Jahr und spätestens fünf Jahre nach ihrer Ausgabe eingelöst werden, vorausgesetzt der Aktienkurs der Gesellschaft ist um mindestens 10% gegenüber dem Aktienkurs, der zum Zeitpunkt der Optionsausgabe galt, gestiegen.

Weil die Optionen im Falle ihrer Ausübung mit Aktien bedient werden müssen, beschließt die Hauptversammlung im Oktober 2002 formell ordnungsgemäß eine bedingte Kapitalerhöhung. Die geplanten Optionsbedingungen, die künftigen Optionsberechtigten sowie die dem Vorstand, dem Aufsichtsrat und den sonstigen Führungskräften jeweils konkret zustehenden Optionen werden in den Beschluss aufgenommen. Die Optionen dürfen vom Vorstand jederzeit ausgegeben werden und nach Ablauf der Einjahresfrist, sofern der Aktienkurs entsprechend gestiegen ist, auch jederzeit ausgeübt werden. Die Kapitalerhöhung hat einen Umfang von 12% des Grundkapitals der Z-AG.

Minderheitsaktionär A ist empört. Der Optionsplan führe zu einer maßlosen Selbstbereicherung von Vorstand, Aufsichtsrat und Führungskräften. Insbesondere sei die für die Ausübung der Optionen vorausgesetzte Kurssteigerung von 10% innerhalb der 4-Jahres-Frist viel zu niedrig. Es sei zudem nicht ausgeschlossen, dass der Börsenkurs im Wege eines allgemeinen Börsentrends steigt, ohne dass die Optionsinhaber etwas dazu beigetragen hätten. Daher dürften die Optionen nicht bereits ausgeübt werden, wenn der Aktienkurs der Z-AG um 10% gestiegen sei, sondern erst, wenn der Kurs der Z-AG einen Vergleichsindex, der sich aus den Wettbewerbern zusammensetzen müsse, geschlagen habe. Denn nur dann habe sich der Aktienkurs der Z-AG besser entwickelt als der Markt und die Optionsinhaber die Ausübung der Optionen verdient. Darüber hinaus hält A die Beteiligung des Aufsichtsrates an dem Aktienoptionsprogramm für bedenklich. Der

Aufsichtsrat könne nämlich seine Überwachungsaufgaben nicht mehr neutral wahrnehmen, wenn dieser von demselben Optionsprogramm profitiert wie der Vorstand. A stimmt deshalb auf der Hauptversammlung (erfolglos) gegen den Kapitalerhöhungsbeschluss und erklärt anschließend Widerspruch zur Niederschrift.

Eine Woche nach Fassung des Kapitalerhöhungsbeschlusses legt A beim zuständigen Gericht Anfechtungsklage ein. Hat eine solche Klage des A Aussicht auf Erfolg?

Lösungsvorschlag Fall 5

A. Zulässigkeit der Klage

I. Statthafte Klageart

Die statthafte Klageart richtet sich nach dem Klagebegehren. Hier möchte A die Unwirksamkeit des Beschlusses gerichtlich klären lassen und Anfechtungsklage erheben. Statthafte Klageart ist damit die Anfechtungsklage (§§ 243, 248 AktG).

II. Klagegegner

Klagegegner ist gemäß § 246 Abs. 2 AktG die Z-AG, vertreten durch Vorstand und Aufsichtsrat.

> **Hinweise:** Weil die AG nach § 246 Abs. 2 AktG von Vorstand und Aufsichtsrat gemeinsam vertreten wird, muss die Klage nicht nur dem Vorstand, sondern auch dem Aufsichtsrat zugestellt werden. Das ist insbesondere wichtig, wenn es darum geht, die Anfechtungsfrist des § 246 Abs. 1 AktG zu wahren. Eine Zustellung allein an den Vorstand reicht nämlich dafür nicht aus.

III. Zuständiges Gericht

Örtlich und sachlich zuständig ist gemäß § 246 Abs. 3 S.1 AktG das Landgericht, in dessen Bezirk die Z-AG ihren Sitz hat.

IV. Allgemeines Rechtsschutzbedürfnis

Bei Aktionären ist das allgemeine Rechtsschutzbedürfnis als Prozessvoraussetzung im Regelfall zu bejahen.

V. Ergebnis

Die Anfechtungsklage des A ist zulässig.

B. Begründetheit

Die Klage ist begründet, wenn A gemäß § 245 AktG anfechtungsbefugt ist, die Anfechtungsfrist des § 246 Abs. 1 AktG eingehalten hat und Anfechtungsgründe (§ 243 Abs. 1 AktG) vorliegen. Unabhängig vom Einhalten dieser Voraussetzungen ist die Klage des A bereits begründet, wenn **Nichtigkeitsgründe** (§ 241 AktG) bestehen. Zwar erhebt A lediglich Anfechtungsklage, Nichtigkeits- und Anfechtungsklage verfolgen jedoch dasselbe materielle Ziel, nämlich die richterliche Klärung der Nichtigkeit des HV-Beschlusses mit Wirkung für und gegen jedermann. Daher schließt der Anfechtungsantrag die Feststellung der Nichtigkeit mit ein und umgekehrt.[434] Hilfs- bzw. Eventualanträge müssen nicht gestellt werden.[435]

---

434 BGHZ 134, 364, 366 f.; ZIP 2002, 1684, 1686; *Hüffer*, in Geßler / Hefermehl / Eckardt / Kropff, § 246, Rn. 20 f.; *ders.*, AktG, § 246 Rn. 13; *Raiser*, Kapitalgesellschaftsrecht, § 16 Rn. 171.

435 So aber noch BGHZ 32, 318, 322.

Es ist Sache des Gerichtes und nicht des Klägers, ob §§ 241, 249 AktG oder §§ 243, 248 AktG zur Anwendung kommen. Bedeutsam ist die Abgrenzung zwischen Nichtigkeits- und Anfechtungsgründen nur noch für die Tenorierung des Urteiles sowie für die Fälle, in denen die einmonatige Anfechtungsfrist des § 246 Abs. 1 AktG verstrichen ist. Dann können nur noch Nichtigkeitsgründe geltend gemacht werden.

I. Vorliegen von Nichtigkeitsgründen

Die Nichtigkeitsgründe sind, von den Sondervorschriften der §§ 250, 253 und 256 AktG abgesehen, abschließend in § 241 AktG geregelt. Hier kommt als Nichtigkeitsgrund lediglich die **Generalklausel** des § 241 Nr. 3 AktG in Betracht, weil der Kapitalerhöhungsbeschluss gegen § 255 Abs. 2 AktG sowie gegen §§ 192 Abs. 2 Nr. 3, Abs. 3 S. 1, 193 Abs. 2 Nr. 4 AktG verstoßen könnte. Während die Verletzung der Vorschrift des § 255 Abs. 2 AktG kraft ausdrücklicher Regelung in § 255 Abs. 2 AktG kein Nichtigkeitsgrund ist, sondern nur einen Anfechtungsgrund darstellt, ist fraglich, ob allein ein Verstoß gegen die §§ 192 Abs. 2 Nr. 3, Abs. 3 S. 1, 193 Abs. 2 Nr. 4 AktG gemäß § 241 Nr. 3 AktG zu einer Nichtigkeit des Kapitalerhöhungsbeschlusses führt.

Aufbauhinweis: § 241 Nr. 3 AktG ist in der Regel vom Konkreten zum Allgemeinen fortschreitend auszulegen. Zunächst ist also zu prüfen, ob Gläubigerschutzvorschriften verletzt worden sind, sodann, ob ein Verstoß gegen Vorschriften, die dem öffentlichen Interesse dienen, vorliegt und erst anschließend, ob ein Beschluss mit dem Wesen der Aktiengesellschaft nicht zu vereinbaren ist. Letzteres Tatbestandsmerkmal hat nur Auffangfunktion.[436]

1. Verletzung von Gläubigerschutzvorschriften (§ 241 Nr. 3, 2. Fall)

Um einen Verstoß gegen die §§ 192 Abs. 2 Nr. 3, Abs. 3 S. 1, 193 Abs. 2 Nr. 4 AktG als Nichtigkeitsgrund ansehen zu können, müssten diese Normen Vorschriften sein, die ausschließlich oder überwiegend dem **Gläubigerschutz** dienen d. h., denen offenkundig wesentliche Bedeutung für den Gläubigerschutz zukommt.[437] Genannt seien hier etwa Vorschriften der Kapitalerhaltung (§§ 57, 71 ff. AktG) oder der Kapitalaufbringung (z. B. § 36 a AktG). Bei den §§ 192 Abs. 2 Nr. 3, Abs. 3 S. 1, 193 Abs. 2 Nr. 4 AktG handelt es sich dagegen um bloße organisationsrechtliche Normen. Sie haben keine wesentliche Bedeutung für den Gläubigerschutz.

2. Verletzung von Normen, die im öffentlichen Interesse liegen (§ 241 Nr. 3, 3. Fall)

Fraglich ist, ob die §§ 192 Abs. 2 Nr. 3, Abs. 3 S. 1, 193 Abs. 2 Nr. 4 AktG im öffentlichen Interesse liegen. Dem **öffentlichen Interesse** dienen solche Normen, die ausschließlich oder überwiegend im öffentlichen Interesse bestehen. Der Begriff des öffentlichen Interesses ist weit auszulegen. Er umfasst neben dem »ordre public« alle Normen, die das Strukturbild einer AG prägen, also Vorschriften der Mitgliedschaft sowie der Verbands- und Kapitalstruktur, soweit diese, wie etwa die

---

436 *Hüffer*, AktG, § 241 Rn. 16.
437 *Hüffer*, AktG, § 241 Rn. 17; *Raiser*, Kapitalgesellschaftsrecht, § 16 Rn. 132.

Vorschriften der Kapitalerhaltung, nicht bereits zu den gläubigerschützenden Regelungen zählen.[438]

Teilweise wird die öffentliche Zweckbestimmung der §§ 192 Abs. 2 Nr. 3, Abs. 3 S. 1, 193 Abs. 2 Nr. 4 AktG bejaht, da diese Normen einen Missbrauch des bedingten Kapitals verhindern sollen[439] Dabei aber wird übersehen, dass die §§ 192 Abs. 2 Nr. 3, Abs. 3, S. 1, 193 Abs. 2 Nr. 4 AktG hauptsächlich dazu dienen, die Kompetenzen zwischen Vorstand, Aufsichtsrat und Hauptversammlung abzugrenzen, indem sie die Festlegung wesentlicher Details eines Optionsplanes aus der Geschäftsführungskompetenz des Vorstandes (§ 76 AktG) herausnehmen und in die Kompetenz der Hauptversammlung verlagern. Daher sind die §§ 192 Abs. 2 Nr. 3, Abs. 3, S. 1, 193 Abs. 2 Nr. 4 AktG lediglich als interne Kompetenznormen anzusehen, die sich nur an die jeweiligen Gesellschaftsorgane richten. Sie dienen allein dem Aktionärsschutz, nicht aber dem öffentlichen Interesse.[440]

3. »Wesen der Aktiengesellschaft« (§ 241 Nr. 3, 1. Fall)

Gemäß § 241 Nr. 3 1. Fall AktG ist ein Beschluss des Weiteren nichtig, wenn er mit dem »Wesen der Aktiengesellschaft« nicht zu vereinbaren ist. Fraglich ist, ob ein Verstoß gegen die §§ 192 Abs. 2 Nr. 3, Abs. 3, S. 1, 193 Abs. 2 Nr. 4 AktG dazu führt, dass der streitgegenständliche Beschluss mit dem »Wesen der Aktiengesellschaft« nicht zu vereinbaren ist. Das ist dann der Fall, wenn der Beschluss **offensichtlich keinen Bestand** haben kann, ohne dass sich dies auf eine konkrete Norm stützen lässt.[441]

Hier lässt sich die Rechtswidrigkeit des Beschlusses anhand konkreter Vorschriften (§§ 192 Abs. 2 Nr. 3, Abs. 3, S. 1, 193 Abs. 2 Nr. 4 AktG) überprüfen. Auch kommt diesen Vorschriften keine derart grundlegende und wesensgebende Bedeutung zu, dass eine Verletzung derselben mit dem »Wesen der Aktiengesellschaft« nicht zu vereinbaren wäre. Es handelt sich bei ihnen lediglich um interne Kompetenznormen (s. o.).

II. Anfechtungsgründe

1. Anfechtungsbefugnis und -frist

Anfechtungsgründe können nur berücksichtigt werden, wenn A anfechtungsbefugt ist und er die Klage rechtzeitig erhoben hat.

Die Anfechtungsbefugnis des A ergibt sich aus § 245 Nr. 1 AktG. Er hat auf der Hauptversammlung ordnungsgemäß Widerspruch zur Niederschrift erklärt. Laut Sachverhalt hat er zudem innerhalb einer Woche seine Klage eingereicht, sodass die Monatsfrist des § 246 Abs. 1 AktG gewahrt ist.

---

438 *Hüffer*, AktG, § 241 Rn. 18.
439 *Lutter*, in KK-AktG, 193 Rn. 18; *Raiser*, Kapitalgesellschaftsrecht, § 20 Rn. 36.
440 Vgl. *Hirte*, RWS-Forum Gesellschaftsrecht 1999, S. 211, 226 f.; *Vogel*, BB 2000, 937, 939.
441 *Hüffer*, AktG, § 241 Rn. 21.

> **Hinweise: 1.** Die Monatsfrist des § 246 Abs. 1 ist eine materiell-rechtliche Frist, weil sie das Anfechtungsrecht beschränkt. Anders als im öffentlichen Recht ist sie bei der Begründetheit und nicht bereits bei der Zulässigkeit einer Klage zu prüfen.[442] Dasselbe gilt für die Anfechtungsbefugnis.[443]
>
> **2.** Im Prozess müssen alle Anfechtungsgründe innerhalb der Anfechtungsfrist vorgetragen werden, andernfalls sind sie unbeachtlich.[444]

2. Anfechtungsgründe

Gemäß § 243 Abs. 1 AktG kann eine Anfechtungsklage auf Gesetzes- oder Satzungsverstöße gestützt werden. Satzungsverstöße sind nicht ersichtlich sind. Der Kapitalerhöhungsbeschluss der Z-AG ist deshalb lediglich auf formelle und materielle Gesetzeswidrigkeit hin zu überprüfen.

Von der **formellen Rechtmäßigkeit** des Beschlusses ist laut Sachverhalt **auszugehen**. Der Beschluss könnte jedoch gegen §§ 192 Abs. 2 Nr. 3, Abs. 3 S. 1, 193 Abs. 2 Nr. 4 AktG sowie gegen § 255 Abs. 2 AktG verstoßen und somit **materiell rechtswidrig** sein.

a) Verstoß gegen § 192 Abs. 2 Nr. 3 AktG

Hier sollen die Optionen auch Aufsichtsratsmitgliedern gewährt werden. Fraglich ist, ob **Aufsichtsratsmitglieder** überhaupt zu dem **Berechtigtenkreises** eines über das bedingte Kapital abgedeckten Optionsplanes gehören können. Der Kreis der potenziellen Bezugsberechtigten ergibt sich aus § 192 Abs. 2 Nr. 3 AktG. Aufsichtsratsmitglieder sind dort nicht erwähnt. Zwar könnte daran gedacht werden, den Aufsichtsrat als Teil der **Geschäftsführung** anzusehen, weil dem Aufsichtsrat gemäß § 111 Abs. 4 S. 2 AktG zumindest in Teilbereichen Geschäftsführungsaufgaben zukommen können. Jedoch handelt es sich bei § 111 Abs. 4 S. 2 AktG um eine Ausnahmeregelung. Grundsätzlich führt der Aufsichtsrat keine Maßnahmen der Geschäftsführung aus (§ 111 Abs. 4 S. 1 AktG). Deshalb zählt er auch nicht zur Geschäftsführung. Diese Auslegung des § 192 Abs. 2 Nr. 3 AktG wird durch die Entstehungsgeschichte der Norm gestützt. So enthielt der Referentenentwurf des § 192 Abs. 2 Nr. 3 AktG statt der Begriffe »Mitglieder der Geschäftsführung« noch den Begriff »Organmitglieder« und umfasste damit auch Aufsichtsratsmitglieder.[445] Aufgrund befürchteter Interessenkonflikte bei der Teilnahme von Aufsichtsratsmitglieder an einem Aktienoptionsplan wurden Aufsichtsratsmitglieder aber wieder aus dem Berechtigtenkreis eines Optionsplanes herausgenommen.[446] Deshalb verbietet sich auch eine analoge Anwendung des § 192 Abs. 2 Nr. 3 AktG. Die von der Z-AG vorgenommene Einbeziehung der Aufsichtsratsmitglieder verstößt somit gegen § 192 Abs. 2 Nr. 3 AktG.

---

442 *Hüffer*, AktG, § 246 Rn. 20 (mwN).
443 *Hüffer*, AktG, § 245 Rn. 2 (mwN).
444 BGHZ 120, 141, 157.
445 Ref-Entwurf, ZIP 1996, 2129, 2137.
446 RegBegr. KonTraG, BT-DS. 13/9712, S. 23 = ZIP 1997, 2059 ff.

b) Verstoß gegen § 192 Abs. 3 S. 1 AktG

Zur Bedienung der Aktienoptionen hat die Z-AG eine bedingte Kapitalerhöhung im Umfang von zwölf Prozent des bei Beschlussfassung vorhandenen Grundkapitals beschlossen. Gemäß § 192 Abs. 3 S. 1 AktG darf jedoch der **Umfang des bedingten Kapitals** zur Bedienung von Optionsplänen **zehn Prozent** des Grundkapitals nicht übersteigen. Der Kapitalerhöhungsbeschluss der Z-AG ist folglich mit § 192 Abs. 3 S. 1 AktG nicht vereinbar.

c) Verstoß gegen § 193 Abs. 2 Nr. 4 AktG

(1) Aufteilung der Bezugsrechte

Gemäß § 193 Abs. 2 Nr. 4 AktG muss im Kapitalerhöhungsbeschluss die **Aufteilung der Bezugsrechte** auf die Mitglieder der Geschäftsführung und Arbeitnehmer vorgenommen werden. Laut Sachverhalt ist das hier erfolgt. Ein Verstoß gegen die von § 193 Abs. 2 Nr. 4 AktG geforderte Aufteilung der Bezugsrechte ist somit zu verneinen.

(2) Mindestwartezeit bzw. Sperrfrist

Die Mindestwartezeit bzw. die Sperrfrist, nach deren Ablauf die Optionen das erste Mal ausgeübt werden dürfen, beträgt gemäß § 193 Abs. 2 Nr. 4 AktG **zwei Jahre**. In ihrem Kapitalerhöhungsbeschluss sieht die Z-AG aber lediglich eine Sperrfrist von einem Jahr vor. Das widerspricht der Regelung des § 193 Abs. 2 Nr. 4 AktG.

(3) Angabe der Erwerbs- und Ausübungszeiträume

Nach der Vorschrift des § 193 Abs. 2 Nr. 4 AktG sind im Kapitalerhöhungsbeschluss u. a. die Erwerbs- und Ausübungszeiträume anzugeben. Das sind die Zeiträume, zu denen die Optionen ausgegeben bzw. ausgeübt werden dürfen. Hier können die Optionen jederzeit an die Optionsberechtigten ausgegeben und nach Ablauf der einjährigen Sperrfrist auch jederzeit eingelöst werden. Fraglich ist, ob solche jederzeitigen Ausgabe- und Ausübungsmöglichkeiten mit § 193 Abs. 2 Nr. 4 AktG zu vereinbaren sind. Immerhin steht der Wortlaut des § 193 Abs. 2 Nr. 4 AktG dem nicht entgegen. Jedoch ist zu bedenken, dass der Gesetzgeber, wenn er jederzeitige Ausgabe- und Erwerbsmöglichkeiten hätte zulassen wollen, in § 193 Abs. 2 Nr. 4 AktG nicht angeordnet hätte, die Ausgabe- und Erwerbszeiträume im Kapitalerhöhungsbeschluss festzuschreiben. Dafür lassen sich auch der **Sinn und Zweck** des § 193 Abs. 2 Nr. 4 AktG anführen. Die Festlegung von Erwerbs- und Ausübungszeiträumen dient nämlich dazu, bei Optionsausgabe sowie bei Optionsausübung **Insiderdelikte** (§§ 12 ff. WpHG) zu vermeiden.[447] Das aber ist nur möglich, wenn die entsprechenden Erwerbs- und Ausübungszeiträume von vornherein auf eng begrenzte Zeiträume beschränkt werden und damit Insidertatsachen entweder überhaupt nicht ausgenutzt werden können oder nur derart, dass keine Kausalität zwischen Insidertatsache und Erwerb der Aktien besteht. Daher sind die Erwerbs- und Aus-

---

447 *Friedrichsen*, Aktienoptionsprogramme, S. 181; *Götze*, Aktienoptionen, S. 114.

übungszeiträume des § 193 Abs. 2 Nr. 4 AktG möglichst kurz zu halten.[448] Dem aber widerspricht die hier beschlossene jederzeitige Erwerbs- und Ausübungs-möglichkeit. Der Beschluss ist insoweit nicht mit § 193 Abs. 2 Nr. 4 AktG verein-bar.

(4) Erfolgsziele

Gemäß § 193 Abs. 2 Nr. 4 AktG müssen im Kapitalerhöhungsbeschluss Erfolgs-ziele angegeben werden. Nach den Regelungen des Optionsplanes der Z-AG dür-fen die Optionen erst ausgeübt werden, wenn der Kurs der Unternehmensaktie seit dem Ausgabetag der Optionen um mindestens 10% gestiegen ist. Fraglich ist, ob eine solche **Ausübungshürde** als Erfolgsziel im Sinne des § 193 Abs. 2 Nr. 4 AktG anzusehen ist. Problematisch könnten dabei insbesondere die relativ geringe Hürdenhöhe von 10% sowie die fehlende Anbindung der Hürde an einen Vergleichsindex sein.

Eine **konkrete Hürdenhöhe** lässt sich aus § 193 Abs. 2 Nr. 4 AktG nicht entneh-men. Die Vorschrift schreibt lediglich vor, dass im Kapitalerhöhungsbeschluss die Erfolgsziele der Optionen enthalten sein müssen. Der Gesetzgeber wollte be-wusst mit der gewählten Formulierung keine Mindestanforderung an die Höhe von Erfolgszielen festschreiben. Daher verstößt die hier veranschlagte Hürden-höhe von zehn Prozent auch nicht gegen den Erfolgszielbegriff des § 193 Abs. 2 Nr. 4 AktG. Damit ist aber noch nichts darüber gesagt, ob der vom Gesetzgeber eingeräumte Freiraum auch die freie Wahl der **Hürdenart** umfasst, ob also die Unternehmen verpflichtet sind, Kurshürden an das Übertreffen eines Vergleichs-index zu binden (sog. **relative Kurshürden**) oder ob es genügt, wenn der Kurs – wie hier – absolut einen bestimmten Prozentsatz übersteigt (sog. **absolute Kurshürden**). Die herrschende Meinung hält beide Hürdentypen für zulässig.[449] Dabei wird aber verkannt, dass § 193 Abs. 2 Nr. 4 AktG ausdrücklich die Angabe von Erfolgszielen und damit den Eintritt eines Erfolges verlangt. Von einem Erfolg kann jedoch nicht bereits gesprochen werden, wenn der Aktienkurs im Wege einer Hausse steigt, sondern erst dann, wenn dies – zumindest abstrakt gesehen – auch auf die Leistung der Optionsinhaber zurückzuführen ist. Ein derartiges Kausalitätsverhältnis besteht aber nur bei relativen Kurshürden, wenn also der Kurs des Unternehmens einen Vergleichsindex schlagen muss. Absolute Kurshürden sind dagegen mit § 193 Abs. 2 Nr. 4 AktG nicht vereinbar. Bei ihnen fehlt das vorgenannte Kausalitätsverhältnis. Da es sich bei der von der Z-AG verwendeten Kurshürde ebenfalls um eine absolute Kurshürde handelt, widerspricht diese dem Erfolgszielbegriff des § 193 AktG. Sie ist damit unzuläs-sig.

d) Anfechtung gemäß § 243 Abs. 2 AktG ?

Die praktische Bedeutung des § 243 Abs. 2 AktG ist gering. Die meisten Fallkon-stellationen lassen sich bereits über die Treuepflichtverletzung bzw. über die ma-

---

448 RegBegr. KonTraG, BT-DS 13/9712, S. 24 = ZIP 1997, 2059 ff.

449 *Feddersen/Pohl*, AG 2001, 26, 31 Fn. 47; RegBegr. KonTraG, BT-DS 13/9712, S. 23 = ZIP 1997, 2059 ff.; und wohl auch LG Stuttgart, BB 2000, 2220, 2221 = AG 2001, 152 = DB 2000, 2110 = EWiR 2000, 1087 m Anm *Luttermann* = ZIP 2000, 2110 (»DaimlerChrysler«) sowie *Hüffer*, AktG, § 193 Rn. 9.

terielle Beschlusskontrolle lösen.[450] Der Vorschrift des § 243 Abs. 2 AktG kommt daher gegenüber § 243 Abs. 1 AktG nur **Auffangfunktion** zu. Gleichwohl kann die Anfechtung eines Kapitalerhöhungsbeschlusses neben § 243 Abs. 1 AktG auch auf § 243 Abs. 2 AktG gestützt werden.[451]

Voraussetzung für eine erfolgreiche Anfechtung eines Beschlusses gemäß § 243 Abs. 2 AktG ist, dass ein Aktionär für sich oder einen Dritten Sondervorteile zum Schaden der Gesellschaft zu erlangen suchte. Hier könnte die Einräumung der Optionen als Sondervorteil angesehen werden, da der Begriff des **Sondervorteils** weit zu fassen ist. Er bezieht sich nämlich auf **jeden Vorteil**, der eine sachwidrige Bevorzugung darstellt.[452] Gleichwohl ist § 243 Abs. 2 AktG hier nicht einschlägig. Denn hinsichtlich der Erlangung des Sondervorteils ist mindestens bedingter Vorsatz erforderlich, wie sich aus dem Wortlaut der Norm (»zu erlangen suchte«) ergibt.[453] Hier aber sind keine Anhaltspunkte ersichtlich, aus denen sich ein vorsätzliches Handeln ableiten lässt (andere Auffassung vertretbar).

e) § 255 Abs. 2 AktG als Anfechtungsgrund?

Gemäß § 255 Abs. 2 AktG kann ein Kapitalerhöhungsbeschluss, bei dem das Bezugsrecht ganz oder zum Teil ausgeschlossen worden ist, auch angefochten werden, wenn der Ausgabebetrag der Aktien unangemessen niedrig ist.

(1) Ausschluss des Bezugsrechts

Anders als bei einer regulären Kapitalerhöhung (§§ 182 ff. AktG), bei der das Bezugsrecht der Aktionäre auf Aktien nur dann ausgeschlossen ist, wenn die Hauptversammlung dies **ausdrücklich** beschließt (§ 186 Abs. 3 AktG), ist bei einer bedingten Kapitalerhöhung in jedem Kapitalerhöhungsbeschluss **immanent** ein Bezugsrechtsausschluss enthalten.[454] Die bedingte Kapitalerhöhung dient nämlich ganz bestimmten Zwecken (§ 192 AktG). Um diese erreichen zu können, muss von vornherein das Bezugsrecht der Aktionäre ausgeschlossen sein.

(2) Unangemessen niedriger Ausgabebetrag

Bei der Frage, ob der Ausgabebetrag der Aktien als unangemessen niedrig anzusehen ist, sind alle Umstände des Einzelfalles zu berücksichtigen. Für die Unangemessenheit spricht hier, dass die Optionsinhaber zum Zeitpunkt der Optionsausübung die Aktien zu einem um mindestens zehn Prozent geringeren Betrag erwerben können als der dann bei Optionsausübung gültige Marktpreis, denn die Optionen dürfen erst eingelöst werden, wenn der Aktienkurs um zehn Prozent gegenüber dem Wert des Ausgabetages der Optionen gestiegen ist. Jedoch ist für die Beurteilung der Unangemessenheit des Ausgabebetrages der Aktien nicht auf den Zeitpunkt der Optionseinlösung abzustellen, sondern auf den Zeitpunkt der Fassung des Kapitalerhöhungsbeschlusses. Zu diesem Zeitpunkt aber dürfte

---

450 *Raiser*, Kapitalgesellschaftsrecht, § 16 Rn. 167.
451 *Hüffer*, AktG, § 243 Rn. 32.
452 *Hüffer*, AktG, § 243 Rn. 35.
453 *Hüffer*, AktG, § 243 Rn. 34.
454 *Hüffer*, AktG, § 192 Rn. 8.

der Börsenkurs der Gesellschaft vom Ausgabebetrag der optionierten Aktien nur unwesentlich abweichen bzw. sich mit diesem decken. Es kann daher nicht von einem unangemessen niedrigen Ausgabebetrag der Aktien gesprochen werden (andere Auffassung vertretbar).

f) Erfordernis sachlicher Rechtfertigung?

Sowohl Rechtsprechung als auch Lehre stellen für einige Beschlüsse neben den ausdrücklichen gesetzlichen Beschlussanforderungen das ungeschriebene Erfordernis der sachlichen Rechtfertigung auf. Danach ist ein Beschluss sachlich gerechtfertigt, wenn er zur Erreichung des Gesellschaftsinteresses geeignet, erforderlich und angemessen ist (sog. **materielle Beschlusskontrolle**).[455]

Fraglich ist, ob eine materielle Beschlusskontrolle auch bei Beschlüssen gemäß § 192 Abs. 2 Nr. 3 AktG stattfindet. Das ist umstritten. Die h. M. grenzt den Anwendungsbereich der materiellen Beschlusskontrolle mit Hilfe einer **Zwei-Schritt-Formel** ab.[456] Im ersten Schritt wird gefragt, ob mit dem Beschluss ein **schwerer Eingriff** in das Mitgliedschaftsrecht der Aktionäre verbunden ist, was regelmäßig bei einem Bezugsrechtsausschluss wegen der dadurch eintretenden Verwässerung des Mitgliedschaftsrechtes zu bejahen ist. Da, wie bereits festgestellt, bei der bedingten Kapitalerhöhung das Bezugsrecht der Aktionäre inzident ausgeschlossen ist, liegt hier ein schwerer Eingriff in das Mitgliedschaftsrecht vor. Mit Bejahung des ersten Prüfschrittes ist aber noch nicht endgültig über den Anwendungsbereich der Beschlusskontrolle entschieden. In einem **zweiten Schritt** ist zu fragen, ob der Gesetzgeber die notwendige Abwägung nicht bereits selbst vorgenommen hat. Ist das zu bejahen, so findet keine materielle Beschlusskontrolle statt. Für Optionspläne hat der Gesetzgeber in § 193 Abs. 2 Nr. 4 AktG eine detaillierte Regelung geschaffen, die den Schutz der Aktionäre bezweckt und den Rechtseingriff im Wege einer gesetzlichen Abwägungsentscheidung entschärft. Hier ist daher eine Abwägungsentscheidung bereits vorhanden. Eine materielle Beschlusskontrolle findet nicht.[457]

C. Ergebnis

Der Kapitalerhöhungsbeschluss der Z-AG verstößt gegen § 192 Abs. 2 Nr. 3, Abs. 3 S. 1 AktG sowie gegen § 193 Abs. 2 Nr. 4 AktG. Er ist gemäß § 243 Abs. 1 AktG anfechtbar. Die Klage des A ist somit zulässig und begründet. Sie hat Aussicht auf Erfolg.

Aufbauhinweise: Statt zuerst Nichtigkeitsgründe und dann Anfechtungsgründe zu prüfen, hätte der Beschluss auch zunächst allgemein auf Gesetzesverstöße hin überprüft werden können, um dann im zweiten Schritt zu fragen, ob die konkreten Gesetzesverstöße zur Nichtigkeit oder nur zur Anfechtbarkeit

---

455 *Hüffer*, AktG, § 243 Rn. 22 ff. (mwN); *Raiser*, Kapitalgesellschaftsrecht, § 15 Rn. 162 sowie § 20 Rn. 18; grundlegend: BGHZ 71, 40, 44 ff. = BB 1978, 776 ff. = DB 1978, 974 ff. = NJW 1978, 1316 ff. (»Kali+Salz«).

456 BGHZ 71, 40, 45 (»Kali+Salz«); jüngst: BGHZ 138, 71, 76 (»Sachsenmilch«).

457 Vgl. OLG Stuttgart, ZIP 2001, 1367, 1370 (»DaimlerChrysler«); *Aha*, BB 1997, 2225, 2225; *Hüffer*, § 192 Rn. 18; a. A.: *Friedrichsen*, Aktienoptionsprogramme, S. 110 ff.; *Lutter*, ZIP 1997, 1, 8 f.

führen. Ein solcher Aufbau ist jedoch dann nachteilig, wenn die Anfechtungsfrist des § 246 Abs. 1 AktG bereits abgelaufen ist. Dann dürfen wegen des Fristablaufes nur noch Nichtigkeitsgründe, aber keine Anfechtungsgründe mehr geprüft werden.

Fall 6
»Schlechtes Geschäft«
Verdeckte Sacheinlage, Rückabwicklung, Einlagenrückgewähr

C ist Inhaber eines Computergeschäftes, das er in der Rechtsform des Einzelkaufmannes betreibt. Weil die Gewinnmargen im Computermarkt sehr gering sind, möchte er zusammen mit A und B, beide Softwareentwickler, eine Aktiengesellschaft gründen und Software für das Internet entwickeln. Die drei entschließen sich, die Z-AG zu gründen. Zum Vorstand soll A berufen werden. Das Grundkapital der Gesellschaft wird 300.000 Euro betragen. A und B wollen sich mit je 100.000 Euro in bar beteiligen. Der C würde gerne sein Computergeschäft als Sacheinlage einbringen, um so auf einen Anteil in Höhe von 100.000 Euro zu kommen. Er hat jedoch Zweifel, ob das Geschäft überhaupt so viel Wert ist. Zudem möchte er die Gesellschaft nicht mit Kosten für einen Sachgründungsprüfer belasten. A, B und C beschließen deshalb, dass der C zunächst 100.000 Euro in bar einlegt. Unmittelbar nach Eintragung der AG soll die Gesellschaft das Computergeschäft des C für 100.000 Euro erwerben, wobei das Geschäft auch tatsächlich 100.000 Euro Wert ist. Einen Monat nach Eintragung der Gesellschaft wird der Kauf wie geplant vollzogen.

Kurz nach dem Aufkauf des Computergeschäftes brennt dieses infolge eines unverschuldeten Brandes nieder und wird völlig zerstört. In der Folgezeit verläuft die Umsatz- und Gewinnentwicklung der Z-AG schlechter als erwartet. Bereits nach einem Jahr muss das Insolvenzverfahren eröffnet werden.

1. Insolvenzverwalter I fragt an, welche Ansprüche der AG gegen C zustehen.

2. C möchte wissen, ob er irgendwelche Gegenansprüche geltend machen kann.

Lösungsvorschlag zu Frage 1:

Die Berechtigung des Insolvenzverwalters I zur Geltendmachung etwaiger Forderungen folgt aus § 80 Abs. 1 InsO.

A. Anspruch aus § 27 Abs. 3 S. 3 AktG auf (nochmalige) Einzahlung der Bareinlage in Höhe von 100.000 Euro

Ein Anspruch der Z-AG gegen C aus § 27 Abs. 3 S. 3 AktG auf Einzahlung der Bareinlage setzt die **Unwirksamkeit einer Sacheinlagenvereinbarung** voraus. Der Begriff der Sacheinlage ist in § 27 Abs. 1 S. 1 Alt. 1 AktG legal definiert. Danach sind Sacheinlagen solche Einlagen, die nicht durch (bare) Einzahlung des Nenn- bzw. Ausgabebetrages geleistet werden. Hier wurde vereinbart, dass C seine Einlage in Höhe von 100.000 Euro in bar erbringt. Eine Sacheinlagenvereinbarung liegt damit nicht vor. Ein Anspruch aus § 27 Abs. 3 S. 3 AktG scheidet aus.

B. Anspruch aus §§ 54 Abs. 2 i. V. m. 27 Abs. 3 S. 1 AktG analog auf (nochmalige) Einzahlung der Bareinlage in Höhe von 100.000 Euro

Der Z-AG könnte gegen C ein Anspruch aus § 54 Abs. 2 AktG auf nochmalige Einzahlung der Bareinlage zustehen, wenn die Erfüllungswirkung der von C eingezahlten Bareinlage gemäß § 27 Abs. 3 S. 1 AktG zu versagen ist. § 27 Abs. 3 S. 1 AktG erfasst nach seinem Wortlaut nur den Fall, dass die Beteiligten zwar eine **Sacheinlage** vereinbart haben, dabei jedoch die von § 27 Abs. 1 AktG geforderten **Formalitäten** in der Satzung außer Acht gelassen worden sind.

Hier ist überhaupt keine Sacheinlage vereinbart worden. Die Vorschrift des § 27 Abs. 3 S. 1 AktG kann somit, wie bereits festgestellt, nicht unmittelbar anwendbar sein. A, B und C waren sich jedoch darüber einig, dass C unverzüglich nach Eintragung der Gesellschaft sein Computergeschäft an die Z-AG für 100.000 Euro verkaufen solle. Wirtschaftlich gesehen stellt das eine Sacheinlage dar. Denn die Z-AG sollte nicht die von C als Bareinlage eingezahlten 100.000 Euro, sondern das Computergeschäft behalten. Fraglich ist deshalb, ob hier § 27 Abs. 3 S. 1 AktG **analog** anzuwenden ist. Das hätte die Folge, dass der Bareinlagenzahlung des C die Erfüllungswirkung zu versagen ist. Eine analoge Anwendung des § 27 Abs. 3 S. 1 AktG wird dann bejaht, wenn eine sog. **verdeckte Sacheinlage** vorliegt.

I. Objektiver Tatbestand der verdeckten Sacheinlage

Der **objektive Tatbestand** der verdeckten Sacheinlage ist durch drei Tatbestandsmerkmale gekennzeichnet: **1.** Vorliegen einer Bareinlage, **2.** Vorliegen eines Umgehungsgeschäftes und **3.** enger sachlich-zeitlicher Zusammenhang zwischen 1. und 2.

(1) Bareinlage

Laut Sachverhalt sollte C eine Bareinlage in Höhe von 100.000 Euro erbringen. Diese hat er auch vollständig eingezahlt.

(2) Umgehungsgeschäft: Ausschaltung der Werthaltigkeitskontrolle und Registerpublizität

Nicht jedes nach der Gründung erfolgende Geschäft eines Aktionärs mit der AG ist ein Umgehungsgeschäft. Normale Drittgeschäfte müssen zulässig sein. Die Abgrenzung von Drittgeschäften zu Umgehungsgeschäften wird dadurch erschwert, dass Umgehungsgeschäfte in verschiedenen Ausgestaltungen auftreten. So kann die AG etwa das als Bareinlage eingezahlte Geld des Gesellschafters für die Tilgung einer privaten Schuld des Aktionärs bei einem Dritten verwenden oder, wie hier, einen Gegenstand von dem Aktionär käuflich erwerben. Um ein Umgehungsgeschäft sicher als solches identifizieren zu können, sollte man sich dessen **Wesensmerkmale** vor Augen halten: Bei einem derartigen Geschäft fließt typischerweise die zuvor eingezahlte Bareinlage aus der Gesellschaft wieder heraus. Die Geldleistung des Einlegers gleicht einem »**geworfenen Ball, der an einem Gummiband hängt und wieder zurückschnellt.**«[458] Im Gegenzug erhält die AG einen Sachgegenstand. Eine Werthaltigkeitskontrolle durch das Registergericht findet wegen der gewählten Verfahrensweise nicht statt; auch die registerrechtlichen Publizitätsvorschriften laufen leer (vgl. §§ 33 Abs. 2 Nr. 4, 34 Abs. 1 Nr. 2, 38 Abs. 2 S. 2, § 27 Abs. 1 S. 1, 39 AktG). Für den Rechtsverkehr besteht der Eindruck, das Kapital der Gesellschaft setzt sich weiterhin aus einer Bareinlage zusammen.

Hier wurde vereinbart, dass C eine Bareinlage erbringen soll. C hat diese Bareinlage auch in voller Höhe eingezahlt. Durch den späteren Ankauf des Computergeschäftes ist die Bareinlage des C jedoch vollständig aus der AG herausgeflossen, und zwar ohne dass die Übertragung des Computergeschäftes publik gemacht geworden ist und dessen Werthaltigkeit überprüft wurde. Die für die Sachgründung geltenden Werthaltigkeits- und Publizitätsvorschriften §§ 33 Abs. 2 Nr. 4, 34 Abs. 1 Nr. 2, 38 Abs. 2 S. 2, § 27 Abs. 1 S. 1, 39 AktG laufen hier somit ins Leere. Es liegt ein Umgehungsgeschäft vor.

(3) Enger sachlicher und zeitlicher Zusammenhang

Neben der Umgehung der Wertprüfungs- und Publizitätsvorschriften wird für den objektiven Tatbestand der verdeckten Sacheinlage ein **enger sachlicher und zeitlicher Zusammenhang** zwischen Bareinlage und Gegengeschäft gefordert.[459] Lehre und Rechtsprechung setzen diesen Zeitraum auf **ungefähr 6 Monate** an.[460] Hier erfolgte das Umgehungsgeschäft ein Monat nach Gründung. Ein enger zeitlicher Zusammenhang zwischen Bareinlage und Gegengeschäft besteht damit. Der objektive Tatbestand der verdeckten Sacheinlage ist erfüllt.

---

458 BGHZ 28, 314, 319 f.
459 BGHZ 132, 133, 139; *Raiser*, Kapitalgesellschaftsrecht, § 26 Rn. 79.
460 *Lutter/Hommelhoff*, GmbHG, §5 Rn. 40, 43; OLG Köln ZIP 1999, 399, 400; skeptisch: *Raiser*, Kapitalgesellschaftsrecht, § 26 Rn. 80.

b) Subjektives Tatbestandsmerkmal: Umgehungsabrede

Strittig ist, ob der Tatbestand der verdeckten Sacheinlage neben objektiven Merkmalen auch ein **subjektives Merkmal** erfordert. Eine Ansicht hält allein das objektive Vorliegen eines Umgehungsgeschäftes, das im sachlich-zeitlichem Zusammenhang zur Bareinlage steht, für ausreichend und verlangt kein zusätzliches subjektives Kriterium.[461] Dem ist entgegenzuhalten, dass normale **Verkehrsgeschäfte** zwischen Gesellschaftern und Gesellschaft nicht verboten sein sollten. Derartige Geschäfte dürfen nicht deshalb unzulässig sein, weil ein enger sachlich-zeitlicher Zusammenhang zur Gründung besteht. Deshalb muss zwischen einem zulässigen Verkehrsgeschäft und einem unzulässigen Koppelungsgeschäft auf subjektiver Ebene abgegrenzt werden. Nach der Rechtsprechung liegt daher eine verdeckte Sacheinlage nur dann vor, wenn neben den objektiven Merkmalen auch das Bestehen einer subjektiven **Umgehungsabrede** nachweisbar ist. Dabei wird das Bestehen dieser Abrede vermutet, wenn das Gegengeschäft in engem sachlich-zeitlichen Zusammenhang mit der Bareinlageverpflichtung steht (vgl. § 292 ZPO).[462]

Hier haben A, B und C die Vorgehensweise genau geplant und mit dem Ankauf des Computergeschäftes bewusst bezweckt, die Sacheinlagevorschriften zu umgehen. Der subjektive Tatbestand der verdeckten Sacheinlage ist deshalb unabhängig vom Eingreifen der eben genannten Vermutung erfüllt.

c) Kritik

Die Rechtsfigur der verdeckten Sacheinlage wird von einer Mindermeinung völlig abgelehnt, weil sie eine **Überreaktion des Rechts** darstelle. Denn für den Gläubigerschutz reichten die normalen Gründungsvorschriften sowie die **haftungsbewehrte Selbstverantwortung** der Gesellschaftsorgane aus.[463] Jedoch zeigen die praktischen Erfahrungen, dass die Selbstverantwortung der Organe oftmals nicht genügt, um das Prinzip der Kapitalaufbringung effektiv durchzusetzen.[464] Eine **vermittelnde Meinung** möchte zwar die Rechtsfigur der verdeckten Sacheinlage anerkennen, der Gesellschaft aber keinen vollen Anspruch auf erneute Einzahlung der Bareinlage zubilligen, sondern lediglich einen Anspruch **auf Zahlung der Differenz** zwischen geschuldeter Bareinlage und Wert der verdeckten Sacheinlage.[465] Dagegen spricht, dass sich der genaue Wert einer verdeckten Sacheinlage im nachhinein nur schwer ermitteln werden lässt. Diese Unsicherheit darf nicht zu Lasten des Prinzips der Kapitalaufbringung gehen.

d) Zwischenergebnis:

Der Ankauf des Computergeschäftes durch die Z-AG ist eine verdeckte Sacheinlage. § 27 Abs. 3 S. 1 AktG findet analoge Anwendung. Der Einlagenzahlung des C

---

461 *Lutter/Hommelhoff*, GmbHG § 5 Rn. 43; *Raiser*, Kapitalgesellschaftsrecht, § 26 Rn. 81.
462 BGH NJW 1996, 1286, 1288.
463 Vgl. etwa *Einsele*, NJW 1996, 2681, 2683 ff.; *Roth*, NJW 1991, 1913, 1916 f.
464 *Hüffer*, AktG, § 27 Rn. 12; *Raiser*, Kapitalgesellschaftsrecht, § 26 Rn. 77.
465 *Grunewald*, Gesellschaftsrecht, 2. C. Rn. 27 f.

ist die Erfüllungswirkung zu versagen. Der Z-AG steht somit gemäß § 54 Abs. 2 AktG ein Anspruch auf erneute Einzahlung der Bareinlage in Höhe von 100.000 Euro gegen C zu.

Hinweise: Das Vorliegen einer verdeckten Sacheinlage ist nicht immer leicht zu erkennen. Problematisch sind etwa solche Fälle, in denen die Gesellschafter ihre Einlageverpflichtung bei einer Barkapitalerhöhung[466] mit Mitteln erfüllen wollen, die sie kurz zuvor von der Gesellschaft aufgrund einer Gewinnauszahlung (zum Zwecke der sofortigen Wiedereinlage) erhalten haben (sog. **Schütt-aus-Hol-zurück-Verfahren**).[467] Um auch solche Fallkonstellationen als Umgehung der Sacheinlagevorschriften erfassen zu können, muss man sich **Sinn und Zweck** der Rechtsfigur der verdeckten Sacheinlage vergegenwärtigen. Wie bereits aufgezeigt, bezwecken die Sacheinlagevorschriften des Aktienrechts **zweierlei**: Zum einen soll eine **Prüfung der Werthaltigkeit** der Sacheinlage stattfinden (vgl. §§ 33 Abs. 2 Nr. 4 sowie 38 Abs. 2 S. 2 AktG). Zum anderen dienen die Sacheinlagevorschriften der (Register-) **Publizität**. Den Gläubigern soll erkennbar sein, dass bei Gründung der Gesellschaft keine Barmittel, sondern nur Sachmittel zugeflossen sind. Deshalb sind gemäß § 27 Abs. 1 AktG Sacheinlagen auch in der Satzung festzusetzen. Werden diese Werthaltigkeits- und Publizitätsvorschriften durch ein Gegengeschäft umgangen, liegt eine verdeckte Sacheinlage vor. Dagegen ist eine solche zu verneinen, wenn zwar ein Gegengeschäft vorliegt, jedoch sowohl eine Prüfung der Werthaltigkeit als auch eine ausreichende Registerpublizität des Gegengeschäftes gesichert ist. Mit dieser Begründung stellte der BGH beispielsweise das **Schütt-aus-Hol-zurück-Verfahren** dann von den Regeln der verdeckten Sacheinlage frei, wenn im Kapitalerhöhungsbeschluss und gegenüber dem Registergericht offengelegt worden ist, dass die Kapitalerhöhung über ein Schütt-aus-Hol-zurück-Verfahren erfolgen soll.[468]

C. Anspruch aus §§ 62 Abs. 1 S. 1 i. V. m. 57 Abs. 1 AktG auf Rückzahlung des Kaufpreises

Als Gegenleistung für die Veräußerung des Computergeschäftes erhielt der C von der Gesellschaft den Kaufpreis in Höhe von 100.000 Euro. Es liegt damit eine **Auszahlung** vor. Diese Auszahlung könnte gegen § 57 Abs. 1 AktG verstoßen, was zur Folge hätte, dass der Gesellschaft ein Rückzahlungsanspruch gemäß § 62 Abs. 1 S. 1 AktG zustünde.

Die Norm des § 57 Abs. 1 AktG verbietet lediglich die Rückgewähr von Einlagen. Hier wurden zwar die von C eingelegten 100.000 Euro zurückgezahlt, sodass man bei unbefangener Anwendung des § 57 AktG durchaus eine Einlagenrückgewähr bejahen könnte. § 57 Abs. 1 AktG bezweckt jedoch **keinen gegenständlichen Vermögensschutz**.[469] Geschützt ist nicht die Einlage in ihrer konkreten Form, sondern

466 Auch bei einer Kapitalerhöhung sind gemäß § 56 Abs. 2 GmbHG die §§ 9 und 19 Abs. 5 GmbHG zu beachten.

467 Näher dazu: *Endriss/Haas/Küpper*, Steuerkompendium, Band 1, Körperschaftsteuer, Rn. 82.

468 BGHZ 135, 381, 384 ff.; anders noch BGHZ 113, 335, 340 ff.; *Raiser*, Kapitalgesellschaftsrecht, § 26 Rn. 73.

469 *Hüffer*, AktG, § 57 Rn. 3; *Lutter*, in KK-AktG, § 57 Rn. 5 sowie 8; *Raiser*, Kapitalgesellschaftsrecht, § 19 Rn. 1.

das zur Erhaltung des Grundkapitals erforderliche Vermögen. Wird die konkrete Einlage an den Gesellschafter zurückgezahlt, fließt aber der Gesellschaft im Gegenzug ein Vermögensgegenstand mit identischem Wert zu, liegt daher keine Einlagenrückgewähr im Sinne des § 57 Abs. 1 AktG vor. Hier war das Computergeschäft im Zeitpunkt der Veräußerung 100.000 Euro wert. Der Z-AG ist deshalb ein gleichwertiger Vermögensgegenstand zugeflossen, sodass ein Anspruch der Z-AG gegen C aus § 62 Abs. 1 AktG auf Rückzahlung der 100.000 Euro ausscheidet.

D. Anspruch aus § 985 BGB auf Rückzahlung des Kaufpreises in Höhe von 100.000 Euro

Ein Anspruch der Z-AG aus § 985 BGB auf Rückzahlung der an C gezahlten Gelder besteht nur, wenn die Z-AG noch Eigentümerin des Geldes ist. Zwar erfasst die Unwirksamkeit des § 27 Abs. 3 AktG auch das Verfügungsgeschäft, aufgrund lebensnaher Sachverhaltsauslegung ist aber davon auszugehen, dass C nach den Vorschriften über die **Vermischung** bzw. **Vermengung** (§§ 948, 947 BGB) Eigentümer des Geldes geworden ist. Ein Anspruch aus § 985 BGB ist folglich zu verneinen.

E. Anspruch aus § 812 Abs. 1 S. 1 Alt. 1 BGB (Leistungskondiktion)

Der Z-AG steht gegen C ein Anspruch auf Rückzahlung des Kaufpreises aus § 812 Abs. 1 S. 1 Alt. 1 BGB zu, denn der zwischen Z-AG und C abgeschlossene **Kaufvertrag** ist wegen des Vorliegens einer verdeckten Sacheinlage analog § 27 Abs. 3 S. 1 AktG **unwirksam**. Die Saldotheorie ist auf den Rückzahlungsanspruch nicht anwendbar, weil C als bösgläubig anzusehen ist.[470]

F. Ergebnis

Die Z-AG kann von C gemäß § 54 Abs. 2 AktG sowie gemäß § 812 Abs. 1 S. 1 Alt. 1 BGB Zahlung von 100.000 Euro verlangen.

Zu Frage 2: »Ansprüche C gegen Z-AG«

A. Ansprüche hinsichtlich des Computergeschäftes

I. Anspruch auf Herausgabe gemäß § 985 BGB (i. V. m. § 47 InsO, Aussonderung)

Ein Anspruch auf Aussonderung gemäß § 985 BGB i. V. m. § 47 InsO setzt voraus, dass C Eigentümer des Computergeschäftes und die Z-AG dessen unberechtigte Besitzerin ist. Beides ist hier zu verneinen, da das Computergeschäft während des Brandes völlig zerstört worden ist.

---

470 A. A. jedoch BGH ZIP 1998, 780, der in vergleichbaren Fällen ohne nähere Begründung auf die Saldotheorie zurückgreift.

II. Anspruch auf Schadensersatz gemäß §§ 990, 989 BGB bzw. §§ 283 BGB i. V. m. 985 BGB

Ein Anspruch des C auf Schadensersatz gemäß §§ 989, 990 BGB bzw. V. m. § 985 BGB scheidet jedenfalls deshalb aus, weil die Z-AG laut Sachverhalt kein Verschulden am Untergang des Computergeschäftes trifft.

III. Anspruch auf Herausgabe bzw. Wertersatz gemäß §§ 812 Abs. 1 S. 1 Alt. 1 i. V. m. 818 Abs. 2 BGB (Leistungskondiktion)

Ein Anspruch des C gegen die Z-AG aus §§ 812 Abs. 1 S. 1 Alt. 1 i. V. m. 818 Abs. 2 BGB auf Wertersatz in Höhe von 100. 000 Euro besteht nur dann, wenn die Z-AG das Computergeschäft ohne Rechtsgrund erlangt hat, mithin der der Übertragung des Computergeschäftes zugrundeliegende **Kaufvertrag** unwirksam ist. Das ist hier entsprechend § 27 Abs. 3 S. 1 AktG zu bejahen. Der Anspruch des C auf Wertersatz scheitert auch nicht daran, dass das Computergeschäft mittlerweile untergegangen ist. Denn auf **Entreicherung** (§ 818 Abs. 3 BGB) kann sich die Z-AG wegen der Bösgläubigkeit des Vorstandes A nicht berufen. Sie muss sich nämlich die Bösgläubigkeit des Vorstandes A entsprechend § 166 Abs. 1 BGB zurechnen lassen. Wegen der Bösgläubigkeit der Z-AG findet auch die **Saldotheorie** keine Anwendung.[471] C kann daher von der Z-AG Zahlung von 100.000 Euro gemäß §§ 812 Abs. 1 S. 1 Alt. 1 i. V. m. 818 Abs. 2 BGB verlangen.

B. Anspruch des C auf Rückzahlung der Bareinlage in Höhe von 100.000 Euro gemäß § 812 Abs. 1 S. 2 Alt. 2 BGB

Da C seine Einlage nochmals zahlen muss (s. o.), hat seine ursprüngliche Einlagenzahlung ihren Zweck verfehlt. Hinsichtlich der ursprünglichen Einlagenzahlung steht C deshalb ein Rückzahlungsanspruch gegen die Gesellschaft aus § 812 Abs. 1 S. 2 Alt. 2 BGB in Höhe von 100.000 Euro zu (Zweckverfehlungs-Kondiktion).[472] Fraglich ist aber, ob dieser Anspruch des C mit dem oben bejahten Anspruch der Gesellschaft auf Rückzahlung des Kaufpreises **saldiert** werden kann. Das wird teilweise bejaht.[473] Dem steht entgegen, dass der **Anwendungsbereich** der **Saldotheorie** auf solche Ansprüche beschränkt sein sollte, die zueinander im Gegenseitigkeitsverhältnis stehen, denn die Saldotheorie bezweckt lediglich, die bei Austauschverträgen bestehende Zug-um-Zug-Einrede (§ 320 BGB) auf das bereicherungsrechtliche Rückabwicklungsverhältnis zu übertragen. Ein solches Gegenseitigkeitsverhältnis existiert aber nicht zwischen Ansprüchen auf Rückzahlung der Bareinlage und Rückzahlung des Kaufpreises. Davon abgesehen scheitert eine Anwendung der Saldotheorie an der **Bösgläubigkeit** der Beteiligten.

---

471 Anders jedoch die herrschende Meinung, vgl. BGH ZIP 1998, 780, *Hueck/Fastrich*, in Baumbach / Hueck, GmbHG, § 19 Rn. 30 c; *Raiser*, Kapitalgesellschaftsrecht, § 26 Rn. 71; kritisch dagegen *Bayer*, ZIP 1998, 1985, 1991.

472 Vertretbar ist es auch, statt einer condictio ob rem (§ 812 Abs. 1 S. 2 Alt. 2 BGB) eine Leistungskondiktion (§ 812 Abs. 1 S. 1 Alt. 1 BGB) anzunehmen.

473 *Ulmer*, in: Hachenburg / Ulmer, GmbHG, 8. Aufl., § 19 Rn. 115; *Bayer*, EWiR 1999, 69, 70; *Raiser*, Kapitalgesellschaftsrecht, § 26 Rn. 71.

C. Aufrechnung?

Für C stellt sich die Frage, ob er seinen Anspruch auf Rückzahlung der Bareinlage gegen den Anspruch der Z-AG auf nochmalige Einzahlung der Einlage gemäß § 54 Abs. 2 AktG **aufrechnen** kann. Eine solche Aufrechnung wäre für C äußerst vorteilhaft weil sein Anspruch gegen die insolvente Z-AG praktisch wertlos ist. Eine Aufrechnung des C scheitert jedoch daran, dass **§ 66 Abs. 1 S. 2 AktG** die Aufrechnung der Einlagenforderung gerade ausschließt.

Literaturhinweis zur verdeckten Sacheinlage: *Bayer*, ZIP 98, 1985, 1990 ff.; *ders.*, EWiR 99, 69 f. sowie *Helms*, GmbHR 2000, 1079 ff.

Fall 7
»Unbekannte Fallstricke«
Nachgründung, »Holzmüller«-Doktrin, Unternehmensgegenstand, Zweckänderung

Die A- und die B-AG sollen zu einer Gesellschaft verschmolzen werden. Um das Anfechtungsrisiko zu reduzieren, wird durch die Z-Bank am 1. August 2002 die Y-AG als sog. »NewCo« gegründet. Unternehmensgegenstand der neu gegründeten Gesellschaft ist der Erwerb und die Veräußerung von Grundstücken. Nach Aufforderung durch die Z-Bank tauschen die Gesellschafter der A- und B-AG ihre Aktien in Anteile an der Y-AG ein. Anschließend werden die A- und die B-AG auf die Y-AG verschmolzen.

Das Grundkapital der Y-AG beträgt nach der Verschmelzung eine Million Euro. Die Bilanzsumme beläuft sich auf zehn und das Eigenkapital auf drei Millionen Euro. Der jährliche Umsatz liegt bei 30 Millionen Euro. Die Gesellschaft verfügt über liquide Mittel in Höhe von 1,5 Millionen Euro.

Der Vorstand der Y-AG möchte am 1. September 2002 von der Z-Bank, die nach wie vor Gesellschafterin der Y-AG ist, eine Beteiligung an der X-AG zum Preis von 200.000 Euro erwerben. Der Vorstand plant, die Beteiligung sofort gewinnbringend weiterzuveräußern. Ein Rückzug der Y-AG aus dem Immobiliengeschäft ist nicht beabsichtigt. Die Hauptversammlung soll zu dem Beteiligungserwerb nicht befragt werden. Als Aktionär A davon erfährt, fühlt er sich übergangen. Er fragt Rechtsanwalt R, ob die Hauptversammlung dem Beteiligungserwerb zuzustimmen hat.

Variante 1: Wie im Ausgangsfall, jedoch ist die Z-Bank zum Zeitpunkt der geplanten Beteiligungsveräußerung nicht mehr Gesellschafterin der Y-AG. Besteht hier eine Zustimmungspflicht der Hauptversammlung?

Variante 2: Wie Variante 1, die Y-AG soll jedoch die Beteiligung an der X-AG nicht direkt von der Z-Bank, sondern von deren hundertprozentigen Tochtergesellschaft, der T-GmbH, erwerben, an die die Z-Bank die Beteiligung zuvor veräußert hat. Ist hier § 52 AktG einschlägig?

Variante 3: Aktionär A ist an der Y-AG mit 4% beteiligt. Im Wege einer Sachkapitalerhöhung möchte er zum 1. Oktober 2001 seinen Geschäftsbetrieb einbringen und seine Beteiligung auf 15% erhöhen. Sind die Nachgründungsvorschriften anwendbar?

Lösungsvorschlag Fall 7

Zum Ausgangsfall:

Der Erwerb der Beteiligung an der X-AG ist ohne Zustimmung der Hauptversammlung nur zulässig, wenn keine **Zustimmungspflicht** besteht.

1. Vorlagepflicht nach der »Holzmüller-Doktrin«

Nach der »Holzmüller-Doktrin« des BGH ist eine Geschäftsführungsmaßnahme **zustimmungspflichtig**, wenn sie so tief in die Mitgliedschaftsrechte der Aktionäre eingreift, dass der Vorstand vernünftigerweise nicht annehmen kann, er dürfe sie ausschließlich in eigener Verantwortung treffen.[474] Denn in einem solchen Fall habe sich das von § 119 Abs. 2 vorausgesetzte **Vorlageermessen** des Vorstandes zu einer Vorlagepflicht **verdichtet**.[475]

Da der hier geplante Beteiligungserwerb lediglich ein **Aktiv-Aktiv-Tausch** darstellt und auch kein wesentlicher Betriebsteil betroffen ist, ist ein tiefer Eingriff in die Aktionärsrechte zu verneinen. Das gilt selbst dann, wenn man die in der Literatur vertretenen Ansätze zur Konkretisierung der »Holzmüller-Doktrin« berücksichtigt. Dort wird teilweise bereits bei Maßnahmen, die 10% des Eigenkapitals betreffen, eine Vorlagepflicht angenommen.[476] Andere möchten eine Vorlagepflicht erst bejahen, wenn die Maßnahme 20–25% der Aktiva[477] bzw. 10% der Bilanzsumme[478] erreicht. Eine weitere Ansicht will die »Messlatte« bei 50% des Grundkapitals anlegen.[479] Hier liegt geplante Maßnahme mit 200.000 Euro unterhalb aller dieser Grenzlinien, sodass der Streit nicht entschieden zu werden braucht. Eine Vorlagepflicht auf Basis der »Holzmüller-Doktrin« ist nämlich nach allen Ansichten zu verneinen.

2. Vorlagepflicht gemäß § 33 Abs. 1 S. 2 BGB analog (»Zweckänderung«)

Eine Vorlagepflicht könnte sich jedoch aus § 33 Abs. 1 S. 2 BGB analog ergeben, wenn der hier geplante Beteiligungserwerb eine **Zweckänderung** der Gesellschaft darstellt. Zwar findet § 33 Abs. 1 S. 2 BGB als allgemeine verbandsrechtliche Vorschrift auf die Aktiengesellschaft entsprechende Anwendung, jedoch liegt hier keine Zweckänderung vor. Denn der **Gesellschaftszweck** einer AG ist regelmäßig auf **Gewinnerzielung** gerichtet.[480] Die Gewinnerzielungsabsicht der Y-AG wird aber durch den geplanten Beteiligungserwerb nicht aufgegeben. Im Gegenteil: Die Beteiligung soll gewinnbringend weiterveräußert werden. Eine Zweckände-

---

474 BGHZ 83, 122, 131 (»Holzmüller«).
475 BGHZ 83, 122, 130 f. (»Holzmüller«). Die herrschende Lehre möchte dagegen die »Holzmüller«-Doktrin nicht auf § 119 Abs. 2 AktG stützen, sondern auf eine Einzel- bzw. Gesamtanalogie zu §§ 179 a AktG, 293 Abs. 2 S. 1, 319 Abs. 2 AktG sowie zu §§ 123 ff. 125, 13, 65 UmwG, vgl. oben, S. 132 f.
476 *Gessler*, FS Stimpel, S. 771, 787.
477 So die wohl h. M.: *Busch/Groß*, AG 2000, 503, 507 (mwN); *Lutter*, FS Stimpel, S. 825, 850; *ders.*, AG 2000, 342; *Raiser*, Kapitalgesellschaftsrecht, § 16 Rn. 14.
478 *Lutter*, FS Fleck, S. 169, 179 und wohl auch *Habersack*, in Emmerich/Habersack, Konzernrecht, Vor. § 311 Rn. 19.
479 *Veil*, ZIP 1998, 361, 369.
480 Vgl. *Hüffer*, AktG, § 23 Rn. 22.

rung liegt damit nicht vor. Eine Vorlagepflicht gemäß § 33 Abs. 1 S. 2 BGB (analog) besteht folglich nicht.

3. Vorlagepflicht wegen faktischer Änderung des Unternehmensgegenstandes

Eine Pflicht des Vorstandes der Y-AG, den geplanten Beteiligungserwerb der Hauptversammlung könnte sich aus §§ 119 Abs. 1 Nr. 5, 179 Abs. 1, 23 Abs. 3 Nr. 2 AktG ergeben. Dann müsste der Beteiligungserwerb zu einer **faktischen Änderung** des Unternehmensgegenstandes der Y-AG führen. Zwar entspricht der geplante Beteiligungserwerb **nicht** dem **Unternehmensgegenstand** der Y-AG, da dieser lediglich den Erwerb und die Veräußerung von Grundstücken umfasst, nicht aber den Beteiligungserwerb. Dennoch begründet der Beteiligungserwerb keine faktische Änderung des Unternehmensgegenstandes. Denn laut Sachverhalt ist ein Rückzug der Y-AG aus dem Immobiliengeschäft nicht geplant. Auch nach dem Erwerb der Beteiligung an der X-AG wird der Schwerpunkt der Geschäftstätigkeit der Y-AG im Immobilienbereich liegen. Eine Vorlagepflicht aus §§ 119 Abs. 1 Nr. 5, 179, 23 AktG ist daher zu verneinen.

4. Vorlagepflicht gemäß § 52 Abs. 1 S. 1 AktG (Nachgründung)

Der Beteiligungserwerb ist hier jedoch gemäß § 52 Abs. 1 S. 1 AktG vorlagepflichtig, weil ein Fall der **Nachgründung** vorliegt. Der Erwerb der Beteiligung von der Gründungsaktionärin Z-Bank zählt nämlich nicht zu den»laufenden Geschäften« der AG (§ 52 Abs. 9 AktG). Auch erfolgt der Erwerb innerhalb der ersten zwei Jahre nach Gründung der Gesellschaft. Ohne die Zustimmung der Hauptversammlung bleibt der Beteiligungserwerb schwebend unwirksam.[481]

Zur Variante 1:

Die Z-Bank ist zum Zeitpunkt der Beteiligungsveräußerung zwar keine Gesellschafterin mehr, § 52 Abs. 1 S. 1 AktG verlangt jedoch nicht, dass der Gründer weiterhin an der Gesellschaft beteiligt ist. Das Ausscheiden eines Gründers führt nämlich nicht zwingend zu einer **Begrenzung** seines **Einflusses**. § 52 Abs. 1 S. 1 AktG bleibt damit anwendbar. Der Beteiligungserwerb unterliegt nach wie vor der Zustimmung der Hauptversammlung.[482]

Zur Variante 2:

Bei rein formaler Betrachtung ist § 52 Abs. 1 S. 1 AktG hier nicht einschlägig. Die T-GmbH ist weder Gründerin noch Gesellschafterin der Z-AG. Fraglich ist jedoch, ob hier § 52 Abs. 1 S. 1 AktG aus Gründen des **Umgehungsschutzes** analog anzuwenden ist. Dem könnte entgegengehalten werden, dass die jüngst vorgenommene Neufassung des § 52 Abs. 1 S. 1 AktG gerade bezwecken soll, **Rechtssicherheit** zu schaffen und deshalb der Anwendungsbereich der Vorschrift auf die dort ausdrücklich enthaltenen Personengruppen begrenzt sein sollte.[483] Berücksichtigt man aber den **Schutzzweck der Norm**, die Kapitalaufbringung abzusichern, liegt es näher, die im Zusammenhang mit der Zehn-Prozent-Grenze des § 32a Abs. 3

---

481 Vgl. *Raiser*, Kapitalgesellschaftsrecht, § 11 Rn. 32.
482 Vgl. *Werner*, ZIP 2001, 1403, 1403 f. (mwN).
483 So wohl: *Werner*, ZIP 2001, 346, 1403, 1405.

S. 2 GmbHG entwickelten Grundsätze analog anzuwenden.[484] Danach sind hundertprozentige Tochtergesellschaften dem Gesellschafter zuzurechnen. Folgt man dem, so ist auch hier die hundertprozentige Beteiligung an der T-GmbH der Z-Bank zuzurechnen. Die Nachgründungsvorschriften sind damit einschlägig; der Beteiligungserwerb der Hauptversammlung vorzulegen.

Zur Variante 3:

Die geplante Sachkapitalerhöhung könnte der Nachgründungsvorschrift des § 52 AktG unterliegen. Zwar sind nach dem Wortlaut des § 52 AktG Sachkapitalerhöhungen nicht von § 52 AktG erfasst. Jedoch ist nach herrschender Meinung § 52 **AktG** auf **Sachkapitalerhöhungen**, die während der Nachgründungsphase erfolgen, analog anzuwenden. Die für Sachkapitalerhöhungen geltende Pflichtprüfung des § 183 Abs. 3 AktG stellt nämlich kein ausreichendes Äquivalent für die schärferen Anforderungen des § 52 AktG dar.[485] Dem ist im Grundsatz zuzustimmen, der Wortlaut des § 52 Abs. 1 AktG zeigt aber, dass den Nachgründungsvorschriften nur Geschäfte mit denjenigen Gesellschaftern unterliegen sollen, die mit mindestens zehn Prozent an der Gesellschaft beteiligt sind. Diese grundlegende Beschränkung muss auch bei einer analogen Anwendung des § 52 AktG beachtet werden. Deshalb ist für hier eine analoge Anwendung ausnahmsweise abzulehnen. Denn A war vor der Kapitalerhöhung nur mit 4% an der AG beteiligt und daher überhaupt nicht vom persönlichen Anwendungsbereich des § 52 Abs. 1 AktG erfasst. Dem steht auch nicht entgegen, dass A nach erfolgter Kapitalerhöhung insgesamt 15% der Anteile der Y-AG halten wird. Zwar überschreitet er damit die Zehn-Prozent-Grenze des § 52 Abs. 1 AktG, der **Schutzzweck des § 52 AktG** gebietet es aber nicht, diesen Fall als von § 52 AktG erfasst anzusehen. Denn § 52 AktG will die AG vor Einflussnahmen durch ihre Gesellschafter im Zusammenhang mit der Gründung bzw. einer Kapitalerhöhung schützen. Entscheidend ist deshalb nur, ob im Zeitpunkt der Vornahme der Gründung oder Kapitalerhöhung eine Beteiligungsquote bestand, die dem jeweiligen Aktionär einen derartigen Einfluss auf die Gesellschaft zukommen lässt. Das aber ist bei einer vierprozentigen Beteiligung nicht der Fall. § 52 AktG ist folglich nicht anwendbar.[486]

> **Literaturhinweis:** *Werner*, ZIP 2001, 1403 ff. sowie sehr umfassend: *Reichert*, ZGR 2001, 554 ff.

---

484 *Pentz*, NZG 2001, 346, 351.
485 *Hüffer*, AktG, § 52 Rn. 8 (mwN).
486 Vgl. *Werner*, ZIP 2001, S. 1403, 1404.

Fall 8
»Falsche Spekulationen«
Vorstandshaftung; Haftung des Aufsichtsrates, Intraorganstreit

Die Berliner Success AG ist im Immobilienbereich tätig. Gemäß § 3 der Satzung betrifft der Unternehmensgegenstand ausschließlich den Erwerb und die Veräußerung von Immobilien.

Wegen der Flaute auf dem Berliner Immobilienmarkt möchte der Vorstand die freien liquiden Mittel der Gesellschaft nutzen und sie in lukrative, aber hochriskante Börsentermingeschäfte investieren. Der Vorstand erwirbt deshalb Anfang 2001 für insgesamt 10 Millionen DM Kaufoptionen auf verschiedene, äußerst volatile, Internetaktien. Im Laufe des Frühjahres 2001 brechen die Kurse der Aktien völlig ein. Der Vorstand muss die erworbenen Kaufoptionen ersatzlos verfallen lassen. Insgesamt entsteht der Success AG ein Schaden in Höhe von 10 Mio. DM.

Als das Aufsichtsratsmitglied A davon erfährt, ruft er sofort eine Aufsichtsratssitzung ein. Nach ausgiebiger Diskussion der Vorfälle beantragt A, einen Beschluss des Aufsichtsrates zu fassen, wonach der Aufsichtsrat entsprechende Schadensersatzansprüche gegen die Vorstandsmitglieder geltend machen solle. Der Aufsichtsrat lehnt den Antrag des A gegen dessen Stimme durch Beschluss ab. Zwar bestünden möglicherweise Schadensersatzansprüche der Gesellschaft gegen den Vorstand, auch seien die Vorstandsmitglieder haftpflichtversichert, sodass im Falle der Geltendmachung von Ersatzansprüchen ein liquider Schuldner vorhanden sei, jedoch sehe man aus persönlichen Gründen von den Schadensersatzansprüchen ab.

A hält den ablehnenden Beschluss des Aufsichtsrates für rechtswidrig. Er ist der Auffassung, der Aufsichtsrat sei verpflichtet, eventuell bestehende Schadensersatzansprüche gegen die Vorstandsmitglieder durchzusetzen weil sich hier ohne Probleme ein Fehlverhalten des Vorstandes sowie ein erheblicher Schaden nachweisen lasse. A möchte deshalb den Aufsichtsratsbeschluss gerichtlich überprüfen lassen und fragt nach den Erfolgsaussichten einer Klage.

Bearbeitervermerk: Es ist davon auszugehen, dass die Ladungsvorschriften des Aufsichtsrates eingehalten worden sind und der Aufsichtsratsbeschluss formal rechtmäßig ist.

Lösungsvorschlag Fall 8

A. Zulässigkeit der Klage

I. Statthafte Klageart

Fraglich ist zunächst die statthafte Klageart. A möchte als Aufsichtsratsmitglied einen Beschluss des Aufsichtsrates gerichtlich überprüfen lassen. Zu einem solchen **Intraorganstreit** finden sich im Aktiengesetz keine Regelungen. Zunächst könnte daran gedacht werden, die **§§ 241 ff. AktG analog** auf Aufsichtsratsbeschlüsse anzuwenden.[487] Die §§ 241 ff. AktG gelten zwar an sich nur für die Hauptversammlung. Weil sie aber eine Anfechtung der Hauptversammlungsbeschlüsse durch die Aktionäre zulassen (§ 245 Nr. 1–3 AktG), handelt es sich bei den §§ 241 ff. AktG dogmatisch gesehen ebenfalls um eine Art des Intraorganstreites. Jedoch ist zu bedenken, dass die in den §§ 241 ff. AktG enthaltene Differenzierung zwischen Anfechtungs- und Nichtigkeitsgründen auf Aufsichtsratsbeschlüsse nicht sinnvoll übertragen werden kann. Auch erscheint eine analoge Anwendung der Heilungsmöglichkeit des § 242 AktG unangebracht. Die §§ 241 ff. AktG sind daher auf die gerichtliche Anfechtung von Aufsichtsratsbeschlüssen weder direkt noch entsprechend anzuwenden.[488]

Da keine weiteren spezifischen aktienrechtliche Rechtsbehelfe ersichtlich sind, kommt für A nur Erhebung der **allgemeinen Feststellungsklage (§ 256 Abs. 1 ZPO)** mit dem Ziel in Betracht, die Nichtigkeit des Aufsichtsratsbeschlusses feststellen zu lassen.[489]

II. Feststellungsinteresse

Gemäß § 256 Abs. 1 ZPO ist eine Feststellungsklage nur zulässig, wenn A ein rechtliches Interesse an der Feststellung der Nichtigkeit des Aufsichtsratsbeschlusses der Success AG darlegen kann.

Ein Feststellungsinteresse des A wäre zu verneinen, wenn die Durchsetzung von Schadensersatzansprüchen gegen den Vorstand nicht in der Hand des Aufsichtsrates, sondern der Hauptversammlung liegt. Für eine **ausschließliche Kompetenz** der Hauptversammlung könnte die Norm des **§ 147 Abs. 1 AktG** sprechen. § 147 Abs. 1 AktG geht davon aus, dass die Hauptversammlung über die Geltendmachung von Schadensersatzansprüchen entscheidet. Diese in § 147 AktG enthaltene Kompetenzzuweisung bedeutet aber nicht, dass damit zugleich dem Aufsichtsrat eine eigenständige Kompetenz zur Prüfung und Geltendmachung von Schadensersatzansprüchen gegen den Vorstand versagt ist. Vielmehr hat gerade der Aufsichtsrat gemäß **§ 111 Abs. 1 AktG** die Pflicht, die **Geschäftsführung** des Vorstandes zu **überwachen**. Das bedeutet, dass er eigenverantwortlich zu prüfen hat, ob Schadensersatzansprüche gegen den Vorstand bestehen und ob diese geltend zu machen sind.[490] Jedes Aufsichtsratsmitglied hat zudem nicht nur das Recht, sondern auch die Pflicht, darauf hinzuwirken, dass im Aufsichtsrat keine Beschlüsse gefasst werden, die im Widerspruch zu Gesetz oder Satzung ste-

---

487 So etwa *Rellermeyer*, ZGR 1993, 77, 94.
488 BGHZ 122, 342, 347–351; *Raiser*, Kapitalgesellschaftsrecht, § 15 Rn. 72.
489 Vgl. *Raiser*, Kapitalgesellschaftsrecht, § 15 Rn. 110.
490 BGHZ 135, 244, 250 = BGH ZIP 1997, 883, 884 (»ARAG/Garmenbeck«).

hen.[491] Unter Berücksichtigung dieser Erwägungen ist deshalb ein Feststellungs-interesse des A zu bejahen.

III. Klagegegner

Klagegegner des A ist die Success AG und nicht der Aufsichtsrat. Der Aufsichtsrat ist nämlich mangels eigener Rechtsfähigkeit nicht parteifähig (vgl. § 50 Abs. 1 ZPO).[492]

IV. Zwischenergebnis

Die Klage des A gegen den Aufsichtsratsbeschluss ist als Feststellungsklage (§ 256 Abs. 1 ZPO) zulässig.

Hinweise: Von dem hier vorliegenden Intraorganstreit ist der sog. **Interorgan-streit** zu unterscheiden. Bei einem Interorganstreit wird ein Rechtsstreit nicht in-nerhalb eines Organs, sondern zwischen zwei Organen derselben Gesellschaft geführt. Ein solcher Rechtsstreit wird prozessual überwiegend für unzulässig gehalten, weil die Organe einer Aktiengesellschaft wegen der fehlenden eigenen Rechtsfähigkeit nicht parteifähig sein können (§ 50 ZPO).[493] Zwar könnte daran gedacht werden, die Klage nicht gegen das Organ, sondern gegen die Gesell-schaft als Beklagte zu erheben, um so die fehlende Rechts- und Parteifähigkeit des beklagten Organs zu überwinden. Dann aber müsste konsequenterweise auch auf Klägerseite das klagende Organ durch die Gesellschaft ersetzt werden. Das würde zu dem Kuriosum führen, dass Kläger und Beklagter identisch sind. Wegen dieser prozessualen Ungereimtheiten werden Klagen des Aufsichtsrates gegen den Vorstand nur ausnahmsweise für zulässig gehalten. Als **Fallgruppen** sind etwa die Durchsetzung der Auskunftsansprüche gemäß § 90 Abs. 3, 5 AktG anerkannt sowie Fälle, in denen der Aufsichtsrat die Gesellschaft gegenüber dem Vorstand im Rahmen des § 112 AktG vertritt.[494] Ob dem Aufsichtsrat darü-ber hinaus ein Klagerecht gegen das Organ Vorstand zusteht, ist umstritten, we-gen der damit verbundenen prozessualen Probleme aber zu verneinen.[495]

B. Begründetheit

I. Verwirkung der Klagebefugnis?

Die Befugnis eines Aufsichtsratsmitgliedes, Klage gegen einen Aufsichtsrats-beschluss zu erheben, kann gemäß § 242 BGB **verwirkt** werden, wenn die Klage nicht innerhalb einer angemessenen Frist nach der Beschlussfassung erhoben wird.[496] Um das zu vermeiden, sollte A alsbald Klage erheben.

---

491 BGHZ 135, 244, 248 = BGH ZIP 1997, 883, 884 (»ARAG / Garmenbeck«); *Raiser*, Kapital-gesellschaftsrecht, § 15 Rn. 75.
492 BGHZ 83, 144, 146; *Raiser*, Kapitalgesellschaftsrecht, § 15 Rn. 78.
493 BGHZ 106, 54, 60, 62 (»Opel«).
494 Vergleich die Nachweise in BGHZ 106, 54, 60 (»Opel«); *Raiser*, Kapitalgesellschaftsrecht, § 14 Rn. 97 sowie § 15 Rn. 133 (mwN).
495 Ausführlich: *Hüffer* AktG, § 90 Rn. 18; *Raiser*, Kapitalgesellschaftsrecht, § 14 Rn. 95 ff. sowie § 15 Rn. 133 (jeweils mwN).
496 Vgl. BGHZ 122, 342, 352; *Raiser*, Kapitalgesellschaftsrecht, § 15 Rn. 76.

II. Nichtigkeit des Beschlusses gemäß § 134 BGB

Die Klage des A ist begründet, wenn der streitgegenständliche Beschluss des Aufsichtsrates gemäß § 134 BGB nichtig ist. Das ist dann der Fall, wenn für den Aufsichtsrat der Success AG eine Pflicht zur Geltendmachung der Ersatzansprüche bestand. Eine solche könnte sich hier aus den §§ 116, 111 Abs. 1 AktG i. V. m. § 93 Abs. 1 AktG ergeben.

1. Eigene Überwachungspflicht des Aufsichtsrates gemäß §§ 116, 93 Abs. 1 AktG

Die den Aufsichtsrat obliegenden allgemeinen Sorgfaltspflichten (vgl. §§ 116, 93 Abs. 1 AktG) werden unter anderem durch die Überwachungspflicht des § 111 Abs. 1 AktG konkretisiert. Danach hat der Aufsichtsrat die Pflicht, die Geschäftsführung des Vorstandes zu überwachen. Diese Überwachungspflicht erfasst nicht nur **künftige**, sondern auch **abgeschlossene Geschäftsvorfälle**.[497] Daraus ergibt sich, dass der Aufsichtsrat eigenverantwortlich Schadensersatzansprüche gegen den Vorstand zu prüfen und diese grundsätzlich auch zu verfolgen hat (s. o.).[498] Diese Pflicht besteht unabhängig von der Möglichkeit der Hauptversammlung, gemäß § 147 AktG eine Rechtsverfolgung einzuleiten. Denn § 147 AktG befreit den Aufsichtsrat nicht von seiner eigenen Überwachungspflicht (s. o.).[499]

2. Drei-Stufen-Prüfung

Ob in concreto eine solche Verfolgungspflicht des Aufsichtsrates besteht, ist anhand einer **Drei-Stufen-Prüfung** zu ermitteln. Auf der ersten Stufe ist zu fragen, ob in rechtlicher und tatsächlicher Hinsicht Schadensersatzansprüche gegen den Vorstand bestehen. Auf der zweiten Stufe sind das Prozessrisiko sowie die Vollstreckungsaussichten zu analysieren. Ist dieses hinnehmbar, ist auf der dritten Stufe zu fragen, ob der Aufsichtsrat nicht ausnahmsweise wegen überwiegender Interessen der Gesellschaft von einer Klageerhebung absehen durfte.

a) Erste Stufe: Prüfung des Anspruches in rechtlicher und tatsächlicher Hinsicht

Auf der **ersten Stufe** hat der Aufsichtsrat das Bestehen eines Schadensersatzanspruches in **rechtlicher und tatsächlicher Hinsicht** zu prüfen.[500] Hier könnte ein Schadensersatzanspruch der Success AG gegen ihren Vorstand gemäß § 93 Abs. 2 AktG bestehen. Dann müsste der Vorstand seine Pflichten schuldhaft verletzt haben und dadurch ein Schaden eingetreten sein.

(1) Objektive Pflichtverletzung des Vorstandes

Die Pflichtverletzung des Vorstandes könnte sich hier aus dem Abschluss hochriskanter Börsentermingeschäfte ergeben. Bei der Frage, ob eine Pflichtverletzung

---

497 BGHZ 135, 244, 252 = BGH ZIP 1997, 883, 885 (»ARAG / Garmenbeck«); ausführlich zu den Überwachungsaufgaben des Aufsichtsrates: *Heller*, Unternehmensführung und Unternehmenskontrolle, S. 54 ff.
498 BGHZ 135, 244, 252 (»ARAG / Garmenbeck«); *Raiser*, Kapitalgesellschaftsrecht, § 15 Rn. 109 sowie Rn. 132.
499 BGHZ 135, 244, 252 (»ARAG / Garmenbeck«).
500 BGHZ 135, 244, 253 (»ARAG / Garmenbeck«).

des Vorstandes vorliegt, hat der Aufsichtsrat zu beachten, dass dem **Vorstand** ein weiter **Handlungsspielraum** zuzubilligen ist. Denn die Inkaufnahme geschäftlicher Risiken ist jeder unternehmerischen Entscheidung immanent. Ohne Anerkennung eines gerichtsfreien Entscheidungsspielraumes wäre eine unternehmerische Tätigkeit nicht denkbar.[501] Dieser Entscheidungsspielraum ist erst überschritten, wenn der Vorstand die **Grenzen** einer verantwortungsvollen, am Unternehmenswohl orientierten Geschäftsführung nicht einhält.[502] Dann verletzt er die ihm obliegenden Sorgfaltspflichten (§ 93 Abs. 1 AktG).

Hier hat der Vorstand durch den Abschluss hochriskanter Börsentermingeschäfte die Grenzen eines verantwortungsvollen, am Unternehmenswohl orientierten Handelns überschritten. Das ergibt sich schon daraus, dass der Abschluss solcher Geschäfte nicht vom Unternehmensgegenstand der Success AG gedeckt ist. Darüber hinaus ist der Erwerb von Kaufoptionen strukturell als äußerst spekulativ einzuschätzen. Das gilt um so mehr, als der Vorstand hier Optionen auf volatile Internetaktien erworben hat. Eine objektive Pflichtverletzung des Vorstandes ist deshalb zu bejahen.

> **Hinweise: 1.** Ist streitig, ob der Vorstand seine Pflichten verletzt hat, so trifft die Beweislast gemäß § 93 Abs. 2 S. 2 AktG den Vorstand. Das gilt nicht nur für die Frage der objektiven Pflichtverletzung (Pflichtwidrigkeit), sondern auch für die des Verschuldens (subjektive Pflichtverletzung).[503]
>
> **2.** Nicht jeder Abschluss von Börsentermingeschäften stellt eine Pflichtverletzung dar. Börsentermingeschäfte können nämlich auch wirtschaftlich sinnvollen Zwecken dienen. Das ist etwa der Fall, wenn solche Geschäfte zur Absicherung gegen Währungs- und Kursrisiken eingesetzt werden (sog. Hedging).

(2) Schaden der Success AG

Der Success AG ist aufgrund des Abschlusses der Börsentermingeschäfte ein Schaden in Höhe von 10 Mio. Euro entstanden.

(3) Verschulden (subjektive Pflichtverletzung)

Mangels entlastender Umstände ist von einem Verschulden der Vorstände (§ 276 BGB) auszugehen. Im Übrigen trifft die Beweislast für ein fehlendes Verschulden die Vorstandsmitglieder (§ 93 Abs. 2 S. 2 AktG).

(4) Zwischenergebnis

Als Zwischenergebnis ist festzuhalten, dass in tatsächlicher und rechtlicher Hinsicht ein Schadensersatzanspruch der Success AG gegen den Vorstand besteht.

---

501 BGHZ 135, 244, 253 (»ARAG/Garmenbeck«); *Raiser*, Kapitalgesellschaftsrecht, § 14 Rn. 76.

502 BGHZ 135, 244, 253 f. (»ARAG/Garmenbeck«); *Raiser*, Kapitalgesellschaftsrecht, § 14 Rn. 85 sowie Rn. 91.

503 *Hüffer*, AktG, § 93 Rn. 16; *Raiser*, Kapitalgesellschaftsrecht, § 14 Rn. 62 sowie Rn. 92.

b) Zweite Stufe: Prozessrisikoanalyse

Auf der **zweiten Stufe** verlangt der BGH vom Aufsichtsrat die Vornahme einer **Prozessrisikoanalyse**. Danach hat der Aufsichtsrat das Prozessrisiko sowie die Vollstreckungsaussichten zu untersuchen.[504] Mangels entgegenstehender Sachverhaltsangaben ist hier von einem lediglich durchschnittlichen Prozessrisiko auszugehen. Auch im Hinblick auf die spätere Vollstreckung bestehen keine grundlegenden Risiken. Die Vorstandsmitglieder sind laut Sachverhalt haftpflichtversichert.

c) Dritte Stufe: Interessenabwägung

Der Aufsichtsrat braucht nicht um jeden Preis Schadensersatzansprüche gegen die Vorstände geltend zu machen. So können die Nachteile, die die Erhebung einer Klage gegen den Vorstand im Hinblick auf das **öffentliche Ansehen** der Gesellschaft mit sich bringt, schwerwiegender sein als die Vorteile, die mit einem Schadensausgleich verbunden sind. In so einem Fall wäre eine Klageerhebung kontraproduktiv. Daher hat der Aufsichtsrat auf der dritten Stufe zu prüfen, ob er nicht von der Geltendmachung der Ersatzansprüch ausnahmsweise absehen sollte, weil **gewichtige Interessen und Belange** der Gesellschaft es verlangen, den Schaden ersatzlos hinzunehmen.[505] Hier sind keine solche Interessen und Belange ersichtlich. Der Aufsichtsrat hätte vielmehr die Schadensersatzansprüche geltend machen müssen. Der ablehnende Beschluss verstößt gegen §§ 116, 111 Abs. 1, 93 Abs. 1 AktG. Er ist gemäß § 134 BGB nichtig; die Klage des A begründet.

III. Ergebnis

Die Klage des A hat Aussicht auf Erfolg, da zulässig und begründet.

---

504   BGHZ 135, 244, 253 (»ARAG/Garmenbeck«).
505   BGHZ 135, 244, 255 (»ARAG/Garmenbeck«); *Raiser*, Kapitalgesellschaftsrecht, § 14 Rn. 91.

Fall 9
»Räuberische Aktionäre«
Klagebefugnis, Missbrauch des Anfechtungsrechtes

Die Futura AG ist börsennotiert und hat ihren Sitz in Berlin. Sie ist erfolgreich auf dem Gebiet der Biotechnik tätig. Um die Forschungs- und Entwicklungskosten für ein neues Produkt finanzieren zu können, beschloß die Hauptversammlung am 1. Juni 2002 eine Kapitalerhöhung um 2,0 Mio. Euro. Die Aktien sollen gegen Bareinlage zum derzeitigen Börsenkurs ausgegeben werden. Das Bezugsrecht der Aktionäre wurde nicht ausgeschlossen. Der C, der an der Futura AG mit einer Aktie beteiligt ist, erklärt gegen den Beschluss Widerspruch zu Protokoll der Hauptversammlung.

Am 3. Juni 2002 melden der Vorstand der Futura AG sowie der Vorsitzende des Aufsichtsrates den Kapitalerhöhungsbeschluss zur Eintragung in das Handelsregister an. Noch bevor das Registergericht die Eintragung vollzieht, erhebt C gegen den Kapitalerhöhungsbeschluss vor dem Landgericht Berlin Anfechtungsklage. Der zuständige Registerrichter setzt deshalb das Eintragungsverfahren aus.

Als Begründung für seine Anfechtungsklage trägt C in seiner Klage vor, dass der Kapitalerhöhungsbeschluss aus verschiedenen Gründen gegen die Treuepflicht verstoße. In Wirklichkeit verfolgt C, was auch der Vorstand der Futura AG weiß, das alleinige Ziel, sich von der Gesellschaft gegen Zahlung eines »angemessenen« Geldbetrages eine Rücknahme seiner Klage abkaufen zu lassen.

Hat die Anfechtungsklage des C Aussicht auf Erfolg?

Lösungsvorschlag Fall 9

Die Klage des C hat Aussicht auf Erfolg, wenn sie zulässig und begründet ist.

A. Zulässigkeit

I. Statthafte Klageart

Gemäß §§ 243 Abs. 1 Alt. 2, 246, 248 AktG ist die Anfechtungsklage die statthafte Klageart, weil C die Kassation eines Hauptversammlungsbeschlusses begehrt und mit der Verletzung der Treuepflicht Anfechtungsgründe geltend macht.[506]

II. Klagegegner

Klagegegner ist gemäß § 246 Abs. 2 AktG die AG, vertreten durch Vorstand und Aufsichtsrat.

III. Zuständigkeit

Örtlich und sachlich zuständig ist das Landgericht, in dessen Bezirk die Futura AG ihren Sitz hat, mithin das Landgericht Berlin (vgl. § 246 Abs. 3 S. 1 AktG).

B. Begründetheit

Die Begründetheit der Anfechtungsklage des C setzt voraus, dass er innerhalb der Anfechtungsfrist des § 246 Abs. 1 AktG die Klage erhoben hat und dass er anfechtungsbefugt ist.

> **Hinweise:** Die Monatsfrist des § 246 Abs. 1 AktG ist eine materiell-rechtliche Frist, da sie das Anfechtungsrecht beschränkt. Anders als im öffentlichen Recht ist sie bei der Begründetheit und nicht bei der Zulässigkeit der Klage zu prüfen.[507] Dasselbe gilt für die Anfechtungsbefugnis.[508]

I. Klagefrist (§ 246 Abs. 1 AktG)

Die Anfechtungsklage des C ist am 12. Juni 2002 eingereicht und damit rechtzeitig innerhalb der Monatsfrist des § 246 Abs. 1 AktG erhoben worden.

II. Anfechtungsbefugnis (§ 245 AktG)

Laut Sachverhalt ist C Aktionär der Futura AG und hat ordnungsgemäß Widerspruch zur Niederschrift erklärt. Die Voraussetzungen für das Vorliegen einer Anfechtungsbefugnis (§ 245 Nr. 1 AktG) des C sind damit an sich gegeben. Fraglich ist aber, ob hier die **Anfechtungsbefugnis** ausnahmsweise deshalb zu verneinen ist, weil C nur klagt, um sich den »Lästigkeitswert« seiner Klage abkau-

---

506 Ausführlich zu den aktienrechtlichen Klagearten, oben, Fall 3 der Fälle zum Aktienrecht.
507 *Hüffer*, AktG, § 246 Rn. 20; *Raiser*, Kapitalgesellschaftsrecht, § 16 Rn. 144.
508 *Hüffer*, AktG, § 245 Rn. 2.

fen zu lassen. Grundsätzlich ist eine über § 245 AktG hinausgehende Beschränkung der Anfechtungsbefugnis eines Aktionärs abzulehnen. Denn das Anfechtungsrecht des Aktionärs ist unmittelbarer Bestandteil seiner Mitgliedschaft. Es steht deshalb jedem Aktionär zu, selbst wenn er nur mit einer Aktie an der Gesellschaft beteiligt ist. Dennoch besteht Einigkeit darüber, dass in bestimmten Ausnahmefällen dem Aktionär die Anfechtungsbefugnis über die Beschränkungen des § 245 AktG hinaus versagt werden kann. Dogmatisch begründet wird dies mit dem **Einwand des Rechtsmissbrauches** (§ 242 BGB).[509] Danach ist die treuwidrige Ausübung eines jeden Rechtes, mithin auch des Anfechtungsrechtes, unzulässig.[510] Umstritten sind jedoch die genauen Voraussetzungen, unter denen die Erhebung einer Anfechtungsklage als treuwidrig einzustufen ist. Das Reichsgericht bejahte dies erst, wenn das Verhalten des Klägers den strafrechtlichen Tatbestand der Nötigung (§ 240 StGB) oder Erpressung (§ 253 StGB) erreicht hat.[511] Daran ist richtig, dass in Fällen der Nötigung oder Erpressung zwar regelmäßig der Einwand des Rechtsmissbrauches zu bejahen sein wird, es ist aber zu bedenken, dass der Einwand des Rechtsmissbrauchs lediglich ein treuwidriges, nicht aber zwingend ein strafrechtlich relevantes Verhalten voraussetzt. Auch werden sich in Fällen der missbräuchlichen Erhebung einer Anfechtungsklage die objektiven und subjektiven Tatbestandsvoraussetzungen einer Nötigung oftmals nur schwer nachweisen lassen. Die Grenzlinie, ab der die Erhebung einer Anfechtungsklage als rechtsmissbräuchlich einzustufen ist, muss daher unterhalb der strafrechtlichen Relevanz eines Verhaltens liegen. Deshalb ist im Zusammenhang mit dem Anfechtungsrecht der Einwand des **(individuellen) Rechtsmissbrauches** (§ 242 BGB) bereits dann zu bejahen, wenn der Kläger einen Hauptversammlungsbeschluss nur deshalb anficht, um eine ihm **nicht gebührende Sonderleistung** zu erlangen.[512] Das ist hier der Fall. Der C hat die Klage nur erhoben, um von der Gesellschaft einen Geldbetrag zu verlangen, der ihm nicht zusteht. Denn die Aktionäre dürfen von der Gesellschaft andere Zahlungen als die Ausschüttung des Bilanzgewinnes nicht verlangen (vgl. §§ 58 Abs. 4, 57 Abs. 1 S. 1 AktG). Der C verliert somit gemäß § 242 BGB seine Anfechtungsbefugnis.

Hinweise:

1. Falls an einen »räuberischen Aktionär« der geforderte Geldbetrag gezahlt wird, stellt sich die Frage, ob die Gesellschaft das gezahlte Geld zurückfordern kann. Das ist gemäß § 62 Abs. 1 AktG zu bejahen, weil es sich bei den Zahlungen um verdeckte Gewinnausschüttungen, die nicht von den §§ 59 ff. AktG gedeckt sind.[513]

2. In der Praxis ist die Abweisung einer Anfechtungsklage wegen Rechtsmissbrauches eher selten.[514] Das liegt weniger an der geringen Zahl solcher Klagen,

---

509   BGH NJW 1989, 2689, 2692 (»Kochs-Adler«); BGH NJW 1992, 569, 570 (»Deutsche Bank«); *Raiser*, Kapitalgesellschaftsrecht, § 16 Rn. 182.

510   Vgl. *Heinrichs*, in Palandt, BGB, § 242 Rn. 38 ff.

511   RGZ 146, 385, 395 f.

512   BGH NJW 1989, 2689, 2692 (»Kochs-Adler«); BGH NJW 1992, 569, 570 (»Deutsche Bank«); *Raiser*, Kapitalgesellschaftsrecht, § 16 Rn. 182.

513   *Raiser*, Kapitalgesellschaftsrecht, § 14 Rn. 65 sowie § 19 Rn. 3; ausführlich zur Problematik der verdeckten Gewinnausschüttung, oben Fall 2 (Aktienrecht).

514   Zu möglichen Lösungsvarianten: *Baums*, Regierungskommission Corporate Governance, Rn. 145 ff.

sondern vor allem daran, dass die »räuberischen Aktionäre« in genauer Kenntnis der Rechtsprechung ihre Geldforderungen keineswegs unverblümt vortragen. Sie verstecken diese vielmehr in fiktiven Anwaltshonoraren, die sie dann etwa im Rahmen eines Prozessvergleiches durchsetzen.

C. Ergebnis

Die Klage des C ist zulässig, aber mangels Anfechtungsbefugnis unbegründet.

Fall 10
»Schöne Aussicht«
Vorstandshaftung / Geschäftschancenlehre bzw.
»Corporate Opportunity Doctrine«

V ist alleiniger Vorstand der Zahnmüller AG. Er hält keine Aktie an der Gesellschaft und ist von den Beschränkungen des § 181 BGB befreit. Satzungsmäßiger Unternehmensgegenstand der sehr erfolgreichen Gesellschaft ist die Herstellung von Hochleistungsgetrieben für den Automobilrennsport. Die Zentrale der AG befindet sich noch immer in derselben Baracke, in der die Gesellschaft vor einigen Jahren gegründet worden ist. Der Vorstand der AG sucht deshalb bereits seit längerer Zeit nach einem neuen Gebäude für die Firmenzentrale. Durch Zufall erfährt Immobilienmakler I von den Plänen der Gesellschaft. Er übermittelt daher der AG ein Verkaufsangebot über eine zur Zeit leerstehende Villa aus dem 19. Jahrhundert. Die Villa, die sich unmittelbar an einem See in einer schloßartigen Parkanlage befindet, ist außerordentlich groß und erstklassig saniert. Sie verfügt über einen Bootssteg, eine Freitreppe sowie über einen Swimmingpool. Außerdem liegt sie nur unweit von dem bisherigen Firmensitz der Zahnmüller AG entfernt. Der Verkäufer offeriert die Villa für außerordentlich günstige zwei Millionen Euro.

Als V die Villa zusammen mit dem I besichtigt, erkennt er sofort, dass diese genau den Vorstellungen der Zahnmüller AG entspricht. V entschließt sich aber, die Villa nicht für die AG, sondern zunächst für sich selbst zu erwerben, um sie dann für vier Millionen Euro, was dem Marktwert der Villa entspricht, an die Zahnmüller AG weiterzuverkaufen. Gegenüber dem Aufsichtsrat der Zahnmüller AG erklärt der V, der geplante Doppelkauf sei für die AG, was nicht den Tatsachen entspricht, aus »steuerlichen Gründen vorteilhaft«. Daraufhin billigt der Aufsichtsrat die Vorgehensweise des V, ohne jedoch von der Kaufpreisdifferenz Kenntnis zu erhalten. Einige Tage später erwirbt die Zahnmüller AG für vier Millionen Euro die Villa von V.

Der Aufsichtsrat, der mittlerweile die wahre Sachlage erfahren hat, fragt an, welche Ansprüche der Gesellschaft gegen V zustehen.

(Bearbeitervermerk: Deliktsrechtliche Ansprüche sowie Ansprüche aus dem Auftragsrecht sind nicht zu prüfen.)

Lösungsvorschlag Fall 10

I. Ansprüche aus § 88 Abs. 2 AktG

Der Zahnmüller AG könnte ein Anspruch gegen V auf Schadensersatz aus § 88 Abs. 2 S. 1 AktG zustehen, wenn V mit dem Erwerb der Villa gegen das Wettbewerbsverbot des § 88 Abs. 1 S. 1 AktG verstoßen hat. Das ist nur dann zu bejahen, wenn V mit dem Erwerb und der Weiterveräußerung der Villa entweder ein **Handelsgewerbe** betrieben hat oder im **Geschäftszweig** der Gesellschaft auf **eigene Rechnung** tätig gewesen ist. Beides ist zu verneinen. Denn die einmalige Veräußerung des Grundstückes stellt kein Handelsgewerbe dar (vgl. § 1 Abs. 2 HGB). Auch ist V nicht im Geschäftszweig der AG tätig gewesen. Ein Schadensersatzanspruch der Gesellschaft aus § 88 **Abs. 2 S. 1 AktG** scheidet daher aus.

Auch die anderen in § 88 Abs. 2 S. 2 AktG vorgesehenen Ansprüche kommen wegen der fehlenden Verletzung des Wettbewerbsverbotes nicht in Betracht.

II. Anspruch aus § 93 Abs. 1 und 2 AktG

1. Pflichtverletzung

a) Geschäftschancenlehre

Ein Anspruch aus § 93 Abs. 2 AktG setzt eine Pflichtverletzung des V voraus. Gemäß § 93 Abs. 1 AktG haben Vorstandsmitglieder bei ihrer Geschäftsführung die Pflichten eines ordentlichen und gewissenhaften Geschäftsleiters einzuhalten. Dazu gehört auch, dass sie sich gegenüber ihrer AG loyal verhalten und ihre Kenntnisse und Fähigkeiten vorbehaltlos in den Dienst der Gesellschaft stellen (sog. **organschaftliche Treuepflicht**).[515] Daraus folgt zugleich das Gebot, **Geschäftschancen**, die den Geschäftszweig der Gesellschaft berühren[516] oder an deren Wahrnehmung die Gesellschaft ein konkretes Interesse hat,[517] nicht für sich, sondern nur für die Gesellschaft **wahrzunehmen** (sog. Geschäftschancenlehre bzw. »Corporate Opportunity Doctrine«).

Hier hatte die AG wegen des geplanten Neuerwerbes einer Firmenrepräsentanz ein konkretes Interesse an dem Erwerb der Villa. Es handelte sich dabei auch um eine Geschäftschance der Gesellschaft, da das Angebot zum Erwerb der Villa nicht dem V als Privatmann, sondern der Gesellschaft zugegangen ist (vgl. § 130 BGB). Diese Geschäftschance hat V nicht für die AG, sondern für sich selbst wahrgenommen. Er hat damit gegen seine Pflichten als ordentlicher und gewissenhafter Geschäftsleiter verstoßen.

> **Hinweis:** Die »Corporate Opportunity Doctrine« findet als spezielle Ausprägung der allgemeinen Treuepflichtlehre nicht nur auf Vorstände der Aktiengesellschaft, sondern auch auf Geschäftsführer und Gesellschafter einer **GmbH**

---

515 *Hopt*, in Großkommentar-AktG, § 93 Rn. 156 ff.; *Hüffer*, AktG, § 84 Rn. 9 sowie § 93 Rn. 5, 13; *Raiser*, Kapitalgesellschaftsrecht, § 14 Rn. 80.

516 *Hopt*, in Großkommentar-AktG § 93 Rn. 166; *Raiser*, Kapitalgesellschaftsrecht, § 14 Rn. 81 (mwN).

517 BGH WM 1979, 1328, 1330; *Hopt*, in Großkommentar-AktG § 93 Rn. 166; *Raiser*, Kapitalgesellschaftsrecht, § 14 Rn. 81 (mwN).

sowie im **Personengesellschaftsrecht** Anwendung. Sie wurde aufgrund maßgeblicher Vorarbeiten von *Mestmäcker* aus dem angloamerikanischen in das deutsche Recht übertragen.[518]

b) Ausschluss der Pflichtverletzung wegen unternehmerischen Ermessensspielraums?

Fraglich ist, ob hier die Annahme einer Pflichtverletzung des V ausnahmsweise deshalb ausscheidet, weil bei der gerichtlichen Überprüfung von Vorstandsentscheidungen ein **unternehmerischer Ermessensspielraum** anerkannt ist[519] und deshalb nicht jede Fehlentscheidung als Pflichtverletzung anzusehen ist. Das ist vorliegend zu verneinen. Denn der Ermessensspielraum ist dann überschritten, wenn der Vorstand schlichtweg unvertretbar, d. h. nicht mehr am Unternehmenswohl orientiert, handelt.[520] Hier hat V die Preisdifferenz zwischen den beiden Kaufverträgen bewusst zum Nachteil der AG ausgenutzt und ohne Rücksicht auf das Unternehmenswohl die Zahnmüller AG vorsätzlich erheblich geschädigt.

2. Verschulden

Da V hier seine Pflichten sogar vorsätzlich verletzt hat, ist eine schuldhafte Pflichtverletzung des V zu bejahen.

Hinweise: Der Vorstand trägt gemäß § 93 Abs. 2 S. 2 AktG nicht nur für die fehlende objektive Pflichtverletzung, sondern auch für das fehlenden Verschulden (subjektive Pflichtverletzung) die Darlegungs- und Beweislast.[521] Teilweise wird sogar angenommen, die Umkehr der Darlegungs- und Beweislast des § 93 Abs. 2 S. 2 AktG beziehe sich zudem auf den Ursachenzusammenhang zwischen Pflichtverletzung und Schaden.[522] Das geht jedoch angesichts des eindeutigen Wortlautes und des Ausnahmecharakters der Vorschrift zu weit.

3. Schaden

Ein Schaden der Zahnmüller AG könnte deshalb abzulehnen sein, weil der von der Gesellschaft entrichtete Kaufpreis dem tatsächlichen Wert der Villa entsprach. Bei einer solchen Betrachtungsweise wird jedoch übersehen, dass das schädigende Ereignis nicht in dem Abschluss des Kaufvertrages zwischen V und der Gesellschaft liegt, sondern in der Vereitelung der Chance der Gesellschaft, die Villa für zwei statt für vier Millionen Euro zu erwerben. Die Gesellschaft hat deshalb zwei Millionen Euro zu viel bezahlt. Genau dieser Betrag ist der durch V verursachte Schaden.

---

518 Vgl. *Mestmäcker*, Verwaltung, Konzerngewalt und Rechte der Aktionäre, S. 166 ff.
519 BGHZ 135, 244, 253 (»ARAG/Garmenbeck«); *Raiser*, Kapitalgesellschaftsrecht, § 14 Rn. 76 f.
520 BGHZ 135, 244, 253 (»ARAG/Garmenbeck«).
521 *Hüffer*, AktG, § 93 Rn. 16.
522 So etwa *Raiser*, Kapitalgesellschaftsrecht, § 14 Rn. 92.

4. Anspruchsausschluss wegen Aufsichtsratsbilligung?

Der Aufsichtsrat der Zahnmüller AG hat die Vornahme der Villengeschäfte gebilligt. Das könnte zur einer **Entlastung** des V führen. Dem steht jedoch § 93 Abs. 4 S. 2 AktG entgegen, wonach eine Billigung des Vorstandshandelns durch den Aufsichtsrat die Ersatzpflicht nicht ausschließt.

III. Anspruch aus § 280 Abs. 1 BGB (pVV des Anstellungsvertrages)

Ein Schadensersatzanspruch der Zahnmüller AG gegen V aus § 280 Abs. 1 BGB (pVV des Anstellungsvertrages) ist zu verneinen, weil die allgemeine schuldrechtliche Norm des § 280 Abs. 1 BGB von § 93 AktG kraft Spezialität verdrängt wird.[523]

IV. Ergebnis

Die Zahnmüller AG steht gegen V gemäß § 93 Abs. 2 S. 1 AktG ein Schadensersatzanspruch in Höhe von zwei Millionen Euro zu.

Literaturhinweise zur Geschäftschancenlehre: *Fleischer*, AG 2000, S. 309, 315 ff.; K. *Schmidt*, Gesellschaftsrecht, 3. Aufl., § 20 V 3; *Raiser*, Kapitalgesellschaftsrecht, § 14 Rn. 80 ff.

---

523 Vgl. *Raiser*, Kapitalgesellschaftsrecht, § 14 Rn. 94, jedoch strittig, vgl. die Nachweise bei *Hüffer*, AktG, § 93 Rn. 11.

Fall 11
»Heiße Informationen«
Zulässigkeit der »Due Diligence«, Verschwiegenheitspflicht, Auskunftsrecht des Aktionärs, insiderrechtliches Weitergabeverbot

Aktionär A ist an der nichtbörsennotierten Hightech-AG mit 55 Prozent beteiligt. Er möchte seine Anteile an der kurz vor der Insolvenz stehenden Gesellschaft für insgesamt 200 Millionen Euro an den E veräußern. Der E kennt den maroden Zustand der Hightech-AG, hält die Gesellschaft aber für sanierungsfähig und plant, die Gesellschaft mit frischem Kapital zu versorgen. Vor dem Erwerb der Anteile möchte E jedoch sicher gehen. Er bittet den Vorstand der Hightech-AG, ihm und seinen Mitarbeitern im Wege einer umfassenden Unternehmensprüfung (»Due Diligence«) alle geschäftlichen und rechtlichen Unterlagen der AG in einem sog. »Datenraum« für zwei Wochen zur Verfügung zu stellen. Insbesondere möchte er Einblick in den Kundenstamm, die Produktionsverfahren, Patente und Finanzpläne erhalten. Dem Vorstand der Hightech-AG kommen Zweifel auf, ob er derartige Informationen an den E herausgeben darf. Er fragt an, ob er berechtigt ist, dem E Einblick in die gewünschten Unterlagen zu gewähren.

Abwandlung

Der Vorstand der Hightech-AG gestattet dem E die Einsicht in alle angeforderten Unterlagen. Auf der nächsten Hauptversammlung erfährt Aktionär B durch Zufall von der »Due Diligence« des E. Während der Debatte über die Entlastung des Vorstandes verlangt B daher vom Vorstand Auskunft darüber, warum dem E eine »Due Diligence« gewährt worden ist. Zudem möchte B wissen, welche Informationen dem E dabei erteilt worden sind.

Muss der Vorstand die begehrten Auskünfte erteilen?

Lösungsvorschlag Fall 11

Der Vorstand darf Informationen im Rahmen einer »Due Diligence« an den E herausgeben, falls die Informationsherausgabe nicht gegen die **Schweigepflicht** des § 93 Abs. 1 S. 2 AktG verstößt. Die Schweigepflicht ist eine strafbewehrte (vgl. § 404 AktG) Konkretisierung der organschaftlichen **Treuepflichten**.[524] Ein Verstoß gegen die Schweigepflicht liegt erst vor, wenn es sich bei den im Rahmen der »Due Diligence« herauszugebenden Informationen entweder um vertrauliche Angaben oder um Geschäftsgeheimnisse der Gesellschaft handelt.

Vertrauliche Angaben sind alle Informationen, auch Meinungsäußerungen, die der Vorstand in seiner Eigenschaft als Vorstandsmitglied erlangt.[525] **Geheimnisse** sind Tatsachen, die nicht offenkundig sind und nach dem tatsächlichen oder mutmaßlichen Willen der Gesellschaft auch nicht offenkundig werden sollen, sofern ein objektives Geheimhaltungsbedürfnis besteht.[526] Dass die hier von E begehrten Informationen als vertraulich bzw. geheim einzustufen sind, liegt auf der Hand. Denn bei den von E angeforderten Unterlagen über Kundenstamm, Produktionsverfahren, Patente sowie Finanzpläne handelt es sich um Wissensdaten, auf denen typischerweise die Marktstärke eines Unternehmens beruht. Sie dürfen daher unter keinen Umständen in die Hände der Konkurrenz gelangen. Der Vorstand darf diese Informationen grundsätzlich nicht an Dritte herausgegeben.

Die Schweigepflicht des Vorstandes tritt jedoch zurück, wenn die **Weitergabe** der Informationen **im Interesse der Gesellschaft** liegt. Denn andernfalls würden sich Sinn und Zweck der Schweigepflicht in ihr Gegenteil verkehren.[527] Deshalb wird die Herausgabe von Informationen im Rahmen einer »Due Diligence« überwiegend dann für zulässig gehalten, falls zuvor mit dem potenziellen Erwerber sowie dessen Mitarbeitern eine **Vertraulichkeitsvereinbarung** abgeschlossen wird.[528]

Gegen eine Rechtfertigung der »Due Diligence« könnte argumentiert werden, dass sich der eigentliche Beteiligungserwerb lediglich auf der Ebene der Gesellschafter vollzieht. Daher habe der veräußerungswillige Aktionär, wie jeder andere Verkäufer auch, selbst dafür Sorge zu tragen, dass potenzielle Käufer die von ihm gewünschten Informationen erhalten. Auch sei es widersprüchlich, einem gesellschaftsfremden Dritten Auskunft über Informationen zu erteilen, die die Aktionäre gemäß § 131 AktG nicht verlangen könnten.[529] Hält man diese Bedenken dagegen für nicht überzeugend und folgt der herrschenden Meinung, so ist hier eine »Due Diligence« zulässig, sofern die Weitergabe der Informationen im Interesse der Gesellschaft liegt und mit dem potenziellen Erwerber eine Vertraulichkeitsvereinbarung abgeschlossen worden ist.

Hier dient die »Due Diligence« dazu, die fast bankrotte Hightech-AG über den Beteiligungserwerb des E mit »frischem Kapital« zu versorgen. Sie liegt folglich im Interesse der Gesellschaft. Der Vorstand darf somit nach herrschender Meinung die gewünschten Informationen an den E herausgeben. Er muss jedoch zuvor mit dem E und dessen Mitarbeiten eine Vertraulichkeitsvereinbarung abschließen.

---

524 *Raiser*, Kapitalgesellschaftsrecht, § 14 Rn. 7.
525 *Hüffer*, AktG, § 93 Rn. 7.
526 *Hüffer*, AktG, § 93 Rn. 7; BGHZ 64, 325, 329.
527 H. M., vgl. *Hüffer*, AktG, § 93 Rn. 8 (mwN).
528 *Hüffer*, AktG, § 93 Rn. 8; *Holzapfel/Pöllath*, Unternehmenskauf, Rn. 16 und 17.
529 Vgl. *Lutter*, ZIP 1997, 613, 617.

Hinweis: Bei börsennotierten Aktiengesellschaften kann sich ein Verbot zur Vornahme einer »Due Diligence« neben § 93 Abs. 1 S. 2 AktG auch aus dem **insiderrechtlichen Weitergabeverbot** des § 14 Abs. 1 Nr. 2 WpHG ergeben. Nach herrschender Meinung ist nämlich eine »Due Diligence« mit dem Verbot des § 14 Abs. 1 Nr. 2 WpHG nur vereinbar, wenn die Unternehmensprüfung dazu dient, eine bedeutende Beteiligung an dem Unternehmen zu erwerben.[530] Umstritten ist dabei allerdings, was unter einer solchen Beteiligung zu verstehen ist.[531]

Zur Abwandlung

Der Vorstand ist gemäß § 131 Abs. 1 S. 1 AktG zur Auskunftserteilung verpflichtet, wenn die Auskunft zur sachgemäßen Beurteilung des Gegenstandes der Tagesordnung erforderlich ist.

1. Erforderlichkeit der Auskunftserteilung

Zur sachgemäßen Beurteilung erforderlich ist eine Auskunft dann, wenn sie aus Sicht eines **objektiv denkenden Aktionärs** ein wesentliches Element für die sachgerechte Beurteilung eines Tagesordnungspunktes darstellt.[532] Hier geht es um die Entlastung des Vorstandes. Um den Vorstand Entlastung erteilen zu können, ist es notwendig, dass die abstimmenden Aktionäre über alle möglichen Pflichtverletzungen des Vorstandes informiert sind. Da in der »Due Diligence« durchaus ein Verstoß gegen die Schweigepflicht zu sehen sein kann, ist aus der Sicht eines objektiv denkenden Aktionärs die Auskunft über das »Warum« einer »Due Diligence« sowie über die dort gewährten Informationen notwendig, um sich ein sachgerechtes Urteil über die Entlastung des Vorstandes bilden zu können.

2. Auskunftsverweigerungsrecht

Der Vorstand darf die Auskunft jedoch verweigern, wenn ihm ein **Auskunftsverweigerungsrecht** zur Seite steht. Die Auskunftsverweigerungsrechte sind in § 131 Abs. 3 S. 1 AktG abschließend aufgezählt (vgl. § 131 Abs. 3 S. 2 AktG). Hier kommt insbesondere das Auskunftsverweigerungsrecht des § 131 Abs. 3 S. 1 Nr. 5 AktG in Betracht, weil sich der Vorstand durch Erteilung der gewünschten Auskunft strafbar machen könnte. Bei börsennotierten AGs wird sich eine Strafbarkeit der Auskunftserteilung regelmäßig aus §§ 38 Abs. 1 Nr. 2 i. V. m. 14 Abs. 1 Nr. 2 WpHG ergeben, sofern es sich bei der begehrten Auskunft, wie meist, um **Insidertatsachen** handelt. In solchen Fällen darf daher der Vorstand die Auskunft verweigern.[533] Hier indes scheidet eine Strafbarkeit nach dem WpHG von vornherein aus, weil die Hightech-AG nichtbörsennotiert ist und deshalb die begehrte Auskunft kraft Definition der Insidertatsache keine Insidertatsache enthalten kann (§§ 13 Abs. 1 WpHG i. V. m. 12 WpHG). Jedoch könnte sich hier der Vorstand we-

---

530 *Assmann/Cramer*, in Assmann/Schneider, WpHG, § 14 Rn. 88 b; *Roschmann/Frey*, AG 1996, 449, 454.

531 Dazu: *Assmann/Cramer*, in Assmann/Schneider, WpHG, § 14 Rn. 88 e.

532 OLG Düsseldorf, NJW 1988, 1033, 1034; OLG Frankfurt, AG 1994, 39; *Raiser*, Kapitalgesellschaftsrecht, § 16 Rn. 48.

533 *Holzapfel/Pöllath*, Unternehmenskauf, 9. Aufl., S. 30; *Roschmann/Frey*, AG 1996, 449, 454.

gen Verletzung der **Geheimhaltungspflicht** des § 404 Abs. 1 Nr. 1 AktG strafbar machen, wenn er der Hauptversammlung die bereits dem E mitgeteilten Tatsachen offenbart. Dabei ist aber zu bedenken, dass das, was der Vorstand aufgrund von § 131 Abs. 1 AktG mitteilen muss, nicht zugleich zu einer Strafbarkeit gemäß § 404 AktG führen kann. Andernfalls würde nämlich das Auskunftsrecht des Aktionärs weitgehend leerlaufen.[534] Der Vorstand kann sich daher nicht auf § 131 Abs. 1 Nr. 5 AktG berufen. Er muss dem B die gewünschte Auskunft erteilen.

> **Hinweis:** Daneben könnte an einen Auskunftsanspruch des B aus § 131 Abs. 4 AktG gedacht werden. Diese Vorschrift, die eine besondere Ausprägung des aktienrechtlichen Gleichbehandlungsgrundsatzes darstellt, ist aber nur einschlägig, wenn dem E als Aktionär die »Due Diligence« gewährt worden ist. Das aber ist hier nicht der Fall. Denn zum Zeitpunkt der »Due Diligence« war der E gerade noch kein Aktionär.

---

534 *Eckardt*, in Geßler/Hefermehl/Eckardt/Kropff, AktG, § 131 Rn. 123; *Hüffer*, AktG, § 131 Rn. 31; ebenso im Ergebnis *Zöllner*, in KK-AktG, § 131 Rn. 141, der den Begriff des Geschäfts- und Betriebsgeheimnisses in § 404 AktG einschränken will.

Fall 12
»Kräftiges Gewitter«
Bankenhaftung, Begriff der freien Verfügbarkeit, Vorbehalt wertgleicher Deckung, Verwendungsbindungen

Die Automotive AG ist als Zulieferer im Automobilbereich tätig. Im Juli 2002 beschloß die Hauptversammlung eine Barkapitalerhöhung um 200.000 Euro. Die Zeichner der neuen Aktien zahlten im August 2002 insgesamt 200.000 Euro auf das Konto der Automotive AG bei der Money Bank AG ein. Der Habensaldo des Kontos betrug daraufhin 200.000 Euro. Kurz vor Einzahlung der 200.000 Euro hatte der G, ein Gläubiger der Automotive AG, das Konto in Höhe von 200.000 Euro gepfändet. Der entsprechende Pfändungs- und Überweisungsbeschluss ist der Automotive AG sowie der kontoführenden Bank, der Money Bank AG, Ende Juli 2002 zugestellt worden. Noch bevor der zuständige Mitarbeiter der Bank von dem Beschluss Kenntnis erlangte, verbrannte der Beschluss durch Zufall in einem Nebengebäude der Bank.

Um die Durchführung der beschlossenen Kapitalerhöhung in das Handelsregister eintragen zu können, verlangt der Vorstand der Automotive AG Anfang September 2002 von der Money Bank AG eine schriftliche Bestätigung darüber, dass die 200.000 Euro aus der Kapitalerhöhung eingezahlt worden sind. Die Money Bank AG bestätigt dies anstandslos und erklärte für das Handelsregister, dass der »eingezahlte Betrag von 200.000 Euro zur freien Verfügung des Vorstands« stehe. Die Kapitalerhöhung wird daraufhin eingetragen.

Im November 2002 eröffnet das zuständige Insolvenzgericht das Insolvenzverfahren über das Vermögen der Automotive AG. Der eingesetzte Insolvenzverwalter I möchte wissen, ob der Automotive AG gegen die Money Bank AG ein aktienrechtlicher Anspruch auf Zahlung von 200.000 Euro zusteht.

Lösungsvorschlag Fall 12

Ein aktienrechtlicher Anspruch der Automotive AG gegen die Money Bank AG könnte sich aus §§ 188 Abs. 2 S. 1 AktG i. V. m. 37 Abs. 1 S. 4 AktG ergeben. Danach ist Voraussetzung für eine Haftung der Money Bank AG, dass die abgegebene **Bankbestätigung** falsch war. Das ist dann der Fall, wenn dem Vorstand der Automotive die als Einlage eingezahlten 200.000 Euro nicht zur freien Verfügung standen.

Eine Bareinlage steht dem Vorstand **zur freien Verfügung**, wenn er über den eingezahlten Betrag ohne Einschränkungen disponieren kann.[535] Hier war die Forderung der Automotive AG gegen die Bank auf Auszahlung des Habensaldos in voller Höhe des Saldos (200.000 Euro) gepfändet. Der Vorstand der Automotive AG konnte daher nicht mehr über das Kontoguthaben verfügen (vgl. §§ 829 Abs. 1 S. 2, 835 Abs. 1 und 2, 836 Abs. 1 ZPO).[536] Die Bankbestätigung war deshalb falsch.

> **Hinweis:** Von der Frage, ob dem Vorstand eine Bareinlage zur freien Verfügung steht, ist die Problematik zu unterscheiden, ob der Vorstand vor der Anmeldung der Kapitalerhöhung auch tatsächlich über das Geld verfügen darf. Die ältere Rechtsprechung bejahte dies nur, wenn der Gesellschaft durch die Verwendung der eingezahlten Mittel ein der Einlage entsprechender Wert zugeflossen ist und dieser Wert auch noch im Zeitpunkt der Anmeldung vorhanden war (sog. **Vorbehalt wertgleicher Deckung**).[537] In der jüngeren Rechtsprechung wurden diese Beschränkungen weitgehend aufgegeben: Der Vorstand sei im Interesse der Gesellschaft berechtigt und verpflichtet, sofort über die zugeflossenen Mittel zu verfügen, da mit dem Mittelzufluss der Vorgang der Mittelaufbringung abgeschlossen sei.[538]

Eine Haftung der Money Bank ist auch nicht deshalb ausgeschlossen, weil der zuständige Mitarbeiter der Bank wegen des Unterganges des Beschlusses keine Kenntnis von dem Pfändungs- und Überweisungsbeschluss hatte. Denn nach Ansicht des BGH begründet § 37 Abs. 1 S. 4 eine **verschuldenslose Gewährleistungshaftung** für die Richtigkeit der Erklärung.[539] Auf ein Verschulden der Bank kann es wegen der gläubigerschützenden Funktion der Vorschrift nicht ankommen. Deshalb ist die Automotive AG von der Money Bank so zustellen, als ob die Bestätigung richtig gewesen wäre. Die Money Bank AG hat daher gemäß § 37 Abs. 1 S. 4 AktG 200.000 Euro an die Automotive AG zu zahlen.

> **Hinweise:** Ein weiteres Problem im Rahmen des § 37 Abs. 1 S. 2 AktG stellen die sog. **Verwendungsbindungen** dar. Darunter werden Absprachen zwischen Zeichner und Vorstand verstanden, in denen dem Vorstand konkret auferlegt wird, wie er das eingezahlte Geld zu verwenden hat, etwa um eine Schuld der AG gegenüber dem Zeichner zu begleichen. Da derartige Absprachen eine starke Nähe zur verdeckten Sacheinlage aufweisen, sollte im Zweifel die freie Verfügbarkeit des Geldes verneint werden.[540]

---

535 *Hüffer*, AktG, § 36 Rn. 8 sowie zur GmbH: BGH ZIP 2003, 211 ff.
536 Vgl. LG Flensburg GmbHR 1998, 739.
537 BGH NJW 1992, 3300, 3303.
538 BGH NZG 2002, 222, 224; ausführlich zur Problematik: *Kamanabrou*, NZG 2002, 702 ff.
539 BGHZ 113, 335, 355.
540 *Hüffer*, AktG, § 36 Rn. 9.

Fall 13
»Teures Geld«
Zwangsarbeiterentschädigung, Vorstands- und Hauptversammlungskompetenzen, Leitungsmacht

Die Netsolutions AG wurde 1995 gegründet. Unternehmensgegenstand ist die Herstellung und der Vertrieb von Internet-Software. Die AG verfügt über einen weltweiten Kundenstamm, der vor allem in den USA ansässig ist. Der jährliche Umsatz der Gesellschaft liegt bei 500 Mio. Euro, der Bilanzgewinn bei 20 Mio. Euro pro Jahr.

Zur Entschädigung der Zwangsarbeiter, die während der Herrschaft der Nationalsozialisten in der deutschen Wirtschaft tätig waren, wird von dritter Seite eine Stiftungsinitiative ins Leben gerufen. Die dieser Initiative angehörenden Unternehmen erklären sich bereit, eine vom Bund zu errichtende rechtsfähige Stiftung des öffentlichen Rechtes mit finanziellen Mitteln auszustatten. Der Umfang der Zuwendungen soll pro Unternehmen bei ca. einem Prozent des Jahresumsatzes liegen. Zweck der Stiftung ist es, Finanzmittel zur Entschädigung der ehemaligen Zwangsarbeiter bereitzustellen und US-amerikanische Sammelklagen ehemaliger Zwangsarbeiter bereits im Vorfeld zu verhindern.

Der Vorstand der Netsolutions AG hält eine einmalige finanzielle Zuwendung an die Stiftung aus moralischen Gründen wegen der »kollektiven Schuld der Deutschen« für erforderlich. Darüber hinaus ist er der Ansicht, die AG müsse sich aus marktstrategischen Gründen an der Stiftung beteiligen, weil sie einen wesentlichen Teil ihres Umsatzes in den USA erziele. Daher könne sich die AG nicht der Stiftung entziehen.

Aktionär A hält die Zuwendungen der Netsolutions AG an die Stiftung für überflüssig. Denn die Netsolutions AG sei erst 1995 gegründet worden. Sie habe mit der »ganzen Sache nichts zu tun«. Ihr drohten auch, was richtig ist, keine US-amerikanischen Sammelklagen ehemaliger Zwangsarbeiter. Außerdem sei die geforderte Stiftungsbeteiligung von einem Prozent des Umsatzes, also 5 Mio. Euro, viel zu hoch. Das Geld solle besser als Dividende an die Aktionäre ausgeschüttet werden. Der Vorstand dürfe deshalb die Zahlung an die Stiftung nicht leisten, zumindest aber habe er zuvor die Hauptversammlung um Zustimmung zu bitten.

1. Darf der Vorstand an die Stiftung zahlen?

2. Muss der Vorstand vor Zahlung an die Stiftung die Entscheidung der Hauptversammlung einholen?

Lösungsvorschlag Fall 13

Zu Frage 1:

Der Vorstand darf in die Stiftung zur Entschädigung der Zwangsarbeiter einzahlen, wenn die Zahlung seinen **aktienrechtlichen Kompetenzen** entspricht. Das ist nur dann zu bejahen, falls die Einzahlung von § 76 Abs. 1 AktG gedeckt ist. Danach hat der Vorstand die Gesellschaft unter eigener Verantwortung zu leiten.

1. Leitung

Fraglich ist zunächst, ob die Entscheidung des Vorstandes zur Zahlung in die Stiftung zur Leitung der AG gehört. Bei der Leitung handelt es sich um den Teil der Geschäftsführung, der die **Führungsfunktion** umfasst, also etwa die Unternehmensplanung, die Unternehmenskontrolle sowie die Unternehmensstrategie.[541]

Die Zahlung an die Stiftung soll hier u. a. deshalb erfolgen, um einen Imageschaden der Netsolutions AG auf dem wichtigen US-Markt zu verhindern. Es handelt sich dabei um marktstrategische Überlegungen, die über den normalen Bereich der alltäglichen Geschäftsführung hinausgehen. Es liegt damit eine Leitungsentscheidung vor.

2. Unter eigener Verantwortung

Die Einzahlung in die Stiftung ist nur dann von § 76 Abs. 1 AktG gedeckt, wenn sie auch unter »eigener Verantwortung« des Vorstandes zu erfolgen hat. **Eigene Verantwortung** bedeutet, dass der Vorstand grundsätzlich frei von Weisungen durch Hauptversammlung oder Aufsichtsrat handelt und daher die Entscheidungen nach eigenem Ermessen trifft.[542] Dieses Ermessen muss er jedoch sachgerecht ausüben. Er hat alle in der Gesellschaft und ihrem Unternehmen zusammenlaufenden Interessen bei der Entscheidung zu berücksichtigen und gegeneinander abzuwägen.

Hier verfolgt der Vorstand der Netsolutions AG mit der Einzahlung in die Stiftung neben marktstrategischen Erwägungen auch Gemeinwohlinteressen, weil er die »Kollektivschuld« der Deutschen tilgen möchte. Zu fragen ist daher, ob der Vorstand bei seiner Ermessensausübung im Rahmen des § 76 Abs. 1 AktG solche Gemeinwohlaspekte berücksichtigen darf. Dagegen spricht, dass die Verfolgung von Gemeinwohlinteressen regelmäßig, wie auch hier, nicht zum Unternehmensgegenstand einer Aktiengesellschaft gehören. Gleichwohl ist überwiegend anerkannt, dass der Vorstand bei seiner Entscheidungsfindung im Rahmen des § 76 Abs. 1 AktG auch **Gemeinwohlinteressen** beachten darf und muss.[543] Das folgt zum einen aus den Gesetzesmaterialien,[544] aber auch aus der Sozialbindung des Eigentums (vgl. Art. 14 Abs. 2 GG).[545] Darüber hinaus kann die Pflicht zur Berücksichtigung von Gemeinwohlinteressen auch aus der Existenz des § 396 AktG

---

541 *Hüffer*, AktG, § 76 Rn. 7 f.; *Raiser*, Kapitalgesellschaftsrecht, § 14 Rn. 1.
542 *Hüffer*, AktG, § 76 Rn. 11 f.; *Raiser*, Kapitalgesellschaftsrecht, § 14 Rn. 1
543 *Hüffer*, AktG, § 76 Rn. 12 (mwN), *Raiser*, Kapitalgesellschaftsrecht, § 14 Rn. 13 f. sowie Rn. 85.
544 *Hüffer*, AktG, § 76 Rn. 12 (mwN).
545 *Raiser*, Kapitalgesellschaftsrecht, § 14 Rn. 14.

abgeleitet werden. Danach droht einer Aktiengesellschaft, die das Gemeinwohl gefährdet, die Auflösung. Das bedeutet für die Ermessensausübung des § 76 AktG, dass der Vorstand nicht nur die Rentabilitätsinteressen der Aktionäre, sondern auch das Gemeinwohl zu berücksichtigen hat. Diese verschiedenen Interessen hat der Vorstand gegeneinander abzuwägen und nach den Grundsätzen der **praktischen Konkordanz** auszugleichen.[546] Dabei sind freiwillige soziale Leistungen, wie Zahlungen an Stiftungen, Fördervereine, Parteien etc. grundsätzlich nicht zu beanstanden, soweit sie sich im Rahmen der Leistungsfähigkeit des Unternehmens halten und seiner sozialen Rolle entsprechen.[547]

Die Netsolutions AG plant eine Einzahlung in eine Stiftung in Höhe von einem Prozent des Umsatzes von 500 Mio. Euro. Das entspricht einem Betrag von fünf Mio. Euro. Das erscheint bei einem jährlichen Bilanzgewinn von 20 Mio. Euro auf den ersten Blick recht hoch, bedenkt man jedoch, dass es sich um eine einmalige Zahlung handelt, die nicht nur aus gemeinwohlbezogenen, sondern auch aus marktstrategischen Erwägungen heraus erfolgt, überschreitet der Vorstand der Netsolutions AG sein Ermessen nicht. Die Stiftungszahlung ist daher von § 76 Abs. 1 AktG gedeckt.

Zu Frage 2:

Der Vorstand ist zur Vorlage der Entscheidung über die Stiftungszahlung an die Hauptversammlung verpflichtet, falls die Entscheidungskompetenz der Hauptversammlung zugewiesen ist.

I. Kompetenzzuweisung aus §§ 179 Abs. 1, 23 Abs. 3 Nr. 2 AktG i. V. m. 119 Abs. 1 Nr. 5 AktG

Die Hauptversammlung hat gemäß §§ 179 Abs. 1, 23 Abs. 3 Nr. 2 AktG der Stiftungszahlung zustimmen, wenn die Zahlung zu einer **verdeckten Änderung** des **Unternehmensgegenstandes** der Gesellschaft führt. Unternehmensgegenstand der Netsolutions AG ist die Herstellung und der Vertrieb von Software, nicht aber die Einzahlung in unternehmensfremde Stiftungen.

Hier ist zu bedenken, dass die Stiftungszahlung nur einmal erfolgen soll und keine Dauertätigkeit der Netsolutions AG darstellt. Auch gibt die AG ihr bisheriges Tätigkeitsfeld nicht auf, sodass die Stiftungszahlung keine verdeckte Änderung des Unternehmensgegenstandes darstellt. Über §§ 179 abs. 1, 23 Abs. 3 Nr. 2 AktG kann daher keine Entscheidungskompetenz der Hauptversammlung begründet werden.

II. Kompetenzzuweisung aus § 119 Abs. 1 Nr. 2 AktG

Eine Kompetenz der Hauptversammlung könnte sich aber aus § 119 Abs. 1 Nr. 2 AktG ergeben. Danach hat die Hauptversammlung über die **Verwendung des Bilanzgewinnes** zu entscheiden. Fraglich ist, ob die beabsichtigte Einzahlungen in die Stiftung darunter subsumiert werden kann. Dafür lässt sich immerhin anführen, dass durch die Stiftungszahlung der Bilanzgewinn geschmälert wird. Jedoch

---

546 *Hüffer*, AktG, § 76 Rn. 12, *Hopt*, ZGR 534, 536.
547 *Hüffer*, AktG, § 76 Rn. 14; *Mertens*, AG 2000, 157, 158; *Raiser*, Kapitalgesellschaftsrecht, § 14 Rn. 85.

ist zu bedenken, dass der Hauptversammlung in § 119 Abs. 1 Nr. 2 AktG lediglich die Kompetenz zugewiesen ist, über die Verwendung des Bilanzgewinnes zu entscheiden, nicht aber über dessen Entstehung. Die Stiftungszahlung gehört indes zum Bereich der **Gewinnentstehung** und nicht zu dem der **Gewinnverwendung**.[548] Eine Entscheidungskompetenz der Hauptversammlung aus § 119 Abs. 1 Nr. 2 AktG ist deshalb zu verneinen.[549]

III. Kompetenzzuweisung aus § 33 Abs. 1 S. 2 BGB (Zweckänderung) analog?

Gemäß § 33 Abs. 1 S. 2 BGB, der als allgemeine verbandsrechtliche Vorschrift auch auf die Aktiengesellschaft Anwendung findet, hat die Hauptversammlung jeder **Zweckänderung** der Gesellschaft zuzustimmen. Die Vorschrift wäre hier also einschlägig, wenn die Zahlung an die Stiftung zu einer (verdeckten) Zweckänderung der Netsolutions AG führen würde. Das ist zu verneinen. Denn der Zweck einer Aktiengesellschaft ist regelmäßig die Gewinnerzielung.[550] Diesen Zweck gibt die Netsolutions AG nicht bereits deshalb auf, weil sie eine einmalige Zahlung an eine Stiftung leistet.

IV. Ungeschriebene Hauptversammlungskompetenz wegen Wesentlichkeit der Entscheidung?

Eine Zustimmungspflicht der Hauptversammlung könnte jedoch aus der sog. »Holzmüller«-Doktrin folgen. Die **Rechtsgrundlage** der »Holzmüller«-Doktrin ist umstritten. Während der BGH sie in der Reduktion des in § 119 Abs. 2 AktG enthaltenen **Vorlageermessens** des Vorstandes erblicken möchte,[551] will sie ein Großteil der Literatur mit einer **Einzel- bzw. Gesamtanalogie** zu §§ 179 a AktG, 293 Abs. 2 S. 1, 319 Abs. 2 AktG bzw. zu §§ 123 ff., 125, 13, 65 UmwG begründen.[552] Ungeachtet dieses Streites ist nach der gängigen Formel der »Holzmüller-Doktrin« eine Geschäftsführungsmaßnahme jedenfalls dann vorlagepflichtig, wenn sie so tief in die Mitgliedschaftsrechte der Aktionäre eingreift, dass der Vorstand vernünftigerweise nicht annehmen kann, er dürfe sie ausschließlich in eigener Verantwortung treffen.[553] Zwar macht hier die Zahlung von fünf Mio. Euro immerhin gut ein Viertel des Gewinnes der Gesellschaft aus, sodass man durchaus einen Eingriff in den vermögensrechtlichen Bereich des Mitgliedschaftsrechtes bejahen könnte. Jedoch handelt es sich dabei um eine einmalige Zahlung, die zudem lediglich ein Prozent des Umsatzes ausmacht. Wären bereits solche Geschäfte vorlagepflichtig, würde die Hauptversammlung zu einem obersten Geschäftsführungsorgan werden. Das aber widerspricht dem aktienrechtlichen Leitbild von der alleinigen Geschäftsführungskompetenz des Vorstandes.[554] Daher kann die hier geplante Zahlung nicht »holzmüllerpflichtig« sein. Sie muss nicht der Hauptversammlung vorgelegt werden.

---

548 A. A. jedoch *Philipp*, AG 2001, 62, 65.
549 *Mertens*, AG 2000, 157, 159 f.
550 Vgl. *Hüffer*, AktG, § 23 Rn. 22.
551 BGHZ 83, 122, 130 f. (»Holzmüller«).
552 *Habersack*, in Emmerich / Habersack, Konzernrecht, Vor. § 311 Rn. 16 (mwN); *Raiser*, Kapitalgesellschaftsrecht, § 16 Rn. 13.
553 BGHZ 83, 122, 131 (»Holzmüller«); zu den in der Literatur vorgenommenen Konkretisierungen dieser »Holzmüller«-Formel, oben Fall 7 (Aktienrecht).
554 *Mertens*, AG 2000, S. 157, 161.

Literaturhinweis: *Mertens*, AG 2000, 157 ff.; *Philipp*, AG 2000, 62 ff.; sowie allgemein zur Problematik der Zulässigkeit von Unternehmensspenden: *Fleischer*, AG 2001, 171 ff.

3. Kapitel:
Fälle zum Konzernrecht

Fall 1
»Einflussreiche Macht«
Unternehmensbegriff bei Beteiligung der öffentlichen Hand

A ist Aktionär der Promotion AG. Er hält zwei Prozent der Aktien. Daneben ist das Bundesland N an der Gesellschaft mit 20 % beteiligt. Der Rest der Anteile befindet sich im Streubesitz. Das Land N hat zudem zwei Aufsichtsratsposten der Gesellschaft inne. Beteiligungen an anderen Unternehmen hält das Land N nicht. Die durchschnittliche Präsenz auf den Hauptversammlungen der Promotion AG liegt bei 30 % des Grundkapitals. A vermutet deshalb, dass das Land N, obwohl es nur eine Beteiligung von 20 % hält, einen dominanten Einfluss auf die Geschicke der Gesellschaft ausübt. Er fordert den Vorstand auf, in angemessener Frist einen Abhängigkeitsbericht zu erstellen.

Hat der Vorstand der Promotion AG einen solchen Bericht zu erstellen?

Lösungsvorschlag Fall 1

Die Promotion AG könnte gemäß § 312 Abs. 1 S. 1 AktG zur Erstellung eines Abhängigkeitsberichtes verpflichtet sein. Dann müsste die Promotion AG als abhängiges Unternehmen anzusehen sein. Des weiteren dürfte kein Beherrschungsvertrag zwischen dem Land N und der Promotion AG bestehen.

1. Kein Beherrschungsvertrag

Ein Beherrschungsvertrag zwischen der Promotion AG und dem Land N besteht nicht.

2. Abhängiges Unternehmen

Eine Pflicht der Promotion AG zur Erstellung eines Abhängigkeitsberichtes ist gemäß § 312 Abs. 1 S. 1 AktG nur zu bejahen, wenn die Promotion AG ein **abhängiges Unternehmen** ist. Der Begriff des abhängigen Unternehmens ist in **§ 17 AktG** definiert.

a) Abhängigkeitsvermutung des § 17 Abs. 2 AktG

Die Abhängigkeitsvermutung des **§ 17 Abs. 2 AktG** greift hier nicht ein, weil das Land N nur 20% der Anteile hält und deshalb die Promotion AG nicht im Mehrheitsbesitz des Landes N steht (§ 16 Abs. 1 Alt. 1 AktG).

b) Abhängigkeit kraft Einflussnahmemöglichkeit (§ 17 Abs. 1 AktG)

Die Promotion AG könnte jedoch gemäß **§ 17 Abs. 1 AktG** ein abhängiges Unternehmen darstellen, wenn (1.) die Promotion AG ein rechtlich selbstständiges Unternehmen ist, (2.) das Land N als **Unternehmen im konzernrechtlichen Sinne** einzustufen ist und (3.) das Land N einen beherrschenden Einfluss auf die Promotion AG ausüben kann.

(1) Promotion AG als rechtlich selbstständiges Unternehmen

Die Promotion AG müsste zunächst gemäß § 17 Abs. 1 AktG ein rechtlich selbstständiges Unternehmen sein. Sinn und Zweck dieses Tatbestandsmerkmal ist es, rechtlich unselbstständige Vermögensmassen, wie etwa bloße Betriebsabteilungen, aus dem Anwendungsbereich des § 17 AktG herauszunehmen. Daher kann nur eine **rechtlich verselbstständigte Vermögenseinheit** ein abhängiges Unternehmen sein. Das ist bei der Promotion AG unproblematisch der Fall. Denn ihr kommt als Aktiengesellschaft eine eigene Rechtspersönlichkeit zu (vgl. § 1 Abs. 1 S. 1 AktG).

(2) Unternehmen im konzernrechtlichen Sinne

Um eine Abhängigkeit der Promotion AG gemäß § 17 Abs. 1 AktG begründen zu können, müsste weiterhin das Land N als **herrschendes Unternehmen** im konzernrechtlichen Sinne anzusehen sein. Der Begriff des herrschenden Unternehmens wird anders definiert als der des abhängigen Unternehmens. Ausreichend ist nicht, dass das herrschende Unternehmen eine rechtlich verselbstständigte Vermögenseinheit ist. Herrschend ist vielmehr nur ein solcher Gesellschafter, der neben seiner Beteiligung an der AG **anderweitige wirtschaftliche Interessenbindungen** verfolgt, die nach Art und Intensität die ernsthafte Sorge begründen, er könne wegen dieser Bindung seinen aus der Mitgliedschaft folgenden Einfluss auf die AG zu deren Nachteil ausüben (sog. **konzernrechtlicher Unternehmensbegriff**).[555]

Hier hält das Land N keine weiteren Beteiligungen als die an der Promotion AG. Es verfügt deshalb außerhalb der AG über keine anderweitigen wirtschaftlichen Interessenbindungen. An sich ist daher das Land N kein herrschendes Unternehmen. Jedoch ist zu bedenken, dass Körperschaften und Anstalten des öffentlichen Rechts neben bestimmten wirtschaftlichen Interessen vor allem öffentliche Interessen verfolgen. Allein die Verfolgung **öffentlicher Interessen** kann aber die Sorge begründen, dass die öffentliche Hand ihren mitgliedschaftlichen Einfluss dafür ausnutzen wird, die öffentlichen Interessen einseitig zu Lasten der Gesellschaft zu fördern. Damit besteht der typische Konzernkonflikt, der dem Unternehmensbegriff zu Grunde liegt, auch hier. Deshalb sind **Körperschaften und Anstalten des öffentlichen Rechts** bereits dann als herrschende Unternehmen anzusehen, wenn sie lediglich an einem einzigen Unternehmen beteiligt sind.[556] Das Land N ist folglich Unternehmen im konzernrechtlichen Sinne.

(3) Einflussnahmemöglichkeit

Eine Abhängigkeit besteht gemäß § 17 Abs. 1 AktG nur, wenn das herrschende Unternehmen in der anderen Gesellschaft einen beherrschenden Einfluss ausüben kann. Ausreichend ist die **Möglichkeit der Einflussnahme**. Der Einfluss muss nicht tatsächlich ausgeübt werden. Die Einflussnahmemöglichkeit muss aber **gesellschaftsrechtlich begründet** sein.[557] Lieferantenverträge o. ä. reichen nicht aus.

Hier hält das Land N zwar weniger als 50 % der Anteile, was gegen eine Beherrschungsmöglichkeit spricht, jedoch ist zu bedenken, dass die **Hauptversammlungspräsenz** bei stets nur ca. 30 % des Grundkapitals liegt. Damit reicht hier die 20 %ige Beteiligung des Landes N aus, um Beschlüsse, die eine einfache Stimmen- und Kapitalmehrheit erfordern, durchzusetzen. Hinzu kommt, dass N über zwei Aufsichtsratsmandate verfügt, aus denen zusätzliche Einflussnahmemöglichkeiten resultieren. Insgesamt gesehen kann N deshalb einen beherrschenden Einfluss auf die Gesellschaft ausüben.

(4) Ergebnis

Die Promotion AG ist somit ein abhängiges Unternehmen i. S. v. § 17 Abs. 1 AktG. Der Vorstand hat gemäß **§ 312 Abs. 1 AktG** einen Abhängigkeitsbericht zu erstellen.

---

555 BGH NJW 1997, 1855, 1856 = BGHZ 135, 107, 113; *Emmerich/Sonnenschein/Habersack*, Konzernrecht, S. 32; *Raiser*, Kapitalgesellschaftsrecht, § 51 Rn. 4 ff.

556 BGH NJW 1997, 1855, 1856 = BGHZ 135, 107, 113; *Emmerich/Sonnenschein/Habersack*, Konzernrecht, S. 38 f.; *Raiser*, Kapitalgesellschaftsrecht, § 51 Rn. 8.

557 *Emmerich/Sonnenschein/Habersack*, Konzernrecht, S. 47; *Hüffer*, AktG, §17 Rn. 4; *Raiser*, Kapitalgesellschaftsrecht, § 51 Rn. 16

Hinweis: Die Erstellung eines Abhängigkeitsberichtes bezweckt, den Aktionären die Möglichkeit zu geben, das Bestehen von Schadensersatzansprüchen (§§ 317 f. AktG) gegen das herrschende Unternehmen zu prüfen.[558]

---

558   *Emmerich/Sonnenschein/Habersack*, Konzernrecht, S. 420.

Fall 2
»Knappe Kasse«
Vertragskonzern, Zulässigkeit existenzgefährdender Weisungen, Haftung des herrschenden Unternehmens

Die Y-AG wird von der Z-AG mittels Gewinnabführungs- und Beherrschungsvertrages geleitet. Um ein größeres Bauprojekt zu finanzieren, weist die Z-AG den Vorstand der Y-AG an, ihr gesamtes Anlagevermögen am Markt zu veräußern und den Verkaufserlös zusammen mit den sonstigen liquiden Mitteln an die Z-AG in Form eines fünfjährigen, unkündbaren Darlehens abzuführen.

Kurz nach Auszahlung des »Darlehens« kann die Y-AG wegen der ihr nunmehr fehlenden Liquidität ihre Verbindlichkeiten nicht mehr erfüllen. Die Insolvenz der Gesellschaft kann nur abgewendet werden, weil es der Y-AG nach zähen und langwierigen Verhandlungen gelingt, bei der Bank B einen einjährigen Kredit mit 15 prozentiger Verzinsung aufzunehmen. Diese Zinsen möchte der Vorstand der Y-AG von der Z-AG ersetzt bekommen. Die Y-AG habe nämlich den Kredit nur deshalb aufnehmen müssen, weil sie aufgrund der Weisung der Z-AG ihre gesamte Liquidität an die Z-AG abgeführt habe.

Ist eine Schadensersatzforderung der Y-AG gegen die Z-AG im Hinblick auf die Zinszahlungen begründet? (Hinweis: Es davon auszugehen, dass der Kredit der Bank B nicht sittenwidrig ist.)

Lösungsvorschlag Fall 2

Die Forderung der Y-AG auf Zahlung des Zinsschadens ist begründet, wenn der Y-AG gegen die Z-AG ein entsprechender Schadensersatzanspruch zusteht.

I. Anspruch aus § 309 AktG

Ein Anspruch aus § 309 AktG scheidet aus, weil sich dieser Anspruch nur gegen die gesetzlichen Vertreter des herrschenden Unternehmens richtet,[559] nicht aber gegen das herrschende Unternehmen selbst.

II. Anspruch aus § 280 Abs. 1 BGB (pVV) i. V. m. Beherrschungsvertrag

1. Anwendbarkeit der pVV

Fraglich ist zunächst, ob hier überhaupt eine Haftung aus § 280 Abs. 1 BGB (pVV) in Betracht kommt. Das könnte zu verneinen sein, wenn sich die Haftung des herrschenden Unternehmens bereits aus einer **analogen Anwendung des § 309 AktG** ergibt. Dann wäre wegen der **Spezialität** des § 309 AktG ein Rückgriff auf § 280 BGB versagt. Eine analoge Anwendung des § 309 AktG setzt jedoch eine Gesetzeslücke voraus. Eine solche ist hier zu verneinen. Denn die Regierungsbegründung zum Aktiengesetz ging von einer Haftung des herrschenden Unternehmens nach den allgemeinen Regeln aus, mithin nach den Regeln der pVV bzw. des § 280 BGB. Daher ist eine analoge Anwendung des § 309 AktG abzulehnen, sodass sich die Haftung des herrschenden Unternehmens allein nach § 280 BGB i. V m. dem Beherrschungsvertrag (pVV) richtet.[560]

2. Pflichtverletzung

Bei der Frage der Sorgfaltspflichtverletzung ist nicht auf den allgemeinen zivilrechtlichen Sorgfaltsmaßstab des § 276 BGB abzustellen, sondern die spezielle aktienrechtliche Regelung des **§ 309 Abs. 1 AktG** entsprechend heranzuziehen. Danach haben die gesetzlichen Vertreter des herrschenden Unternehmens bei der Erteilung von Weisungen die Sorgfalt eines ordentlichen und gewissenhaften Geschäftsleiters anzuwenden. Fraglich ist, ob hier der Vorstand der Z-AG bei der Erteilung der Weisung diesen Sorgfaltsmaßstab verletzt hat. Das ist jedenfalls dann zu bejahen, wenn die Weisung der Z-AG nicht vom Weisungsrecht des § 308 Abs. 1 AktG gedeckt war. Denn rechtswidrige Weisungen können aus Gründen der Einheit der Rechtsordnung nicht zugleich Weisungen sein, die den Pflichten eines ordentlichen und gewissenhaften Geschäftsleiters entsprechen. Zu problematisieren ist deshalb, ob die Weisung der Z-AG von § 308 AktG umfasst war. Nach dieser Vorschrift ist der Vorstand des herrschenden Unternehmens berechtigt, dem anderen Vorstand Weisungen, auch nachteilige, zu erteilen. Bei reiner Wortlautinterpretation könnte demnach hier von der Zulässigkeit der Weisung ausgegangen werden, weil der Wortlaut des § 308 keine Einschränkungen des Weisungsrechtes kennt. Jedoch ist zu bedenken, dass die Weisung die Y-AG in ih-

---

559   Vgl. *Raiser*, Kapitalgesellschaftsrecht, § 54 Rn. 43.
560   *Altmeppen*, in MüKo-AktG; Anm. 138 zu § 309; *Emmerich/Sonnenschein/Habersack*, Konzernrecht, S. 377; *Geßler*, in Geßler / Hefermehl / Eckardt / Kropff, AktG, § 309 Rn. 47 ff. und wohl auch *Raiser*, Kapitalgesellschaftsrecht, § 54 Rn. 43.

rer Existenz bedrohte. Ob auch solche **existenzgefährdende Weisungen** von § 308 Abs. 1 AktG gedeckt sind, ist strittig. Teilweise werden existenzgefährdende Weisungen für zulässig gehalten. Denn § 308 Abs. 1 AktG erfasse nachteilige und damit auch existenzgefährdende Weisungen.[561] Dem ist entgegenzuhalten, dass die §§ 300 ff. AktG, vor allem aber § 303 AktG, den Fortbestand der abhängigen Gesellschaft voraussetzen. Deshalb können existenzgefährdende Weisungen nicht zulässig sein.[562] Da hier eine existenzgefährdende Weisung vorliegt, ist deren Erteilung nicht von § 308 Abs. 1 AktG gedeckt und damit unzulässig. Der Vorstand der Z-AG, dessen Handeln der Z-AG gemäß **§ 31 BGB** zuzurechnen ist,[563] hat deshalb seine Sorgfaltspflichten verletzt.

3. Verschulden

Wegen der Verschuldensvermutung des § 280 Abs. 1 S. 2 BGB ist hier von einem schuldhaften Verhalten (§ 276 BGB, § 309 Abs. 1 AktG) des Vorstandes der Z-AG auszugehen.

4. Umfang des Schadens

Fraglich ist der Umfang des Schadens, den die Z-AG gemäß §§ 249 ff. BGB der Y-AG zu ersetzen hat. Hier könnte daran gedacht werden, den Umfang des Schadens **mit Null** anzusetzen, weil bei der abhängigen Gesellschaft möglicherweise kein Schaden entstanden ist.[564] Daher hinter steht der Gedanke, dass neben einem Beherrschungsvertrag i. d. R. ein Gewinnabführungsvertrag besteht und sich demzufolge der an das herrschende Unternehmen abzuführende Gewinn um die durch die Weisung verursachte Gewinnminderung entsprechend verringert bzw. sich der im Falle eines Jahresfehlbetrages von dem herrschenden Unternehmen zu leistende Verlustausgleich (§ 302 AktG) entsprechend erhöht. Bei konsequenter Anwendung der **Differenzhypothese** (§ 249 S. 1 BGB) könnte es deshalb in der Tat zu einem Entfall des Schadens des abhängigen Unternehmens kommen. Dem ist jedoch entgegenzuhalten, dass neben einem Beherrschungsvertrag nicht zwangsläufig immer ein Gewinnabführungsvertrag bestehen muss. Hinzu kommt, dass der Anspruch auf Verlustausgleich erst am Jahresende fällig wird. Der abhängigen Gesellschaft aber ist es nicht zumuten, bis zum Jahresende auf den Ausgleich des Schadens zu warten. Denn bis dahin können sowohl herrschendes als auch abhängiges Unternehmen schon längst insolvent sein. Deshalb ist der Schaden der Y-AG nicht mit Null, sondern mit der Höhe der Zinszahlungen anzusetzen, die die Y-AG wegen der Kreditaufnahme zu leisten hatte.

II. Ergebnis

Die Y-AG steht gegen die Z-AG ein Anspruch auf Ersatz des Zinsschadens aus § 280 BGB (pVV) i. V. m. Beherrschungsvertrag zu.

---

561 Vgl. die Nachweise bei *Hüffer* § 308 Rn. 19
562 OLG Düsseldorf AG 1990, 490, 492; *Emmerich/Sonnenschein/Habersack*, Konzernrecht, S. 370 (mwN); *Raiser*, Kapitalgesellschaftsrecht, § 54 Rn. 34 (mwN).
563 Vgl. *Raiser*, Kapitalgesellschaftsrecht, § 54 Rn. 43.
564 *Krieger*, in MünchHdb. Gesellschaftsrecht, Bd. 4, Aktiengesellschaft, § 70 Rn. 143, zum Streitstand: *Hüffer* AktG, § 309 Rn. 18.

Fall 3
»Gestörtes Verhältnis«
Wirksamkeitsvoraussetzungen von Unternehmensverträgen im GmbH-Konzern, »Supermarktbeschluss«, fehlerhafter Unternehmensvertrag, Fälligkeit des Verlustausgleiches, actio pro socio

Die P-GmbH produziert Messgeräte für den industriellen Einsatz. Sie ist an der V-GmbH, die den Vertrieb der Produkte übernimmt, mit 60 % beteiligt. Die übrigen Anteile an der V-GmbH halten der B mit 35 % sowie der A mit 5 %.

Aus steuerlichen Gründen schließen beide Gesellschaften am 1. Januar 2001, jeweils vertreten durch ihre Geschäftsführer, einen schriftlichen Gewinnabführungs- und Beherrschungsvertrag zugunsten der P-GmbH ab. Ausgleich- und Abfindungsregelungen für die außenstehenden Gesellschafter der P-GmbH enthält der Vertrag nicht.

Alle Gesellschafter der P-GmbH stimmen per Beschluss dem Vertrag zu. Auch in der V-GmbH erfolgt ein Zustimmungsbeschluss. Für den Abschluss des Vertrages stimmen die P-GmbH, vertreten durch deren Geschäftsführer G, sowie der B. Der A stimmt dagegen. In beiden Gesellschaften werden die Beschlüsse schriftlich gefasst, aber nicht notariell beurkundet. Es erfolgt keine Eintragung bzw. Einreichung der Zustimmungsbeschlüsse sowie des Unternehmensvertrages zum jeweiligen Register der beiden GmbHs.

Im Laufe des Jahres erteilt der Geschäftsführer der P-GmbH, der G, dem Geschäftsführer der V-GmbH, dem V, aufgrund des Beherrschungsvertrages mehrere Weisungen, die V auch ausführt. Im Geschäftsjahr 2001 erwirtschaftet die V-GmbH einen Gewinn in Höhe von einer Million Euro. Der Gewinn wird entsprechend den Regeln des Gewinnabführungs- und Beherrschungsvertrages vollständig an die P-GmbH abgeführt.

Während des Jahres 2002 verschlechtert sich die geschäftliche Situation der V-GmbH erheblich. Die Rücklagen der V-GmbH werden vollständig aufgebraucht. Die V-GmbH, die von der P-GmbH auch im Jahr 2002 zahlreiche Weisungen erhalten hat, schließt das Geschäftsjahr 2002 zum Bilanzstichtag 31. Dezember 2002 mit einem Jahresfehlbetrag von 5 Millionen Euro ab. Das Stammkapital bleibt unversehrt. Der Jahresabschluss der V-GmbH für das Jahr 2002 ist von den Gesellschaftern noch nicht förmlich festgestellt.

Fragen:

1. Besteht nach Ablauf des Geschäftsjahres 2002 ein Anspruch der V-GmbH gegen die P-GmbH auf Barausgleich des Jahresfehlbetrages?

2. Angenommen, ein solcher Anspruch besteht, könnte der A diesen Anspruch auch im eigenem Namen für die V-GmbH geltend machen, falls V sich weigern sollte, den Anspruch durchzusetzen?

(Bearbeiterhinweis: Die Möglichkeit einer gewillkürten Prozessstandschaft soll außer Betracht bleiben)

Lösungsvorschlag Fall 3

Zu Frage 1:

A. Anspruch aus § 302 Abs. 1 AktG

Ein Anspruch auf Barausgleich gemäß § 302 Abs. 1 AktG scheidet aus. Denn § 302 AktG ist nur dann unmittelbar anwendbar, wenn die abhängige Gesellschaft eine AG oder eine KGaA ist, nicht aber, wie hier, eine GmbH. Das ergibt sich aus dem systematischen Zusammenhang des § 302 AktG mit § 291 Abs. 1 S. 1 AktG.

B. Anspruch auf Ausgleich des Jahresfehlbetrages aus § 302 Abs. 1 AktG analog

Nach herrschender Meinung findet § 302 AktG auf den GmbH-Vertragskonzern analoge Anwendung, weil die Interessenlage im Hinblick auf die Notwendigkeit eines effektiven Gläubigerschutzes mit dem Aktienkonzern vergleichbar ist.[565] Voraussetzung ist jedoch, dass ein wirksamer Gewinnabführungsvertrag besteht.

I. Zulässigkeit von Gewinnabführungs- und Beherrschungsverträgen

Bei Gewinnabführungs- und Beherrschungsverträgen handelt es sich nicht um rein schuldrechtliche, sondern um **organisationsrechtliche Verträge,** die wegen der Verlustausgleichspflicht (§ 302 AktG analog) sowie wegen des Übergangs des Weisungsrechts (§ 308 AktG analog) auf das herrschende Unternehmen tief in das Grundgefüge sowohl der beherrschten als auch der herrschenden Gesellschaft eingreifen. Anders als im AktG ist im GmbH-Recht die Zulässigkeit solcher Verträge nicht ausdrücklich geregelt. Gleichwohl besteht **Einigkeit,** dass aufgrund der **Vertragsfreiheit** auch im GmbH-Recht Gewinnabführungs- und Beherrschungsverträge zulässig sind.[566] Davon gehen auch die § 15 AktG sowie die §§ 14, 17 KStG aus.[567]

II. Wirksamer Vertragsschluss

Ein wirksamer Gewinnabführungsvertrag setzt gemäß §§ 145 ff. BGB zwei **übereinstimmende Willenserklärungen** voraus. Hier haben V und G als Geschäftsführer der beiden GmbHs gemäß § 164 BGB i. V. m. § 35 GmbHG die entsprechenden Erklärungen im Namen der Gesellschaften abgegeben.

1. Vertretungsmacht

Fraglich ist jedoch, ob die Geschäftsführer auch Vertretungsmacht hatten. Grundsätzlich steht den Geschäftsführern einer GmbH gemäß § 35 Abs. 1 GmbHG unbeschränkte Vertretungsmacht zu. Hier aber wurde ein Gewinnabführungs- und Beherrschungsvertrag abgeschlossen. Ein solcher **organisationsrechtlicher Vertrag** greift tief in die Organisationsstruktur der beteiligten Gesellschaften ein. So

---

565 BGH GmbHR 1999, 1299; *Raiser,* Kapitalgesellschaftsrecht, § 54 Rn. 51; *Zöllner,* in: Baumbach / Hueck, GmbHG, GmbH-KonzernR, Rn. 77.
566 *Emmerich/Sonnenschein/Habersack,* Konzernrecht, S. 481 f.; *Raiser,* Kapitalgesellschaftsrecht, § 54 Rn. 11 (mwN).
567 *Zöllner,* in Baumbach / Hueck, GmbHG, GmbH-KonzernR, Rn. 36.

wird wegen der Gewinnabführung das Dividendenrecht der außenstehenden Gesellschafter faktisch aufgehoben.[568] Auch geht die Weisungskompetenz der Gesellschafterversammlung auf die herrschende Gesellschaft über. Die Gesellschaft ändert mithin ihren Zweck. Sie wird allein auf die Interessen der herrschenden Gesellschaft ausgerichtet. Daher hat ein Gewinn- und Beherrschungsvertrag satzungsändernde oder besser **satzungsüberlagernde Wirkung**.[569] Deshalb kann der Abschluss eines Gewinnabführungs- und Beherrschungsvertrages nicht mehr von der Vertretungsmacht des Geschäftsführers einer beherrschten GmbH gedeckt sein. Er bedarf zu seiner Wirksamkeit der Zustimmung der Gesellschafterversammlung.[570]

Ebenso beschränkt ist die Vertretungsmacht der Geschäftsführer der herrschenden GmbH. Auch dort ist der Abschluss eines Unternehmensvertrages **nicht** von deren **Vertretungsmacht** umfasst und bedarf der **Zustimmung** der Gesellschafterversammlung.[571] Zwar wird durch den Abschluss eines Gewinnabführungs- und Beherrschungsvertrages nicht in das Gewinnbezugsrecht der Gesellschafter der herrschenden Gesellschaft eingegriffen, jedoch ist auch im GmbH-Recht die **Wertung des § 293 Abs. 2 AktG** zu berücksichtigen. Denn es ist kein Grund ersichtlich, warum die Gesellschafter einer herrschenden GmbH bei Abschluss eines Gewinnabführungs- und Beherrschungsvertrages weniger schutzwürdiger sein sollen als die einer herrschenden AG.[572] Zudem ist zu bedenken, dass der Abschluss eines Gewinnabführungs- und Beherrschungsvertrages für die herrschende Gesellschaft die unangenehme Konsequenz hat, für alle während der Vertragsdauer entstehenden Verluste der abhängigen Gesellschaft einstehen zu müssen (§ 302 AktG analog). Das kann bis zur Existenzvernichtung der herrschenden Gesellschaft führen.[573] Auch deshalb bedarf die Wirksamkeit eines Gewinnabführungs- und Beherrschungsvertrages der Zustimmung der Gesellschafterversammlung der herrschenden Gesellschaft.

2. Zustimmungsbeschlüsse

Fraglich ist, welche formellen Anforderungen an die in beiden Gesellschaften erforderlichen Zustimmungsbeschlüssen zu stellen sind

a) Zustimmungsbeschluss der beherrschten Gesellschaft (V-GmbH)

(1) Mehrheitserfordernisse

Problematisch ist zunächst, welche Mehrheitserfordernisse für den Zustimmungsbeschluss der beherrschten GmbH zu beachten sind. Anerkennt man, dass ein Gewinnabführungs- und Beherrschungsvertrag **satzungsüberlagernde Wirkung** hat, liegt es nahe, eine satzungsändernde Mehrheit entsprechend **§ 53**

---

568 BGHZ 105, 324, 331 (»Supermarkt«); *Emmerich/Sonnenschein/Habersack*, Konzernrecht, S. 481 ff.; *Raiser*, Kapitalgesellschaftsrecht, § 54 Rn. 26.

569 BGHZ 105, 324, 338; *Emmerich/Sonnenschein/Habersack*, Konzernrecht, S. 482 f.

570 BGHZ 105, 324, 331 f.; *Emmerich/Sonnenschein/Habersack*, Konzernrecht, S. 482 (mwN); *Raiser*, Kapitalgesellschaftsrecht, § 54 Rn. 26.

571 BGHZ 105, 324, 336 (»Supermarkt«); *Emmerich/Sonnenschein/Habersack*, Konzernrecht, S. 486 f.; *Raiser*, Kapitalgesellschaftsrecht, § 54 Rn. 26.

572 BGHZ 105, 324, 335; *Zöllner*, in Baumbach / Hueck, GmbHG, GmbH-KonzerR, Rn. 41.

573 BGHZ 105, 324, 336; *Emmerich/Sonnenschein/Habersack*, Konzernrecht, S. 486.

Abs. 2 GmbHG zu verlangen. Überwiegend wird eine solche Mehrheit aber als nicht ausreichend angesehen. Denn die Gesellschaft ändere durch den Abschluss des Gewinnabführungs- und Beherrschungsvertrags ihren Zweck, weil sie vollständig auf die Interessen der herrschenden Gesellschaft ausgerichtet werde. Eine Zweckänderung bedürfe jedoch entsprechend § 33 Abs. 1 S. 2 BGB der **Zustimmung aller Gesellschafter**. Das folge auch aus dem Rechtsgedanken des § 53 Abs. 3 GmbHG, wonach eine Vermehrung der den Gesellschaftern nach dem Gesellschaftsvertrag obliegenden Leistungen nur mit Zustimmung aller Gesellschafter beschlossen werden kann. Daher müssten auch dem Abschluss eines Gewinnabführungs- und Beherrschungsvertrages sämtliche Gesellschafter zustimmen.[574] Bei einer solchen Auslegung des Gesetzes werden jedoch die § 293 Abs. 1, 2 AktG sowie das Umwandlungsgesetz verkannt. Beide Regelungsmaterien zeigen nämlich, dass an Strukturänderungen keine höheren Anforderungen zu stellen sind als eine **satzungsändernde Mehrheit**. Richtig ist zwar, dass die Minderheit geschützt werden muss, doch kann dieser Schutz statt durch Statuierung eines Einstimmigkeitserfordernisses ebenso gut über eine **analoge Anwendung der §§ 304, 305 AktG** erreicht werden.[575]

Hier haben sowohl die P-GmbH, vertreten durch G, als auch der B dem Abschluss des Vertrages zugestimmt. Da beide zusammen 90 % der Stimmrechte auf sich vereinen, scheint hier eine satzungsändernde Mehrheit vorzuliegen. Die P-GmbH könnte bei der Abstimmung indes einem Stimmverbot unterlegen haben. Für einen Stimmrechtsausschluss der P-GmbH spricht hier der Wortlaut des § 47 Abs. 4 S. 2 Alt. 1 GmbH.[576] Danach ist ein Gesellschafter bei der Beschlussfassung, die ein Rechtsgeschäft zwischen ihm und der Gesellschaft betrifft, von der Abstimmung ausgeschlossen. § 47 Abs. 4 S. 2 Alt. 1 GmbH erfasst jedoch keine Beschlüsse, die innere Angelegenheiten der Gesellschaft betreffen. Denn bei solchen Angelegenheiten muss dem **Partizipationsinteresse** eines jeden Gesellschafters der **Vorrang** gegenüber dem von § 47 Abs. 4 S. 2 Alt. 1 GmbH bezweckten Schutz vor Interessenkollisionen gebühren.[577] Folglich greift bei einer Abstimmung über einen Gewinnabführungs- und Beherrschungsvertrag das Stimmverbot des § 47 Abs. 4 S. 2 Alt. 1 GmbH nicht ein.[578] Demnach unterlag die P-GmbH bei der Abstimmung über den Gewinnabführungs- und Beherrschungsvertrag keinem Stimmverbot.

(2) Notarielle Beurkundung und Eintragung

Die oben aufgezeigte satzungsändernde bzw. -überlagernde Wirkung eines Gewinnabführungs- und Beherrschungsvertrages gebietet die analoge Anwendung der in §§ 53, 54 GmbHG aufgestellten Formvorschriften. Das gilt insbesondere für das **Beurkundungserfordernis** des § 53 Abs. 2 S. 1 GmbHG sowie für die **Registereintragung** gem. § 54 Abs. 3 GmbHG. Dagegen könnte zwar eingewandt werden, § 17 KStG verlange weder eine Registereintragung noch eine notarielle Beurkundung für die Anerkennung eines Gewinn- und Beherrschungsvertrages, je-

---

574 *Emmerich/Sonnenschein/Habersack,* Konzernrecht, S. 485; *Raiser,* Kapitalgesellschaftsrecht, § 54 Rn. 26; *Zöllner,* in Baumbach / Hueck, GmbHG, GmbH-KonzernR, Rn. 39.
575 *Lutter/Hommelhoff,* GmbHG, Anh. § 13 Rn. 64 sowie Rn 66.
576 So etwa *Zöllner,* in Baumbach / Hueck, GmbHG, GmbH-KonzernR, Rn. 40 (mwN).
577 *Lutter/Hommelhoff,* GmbHG, § 47 Rn. 24.
578 BGHZ 105, 324, 332 (»Supermarkt«); *Emmerich/Sonnenschein/Habersack,* Konzernrecht, S. 485 (mwN).

doch gilt das nur für die steuerliche, nicht aber für die gesellschaftsrechtliche Wirksamkeit solcher Verträge.[579] Zu beachten ist zudem, dass die Änderung der Satzung gemäß § 53 Abs. 2 GmbHG nicht nur aus **Beweissicherungsgründen**, sondern auch zu Zwecken der **Prüfung** und **Belehrung** der notariellen Beurkundung unterliegt. Dieser Rechtsgedanke trifft wegen der satzungsüberlagernden Funktion eines Gewinnabführungs- und Beherrschungsvertrages auch auf die jeweiligen Zustimmungsbeschlüsse zu. Das gleiche gilt für die registergerichtliche **Kontroll- und Publizitätsfunktion** des § 54 Abs. 3 GmbHG. Deshalb bedarf der Zustimmungsbeschluss der beherrschten Gesellschaft zu seiner Wirksamkeit sowohl der notariellen Beurkundung als auch der Eintragung in das Handelsregister.[580] Bei der Anmeldung zum Handelsregister sind außerdem aus Informationsgründen analog § 294 Abs. 1 S. 2 AktG der Zustimmungsbeschluss der herrschenden Gesellschaft sowie der Unternehmensvertrag beizufügen.[581]

Hier erfolgte weder eine notarielle Beurkundung noch eine Anmeldung des Zustimmungsbeschlusses bzw. des Unternehmensvertrages zum Handelsregister. Der Zustimmungsbeschluss ist daher analog § 241 Nr. 2 AktG nichtig.

Hinweise:

Hält man entgegen der hier vertretenen Ansicht den Zustimmungsbeschluss für wirksam, stellt sich die Frage, ob der Zustimmungsbeschluss einer sachlichen Rechtfertigung bedarf (sog. **materielle Beschlusskontrolle**).[582] Das wird anhand einer Zwei-Schritt-Prüfung ermittelt:[583] Im ersten Schritt wird gefragt, ob mit dem Beschluss ein schwerer Eingriff in das Mitgliedschaftsrecht der Gesellschafter verbunden ist; im zweiten, ob der Gesetzgeber die dann erforderliche Abwägung nicht bereits selbst vorgenommen hat. Bei Bejahung einer gesetzlichen Abwägungsentscheidung kommt eine materielle Beschlusskontrolle trotz Vorliegens eines schweren Eingriffs nicht in Betracht.

Hier wird zwar durch das Inkrafttreten des Gewinnabführungs- und Beherrschungsvertrages erheblich in die Mitgliedschaftsrechte der Gesellschafter, vor allem in das Gewinnbezugsrecht, eingegriffen, jedoch sind die außenstehenden Gesellschafter durch die oben befürwortete analoge Anwendung der Ausgleichs- und Abfindungsvorschriften (§§ 304, 305 AktG) ausreichend geschützt. Einen darüberhinausgehenden Schutz durch die materielle Beschlusskontrolle ist daher nicht geboten.[584]

579 BGHZ 105, 324, 339 f. (»Supermarkt«).
580 *Emmerich/Sonnenschein/Habersack*, Konzernrecht, S. 483; *Raiser*, Kapitalgesellschaftsrecht, § 54 Rn. 18 sowie Rn. 30.
581 BGHZ 105, 324, 338, 342 (»Supermarkt«); NJW 1992, 1452, 1453 (»Siemens«); *Emmerich/ Sonnenschein/Habersack*, Konzernrecht, S. 483.
582 Zur materiellen Beschlusskontrolle bereits oben, Fall 3 (Aktienrecht).
583 BGHZ 71, 40, 45 (»Kali+Salz«); jüngst: BGHZ 138, 71, 76 (»Sachsenmilch«); *Raiser*, Kapitalgesellschaftsrecht, § 16 Rn. 163.
584 *Hüffer*, AktG, § 243 Rn. 26 f. (mwN); *Lutter/Hommelhoff*, GmbHG, Anh. § 13 Rn. 64; *Raiser*, Kapitalgesellschaftsrecht, § 54 Rn. 31 (mwN); a. A. *Wiedemann*, ZGR 1980, 147, 156 f.

b) Zustimmungsbeschluss der herrschenden Gesellschaft (P-GmbH)

Wie dargelegt, muss die herrschende Gesellschaft ebenfalls einen Zustimmungsbeschluss fassen. Dieser erfordert eine ¾-Mehrheit der abgegebenen Stimmen. Das ergibt sich nicht etwa aus § 53 Abs. 2 GmbHG, sondern aus § 293 Abs. 2 S. 2 AktG analog, weil auf Seiten der herrschenden GmbH keine Satzungsänderung vorliegt.

Hier haben dem Unternehmensvertrag alle Gesellschafter der P-GmbH zugestimmt, sodass die notwendige ¾-Mehrheit zu bejahen ist.

Der Zustimmungsbeschluss der herrschenden Gesellschaft bedarf weder der **notariellen Beurkundung** noch der **Eintragung** in das Handelsregister, sondern lediglich der Schriftform.[585] Dem Abschluss eines Gewinnabführungs- und Beherrschungsvertrag kommt für die herrschende Gesellschaft nämlich keine satzungsändernde Wirkung zu. Eine analoge Anwendung der satzungsrechtlichen Formvorschriften (§§ 53, 54 GmbHG) scheidet damit aus.

2. Zwischenergebnis

Der Zustimmungsbeschluss der P-GmbH ist wirksam, der der V-GmbH jedoch nicht. Es liegt somit kein wirksamer Vertragsschluss vor.

III. Andere Unwirksamkeits- bzw. Nichtigkeitsgründe

1. Nichtigkeit gemäß § 125 BGB

Die Unwirksamkeit bzw. Nichtigkeit des Gewinnabführungs- und Beherrschungsvertrages könnte sich zudem aus § 125 BGB ergeben. Zwar haben die Beteiligten den Vertrag schriftlich geschlossen und damit das **Schriftformerfordernis** des § 293 Abs. 3 AktG eingehalten, jedoch könnte daran gedacht werden, eine **notarielle Beurkundung** des Vertrages zu verlangen. Dagegen spricht allerdings, dass bereits der Zustimmungsbeschluss der Gesellschafterversammlung der abhängigen GmbH beurkundungspflichtig ist. Ein nochmaliger Schutz der Gesellschafter ist nicht erforderlich. Außerdem schreibt das Aktienrecht auch im Aktienkonzern gemäß § 293 Abs. 3 AktG lediglich Schriftform vor. Warum im GmbH-Konzern etwas anderes gelten soll, ist nicht ersichtlich. Zwar wird teilweise eine Pflicht zur notarieller Beurkundung des Unternehmensvertrages, jedenfalls dann, wenn in dem Unternehmensvertrag Abfindungs- und Umtauschangebote enthalten sind, aus § 15 Abs. 4 GmbHG hergeleitet.[586] Das aber kann nicht überzeugen. Denn § 15 Abs. 4 GmbHG unterwirft Verpflichtungsgeschäfte zur Übertragung von GmbH-Anteilen nur dann der notariellen Beurkundung, wenn sie durch die Gesellschafter abgeschlossen werden, aber nicht wenn, wie hier, das Geschäft von der Gesellschaft vorgenommen wird. Daher bedarf ein Gewinnabführungs- und Beherrschungsvertrag lediglich der Schriftform, sodass hier der Vertrag formgerecht abgeschlossen worden ist.

---

585 BGHZ 105, 324, 336 f. (»Supermarkt«); *Emmerich/Sonnenschein/Habersack*, Konzernrecht, S. 487 (mwN); *Zöllner*, in Baumbach / Hueck, GmbHG, Anhang I, GmbH-KonzernR. Rn. 41; dagegen für notarielle Beurkundung: *Heckschen*, DB 1989, 29, 30.

586 *Emmerich/Sonnenschein/Habersack*, Konzernrecht, S. 483; *Zöllner*, in Baumbach / Hueck, GmbHG, Schlussanhang I, GmbH-KonzernR, Rn. 38.

2. Mindestvertragsinhalt (»essentialia negotii«)

Als »essentialia negotii« eines jeden Vertrages muss ein Gewinnabführungs- und Beherrschungsvertrag zumindest die **Vertragspartner**, nennen und den **Vertragsgegenstand** sowie die **Vertragspflichten**, also Gewinnabführung durch die V-GmbH und Leitung derselben durch die P-GmbH, regeln.[587] Vom Vorliegen dieser Vertragsbestandteile ist hier auszugehen.

Der Vertrag enthält jedoch **keine Abfindungs- und Ausgleichsregelungen**. Fraglich ist, ob solche Regelungen im Interesse der außenstehenden Gesellschafter notwendiger Bestandteil eines Gewinnabführungs- und Beherrschungsvertrages sind. Hält man, wie die herrschende Meinung, für das Zustandekommen des Unternehmensvertrages die Zustimmung aller Gesellschafter für erforderlich, so ist ein über dieses Zustimmungserfordernis hinausgehender Schutz der Minderheitsgesellschafter nicht erforderlich. Danach müsste also der Vertrag **keine** Ausgleichs- und Abfindungsregeln enthalten. Lässt man dagegen, wie hier vertreten, eine ¾-Mehrheit genügen, so sollte im Interesse des Schutzes außenstehender Gesellschafter der Vertrag Ausgleichs- und Abfindungsregeln entsprechend §§ 304, 305 AktG beinhalten.[588] Da solche Ausgleichs- und Abfindungsregelungen hier fehlen, ist somit der vorliegende Gewinnabführungs- und Beherrschungsvertrag entsprechend § 304 Abs. 3 S. 1 AktG nichtig.

IV. Unbeachtlichkeit der Vertragsnichtig-/unwirksamkeit?

Die vorstehend angenommene Nichtigkeit des Vertrages könnte unbeachtlich sein, weil der Gewinnabführungs- und Beherrschungsvertrag bereits in Vollzug gesetzt worden ist. Bei einer Invollzugsetzung möchte nämlich die ganz herrschende Meinung einen fehlerhaften Unternehmensvertrag unter Rückgriff auf die Lehre von der **fehlerhaften Gesellschaft** für wirksam erachten.[589] Voraussetzung dafür ist jedoch, dass der fingierten Wirksamkeit des Vertrages keine **höherrangigen Schutzinteressen** entgegenstehen.[590]

> **Hinweis:** Höherrangige Schutzinteressen sind etwa der Minderheitenschutz. Daher wird ein fehlerhafter Unternehmensvertrag trotz einer Invollzugsetzung nicht wirksam, wenn beispielsweise die für das Zustandekommen des Vertrags erforderlichen **Beschlussmehrheiten** fehlen.[591]

Hier kann die Frage nach einer eventuellen Wirksamkeit des Vertrages dahinstehen. Denn es besteht Einigkeit darüber, dass selbst bei einer Unwirksamkeit des Vertrages die hier allein relevante Norm des § 302 AktG im Interesse des Gläubigerschutzes anwendbar bleibt.[592]

---

587 Vgl. *Hüffer*, AktG, § 291 Rn. 10 ff.
588 Siehe oben sowie *Lutter/Hommelhoff*, GmbHG, Anh. § 13 Rn. 66; *Altmeppen*, in Roth / Altmeppen, GmbHG, Anh. § 13 Rn. 71 f.; ebenso *Raiser*, Kapitalgesellschaftsrecht, § 54 Rn. 31.
589 BGHZ 103, 1, 4 ff.; 105, 168, 182 f.; *Emmerich/Sonnenschein/Habersack*, Konzernrecht, S. 490; *Raiser*, Kapitalgesellschaftsrecht, § 54 Rn. 32.
590 *Emmerich/Sonnenschein/Habersack*, Konzernrecht, S. 490; *Zöllner*, in: Baumbach / Hueck, GmbHG, GmbH-KonzernR, Rn. 44 (mwN).
591 *Zöllner*, in Baumbach / Hueck, GmbHG, GmbH-KonzernR, Rn. 44.
592 BGHZ 103, 1, 5; *Zöllner*, in: Baumbach / Hueck, GmbHG, GmbH-KonzernR, Rn. 44.

V. Jahresfehlbetrag

Ein Anspruch aus § 302 Abs. 1 AktG analog setzt das Bestehen eines **Jahresfehlbetrages** voraus. Dieser muss während der Vertragsdauer entstanden sein und dort nicht durch »andere Gewinnrücklagen« ausgeglichen worden sein. Hier besteht ein Jahresfehlbetrag in Höhe von fünf Millionen Euro, der auch während der Vertragsdauer im Geschäftsjahr 2002 entstanden ist. Da zudem die Rücklagen bereits aufgebraucht sind, kann dieser auch nicht durch »Aufzehrung« der Gewinnrücklagen ausgeglichen werden.

> **Hinweise:** Der Begriff »Jahresfehlbetrag« meint lediglich den fiktiven Jahresfehlbetrag, also den Betrag, der entstehen würde, wenn der Verlustausgleichsanspruch nicht bestünde. Ohne diesen »Kunstgriff« würde nämlich bilanziell überhaupt kein Jahresfehlbetrag entstehen können, weil der Anspruch auf Verlustausgleich sowohl in der Bilanz als auch in der Gewinn- und Verlustrechnung zu erfassen ist (vgl. § 277 Abs. 3 S. 2 HGB). Im Übrigen ist der Jahresfehlbetrag gesondert von der Handelsbilanz in einer speziellen Vorbilanz zu ermitteln.[593]

VI. Anspruchshöhe

Inhaltlich geht der Anspruch aus § 302 Abs. 1 AktG analog auf Ausgleich des gesamten Jahresfehlbetrages in Geld.[594] Dem wird entgegengehalten, dass die Gläubiger einer GmbH lediglich Schutz vor Verlust des Stammkapitals erwarten könnten. Daher müsste sich auch der Anspruch des § 302 AktG nur auf die Erstattung **stammkapitalschmälernder Verluste** richten und nicht auf den gesamten Jahresfehlbetrag.[595] Dieses Argument mag in der **Ein-Mann-GmbH** überzeugen,[596] nicht jedoch in einer Gesellschaft mit mehreren Gesellschaftern. In einer solchen sind nämlich nicht nur die Gläubiger, sondern auch die **Mitgesellschafter** schützenswert. Die Mitgesellschafter aber haben nicht nur einen Anspruch auf Erhalt des Vermögens bis zur Höhe des Stammkapitals, sondern auf Erhalt des **gesamten Vermögens** der Gesellschaft. Außerdem ist Zweck des § 302 AktG gerade, das Vermögen der abhängigen Gesellschaft in seiner »**bilanziellen Substanz**« zu erhalten.[597] Daher muss sich jedenfalls bei einer Mehrpersonen-Gesellschaft der Anspruch aus § 302 Abs. 2 AktG (analog) auf Ausgleich des gesamten Jahresfehlbetrages und nicht nur auf Wiederauffüllung des Stammkapitals richten.[598]

VII. Fälligkeit

Der Anspruch der V-GmbH gegen die P-GmbH auf Ausgleiches des Jahresfehlbetrages müsste auch fällig sein. Das könnte hier fraglich sein, weil laut Sachver-

593 Näher dazu: *Raiser*, Kapitalgesellschaftsrecht, § 54 Rn. 53 sowie *Emmerich*, JuS 2000, 404.
594 *Raiser*, Kapitalgesellschaftsrecht, § 54 Rn. 57.
595 So wohl: *Zöllner*, in: Baumbach / Hueck, GmbHG, GmbH-KonzernR, Rn. 78.
596 Für eine Beschränkung der Verlustausgleichspflicht des § 302 AktG bei der Ein-Mann-GmbH auf die Wiederauffüllung des Stammkapitals etwa: *Emmerich/Sonnenschein/Habersack*, Konzernrecht, S. 458 sowie 492.
597 *Altmeppen*, in Roth / Altmeppen, GmbHG, Anh. § 13 Rn. 64.
598 Vgl. *Emmerich/Sonnenschein/Habersack*, Konzernrecht, S. 492; *Raiser*, Kapitalgesellschaftsrecht, § 54 Rn. 52.

halt der Jahresabschluss der V-GmbH noch **nicht** förmlich **festgestellt** worden ist (vgl. § 46 Nr. 1 GmbHG). Daher ist der Jahresabschluss für die Organe der Gesellschaft noch nicht verbindlich, sodass an sich auch die **Fälligkeit** des Anspruches auf Verlustausgleich **verneint** werden könnte.[599] Das aber widerspricht dem Zweck des § 302 AktG, der Gläubiger und außenstehenden Gesellschafter schützen will. Würde man nämlich für die Fälligkeit auf den Zeitpunkt der Feststellung des Jahresabschlusses abstellen, könnte das herrschende Unternehmen als Gesellschafter des abhängigen Unternehmens durch eine Verzögerung der Bilanzfeststellung bei der abhängigen Gesellschaft die Fälligkeit des Anspruches beeinflussen. Das aber ist mit dem von § 302 AktG bezweckten **Gläubiger- und Minderheitenschutz** nicht zu vereinbaren. Der Anspruch auf Verlustausgleich ist daher bereits mit Abschluss des Geschäftsjahres bzw. mit dem **Bilanzstichtag** fällig.[600] Weil hier Bilanzstichtag der 31. Dezember 2002 ist und dieser Tag bereits verstrichen ist, ist der Anspruch der V-GmbH somit fällig.

VIII. Ergebnis

Der V-GmbH steht nach Ablauf des Geschäftsjahres 2002 gegen die P-GmbH ein fälliger Anspruch auf Ausgleich des Jahresfehlbetrages in Höhe von 5 Millionen Euro einschließlich 5 Prozent **Zinsen** (§§ 353, 352 HGB) seit dem 1. Januar 2002 zu.

Zu Frage 2:

A könnte den Anspruch auf Verlustausgleich im eigenen Namen für die GmbH geltend machen, wenn eine »**actio pro socio**« (Gesellschafterklage) möglich ist.

Die »actio pro socio« stammt aus dem **Personengesellschaftsrecht**.[601] Sie ist auch im GmbH-Recht anerkannt[602] und hat bei Kapitalgesellschaften ihre dogmatische Grundlage im Mitgliedschaftsrecht des jeweiligen Gesellschafters.[603] Die Geltendmachung eines Anspruches im Wege der »actio pro socio« ist zulässig, wenn 1. der Kläger **Gesellschafter** der GmbH ist, 2. die Klage sich auf **Sozialansprüche** der Gesellschaft gegen Gesellschafter und nicht auf Drittansprüche und sonstige Ansprüche bezieht und 3. grundsätzlich keine andere innergesellschaftliche Möglichkeit zur Einforderung des Anspruches besteht (**Subsidiarität** der »actio pro socio«). Mit letzterer Voraussetzung soll die Zuständigkeitsordnung innerhalb einer Gesellschaft gewahrt werden.[604]

1. A ist Gesellschafter der GmbH.

2. Der geltend zu machende Anspruch muss Sozialansprüche der Gesellschaft gegen einen Mitgesellschafter betreffen. Das sind Ansprüche, die aus der Mitglied-

---

599 OLG Schleswig ZIP 1987, 1448, 1450 f.

600 BGH ZIP 1999, 1965, 1966, Emmerich: JuS 2000, 404; *Raiser*, Kapitalgesellschaftsrecht, § 54 Rn. 58.

601 Näher dazu: *K. Schmidt*, Gesellschaftsrecht, § 21 IV.

602 *Altmeppen*, in Roth / Altmeppen, GmbHG, § 13 Rn. 35 (mwN); *Raiser*, Kapitalgesellschaftsrecht, § 27 Rn. 24.

603 *Hueck/Fastrich*, in Baumbach / Hueck, GmbHG, § 13 Rn. 33; *Raiser*, Kapitalgesellschaftsrecht, § 27 Rn. 26, jedoch strittig.

604 Ausführlich zu den umstrittenen Voraussetzungen der »actio pro socio« im GmbH-Recht: *Altmeppen*, in Roth / Altmeppen, GmbHG, § 13 Rn. 35 ff. (mwN); *Raiser*, Kapitalgesellschaftsrecht, § 27 Rn. 24 ff.

schaft erwachsen, also etwa der Anspruch der Gesellschaft auf Einlagenzahlung oder aus der Vorbelastungshaftung. Hier handelt es sich um einen Anspruch auf Verlustübernahme gem. § 302 Abs. 1 AktG analog. Das jedoch ist kein Anspruch, der aus der Mitgliedschaft erwächst, was bereits daran deutlich wird, dass das begünstigte Unternehmen eines Gewinnabführungs- und Beherrschungsvertrages überhaupt nicht Gesellschafter der beherrschten Gesellschaft sein muss. Eine »actio pro socio« ist hier daher nicht möglich.[605] A kann deshalb den Anspruch der V-GmbH auf Verlustausgleich nicht im eigenen Namen geltend machen.

---

605 Vgl. *Hueck/Fastrich*, in Baumbach/Hueck, GmbHG, § 13 Rn. 34; *K. Schmidt*, Gesellschaftsrecht, § 21 IV 7 b, (jeweils mwN).

Fall 4
»Teure Dienste«
Haftung im faktischen GmbH-Konzern, Konzernbegriff, Konzernverschuldenshaftung, Treuepflicht, actio pro socio; Entherrschungsvertrag

An der Z-GmbH sind die Gesellschafter A, B, D sowie die C-GmbH beteiligt. Die C-GmbH hält 60 % der Anteile, B 20 % sowie A und D jeweils 10 %.

Anfang 2001 schließt die C-GmbH, die neben der Beteiligung an der Z-GmbH auch noch an der Y-GmbH die Mehrheit der Anteile hält, mit der Z-GmbH einen Dienstleistungsvertrag ab. Nach diesem hat die C-GmbH für die Z-GmbH Dienstleistungen im Bereich der Informationstechnologie zu erbringen. Die jährliche Vergütung der C-GmbH beträgt 1,5 Million Euro. Die C-GmbH erbringt weder im Jahr 2001 noch im Jahr 2002 ihre vertraglich geschuldeten Leistungen und beabsichtigt auch nicht, diese Leistungen künftig zu erbringen. Obwohl der Geschäftsführer der Z-GmbH, der G, dies weiß, zahlt er der C-GmbH aus dem Vermögen der Z-GmbH für 2001 und 2002 die Vergütung von insgesamt 3,0 Mio. Euro. Das Stammkapital der Z-GmbH bleibt durch diese Auszahlungen unversehrt.

A hält die Vergütungszahlungen wegen der nicht erbrachten Leistung der C-GmbH für skandalös. Er verlangt von der C-GmbH Rückforderung der 3,0 Mio. Euro in das Vermögen der Z-GmbH. Zu Recht?

Lösungsvorschlag Fall 4

Der A ist zur Rückforderung der 3,0 Mio. Euro in das Vermögen der Z-GmbH berechtigt, wenn erstens der Z-GmbH Rückforderungsansprüche zustehen und zweitens der A diese im eigenen Namen geltend machen kann.

A. Rückforderungsansprüche der Z-GmbH

I. Konzernrechtliche Ansprüche

1. Vorliegen eines Konzerns

Konzernrechtliche Rückzahlungsansprüche könnten sowohl aus sog. qualifiziert faktischer Konzernierung[606] als auch aus einfacher faktischer Konzernierung bestehen. Beide Haftungstatbestände setzen das Vorliegen eines **Konzerns** bzw. ein Abhängigkeitsverhältnis voraus.

a) Hier könnte das Bestehen eines Konzern gemäß §§ 18 Abs. 1 S. 3 AktG i. V. m. 17 Abs. 2 AktG vermutet werden (sog. **doppelte Konzernvermutung**[607]). Dann müsste die C-GmbH ein Unternehmen im konzernrechtlichen Sinne sein sowie die Z-GmbH ein abhängiges Unternehmen.[608] Beides ist zu bejahen. Denn die C-GmbH verfolgt außerhalb ihrer Beteiligung an der Z-GmbH anderweitig wirtschaftliche Interessen mit erheblichem Gewicht. Sie hält neben der Beteiligung an der Z-GmbH eine Mehrheitsbeteiligung an der Y-GmbH. Des weiteren ist die Z-GmbH aufgrund der Abhängigkeitsvermutung des § 17 Abs. 2 AktG als abhängiges Unternehmen anzusehen. Es liegt damit ein Konzern vor (§ 18 Abs. 1 S. 3 AktG). Dieser Konzern wird als GmbH-Konzern bezeichnet, weil die abhängige Gesellschaft eine GmbH ist.

> **Hinweise:** In der Praxis wird teilweise versucht, die Konzernvermutung des § 18 Abs. 1 S. 3 AktG durch den Abschluss sog. **Entherrschungsverträge** zu entkräften. Das herrschende Unternehmen soll dadurch gehindert werden, seinen Einfluss auszuüben. Der Abschluss solcher Verträge ist grundsätzlich zulässig, auch wenn er im Gesetz nicht vorgesehen ist.[609] Unter Umständen kann ein Entherrschungsvertrag jedoch als Scheingeschäft einzustufen sein, was zu dessen Nichtigkeit führt gemäß § 117 BGB.[610]
>
> Ein Entherrschungsvertrag sollte aus Beweisgründen entsprechend § 293 AktG schriftlich abgeschlossen werden.[611] Im Übrigen entfaltet ein Entherrschungsvertrag nach wohl überwiegender Ansicht nur seine Wirkung, wenn er mindestens für die Dauer von fünf Jahren abgeschlossen wird, was der typischen Länge der Amtsperioden von Vorstands- und Aufsichtsratsmitgliedern entspricht.[612]

---

606 Ob der Tatbestand der qualifiziert faktischer Konzernierung überhaupt noch existiert, ist umstritten, dazu ausführlich Fall 5 (Konzernrecht).

607 *Emmerich/Sonnenschein/Habersack*, Konzernrecht, S. 66 ff.; *Raiser*, Kapitalgesellschaftsrecht, § 51 Rn. 33.

608 Zum konzernrechtlichen Unternehmensbegriff bereits oben, Fall 1 (Konzernrecht).

609 *Windbichler*, in Großkommentar-AktG, § 17 Rn. 76 ff. (mwN).

610 *Raiser*, Kapitalgesellschaftsrecht, § 51 Rn. 28.

611 *Raiser*, Kapitalgesellschaftsrecht, § 51 Rn. 29; *Windbichler*, in Großkommentar-AktG, § 17 Rn. 81.

612 Vgl. *Raiser*, Kapitalgesellschaftsrecht, § 51 Rn. 28.

2. Haftung aus qualifiziert faktischem Konzern

Eine Haftung der C-GmbH auf Rückzahlung der 3,0 Mio. Euro aus sog. **qualifiziert faktischer Konzernierung** scheidet aus. Mangels hinreichender Sachverhaltsangaben ist nicht davon auszugehen, dass die Beherrschungsdichte ein so hohes Maß erreicht hat, dass die Eingriffe der C-GmbH in die Z-GmbH nicht mehr isolierbar sind. Das aber ist Voraussetzung für eine Haftung aus qualifiziert faktischem Konzern.[613] Gegen eine Haftung spricht zudem, dass in einer jüngeren Entscheidung des BGH der qualifiziert faktische Konzern als Haftungsgrundlage wohl aufgegeben worden ist.[614]

3. Haftung aus (einfach) faktischem Konzern

Da das Bestehen eines qualifiziert faktischen Konzerns hier zu verneinen ist und die Herrschaftsposition der C-GmbH auch nicht mittels Beherrschungsvertrages legitimiert ist, liegt ein sog. faktischer GmbH-Konzern vor. Die **Haftungsgrundlage** in einem solchen GmbH-Konzern ist umstritten.

a) Analoge Anwendung der §§ 311 ff. AktG

Eine **analoge** Anwendung der §§ 311 ff. AktG kommt entgegen einer Minderansicht in der Literatur[615] nicht in Betracht, weil sich die Struktur der GmbH von der AG wesentlich unterscheidet.[616] Denn anders als in der AG sind in der GmbH Weisungen der Gesellschafterversammlung an die Geschäftsführung grundsätzlich zulässig (§§ 45 ff., § 37 Abs. 2 GmbHG). Zudem werden die §§ 311 ff. AktG als **wenig effektiv** bezeichnet,[617] sodass eine analoge Anwendung der § 311 ff. AktG auch nicht besonders sinnvoll ist.

b) Konzernverschuldenshaftung

Eine **Mindermeinung** hat eine sog. **Konzernverschuldenshaftung** entworfen.[618] Danach haftet das herrschende Unternehmen für die nicht ordnungsgemäße Konzerngeschäftsführung. Die Konzernverschuldenshaftung lässt sich am besten mit einer Analogie zum Geschäftsführungsrecht des BGB (§§ 677 ff. BGB) erklären. Der **Nachteil** einer solchen Haftung besteht darin, dass sich die Grundsätze ordnungsgemäßer Konzerngeschäftsführung nicht konkretisieren lassen. Die Rechtsfigur der Konzernverschuldenshaftung ist daher abzulehnen.

---

613 BGHZ 122, 123, 127 (»TBB«); *Emmerich/Sonnenschein/Habersack*, Konzernrecht, S. 471; *Raiser*, Kapitalgesellschaftsrecht, § 53 Rn. 53 und 55.

614 BGH ZIP 2001, 1874 ff. (»Bremer Vulkan«), ausführlich dazu Fall 5 (Konzernrecht).

615 So etwa: *Kropff*, FS Semler, S. 517, 536 ff.

616 *Altmeppen*, in Roth/*Altmeppen*, GmbHG, 3. Aufl., Anh. § 13 Rn. 114; *Emmerich/Sonnenschein/Habersack*, Konzernrecht, S. 452; *Raiser*, Kapitalgesellschaftsrecht, § 53 Rn. 7 und Rn. 46; *Zöllner*, in: Baumbach/Hueck, GmbHG, Anhang I, GmbH-KonzernR, Rn. 82 (mwN).

617 BGHZ 95, 330, 340, (»Autokran«); *Emmerich/Sonnenschein/Habersack*, Konzernrecht, S. 432; *Raiser*, Kapitalgesellschaftsrecht, § 53 Rn. 44 f.

618 *Lutter*, ZGR 1982, 244, 265 ff.

c) Haftung als »Quasigeschäftsführer«

Einige Vertreter der Lehre möchten das herrschende Unternehmen **analog § 43 Abs. 2 GmbHG** haften lassen, weil sich das herrschende Unternehmen im Ergebnis an die Stelle der Geschäftsführung der abhängigen Gesellschaft setzt.[619] Dabei wird verkannt, dass das herrschende Unternehmen in der GmbH grundsätzlich befugt ist, Weisungen zu erteilen. Daher verbietet es sich, einen Gesellschafter allein deshalb, weil er von seinem Weisungsrecht Gebrauch macht, mit einem Geschäftsführer gleichzusetzen.

II. Treuepflicht

Mit der Struktur der GmbH vereinbar ist dagegen eine Haftung auf Grundlage der Treuepflicht.[620] Danach ist das herrschende Unternehmen verpflichtet, auf die Interessen der Mitgesellschafter **angemessene Rücksicht** zu nehmen. Diese Pflicht besteht nicht nur gegenüber den Mitgesellschaftern, sondern auch gegenüber der Gesellschaft, jedenfalls dann, wenn es sich wie hier um eine Mehrpersonen-GmbH handelt.[621] Aus der Treuepflicht folgt zugleich ein **Schädigungsverbot**.[622] Wird die Treuepflicht schuldhaft verletzt, führt dies gemäß § 280 Abs. 1 BGB zu Schadensersatzansprüchen.[623] Als Verschuldensmaßstab wird die Sorgfalt eines ordentlichen Geschäftsmannes analog § 43 Abs. 1 GmbHG herangezogen.

Die **Darlegungs- und Beweislast** für das Nichtvorliegen einer Pflichtverletzung und des Vertretenmüssens trägt analog § 93 Abs. 2 S. 2 AktG das herrschende Unternehmen.[624] Hier hat die C-GmbH mit der Z-GmbH einen Dienstleistungsvertrag abgeschlossen und insgesamt Vergütungen von drei Millionen Euro erhalten, ohne ihrerseits irgendeine Dienstleistung erbracht zu haben. Die C-GmbH hat dadurch der Z-GmbH grundlos Liquidität entzogen. Das Verhalten der C-GmbH verletzt somit die Sorgfalt eines ordentlichen Geschäftsmannes (§ 43 Abs. 1 GmbHG analog). Der Treuepflichtverstoß ist mangels Vorliegen von Rechtfertigungsgründen auch rechtswidrig.

Zwischenergebnis: Die C-GmbH hat der Z-GmbH den durch die Auszahlung entstandenen Schaden in Höhe von 3,0 Mio. Euro wegen schuldhafter und rechtswidriger Treuepflichtverletzung gemäß § 280 Abs. 1 BGB zu ersetzen.

III. Anspruch aus § 31 Abs. 1 GmbHG

Das Stammkapital der Z-GmbH ist laut Sachverhalt durch die Auszahlung nicht angegriffen worden. Es besteht deshalb kein Anspruch aus § 31 Abs. 1 GmbHG.

619　*Konzen* NJW 1989, 2977, 2985 f.
620　BGHZ 65, 15 ff. (»ITT«); *Emmerich/Sonnenschein/Habersack*, Konzernrecht, S. 452; *Raiser*, Kapitalgesellschaftsrecht, § 53 Rn. 46.
621　*Emmerich/Sonnenschein/Habersack*, Konzernrecht, S. 453; *Zöllner*, in Baumbach/Hueck, GmbHG, GmbH-KonzernR. Rn. 81; zur Haftung in der Ein-Mann-GmbH: *Raiser*, Kapitalgesellschaftsrecht, § 53 Rn. 52.
622　*Emmerich/Sonnenschein/Habersack*, Konzernrecht, S. 452; *Raiser*, Kapitalgesellschaftsrecht, § 12 Rn. 47.
623　BGHZ 65, 15, 21; *Emmerich/Sonnenschein/Habersack*, Konzernrecht, S. 456; *Habersack*, in Emmerich/*Habersack*, Konzernrecht, Anh. I § 318 Rn. 31; *Raiser*, Kapitalgesellschaftsrecht, § 53 Rn. 49.
624　*Emmerich/Sonnenschein/Habersack*, Konzernrecht, S. 456 (mwN).

IV. Anspruch aus § 826 BGB

Die C-GmbH hat die Z-GmbH durch die Auszahlung des Geldes vorsätzlich und **sittenwidrig** geschädigt. Ein Anspruch auf Rückzahlung der 3,0 Mio. Euro aus §§ 826, 249, 1 BGB ist daher zu bejahen.

V. Anspruch aus § 823 Abs. 2 BGB i. V. m. §§ 266, 14 Abs. 1 Nr. 1 StGB

Ein Anspruch der Z-GmbH gegen die C-GmbH aus § 823 Abs. 2 BGB i. V. m. §§ 266, 14 Abs. 1 Nr. 1 StGB ist zu verneinen, da keine **existenzgefährdende Auszahlung** vorlag und das Stammkapital nicht angegriffen worden ist. Eine Existenzgefährdung ist aber im Zusammenhang mit einer zivilrechtlichen Haftung Voraussetzung für die Bejahung des Untreuetatbestandes bei einer Kapitalgesellschaft.[625]

VI. Anspruch aus § 823 Abs. 2 i. V. m. §§ 263, 14 Abs. 1 Nr. 1 StGB

Ebenso besteht kein Anspruch aus § 823 Abs. 2 i. V. m. §§ 263, 14 Abs. 1 Nr. 1 StGB. Denn eine **Betrugshandlung** der C-GmbH scheitert daran, dass der Geschäftsführer der Z-GmbH wusste, dass die C-GmbH die versprochenen Dienstleistungen nicht erbringen wollte. Diese Kenntnis muss sich die Z-GmbH analog § 166 BGB zurechnen lassen. Damit liegt seitens der Z-GmbH kein Irrtum vor.

VII. Anspruch auf Rückzahlung gemäß § 812 Abs. 1 S. 1 Alt. 1 BGB

Es könnte hier jedoch ein Anspruch aus § 812 Abs. 1 Alt. 1 BGB (Leistungskondiktion) zu bejahen sein. Dann müsste die C-GmbH Eigentum und den Besitz an den 3,0 Mio. Euro rechtsgrundlos durch Leistung erlangt haben.

1. Leistung

Leistung ist die bewusste und zweckgerichtete Vermehrung fremden Vermögens.[626] Der Geschäftsführer der Z-GmbH, der G, hat bewusst und zweckgerichtet das Vermögen der C-GmbH gemehrt, nämlich durch Tilgung der (vermeintlichen) Vertragsschuld.

2. Ohne Rechtsgrund

Ein Anspruch aus § 812 Abs. 1 S. 1 Alt. 1 BGB setzt eine **rechtsgrundlose Leistung** voraus. Folglich müsste der der Auszahlung zugrunde liegende Vertrag unwirksam sein.

a) Missbrauch der Vertretungsmacht

Die Unwirksamkeit könnte sich hier aus der **fehlenden Vertretungsmacht** der Geschäftsführung der Z-GmbH ergeben. Grundsätzlich ist die Vertretungsmacht der Geschäftsführung nach außen unbeschränkt (§§ 35 Abs. 1, 37 Abs. 2 GmbHG). Die

---

625 BGH NJW 2000, 154, 155; BGHSt 35, 333, 336 f.; *Lutter/Hommelhoff*, GmbHG, § 30 Rn. 5–7; *Fleck*, ZGR 1990, 31. 36 f.
626 *Larenz/Canaris*, Schuldrecht II/2, § 67 II 1 d, S. 132; BGHZ 40, 272, 277.

Vertretungsmacht fehlt ausnahmsweise jedoch dann, wenn der Dritte und der Geschäftsführer **kollusiv zusammenwirken** und sich bewusst über die internen Bindungen hinwegsetzen (sog. Missbrauch der Vertretungsmacht).[627]

Hier haben die C-GmbH sowie der Geschäftsführer der Z-GmbH kollusiv zum Nachteil der Z-GmbH zusammengewirkt. Beide haben gewusst, dass die C-GmbH ihre vertraglich versprochenen Leistungen nicht erbringen will und ihr deshalb kein Anspruch auf Auszahlung der 3,0 Mio. Euro zusteht. Gleichwohl hat der Geschäftsführer der Z-GmbH, der G, den Dienstleistungsvertrag abgeschlossen. Damit hat sich der G über seine internen Bindungen hinweggesetzt. Denn die Auszahlung des Geldes an die C-GmbH stellt nichts anderes als eine (verdeckte) **Gewinnausschüttung** dar. Die Entscheidung über die Gewinnverwendung und damit auch über die Gewinnausschüttung ist aber gemäß §§ 29 Abs. 1, 46 Nr. 1 GmbH der **Gesellschafterversammlung** und nicht der Geschäftsführung vorbehalten. Ein Missbrauch der Vertretungsmacht ist deshalb zu bejahen. G handelte folglich **ohne Vertretungsmacht**. Der Dienstleistungsvertrag ist (schwebend) unwirksam (§ 177 BGB). Eine Genehmigung des Vertrages liegt bislang nicht vor, sodass die Auszahlung des Geldes ohne Rechtsgrund erfolgt ist.

b) Hilfsweise: Nichtigkeit gem. § 138 BGB

Falls ein Missbrauch der Vertretungsmacht abgelehnt werden sollte, folgt die Unwirksamkeit bzw. Nichtigkeit des Dienstleistungsvertrages aus **§ 138 BGB**. Denn die C-GmbH sowie der G als Geschäftsführer der Z-GmbH haben bei Abschluss des Vertrages bewusst zum Schaden der Z-GmbH gehandelt.

3. Keine Entreicherung

Die C-GmbH hat die 3,0 Mio. Euro durch rechtsgrundlose Leistung erlangt. Sie kann sich wegen Bösgläubigkeit nicht auf **Entreicherung** berufen (§§ 818 Abs. 3, 819 BGB). Sie hat somit gemäß § 812 Abs. 1 S. Alt. 1 BGB die 3,0 Mio. Euro an die Z-GmbH zurückzuzahlen.

B. Geltendmachung der Ansprüche

A kann grundsätzlich die Rückzahlungsansprüche der Z-GmbH im eigenen Namen geltend machen (**actio pro socio**). Denn die §§ 309 Abs. 4, 317 Abs. 4, § 318 Abs. 4 AktG sind im faktischen GmbH-Konzern analog anzuwenden.[628]

Strittig ist jedoch, ob der Gesellschafter verpflichtet ist, wegen der generellen Subsidiarität der actio pro socio vor Klageerhebung zunächst einen ablehnenden **Beschluss der Gesellschafterversammlung** gemäß § 46 Nr. 8 GmbHG einzuholen – wobei die C-GmbH wegen § 47 Abs. 4 S. 2 GmbH nicht mitstimmen darf – oder ob A auch sofort klagen darf. Der BGH hat zu dieser Frage bislang nicht Stellung genommen. Aus der Treuepflicht sowie aus der Subsidiarität der actio pro socio, die dazu dient, eine Umgehung der internen Gesellschaftszuständigkeiten zu vermei-

---

627 *Larenz*, BGB, Allgemeiner Teil, § 30 II a, S. 599 f.; *Flume*, BGB, Allgemeiner Teil, § 45 II 3, S. 788 ff.

628 *Emmerich/Sonnenschein/Habersack*, Konzernrecht, S. 452 f., 457; *Habersack*, in Emmerich/Habersack, Konzernrecht, Anh. I § 318 Rn. 32 [mwN]); *Zöllner*, in: Baumbach/Hueck, GmbHG, 17. Aufl., GmbH-KonzernR, Rn. 82 (mwN).

den, wird man aber folgern müssen, dass der Gesellschafter zumindest verpflichtet ist, die Mitgesellschafter vor einer Klageerhebung zu informieren und ihnen **Gelegenheit zur Beschlussfassung** zu geben. Werden diese daraufhin nicht tätig, wird man die actio pro socio auch ohne Gesellschafterbeschluss für zulässig halten müssen.[629]

Der A sollte deshalb die Mitgesellschafter vor Klageerhebung zunächst informieren und ihnen genügend Zeit für eine Beschlussfassung einräumen.

---

629 Jedoch strittig, Übersicht zum Streitstand bei: *Raiser*, Kapitalgesellschaftsrecht, § 27 Rn. 28.

Fall 5
»Schöne Drucker«
Haftung im qualifiziert faktischen GmbH-Konzern, Treuepflicht, Durchgriffshaftung, Konzernbegriff

An der F-GmbH sind als Gesellschafter die A-GmbH sowie B und C beteiligt. Die A-GmbH hält 60 % der Anteile, B und C jeweils 20 %. Das Stammkapital der F-GmbH beträgt 500.000 Euro. Unternehmensgegenstand der F-GmbH ist die Herstellung und der Vertrieb von Computerdruckern der Marke »Printy«. Die A-GmbH ist ebenfalls im Computergeschäft tätig, stellt jedoch keine Drucker her, sondern bietet ihren Kunden Komplettlösungen im Soft- und Hardwarebereich an. Dazu gehört u. a. die Ausstattung ihrer Kunden mit Computern, Software und Druckern »aus einer Hand«.

Der Vertrieb der Drucker »Printy« ist sehr lukrativ. Daher schließt die A-GmbH mit der F-GmbH, jeweils wirksam vertreten durch ihre Geschäftsführer, einen Vertrag ab, nach dessen Inhalt die F-GmbH alle von ihr hergestellten Drucker der A-GmbH zum Herstellungspreis überlässt und ihren eigenen Druckervertrieb einstellt. Zugleich weist die A-GmbH den Geschäftsführer der F-GmbH an, die gesamten liquiden Mittel der F-GmbH an die A-GmbH abzuführen, um so ein kosteneffizientes zentrales »Cash-Management« aufzubauen. Außerdem soll sich die F-GmbH bei ihrer Geschäftsführung an bestimmte Richtlinien halten, die ihr von der A-GmbH vorgegeben werden. Darüber hinaus werden von der A-GmbH zahlreiche qualifizierte Mitarbeiter der F-GmbH abgeworben. Der genaue Umfang aller Einflussnahmen auf die Geschäftsführung der F-GmbH lässt sich wegen der Fülle der Maßnahmen nicht mehr feststellen. Auch ist nicht quantifizierbar, welche Nachteile der F-GmbH durch die Einflussnahmen der A-GmbH konkret entstanden sind.

Die Verluste der F-GmbH wachsen aufgrund der Einflussnahmen der A-GmbH von Jahr zu Jahr an. So muss die F-GmbH nach drei Jahren andauernder Eingriffe Verluste von insgesamt 25 Mio. Euro hinnehmen. Ihr Vermögen ist völlig aufgebraucht. Einige Monate zuvor hatte Lieferant L mit der F-GmbH einen Vertrag über 10.000 Druckerpatronen abgeschlossen und diese Patronen auch geliefert, jedoch den Kaufpreis in Höhe von 250.000 Euro nicht erhalten. Weil die F-GmbH mittlerweile vermögenslos ist, möchte L die A-GmbH auf Zahlung der 250.000 Euro in Anspruch nehmen.

Besteht ein direkter Anspruch des L gegen die A-GmbH auf Zahlung von 250.000 Euro?

Variante 1:

Stünde der F-GmbH ein Anspruch auf Verlustausgleich zu, wenn angenommen wird, die Verluste und die Vermögenslosigkeit der F-GmbH beruhen nicht auf den zahlreichen Einflussnahmen der A-GmbH, sondern auf der schlechten Marktlage?

Variante 2:

Wie Variante 1, jedoch ist an der F-GmbH die A-GmbH als Alleingesellschafterin beteiligt. Besteht hier ein Anspruch der F-GmbH gegen die A-GmbH auf Verlustausgleich? Wenn ja, in welcher Höhe?

Lösungsvorschlag Fall 5

I. Anspruch aus Kaufvertrag (§ 433 Abs. 2 BGB)

Ein Zahlungsanspruch gegen die A-GmbH aus Kaufvertrag besteht nicht. L hat nämlich den Kaufvertrag lediglich mit der F-GmbH abgeschlossen, nicht aber mit der A-GmbH. Anhaltspunkte für eine gesamtschuldnerische Haftung der A-GmbH oder für eine Schuldübernahme bzw. Schuldbeitritt sind nicht ersichtlich.

II. Anspruch aus § 31 GmbHG

Ein Anspruch des L gegen die A-GmbH aus § 31 Abs. 1 GmbHG scheidet schon deshalb aus, weil dieser nur der Gesellschaft selbst zusteht, nicht aber den Gläubigern. Zudem lassen sich wegen der unüberschaubaren **Vielzahl der Eingriffe** der A-GmbH und der Nichtquantifizierbarkeit der eingetretenen Schäden isolierbare konkrete Ansatzpunkte für ein Eingreifen der §§ 30 ff. GmbHG nicht erkennen.

III. Anspruch aus Treuepflichtverletzung

Die Gesellschafter einer GmbH unterliegen nicht nur gegenüber ihren Mitgesellschaftern, sondern auch gegenüber der GmbH einer **Treuepflicht**, jedenfalls dann, wenn an der GmbH, wie hier, noch andere Gesellschafter beteiligt sind.[630] Verletzen sie diese schuldhaft und entsteht dadurch bei der GmbH oder einem ihrer Mitgesellschafter ein Schaden, sind die Gesellschafter grundsätzlich zum Schadensersatz verpflichtet. Ein Anspruch aus Treuepflichtverletzung steht aber nur der **GmbH** bzw. deren Gesellschaftern zu, nicht aber den Gläubigern der GmbH. Auch ist aufgrund der Vielzahl der Einzeleingriffe und der Nichtquantifizierbarkeit der bei der F-GmbH eingetretenen Nachteile eine substantiierte Darlegung der treuepflichtwidrigen Handlungen der A-GmbH nicht möglich. Ein Anspruch des L aus Treuepflichtverletzung scheidet damit aus.

IV. Anspruch aus Durchgriffshaftung

Möglicherweise könnte dem L gegen die A-GmbH ein Anspruch aus Durchgriffshaftung zustehen. Die von Rechtsprechung und Lehre entwickelte Figur der Durchgriffshaftung erlaubt es, ausnahmsweise die haftungsrechtliche Sperre des § 13 Abs. 2 GmbHG zu überwinden und auf die Gesellschafter durchzugreifen.

1. Rechtsgrundlage

Die **Rechtsgrundlage** der Durchgriffshaftung ist umstritten.[631] Teilweise wird sie im Verbot des rechtsmissbräuchlichen Handelns (§ 242 BGB) erblickt. Demnach

---

630 BGHZ 65, 15 ff. (»ITT«); *Emmerich/Sonnenschein/Habersack*, Konzernrecht, S. 452 ff.; *Raiser*, Kapitalgesellschaftsrecht, § 53 Rn. 46 sowie Rn. 52; *Zöllner*, in Baumbach/Hueck, GmbHG, GmbH-KonzernR, Rn. 81.

631 Ausführlich: *Altmeppen*, ZIP 2002, 1553, 1555 f.; *Rehbinder*, FS R. Fischer, 1979, 579 ff.; *Heermann*, in Theobald, Entwicklungen zur Durchgriffs- und Konzernhaftung, S. 11 ff.;

erfolgt ein Durchgriff, wenn die Rechtsform der juristischen Person **missbraucht** wird bzw. wenn im Einzelfall die gesetzliche Trennung von Gesellschafter- und Gesellschaftsvermögen gegen Treu und Glauben verstößt.[632] Die wohl überwiegende Lehre möchte dagegen die Durchgriffshaftung als einen **Fall der Normanwendung** verstehen. Erst die Auslegung der jeweiligen Norm ergebe, ob die juristische Person im jeweiligen Einzelfall als selbstständige Person behandelt werden soll oder nicht.[633] Die höchstrichterliche Rechtsprechung indes stützt die Durchgriffshaftung auf § 826 BGB. Sie verlangt deshalb zur Bejahung eines Durchgriffs stets noch ein subjektives Element.[634]

Hier kann die Rechtsgrundlage der Durchgriffshaftung offenbleiben, da Einigkeit zumindest darin besteht, dass die Durchgriffshaftung unabhängig von ihrer Rechtsgrundlage nur in ganz besonders begründeten Ausnahmefällen zur Anwendung kommt,[635] nämlich in Fällen der **Vermögensvermengung** und der **materiellen Unterkapitalisierung**.[636]

2. Vermögensvermengung

Ein Durchgriff ist zulässig in Fällen der Vermögensvermengung. Eine solche ist anzunehmen, wenn die GmbH-Gesellschafter ihr Vermögen nicht getrennt vom Vermögen der GmbH führen und es dadurch zu einer »ununterscheidbaren Vermögensvermischung« kommt (sog. »**Waschkorbbuchführung**«).[637] Ausreichend ist es, wenn die Buchführung so undurchsichtig ist, dass keine Kontrolle mehr darüber möglich ist, ob die Kapitalerhaltungsvorschriften eingehalten worden sind.[638] Hier sind Anhaltspunkte für eine derartige Vermögensvermischung nicht ersichtlich, sodass eine Anwendung der Durchgriffshaftung im Hinblick auf die Fallgruppe der Vermögensvermischung ausscheidet.

3. Materielle Unterkapitalisierung

Als weitere Spielart der Durchgriffshaftung ist in der Literatur die Fallgruppe der materiellen Unterkapitalisierung anerkannt.[639] Haftungsgrund ist das Bestehen einer qualifizierten **Unterkapitalisierung**, d. h. »einer eindeutigen und für Insider klar erkennbaren unzureichenden Eigenkapitalausstattung der Gesellschaft, die einen Misserfolg mit hoher, das gewöhnliche Geschäftsrisiko übersteigender, Wahrscheinlichkeit erwarten lässt«.[640] In der **Rechtsprechung** hat sich diese Fallgruppe jedoch **nicht durchsetzen** können, und zwar zu Recht. Denn die **Betriebs-**

kritisch *Ehricke*, AcP 199 (1999), 257, 267 ff. sowie *Wiesner*, in Theobald, Entwicklungen zur Durchgriffs- und Konzernhaftung, S. 59 ff.

632 Sog. Missbrauchslehre, vgl. *Hueck/Fastrich*, in Baumbach / Hueck, GmbHG, § 13 Rn. 10.

633 Sog. Normzwecklehre, vgl. *Altmeppen*, in Roth / Altmeppen, GmbHG, § 13 Rn. 16; differenzierend dagegen: *Raiser*, Kapitalgesellschaftsrecht, § 29 Rn. 23 ff.

634 Vgl. BGHZ 90, 381, 399.

635 BGHZ 61, 380, 383.

636 *Altmeppen*, in Roth / Altmeppen, GmbHG, § 13 Rn. 17; *Raiser*, Kapitalgesellschaftsrecht, § 29 Rn. 23 ff.

637 BGH WM 1985, 52; BGHZ 95, 330; *Raiser*, Kapitalgesellschaftsrecht, § 29 Rn. 23.

638 BGH NJW 1994, 1801, 1801 f.

639 *Raiser*, Kapitalgesellschaftsrecht, § 29 Rn. 29 ff. (mwN); ablehnend dagegen etwa: *Ehricke*, AcP 199 (1999), 257, 289.

640 *Altmeppen*, in Roth / Altmeppen, GmbHG, § 13 Rn. 22.

wirtschaftslehre kann keine sicheren Aussagen darüber liefern, ab wann die Eigenkapitalausstattung eines Unternehmens unzureichend ist.[641] Aus Gründen der Rechtssicherheit kann deshalb allein eine Unterkapitalisierung zur Bejahung eines Durchgriffs nicht ausreichen.[642] Es müssen weitere objektive und subjektive Umstände hinzutreten, um einen Durchgriff vornehmen zu können.[643] Hier sind solche Umstände nicht ersichtlich. Eine Durchgriffshaftung wegen Unterkapitalisierung ist daher zu verneinen.

V. Anspruch aus § 823 Abs. 2 BGB i. V. m. § 266 StGB (Untreue)

Ein Anspruch aus § 823 Abs. 2 BGB i. V. m. § 266 StGB scheitert bereits daran, dass aufgrund der Vielzahl der Eingriffe weder die einzelnen nachteiligen Maßnahmen isolierbar sind noch die dadurch eingetretenen Schäden quantifiziert werden können. Zudem sind keine hinreichenden Anhaltspunkte für den subjektiven Tatbestand der Untreue ersichtlich.

VI. Anspruch aus §§ 311, 317 Abs. 1, 4 i. V. m. 309 Abs. 4 S. 3 AktG analog

Eine analoge Anwendung der §§ 311 ff. AktG auf den GmbH-Konzern ist nicht möglich, weil die dafür notwendige Analogiebasis fehlt. Anders als in der Aktiengesellschaft sind nämlich die GmbH-Gesellschafter über die Gesellschafterversammlung berechtigt, der Geschäftsführung Weisungen zu erteilen.[644] Darüber hinaus setzen die §§ 311 ff. AktG einen funktionierenden Einzelausgleich voraus. Das System des Einzelausgleiches versagt aber dann, wenn, wie hier, die Einzeleingriffe auf Grund der Vielzahl von Eingriffen nicht mehr isolierbar sind.[645]

VII. Anspruch aus §§ 302 f. AktG analog (GmbH-Vertragskonzern)

Die Normen der §§ 302 f. AktG regeln an sich nur den Aktienvertragskonzern. Sie gelten aber für den GmbH-Vertragskonzern entsprechend.[646]

Zu beachten ist zunächst, dass sich unmittelbar aus den §§ 302 f. AktG **kein direkter Zahlungsanspruch** der Gläubiger der abhängigen Gesellschaft gegen das herrschende Unternehmen ergibt. Jedoch gewährt § 303 AktG den Gläubigern der abhängigen Gesellschaft einen Anspruch auf **Sicherheitenstellung** gegenüber dem herrschenden Unternehmen (»anderer Vertragsteil«). Dieser Anspruch wandelt sich in einen direkten Zahlungsanspruch um, wenn die abhängige Gesellschaft vermögenslos ist, weil dann die Sicherheitenstellung einen unnötigen **Umweg** darstellt.[647]

---

641 Vgl. *Altmeppen*, in Roth / Altmeppen, GmbHG, § 13 Rn. 22, *Raiser*, Kapitalgesellschaftsrecht, § 29 Rn. 31 f.

642 BGHZ 68, 312 ff.

643 BGH WM 92, 735, 736.

644 Vgl. *Emmerich/Sonnenschein/Habersack*, Konzernrecht, S. 467.

645 Vgl. *Raiser*, Kapitalgesellschaftsrecht, § 53 Rn. 53 und 55; *Zöllner*, in Baumbach / Hueck, GmbHG, Anhang I Rn. 86.

646 BGHZ 95, 330, 345 f.; *Zöllner*, in Baumbach / Hueck, GmbHG, Anhang I, Rn. 51 und 77 ff.

647 Sog. Ausfallhaftung, BGHZ 95, 347 (»Autokran«); *Raiser*, Kapitalgesellschaftsrecht, § 53 Rn. 65 und 70; *Zöllner*, in Baumbach / Hueck, GmbHG, GmbH-KonzernR, Rn. 97.

Ein direkter Zahlungsanspruch des L gegen die A-GmbH aus §§ 302 f. AktG analog setzt neben der Vermögenslosigkeit der F-GmbH das Vorliegen eines GmbH-Vertragskonzernes voraus. Es müsste also zwischen der F- und A-GmbH ein Gewinnabführungs- oder Beherrschungsvertrag bestanden haben. Ein derartiger Vertrag wurde hier nicht geschlossen. In der älteren Literatur wird zwar die Auffassung vertreten, dass ein Gewinnabführungs- und Beherrschungsvertrag auch durch **konkludentes Handeln** zustande kommen kann.[648] Dagegen spricht aber, dass typischerweise in diesen Fällen keine Willenserklärungen zum Abschluss eines solchen Vertrages abgegeben werden. Außerdem würden bei Annahme eines konkludenten Vertragsschlusses die gesellschaftsinternen Zuständigkeiten übergangen werden.[649] Ein Anspruch des L aus §§ 302 f. AktG analog ist folglich zu verneinen.

VIII. Anspruch aus §§ 302 f. AktG doppelt analog (qualifiziert faktischer Konzern)

1. Rechtsgrundlage einer Haftung aus qualifiziert faktischer Konzernierung

Fraglich ist, ob dem L ein Anspruch gegen die A-GmbH aus §§ 302 f. AktG **doppelt analog** zusteht. Rechtsprechung und Lehre haben im Wege der Rechtsfortbildung eine solche Haftung entwickelt.[650] Gemeinhin wird diese Haftung als Haftung im qualifiziert faktischer Konzern bezeichnet. Der Grundgedanke besteht darin, dass es keinen Unterschied machen kann, ob eine GmbH aufgrund eines Beherrschungsvertrages Weisungen unterliegt oder deshalb von einer anderen Gesellschaft beherrscht wird, weil faktisch Weisungen erteilt werden, die von ihrer Dichte und Intensität her zu einem Zustand führen, der mit der Lage nach Abschluss eines Beherrschungsvertrages vergleichbar ist. Eine solche nicht durch einen Unternehmensvertrag legitimierte Beherrschungsbeziehung darf im Hinblick auf den Gläubiger und Minderheitenschutz nicht anders behandelt werden als ein vertraglich abgesichertes Beherrschungsverhältnis.[651] Daher waren bislang auf einen derartigen Konzern die §§ 302 f. AktG (doppelt) analog anzuwenden.[652] Seit der »Bremer-Vulkan«-Entscheidung des BGH zum qualifiziert faktischen Konzern[653] stellt sich jedoch die Frage, ob der Haftungstatbestand der qualifiziert faktischen Konzernierung überhaupt noch existiert. Denn der BGH sieht seitdem die Rechtsgrundlage für eine Haftung aus qualifiziert faktischer Konzernierung nicht mehr in den §§ 302 f. AktG.[654] Auch bezeichnet er in jüngeren Entscheidung die Haftung nicht mehr als konzernrechtliche, sondern als »Haftung wegen existenzvernichtenden Eingriffs«.[655] Die Rechtsgrundlage lässt er jedoch offen. In der Literatur ist daraufhin ein Streit entbrannt, worin diese zu sehen ist. Teilweise wird die Durchgriffshaftung (§ 826 BGB)[656], teilweise die Geschäftsführerhaftung (§ 43

---

648 So etwa Emmerich, in Scholz, GmbHG, 6. Auflage, Anh. II KonzernR. Rn. 143.
649 Ähnlich: *Zöllner,* in Baumbach / Hueck, GmbHG, Anhang I, Rn. 86.
650 grundlegend: BGHZ 95, 330 –Autokran– (reine Zustandshaftung); BGHZ 107, 7 –Tiefbau–; BGHZ 115, 187 –Video–; BGHZ 122, 123 –TBB– (modif. Verhaltenshaftung); *Emmerich/Sonnenschein/Habersack,* Konzernrecht, S. 466 ff.; *Raiser,* Kapitalgesellschaftsrecht, § 53 Rn. 53 ff. und 65.
651 *Zöllner,* in Baumbach / Hueck, GmbHG, Anhang I, Rn. 86.
652 Ebenso: *Zöllner,* in Baumbach / Hueck, GmbHG, Anhang I, Rn. 86 (mwN).
653 BGH ZIP 2001, 1874, 1876 li. Sp. (»Bremer Vulkan«).
654 BGH ZIP 2001, 1874, 1876 li. Sp. (»Bremer Vulkan«).
655 BGH ZIP 2002, 848, 850; BGH ZIP 2002, 1578. 1579 f. (»KBV«).
656 *Bitter,* WM 2001, 2133, 2137 ff.

Abs. 2 GmbHG analog)[657] und teilweise auch die Treuepflicht herangezogen.[658] Unabhängig davon kann die Haftung aber auch weiterhin auf die §§ 302 f. AktG gestützt werden.

Letztlich ist nämlich die Frage nach der Rechtsgrundlage für eine Haftung aus qualifiziert faktischer Konzernierung bzw. »wegen existenzgefährdenden Eingriffes« zweitrangig. Entscheidend ist vielmehr, ob in concreto die nachfolgenden, im einzelnen umstrittenen, Voraussetzungen einer solchen Haftung zu bejahen sind.

> **Hinweise:** Der Schlüssel zum Erfassen der Rechtsfigur des qualifiziert faktischen Konzerns liegt darin, den eigentlichen Haftgrund des herrschenden Unternehmens zu erkennen. Versteht man einen qualifiziert faktischen Konzern als einen Zustand, der von einer Leitungsdichte gekennzeichnet ist, wie sie zulässigerweise nur bei Bestehen eines Beherrschungsvertrages ausgeübt werden kann, liegt eine analoge Anwendung der §§ 302 f. AktG nahe (sog. **Zustands- oder Strukturhaftung**). Erkennt man dagegen den Haftgrund nicht in der Leitungsdichte, sondern im missbräuchlichen Verhalten des herrschenden Unternehmens (sog. **Verhaltenshaftung**), können Grundlage einer solchen Haftung nicht mehr die §§ 302 f. AktG sein. Denn diese Normen stellen nicht auf ein missbräuchliches Verhalten des herrschenden Unternehmens ab, sondern greifen ein, sobald der Zustand eines Beherrschungsvertrages erreicht ist.

2. Vorliegen eines Konzerns im Sinne des § 18 Abs. 1 AktG

Die (noch) herrschende Meinung verlangt für die Bejahung einer Haftung aus qualifiziert faktischem Konzern zunächst das Vorliegen eines **Konzerns** gemäß § 18 Abs. 1 AktG.[659] Eine beachtliche Mindermeinung und mit ihr jetzt auch der BGH[660] möchte es dagegen bereits genügen lassen, wenn der **Abhängigkeitstatbestand** des § 17 Abs. 2 AktG erfüllt ist.[661] In einer jüngeren Entscheidung hat der BGH auch auf den Abhängigkeitstatbestand (stillschweigend) verzichtet und eine Haftung »wegen existenzvernichtenden Eingriffs« selbst bei einer konzernrechtlich unabhängigen Gesellschaft bejaht,[662] also auch bei einer Gesellschaft, bei der kein Gesellschafter als herrschendes Unternehmen anzusehen ist. Ob dem zu folgen ist, kann dahinstehen, denn hier könnte bereits kraft der **Konzernvermutung** des § 18 Abs. 1 S. 3 AktG ein Konzern vorliegen. Danach wird das Bestehen eines Konzerns vermutet, wenn ein abhängiges und ein herrschendes Unternehmen vorhanden sind. Die A-GmbH müsste herrschendes und die F-GmbH abhängiges Unternehmen sein.

---

657   *Altmeppen*, ZIP 2001, 1837, 1842 (»Quasigeschäftsführung«).
658   *Ulmer*, ZIP 2001, 2021 ff.
659   *Zöllner*, in Baumbach / Hueck, GmbHG, GmbH-KonzernR, Rn. 87 (mwN) und wohl auch BAG, ZIP 1994, 1378, 1379.
660   BGH ZIP 2001, 1874, 1876 (»Bremer Vulkan«).
661   *Emmerich/Sonnenschein/Habersack*, Konzernrecht, S. 465 (mwN); *Hommelhoff*, ZGR 1994, 395, 400, *Altmeppen*, in Roth / Altmeppen, GmbHG, Anh. § 13 Rn. 131.
662   BGH ZIP 2002, 1578, 1579 f. (»KBV«) m. Anm. *Altmeppen*, ZIP 2002, 1553 ff.

a) Herrschendes Unternehmen

Unternehmen im **konzernrechtlichen** Sinne ist jeder Gesellschafter, also auch eine natürliche Person, wenn er neben der Beteiligung an der Gesellschaft **anderweitige wirtschaftliche Interessenbindungen** aufweist, die nach ihrer Art und Intensität die ernsthafte Sorge begründen, er könne wegen dieser Bindungen seinen Einfluss auf die Gesellschaft nachteilig ausüben.[663]

Neben der Beteiligung an der F-GmbH verfolgt die A-GmbH anderweitige wirtschaftliche Interessen, nämlich den Vertrieb von Hard- und Software in einem eigenen Unternehmen. Das deckt sich teilweise mit dem Unternehmensgegenstand der F-GmbH. Es besteht deshalb die ernsthafte Gefahr, die A-GmbH könne ihre Interessen an dem Software- und Hardwaregeschäft dazu ausnutzen, die F-GmbH zu schädigen. Folglich ist die A-GmbH als Unternehmen im konzernrechtlichen Sinne anzusehen. Sie ist zugleich kraft der Vermutung des § 17 Abs. 2 AktG herrschendes Unternehmen, weil die F-GmbH im Mehrheitsbesitz der A-GmbH steht (§ 16 Abs. 1 AktG).

b) Abhängiges Unternehmen

Der **Unternehmensbegriff** des abhängigen Unternehmens **differiert** von dem des herrschenden Unternehmens. Zur Bejahung des Unternehmensbegriffes reicht bereits jede **rechtlich besonders organisierte Vermögenseinheit** aus, also etwa auch die Stiftung oder öffentlich-rechtliche Anstalt.[664] Da die F-GmbH gemäß § 13 Abs. 1 GmbHG über eine eigene Rechtspersönlichkeit verfügt und sie wegen der Vermutung des § 17 Abs. 2 AktG auch abhängig ist, ist sie ein abhängiges Unternehmen.

c) Zusammenfassung

Die F-GmbH ist ein abhängiges, die A-GmbH ein herrschendes Unternehmen. Weil die Konzernvermutung nicht widerlegt worden ist, bilden beide Unternehmen gemäß § 18 Abs. 1 S. 3 AktG einen Konzern.

3. Versagen des Einzelausgleichsystems

Weitere Voraussetzung für das Eingreifen einer Haftung nach den Grundsätzen der qualifiziert faktischen Konzernierung ist das **Versagen des Einzelausgleichsystems**, d. h. die zugefügte Nachteile dürfen **nicht isolierbar** sein.[665] Wie bereits unter den Punkten I-VII aufgezeigt, versagt hier das Einzelausgleichsystem, da weder die Einzeleingriffe isolierbar sind noch die zugefügten Nachteile quantifiziert werden können.

---

663 H. M., BGHZ 69, 334, 336 (»VEBA / Gelsenberg«); *Emmerich/Sonnenschein/Habersack,* Konzernrecht, S. 32; *Hüffer,* AktG, § 15 Rn. 8; *Raiser,* Kapitalgesellschaftsrecht, § 51 Rn. 4; ausführlich zum konzernrechtlichen Unternehmensbegriff, oben Fall 1 (Konzernrecht).

664 *Hüffer,* AktG, § 15 Rn. 14; *Raiser,* Kapitalgesellschaftsrecht, § 51 Rn. 3.

665 BGHZ 122, 123, 131 f. (»TBB«); ZIP 2001, 1874, 1876 (»Bremer Vulkan«); BGH ZIP 2002, 1578, 1579 f. (»KBV«); *Emmerich/Sonnenschein/Habersack,* Konzernrecht, S. 471; *Raiser,* Kapitalgesellschaftsrecht, § 53 Rn. 55.

Hinweis: Die Haftung aus qualifiziert faktischem Konzern ist grundsätzlich subsidiär. In der Klausur empfiehlt es sich daher, wie hier, das Eingreifen dieser Haftung erst nach Verneinung anderer Anspruchsgrundlagen zu prüfen.

4. Dauernde und umfassende Leitungsmacht

Als **zentrales Merkmal** für eine Haftung nach den Grundsätzen des qualifiziert faktischen Konzerns wurde in der älteren Rechtsprechung und Literatur die **dauernde und umfassende Leitungsmacht** angesehen.[666] Erst wenn eine solche Leitungsdichte vorlag, galt eine (doppelt) analoge Anwendung der §§ 302 f. AktG als gerechtfertigt. Diese Leitungsmacht musste von ihrer Dauer und Intensität her derjenigen Leitungsmacht entsprechen, wie sie zulässigerweise nur bei Bestehen eines Beherrschungsvertrages ausgeübt werden darf, d .h. wenn die abhängige Gesellschaft **»wie eine Betriebsabteilung«** geführt wird.[667]

Ob an dem Merkmal der dauernden und umfassenden Leistungsmacht nach der jüngsten Rechtsprechung des BGH[668] festzuhalten ist, kann offenbleiben, weil hier die A-GmbH die F-GmbH durch Ausübung einer dauernden und umfassenden Leistungsmacht wie eine Betriebsabteilung geführt hat. Denn die F-GmbH musste im Rahmen des zentralen »Cash-Managements« sämtliche Liquidität an die A-GmbH abführen. Auch erfolgten zahlreiche Eingriffe in die Geschäftsführung, wie etwa der Abzug wichtigen Personals oder die Anweisung, den Druckervertrieb einzustellen und die Drucker zum Herstellungspreis an die A-GmbH zu veräußern. Darüber hinaus war die F-GmbH bei ihrer Geschäftsführung an die Richtlinien der A-GmbH gebunden.

5. Nachteilszufügung unter fehlender Rücksichtnahme auf Eigenbelange der abhängigen GmbH

Seit der »**TBB«-Entscheidung**,[669] bestätigt durch »**Bremer Vulkan**«,[670] stellt der BGH zur Begründung der Haftung nicht mehr auf die dauernde und umfassende Leitungsmacht des herrschenden Unternehmens ab, sondern auf die **Rücksichtnahmepflicht** des herrschenden Unternehmens. Diese ist verletzt, sofern das herrschende Unternehmen der abhängigen Gesellschaft a) Nachteile zugefügt hat und b) dabei keine angemessene Rücksicht auf die Eigenbelange der abhängigen Gesellschaft genommen hat.[671] Es muss mithin seine Leitungsmacht missbraucht haben (»Missbrauch der Leitungsmacht«).[672]

---

666 So noch BGHZ 95, 335 (»Autokran«); vgl. auch *Zöllner*, in Baumbach / Hueck, GmbHG, GmbH-KonzernR 88,

667 *Michalski/Zeidler*, NJW 1996, 224, 225; *K. Schmidt*, Gesellschaftsrecht, § 39 III 4. b aa.

668 Vgl. BGH ZIP 2001, 1874, 1876 (»Bremer Vulkan«); BGH ZIP 2002, 1578, 1579 f. (»KBV«) m. Anm. *Altmeppen*, ZIP 2002, 1553 ff.

669 BGHZ 122, 123 ff.

670 BGH ZIP 2001, 1874, 1876 sowie jüngst BGH ZIP 2002, 848, 850; BGH ZIP 2002, 1578, 1579 f. (»KBV«).

671 BGHZ 122, 123, 130 f. (»TBB«).

672 *Emmerich/Sonnenschein/Habersack*, Konzernrecht, S. 469; ähnlich Raiser, Kapitalgesellschaftsrecht, § 53 Rn. 66.

Hinweise: Diese neuere Tendenz in der Rechtsprechung ist Ausdruck der sog. **Verhaltenshaftung.** Danach ist Haftgrund im qualifiziert faktischen Konzern nicht der Zustand der qualifiziert faktischen Konzernierung,[673] also nicht die dauernde und umfassende Leitungsmacht (so aber die Lehre von der **Zustandshaftung**), sondern das unangemessene, die Leitungsmacht missbrauchende, Verhalten des herrschenden Unternehmens. Da aber der BGH in der »TBB«-Entscheidung – wenn auch nur abgeschwächt – an dem Merkmal der dauernden und umfassenden Leitungsmacht festhielt, wurde die so verstandene Haftung aus qualifiziert faktischem Konzern als **modifizierte Verhaltenshaftung** bezeichnet. Seit der »Bremer Vulkan«-Entscheidung verzichtet der BGH jedoch völlig auf das Vorliegen einer dauernden und umfassenden Leitungsmacht. Er stellt statt dessen allein auf die Nachteilszufügung unter fehlender Rücksichtnahme auf die Eigenbelange der abhängigen Gesellschaft ab. Eine solche Haftung kann als **reine Verhaltenshaftung** bezeichnet werden. Sie hat mit der ursprünglichen Rechtsgrundlage der §§ 302 f. AktG nichts mehr gemein. Insofern ist es aus Sicht des BGH konsequent, dass er mittlerweile die Analogie zu den §§ 302 f. AktG aufgegeben hat.

a) Nachteilszufügung

Die A-GmbH hat der F-GmbH unzählige Nachteile zugefügt. Die F-GmbH musste nicht nur ihren Vertrieb einstellen, sondern auch die von ihr hergestellten Drucker zum Herstellungspreis an die A-GmbH veräußern. Außerdem hat die F-GmbH zahlreiche qualifizierte Mitarbeiter an die A-GmbH abgeben müssen. Darüber hinaus führte die F-GmbH ihre gesamte Liquidität an die A-GmbH ab. Sie hat ihre eigene »Finanzhoheit« aufgegeben.

b) Keine angemessene Rücksichtnahme auf die Eigenbelange der F-GmbH

Um eine Haftung der A-GmbH begründen zu können, müsste es des weiteren an der **angemessenen Rücksichtnahme** der A-GmbH auf die Eigenbelange der F-GmbH fehlen. Das ist dann zu bejahen, wenn ein **verantwortungsbewusster Geschäftsführer** einer unabhängigen GmbH anders gehandelt hätte.[674]

Hier hat die A-GmbH das Hauptgeschäftsfeld der F-GmbH, die Herstellung und der Vertrieb von Computerdruckern, faktisch entzogen. Auch musste die gesamte Liquidität an die A-GmbH abgeführt werden. Zudem wurden zahlreiche qualifizierte Mitarbeiter abgeworben. Ein Ausgleich für diese Nachteile ist von der A-GmbH nie gewährt worden. Ein verantwortungsbewusster Geschäftsführer einer unabhängigen F-GmbH hätte solche Maßnahmen nicht veranlasst, weil diese den sicheren Ruin der Gesellschaft bedeutet hätten. Die A-GmbH hat somit bei Ausführung ihrer Maßnahmen keinerlei Rücksicht auf die Eigenbelange der F-GmbH genommen.

---

673 So aber etwa Ebenroth, AG 1990, 188, 193 ff.
674 *Michalski/Zeidler*, NJW 1996, 224, 225, 228.

6. Verschulden?

Strittig ist, ob für eine Haftung nach den Grundsätzen der qualifiziert faktischen Konzernierung ein Verschulden des herrschenden Unternehmens erforderlich ist. Ein Teil der Lehre möchte dies bejahen,[675] andere lehnen dies ab.[676] Der Streit kann hier dahinstehen, weil selbst die Vertreter der Lehre, die ein Verschulden des herrschenden Unternehmens fordern, dessen Vorliegen vermuten. Hier ist diese Vermutung nicht widerlegt worden, sodass von einem schuldhaften Handeln der A-GmbH auszugehen ist.

Hinweise: Die Antwort auf die Frage, ob ein Verschulden erforderlich ist oder nicht, hängt maßgeblich davon ab, wie man den Haftgrund im qualifiziert faktischem Konzern versteht. Begreift man die Haftung als Verhaltenshaftung, wird man für das Eingreifen der Haftung wohl auch eine Verschulden des herrschenden Unternehmens verlangen.[677] Versteht man dagegen die Haftung als Strukturhaftung, wofür einiges spricht (s. o.), müsste das Verschuldenserfordernis konsequenterweise abgelehnt werden.[678]

7. Rechtsfolgen

Gegenüber der abhängigen Gesellschaft ist Rechtsfolge einer qualifiziert faktischen Konzernierung der Anspruch auf **Ausgleich des Jahresfehlbetrages** gemäß §§ 302 f. AktG (doppelt) analog. Bedeutsamer ist jedoch der Anspruch der Gläubiger der abhängigen Gesellschaft. Diese haben nach § 303 AktG (doppelt) analog einen **Anspruch auf Sicherheitenstellung** gemäß §§ 232 ff. BGB in Höhe ihrer jeweiligen Forderungen. Eine derartige Sicherheitenstellung ist aber nur sinnvoll, wenn die abhängige Gesellschaft – außer ihres Anspruches auf Verlustausgleich – überhaupt noch über Vermögen verfügt. Denn ist die abhängige Gesellschaft im Zeitpunkt der Geltendmachung der Ansprüche auf Sicherheitenstellung **vermögenslos**, ist der Verweis der Gläubiger auf eine Sicherheitenbestellung ein **unnötiger Umweg**. Deshalb besteht bei Vermögenslosigkeit der abhängigen Gesellschaft aus Gründen der Verfahrensökonomie ein **direkter Zahlungsanspruch** der Gläubiger gegen das herrschende Unternehmen in Höhe der jeweiligen Forderungen.[679] An diesem Ergebnis der Außenhaftung hält der BGH auch in seinen jüngsten Entscheidungen zum qualifiziert faktischen Konzern fest, auch wenn er die Haftung nicht ausdrücklich auf die §§ 302 f. AktG, sondern auf die von ihm geschaffene Rechtsfigur des »existenzvernichtenden Eingriffs« stützt.[680]

Gegen die eben aufgezeigte **Außenhaftung** könnte eingewandt werden, dass eine solche dem GmbH-Recht fremd ist. So gehen die §§ 30 ff. GmbHG, aber auch die im Zusammenhang mit der Gründung relevante Vorbelastungshaftung immer

---

675 *Lutter/Hommelhoff*, GmbHG, Anh. § 13 Rn. 32.
676 *Zöllner*, in Baumbach/Hueck, GmbHG, GmbH-KonzernR Rn. 91.
677 So etwa *Lutter/Hommelhoff*, GmbHG, Anh. § 13 Rn. 32.
678 So etwa *Zöllner*, in Baumbach/Hueck, GmbHG, GmbH-KonzernR Rn. 91; Übersicht zum Streitstand bei *Hüffer*, AktG, § 302 Rn. 8.
679 Sog. Ausfallhaftung, BGHZ 95, 347 (»Autokran«); *Raiser*, Kapitalgesellschaftsrecht, § 53 Rn. 65 und 70; *Zöllner*, in Baumbach/Hueck, GmbHG, GmbH-KonzernR., Rn. 97.
680 BGH ZIP 2001, 1874, 1876 (»Bremer Vulkan«), BGH ZIP 2002, 1578, 1579 f. (»KBV«) m. Anm. *Altmeppen*, ZIP 2002, 1553 ff.

von einer **Innenhaftung** der Gesellschafter aus. Auch § 13 Abs. 2 GmbHG scheint einer Außenhaftung des herrschenden Unternehmens entgegenzustehen. Jedoch haben die vorgenannten Regelungen nur die **konzernunabhängige GmbH** im Auge. Bei einer abhängigen GmbH ist die Gefährdung der Gläubiger dagegen ungleich größer. Deshalb muss zugunsten eines effektiven Gläubigerschutzes in bestimmten Fällen eine Ausnahme von dem Grundsatz der Innenhaftung erlaubt sein.

IX. Ergebnis

L kann von der A-GmbH Zahlung der 250.000 Euro nach den Grundsätzen des qualifiziert faktischen Konzerns verlangen.

Hinweise:

Folgt man der **BGH-Rechtsprechung** und gibt – anders als hier – die §§ 302 f. AktG als Rechtsgrundlage auf, was nur gerechtfertigt ist, wenn man die Haftung aus qualifiziert faktischem Konzern nicht als Struktur-, sondern als Verhaltenshaftung versteht, stellt sich die Frage, auf welcher Rechtsgrundlage dann diese Haftung beruht. *Bitter* erblickt die **Grundlage der Haftung** in einem Unterfall der **Durchgriffshaftung (§ 826 BGB)**,[681] *Altmeppen* sieht sie in einer **Analogie zu § 43 Abs. 2 GmbHG** begründet.[682] *Ulmer* dagegen möchte auf die **Treuepflicht** zurückgreifen.[683] Letzterem ist entgegenzuhalten, dass sich gerade in der Ein-Mann-GmbH eine Treuepflicht des Gesellschafters gegenüber der GmbH dogmatisch nur schwer begründen lässt. Auch weist sowohl der Treuepflichtansatz als auch der Ansatz *Altmeppens* den Schwachpunkt auf, dass es sich bei ihnen lediglich um Innenansprüche handelt, die von den Gläubigern grundsätzlich nicht geltend gemacht werden können. Stimmig erscheint die Ansicht von Bitter. Denn bereits vor der »Bremer Vulkan«-Entscheidung des BGH wurde darüber diskutiert, ob die Haftung aus qualifiziert faktischer Konzernierung als Fallgruppe der Durchgriffshaftung (§ 826 BGB) zu begreifen ist.[684] Auch lässt sich über § 826 BGB am ehesten eine Außenhaftung des herrschenden Unternehmens begründen. Ungeachtet dessen besitzt die **althergebrachte Lösung**, die sich, entgegen der jüngsten BGH-Rechtsprechung, an einer Analogie zu § 302 f. AktG orientiert, nach wie vor erhebliche Überzeugungskraft. Wenn nämlich ein Unternehmen eine andere Gesellschaft derart umfassend beherrscht, wie es nur bei Vorliegen eines Beherrschungsvertrages zulässig wäre, muss es sich auch so behandeln lassen, als ob ein Beherrschungsvertrag besteht (sog. Struktur- bzw. Zustandshaftung). Der Vorteil einer analogen Anwendung der §§ 302 f. AktG besteht darüber hinaus darin, dass sich ein **Austritts- und Abfindungsrecht** der Minderheitsgesellschafter problemlos über eine analoge Anwendung des § 305 AktG begründen lässt.

Welchen Weg man in einer Klausur für eine Haftung des eingreifenden Gesellschafters wählt, dürfte bei entsprechender Begründung gleichgültig sein. So-

---

681 Bitter, WM 2001, 2133, 2137 ff.
682 *Altmeppen*, ZIP 2001, 1837, 1842; *ders.*, ZIP 2002, 1553, 1562 (»Quasigeschäftsführung«).
683 *Ulmer*, ZIP 2001, 2021 ff.
684 Vgl. *Emmerich/Sonnenschein/Habersack*, Konzernrecht, S. 466 (mwN); *Kropff*, in MüKo-AktG, § 317 Anh., Rn. 22; *Raiser*, Kapitalgesellschaftsrecht, § 29 Rn. 25 ff.; *K. Schmidt*, Gesellschaftsrecht, § 9 IV 4 b bb.

weit man aber der jüngsten BGH-Rechtsprechung folgt, darf die Haftung in keinem Fall auf §§ 302 f. AktG analog gestützt werden. Statt dessen sollte etwa auf § 826 BGB i. V. m. der Durchgriffshaftung zurückgegriffen werden und dort neben den herkömmlichen Fallgruppen der Unterkapitalisierung und der Vermögensvermischung die (neue) Fallgruppe der Konzernherrschaft unter dem Stichwort »**Haftung wegen existenzvernichtenden Eingriffs**« erörtert werden. Die dabei zu prüfenden Tatbestandsmerkmale entsprechen im wesentlichen den oben angesprochenen Haftungsvoraussetzungen des qualifiziert faktischen Konzerns. Denn an diesen Voraussetzungen hält der BGH – bis auf das Vorliegen des Abhängigkeitstatbestandes und der dauernden und umfassenden Leitungsmacht – nach wie vor fest.[685]

Rechtsprechung und Literaturhinweise: BGHZ 95, 330 -Autokran- (reine Zustandshaftung); BGHZ 107, 7 -Tiefbau-; BGHZ 115, 187 -Video-; BGHZ 122, 123 -TBB- (modifizierte Verhaltenshaftung); BGH ZIP 2001, S. 1874, 1876 -Bremer Vulkan- (reine Verhaltenshaftung); BGH ZIP 2002, 1578, 1579 f. –KBV- (stillschweigende Aufgabe des Abhängigkeitstatbestandes) sowie sehr instruktiv: *Michalski/Zeidler*, NJW 1996, S. 224 ff.; *Ulmer*, ZIP 2001, S. 2021 ff.)

Zur Variante 1: Anspruch aus § 302 AktG (doppelt) analog

Ein Anspruch auf Verlustausgleich könnte sich aus § 302 AktG (doppelt) analog ergeben. Voraussetzung dafür ist, dass zwischen der F-GmbH und der A-GmbH ein qualifiziert faktischer Konzern besteht. Das wurde bereits oben im Ausgangsfall bejaht. Eine Haftung der A-GmbH gegenüber der F-GmbH ist somit dem Grunde nach zu bejahen.

1. Kausalität der Verluste

Anders als im Ausgangsfall beruhen hier jedoch die Verluste nicht auf den zahlreichen Einflussnahmen der A-GmbH, sondern auf der schlechten Marktlage. Fraglich ist, ob auch solche Verluste vom Haftungstatbestand des qualifiziert faktischen Konzerns erfasst sind. Sieht man den Haftgrund einer qualifiziert faktischen Konzernierung in der Verhaltenshaftung, wird man dazu neigen, das herrschende Unternehmen nur für solche Verluste haften zu lassen, die auf der fehlenden Rücksichtnahme des herrschenden Unternehmens beruhen.[686] Das kann indes nicht richtig sein. Denn wenn man, wie hier, die Haftung auf eine analoge Anwendung des § 302 AktG stützt, sollte sich auch an der Rechtsfolge des § 302 AktG orientiert werden. § 302 AktG normiert aber eine Haftung für jeden entstehenden Jahresfehlbetrag.[687] Das beruht auf der Erwägung, dass es im Falle eines Prozess **faktisch unmöglich** sein wird, nachzuweisen, ob Verluste auf die Leitungsmacht des herrschenden Unternehmens oder auf die allgemeine Marktlage zurückgehen. Daher kommt im qualifiziert faktischen Konzern nur ein Globalausgleich in Betracht.[688] Mithin haftet das herrschende Unternehmen für alle

---

685 Vgl. BGH ZIP 2002, 1578, 1579 f. (»KBV«).
686 Vgl. *Michalski/Zeidler*, NJW 1996, 225, 226, 228.
687 Vgl. *Raiser*, Kapitalgesellschaftsrecht, § 54 Rn. 52.
688 *Emmerich/Sonnenschein/Habersack*, Konzernrecht, S. 473; *Lutter/Hommelhoff*, GmbHG, Anh. § 13 Rn. 33.

Verluste, die während der qualifiziert faktischen Konzernierung eingetreten sind, und zwar unabhängig davon, worauf die Verluste beruhen.

2. Höhe des Verlustausgleiches

Die Höhe des Verlustausgleiches ist – zumindest in der Mehrpersonengesellschaft – nicht auf die Stammkapitalziffer der abhängigen Gesellschaft beschränkt. In Übereinstimmung mit § 302 Abs. 1 AktG ist der gesamte Jahresfehlbetrag auszugleichen.[689] Damit hat die A-GmbH der F-GmbH insgesamt 25 Mio. Euro zu ersetzen.

Zur Variante 2:

Abweichend von Variante 1 handelt es sich hier um eine Ein-Mann-GmbH. Daraus ergeben sich im wesentlichen zwei neue Probleme: Erstens, ob die Annahme einer Verlustausgleichspflicht mit der Art. 2 Abs. 1 der 12. EG-Richtlinie (Ein-Mann-GmbH-Richtlinie) zu vereinbaren ist und zweitens, ob die Höhe des Verlustausgleiches auf die Wiederauffüllung des Stammkapitals begrenzt ist.

1. Vereinbarkeit mit Art. 2 Abs. 1 der 12. EG-Richtlinie

Art. 2 Abs. 1 der Richtlinie geht davon aus, dass die Ein-Mann-GmbH dem Gesellschafter eine Haftungsbeschränkung gewährt. Deshalb könnte eine konzernrechtliche Haftung gegen Art. 2 Abs. 1 der Richtlinie verstoßen. Jedoch sieht Art. 2 Abs. 2 a der Richtlinie ausdrücklich Ausnahmen zugunsten von Konzernsachverhalten vor. Daher führt die Bejahung einer konzernrechtlichen Haftung nicht zu einem Verstoß gegen die Richtlinie.

Hinweis: Stützt man wie jetzt der BGH die Haftung nicht mehr auf eine Analogie zu §§ 302 f. AktG und lässt den eingreifenden Gesellschafter losgelöst von einem Konzerntatbestand haften (s. o.), stellt sich die Frage der Vereinbarkeit einer solchen Haftung mit der 12. EG-Richtlinie. Das dürfte wohl zu verneinen sein.

2. Höhe des Verlustausgleichs

Fraglich ist, ob die A-GmbH der F-GmbH Ausgleich des **vollen Jahresfehlbetrages** oder nur eine **Wiederauffüllung** des Eigenkapitals bis zur Höhe des **Stammkapitals** schuldet. Anders als bei der Mehrpersonen-GmbH besteht bei der Ein-Mann-GmbH nämlich die Besonderheit, dass keine Mitgesellschafter vorhanden sind. In einem solchen Fall sind daher lediglich die Gläubiger der GmbH schützenswert. Diese aber können, anders als die Mitgesellschafter in einer Mehrpersonen-GmbH, einen Schutz des Gesellschaftsvermögens nur bis zur Höhe des Stammkapitals erwarten. Denn nur bis zu dieser Höhe ist das Vermögen der GmbH gemäß §§ 30 ff. GmbHG zugunsten der Gläubiger gebunden. Folglich kann sich auch die Verlustausgleichspflicht des § 302 AktG (doppelt) analog nur auf die Wiederauffüllung des Stammkapitals der F-GmbH richten.[690]

---

689 *Emmerich/Sonnenschein/Habersack*, Konzernrecht, S: 474; *Raiser*, Kapitalgesellschaftsrecht, § 54 Rn. 69; *Zöllner*, in Baumbach / Hueck, GmbHG, GmbH-KonzernR, Rn. 96.

690 Vgl. *Emmerich/Sonnenschein/Habersack*, Konzernrecht, S. 474; *Lutter/Hommelhoff*, GmbHG; Anh. § 13 Rn. 44; *Raiser*, Kapitalgesellschaftsrecht, § 54 Rn. 69.

Fall 6
»Heile Welt«
Befreiung eines Gesellschafters vom Wettbewerbsverbot [»Süssen«], Beschlussanfechtung, materielle Beschlusskontrolle, Konzerneingangskontrolle

An der Z-GmbH sind die Gesellschafter A, B, D sowie die C-GmbH beteiligt. Die C-GmbH hält 60 % der Anteile, B 20 % sowie D und A je 10 %. Die Z-GmbH produziert Sportartikel für den Billig- sowie für den Luxusartikelbereich. Hauptkonkurrent ist die Y-GmbH, die ebenso wie die Z-GmbH erfolgreich Billigmarken herstellt, aber im lukrativen Luxusartikelbereich deutlich erfolgreicher ist. Trotz mehrerer »Annäherungsversuche« der Z-GmbH hat die Y-GmbH eine strategische Allianz im Luxusartikelbereich bislang kategorisch abgelehnt.

Anfang des Jahres 2003 ergibt sich zufällig für die C-GmbH die Möglichkeit, sich an der Y-GmbH mit 55 % zu beteiligen. Die C-GmbH möchte diese Chance nutzen, weil sie nun endlich die Gelegenheit sieht, die Allianz zwischen der Z-GmbH und der Y-GmbH zu verwirklichen. Jedoch besteht gem. § 9 der Satzung der Z-GmbH für alle Gesellschafter der Z-GmbH ein Wettbewerbsverbot, von dem nur durch einen Gesellschafterbeschluss, der mit einfacher Mehrheit zu fassen ist, befreit werden kann.

Die C-GmbH erklärt deshalb ihren Mitgesellschaftern A, B und D den Sinn und Zweck der geplanten Beteiligung an der Y-GmbH. Die Mitgesellschafter lassen sich bis auf A von den Argumenten der C-GmbH überzeugen und befreien die C-GmbH von dem Wettbewerbsverbot. Die C-GmbH enthält sich der Abstimmung. A stimmt gegen den Beschluss. Er befürchtet, dass die C-GmbH ihre Machtstellung künftig dazu ausnutzen wird, die Z-GmbH im Interesse der Y-GmbH zu schädigen. So könnte die C-GmbH etwa dafür sorgen, den zukunftsträchtigen Luxusartikelbereich aus der Z-GmbH in die Y-GmbH zu verlagern.

Gut drei Wochen nach der Beschlussfassung möchte A den Beschluss der Gesellschafterversammlung gerichtlich für unwirksam bzw. nichtig erklären lassen. Hat eine solche Klage des A Aussicht auf Erfolg?

Lösungsvorschlag Fall 6

A. Zulässigkeit der Klage

I. Statthafte Klageart

1. Feststellungsklage gem. § 256 Abs. 1 ZPO

In Betracht kommt zunächst eine allgemeine Feststellungsklage (§ 256 Abs. 1 ZPO), die auf die Feststellung der Nichtigkeit des Beschlusses abzielt. Anders als die aktienrechtlichen Anfechtungs- und Nichtigkeitsklagen (vgl. §§ 248 f. AktG) hätte eine solche Klage jedoch nur Inter-Partes-Wirkung. Daher könnte es dem A am **Rechtsschutzbedürfnis** zur Erhebung einer Feststellungsklage fehlen, falls die §§ 241 ff. AktG auch im GmbH-Recht anwendbar sind. Das ist zu bejahen. Im GmbH-Recht existieren keine Regeln über eine Beschlussanfechtung. Die in den §§ 241 ff. AktG enthaltene Differenzierung zwischen Nichtigkeits- und Anfechtungsgründen ist aber auch im GmbH-Recht sinnvoll. Zudem beschränken die §§ 241 ff. AktG die Anfechtung und Nichtigkeit aus Gründen der Rechtssicherheit auf ganz bestimmte Unwirksamkeitsgründe. Ein Bedürfnis nach Rechtssicherheit besteht jedoch nicht nur im Aktienrecht, sondern ebenso im GmbH-Recht. Die §§ 241 ff. AktG sind deshalb auf GmbH-Beschlüsse entsprechend anwendbar.[691] Da eine gerichtliche Entscheidung nach den §§ 241 ff. AktG nicht nur Inter-Partes-, sondern Inter-Omnes-Wirkung zukommt (vgl. §§ 248, 249 AktG), fehlt es dem A somit zur Erhebung einer bloßen Feststellungsklage (§ 256 Abs. 1 ZPO) am Rechtsschutzbedürfnis.

2. Anfechtungsklage

Für A kommt demnach nur eine Nichtigkeits- bzw. Anfechtungsklage entsprechend §§ 241 ff. AktG in Betracht. Nichtigkeitsgründe (§ 241 AktG) sind hier nicht ersichtlich sind. Die statthafte Klageart ist für A folglich die Anfechtungsklage (§§ 243, 246, 248 AktG analog).

B. Begründetheit der Klage

I. Anfechtungsfrist

A möchte die Klage knapp drei Wochen nach der Fassung des Gesellschafterbeschlusses erheben. Fraglich ist, ob dies noch fristgerecht ist. Eine Regelung zur Anfechtungsfrist findet sich im GmbH-Gesetz nicht. Es könnte deshalb an eine analoge Anwendung der **Monatsfrist** des § 246 Abs. 1 AktG gedacht werden, jedoch handelt es sich bei dieser um eine sehr starre Frist, deren Einführung im GmbH-Recht ausschließlich dem Gesetzgeber vorbehalten ist. Deshalb kann die aktienrechtliche Monatsfrist des § 246 Abs. 1 AktG nicht im Wege der Rechtsfortbildung in das GmbH-Recht übertragen werden. Statt dessen ist eine Anfechtungsklage im GmbH-Recht innerhalb einer **angemessenen Frist** nach Fassung des jeweiligen Beschlusses zu erheben, wobei allerdings die Monatsfrist des

---

691 BGH NZG 1999, 722, 723; *Raiser*, Kapitalgesellschaftsrecht, § 33 Rn. 71; *Lutter/Hommelhoff*, GmbHG, 15. Aufl., Anh. § 47 Rn. 1 (mwN); a. A. jedoch: *Zöllner/Noack*, ZGR 1989, 525 ff.

§ 246 Abs. 1 AktG als Leitbild herangezogen werden kann.[692] Diese Monatsfrist gilt als Untergrenze für die GmbH-rechtliche Anfechtungsfrist[693] Hier ist die Monatsfrist noch nicht verstrichen, sodass die Klage des A fristgerecht erhoben ist.

II. Anfechtungsbefugnis

Die Anfechtungsbefugnis des A ergibt sich unmittelbar aus seinem **Mitgliedschaftsrecht**. Die beschränkende Vorschrift des § 245 Nr. 1 AktG, die eine Anfechtung durch einen Aktionär nur erlaubt, wenn er zuvor Widerspruch zu Protokoll erklärt hat, findet im GmbH-Recht keine Anwendung. Denn die Vorschrift des § 245 AktG ist auf das aktienrechtliche, nicht aber auf das GmbH-rechtliche Abstimmungsverfahren zugeschnitten.

> **Hinweis:** Die Anfechtungsbefugnis ist ebenso wie die Anfechtungsfrist Ausdruck des materiellen Anfechtungsrechts. Beide Voraussetzungen sind daher in der Begründetheit, nicht aber bei der Zulässigkeit der Klage zu prüfen.[694]

II. Formelle Beschlussanforderungen

Mangels entgegenstehender Sachverhaltsangaben ist davon auszugehen, dass die **formellen Anforderungen**, die das Gesetz an die Fassung des streitgegenständlichen Beschlusses stellt, wie etwa ordnungsgemäße Ladung etc., eingehalten sind. Insbesondere wurden die erforderlichen Mehrheiten erreicht. Auch hat die C-GmbH ihr Stimmrecht bei der Beschlussfassung nicht ausgeübt (vgl. § 47 Abs. 4 S. 2 GmbHG).

III. Materielle Beschlussanforderungen

Fraglich ist, ob neben den formellen Anforderungen auch **materielle Anforderungen** an den hier angegriffenen Beschluss zu stellen sind. So enthält weder die Satzung der Z-GmbH noch das GmbH-Gesetz materielle Regelungen, an denen sich die Aufhebung eines Wettbewerbsverbotes zu orientieren hat. Jedoch ist anerkannt, dass bestimmte Beschlussgegenstände einer so genannten **materielle Beschlusskontrolle** unterliegen. Bei dieser handelt es sich um ein ungeschriebenes Rechtsinstitut, nach dem ein Beschluss nur rechtmäßig ist, wenn er **sachlich gerechtfertigt** ist.[695]

1. Anwendungsbereich der materiellen Beschlusskontrolle

Die herrschende Meinung grenzt den Anwendungsbereich der materiellen Beschlusskontrolle anhand einer **Zwei-Schritt-Prüfung** ab.[696] Im ersten Schritt wird gefragt, ob mit dem Beschluss ein schwerer Eingriff in das Mitgliedschaftsrecht verbunden ist, im zweiten, ob der Gesetzgeber die wegen des schweren Ein-

---

692 BGH NZG 1999, 722, 723; NJW 1990, 2625; *Raiser*, Kapitalgesellschaftsrecht, § 33 Rn. 77.
693 *Lutter/Hommelhoff*, GmbHG, 15. Aufl., Anh. § 47 Rn. 60 (mwN).
694 *Hüffer*, AktG, § 245 Rn. 2 und § 246 Rn. 20; *Raiser*, Kapitalgesellschaftsrecht, § 16 Rn. 144.
695 Grundlegend: BGHZ 71, 40, 44 ff. (»Kali+Salz«); jüngst: BGHZ 138, 71, 76 (»Sachsenmilch«).
696 BGHZ 71, 40, 45 (»Kali+Salz«); jüngst: BGHZ 138, 71, 76 (»Sachsenmilch«).

griffs erforderliche Abwägung nicht bereits selbst vorgenommen hat. Bei Vorhandensein einer solchen gesetzlichen Abwägungsentscheidung scheidet eine Beschlusskontrolle trotz des Vorliegens eines schweren Eingriffs aus.

a) Erster Schritt: Schwerer Eingriff

Problematisch ist zunächst, ob die Aufhebung des Wettbewerbsverbot eines Mitgesellschafters einen schweren Eingriff in die Mitgliedschaftsrechte der anderen Gesellschafter darstellt. Das könnte hier deshalb verneint werden, weil § 9 der Satzung ausdrücklich eine derartige Befreiung vorsieht und bei Gründung der Gesellschaft alle Gesellschafter dieser Satzungsregelung zugestimmt haben. Jedoch ist zu bedenken, dass die C-GmbH mit der Beteiligung an der Y-GmbH zum **Unternehmen im konzernrechtlichen Sinne** »aufsteigt«. Denn die C-GmbH wird mit der Mehrheitsbeteiligung an der Y-GmbH über außergesellschaftliche wirtschaftliche Interessenbindungen verfügen, die die ernsthafte Sorge begründen, die C-GmbH könne diese Interessen nachteilig für Z-GmbH ausüben.[697] Zugleich wird die Z-GmbH gemäß §§ 18 Abs. 1 S. 3 AktG i. V. m. 17 Abs. 2 AktG zu einer abhängigen Konzerngesellschaft (sog. **»doppelte Konzernvermutung«**). Ein schwerer Eingriff in die Mitgliedschaftsrechte der Gesellschafter der Z-GmbH ist damit zu bejahen.

b) Zweiter Schritt: Vorweggenommene gesetzliche Abwägungsentscheidung?

Eine materielle Beschlusskontrolle findet trotz Vorliegens eines schweren Eingriffes jedoch dann nicht statt, wenn der Gesetzgeber die Interessenlage bereits gesetzlich abgewogen hat (s. o.). Eine solche **Abwägungsentscheidung** ist hier nicht ersichtlich. Insbesondere fehlt es im GmbH-Recht an Normen, die einen adäquaten Schutz vor Konzernierung leisten, wie es etwa im Aktienrecht bei den §§ 311 ff. AktG der Fall ist. Daher unterliegt der Beschluss der Z-GmbH einer materiellen Beschlusskontrolle.[698]

2. Prüfungsmaßstab

Der Prüfungsmaßstab der materiellen Beschlusskontrolle lässt sich allgemein dahingehend umschreiben, dass der Beschluss **sachlich gerechtfertigt** sein muss. Das war nach der bisherigen BGH-Rechtsprechung immer erst dann zu bejahen, wenn der Beschluss zur Erreichung des Gesellschaftsinteresse **geeignet, erforderlich und angemessen** gewesen ist.[699] In zwei jüngeren Entscheidungen zum Genehmigten Kapital (§§ 202 ff. AktG), namentlich in der »Siemens / Nold«-Entscheidung, beschränkte der BGH jedoch den Prüfungsumfang auf die Geeignetheitsfrage.[700] Das wirft die Frage auf, ob diese Beschränkung des Prüfungsmaßstabes auf

---

697 Ausführlich zum konzernrechtlichen Unternehmensbegriff, oben Fall 1 zum Konzernrecht.

698 Vgl. BGH NJW 1981, 1512, 1514 (»Süssen«); *Habersack*, in Emmerich/Habersack, Konzernrecht., Anh. I § 318 Rn. 12 f.; *Emmerich/Sonnenschein/Habersack*, Konzernrecht, S. 110; *Raiser*, Kapitalgesellschaftsrecht, § 16 Rn. 162; *Altmeppen*, in Roth/Altmeppen, GmbHG, 3. Aufl., Anh. § 13 Rn. 94.

699 BGHZ 71, 40, 44 ff.; *Emmerich/Sonnenschein/Habersack*, Konzernrecht, S. 110; *Hüffer*, AktG, § 243 Rn. 22 ff. (mwN); *Raiser*, Kapitalgesellschaftsrecht, § 16 Rn. 165.

700 BGHZ 136, 133, 139 (»Siemens / Nold«); BGHZ 144, 290 ff. (»adidas-Salomon«).

andere Fälle der Beschlusskontrolle zu übertragen ist.[701] Das ist zu verneinen. Denn in der »Siemens/Nold«-Entscheidung bezogen sich die Ausführungen des BGH lediglich auf die Wiederherstellung der Funktionsfähigkeit des genehmigten Kapitals. Sie sind damit als Reaktion auf die Kritik an der restriktiven »Holzmann«-Doktrin[702] zu verstehen, aber nicht als eine komplette Aufgabe der bisherigen Prüfformel. Im GmbH-Recht ist zudem zu beachten, dass die Gesellschafter einer GmbH weitaus **schutzbedürftiger** sind als die Gesellschafter einer AG. Anders als die Aktionäre können sich nämlich GmbH-Gesellschafter wegen der vergleichsweise **geringen Fungibilität** der GmbH-Anteile nur schwer von diesen trennen. Es muss deshalb im GmbH-Recht bei der herkömmlichen Prüfformel der materiellen Beschlusskontrolle bleiben. Somit ist ein GmbH-Beschluss, der der materiellen Beschlusskontrolle unterliegt, erst sachlich gerechtfertigt, wenn er zur Verfolgung des Gesellschaftsinteresses geeignet, erforderlich und angemessen ist.[703]

Hier bezweckt die Befreiung der C-GmbH vom Wettbewerbsverbot, eine strategische Allianz mit der Y-GmbH im Luxusartikelbereich einzugehen. Eine solche Allianz ist von der Z-GmbH bereits mehrfach erfolglos angestrebt worden. Der Beteiligungserwerb bietet nunmehr der Z-GmbH die Möglichkeit, endlich diese Allianz eingehen zu können. Deshalb ist die dafür notwendige Befreiung der C-GmbH vom Wettbewerbsverbot sowohl geeignet als auch erforderlich, um das Gesellschaftsinteresse der Z-GmbH zu fördern. Fraglich ist aber, ob die Befreiung auch angemessen ist. Das ist im Wege einer Abwägung zu ermitteln. Gegen eine Angemessenheit könnte sprechen, dass der C-GmbH, wie von A vorgetragen, mit der Befreiung vom Wettbewerbsverbot die Möglichkeit eingeräumt wird, den Luxusartikelbereich von der Z-GmbH auf die Y-GmbH zu verlagern. Eine solche Gefahr besteht hier jedoch nur abstrakt. Konkrete Anhaltspunkte sind dafür nicht ersichtlich. Außerdem hat die Gesellschafterversammlung der Z-GmbH jederzeit die Möglichkeit, die Befreiung der C-GmbH vom Wettbewerbsverbot zu widerrufen. Bedenkt man des weiteren die Vorteile, die die Z-GmbH durch den Aufbau der Allianz genießen wird (Eintritt in den lukrativen Luxusartikelmarkt etc.), ist der Beschluss der Z-GmbH, die C-GmbH vom Wettbewerbsverbot zu befreien, angemessen und somit sachlich gerechtfertigt.

IV. Ergebnis

Der von A angegriffene Beschluss ist sowohl formell als auch materiell rechtmäßig; die Anfechtungsklage des A unbegründet.

> **Hinweis:** Die im vorliegenden Fall aufgeworfene Frage, welche ungeschriebenen materiellen Anforderungen an einen Gesellschafterbeschluss zu stellen sind, der zur Konzernierung einer Gesellschaft führt, wird in der Literatur unter den Stichworten Konzerneingangs- bzw. Konzernbildungskontrolle diskutiert, beachte dazu auch den nachfolgenden Fall 7.

---

701 So etwa: *Kindler*, ZGR 1998, 35, 49 f.; 53, 64; *Volhard*, AG 1998, 397, 403 sowie LG Stuttgart, ZIP 1998, 422, 425.
702 BGHZ 83, 319, 326 f. (»Holzmann«).
703 Vgl. dazu bereits oben Fall 9 zum GmbH-Recht sowie Fall 3 zum Aktienrecht.

Fall 7
»Schlechter Trick«
Konzernbildungskontrolle, Konzernleitungsmacht auf Ebene der herrschenden AG

Die H-AG verdient ihr Geld mit einem hochprofitablen Seehafenbetrieb. Daneben betreibt sie einen Holzhandel, dem aber im Hinblick auf Umsatz und Gewinn nur eine untergeordnete Bedeutung zukommt.

Im August 2002 überträgt der Vorstand der H-AG, ohne zuvor die Aktionäre zu befragen, den Seehafen mit allen Aktiva und Passiva auf eine neu gegründete H-KGaA. Im Gegenzug erhält die H-AG entsprechende Anteile an der H-KGaA.

Aktionär A, der an der H-AG mit zehn Prozent beteiligt ist, hält die Übertragung des Seehafenbetriebes an die H-KGaA für rechtswidrig. Seiner Ansicht nach hätte die Hauptversammlung der H-AG der Übertragung zustimmen müssen. Der Seehafenbetrieb sei das »Herzstück« des Unternehmens gewesen. Durch die Übertragung werde er dem Einflussbereich der Aktionäre der H-AG entzogen. So sei denkbar, dass die im Seehafenbetrieb anfallenden Gewinne künftig in der H-KGaA vor den Aktionären der H-AG versteckt werden würden. Auch könnten die Aktionäre der H-AG, die allesamt nicht an der H-KGaA beteiligt sind, bei Kapitalerhöhungen der H-KGaA nicht darüber entscheiden, ob das Bezugsrecht auf Aktien der H-KGaA ausgeschlossen werde oder nicht. Somit bestehe bei künftigen Kapitalerhöhungen der H-KGaA die Gefahr, dass über die H-KGaA fremde Aktionäre in den Konzern eindringen und von den Gewinnen des Seehafenbetriebes unmittelbar profitieren.

A möchte gerichtlich feststellen lassen, dass

1. die Übertragung des Seehafenbetriebes der Zustimmung der Hauptversammlung der H-AG bedurft hätte und

2. bei künftigen Kapitalerhöhungen der H-KGaA die Zustimmung der Hauptversammlung der H-AG eingeholt werden muss.

Hat eine Klage des A Aussicht auf Erfolg?

Lösungsvorschlag Fall 7

Die Klage hat Aussicht auf Erfolg, wenn die beiden Anträge zulässig und begründet sind.

I. Zulässigkeit der Klage

1. Statthafte Klageart

Als **statthafte Klageart** könnte hier eine allgemeine Feststellungsklage (§ 256 Abs. 1 ZPO) in Betracht kommen. Problematisch ist zunächst, ob ein Aktionär neben den **aktienrechtlichen Rechtsbehelfen** (§§ 241 ff. AktG) überhaupt Feststellungsklage erheben darf. So könnte man die Ansicht vertreten, die **Nichtigkeits- und Anfechtungsvorschriften** der §§ 241 ff. AktG seien wegen der Regelung des § 118 AktG **abschließend**. Jedoch darf eine Rechtsverfolgung nicht daran scheitern, dass die im AktG vorgesehenen Rechtsbehelfe, wie hier der Fall, tatbestandsmäßig nicht einschlägig sind.[704]

A begehrt auch die Feststellung eines Rechtsverhältnisses i. S. d. § 256 Abs. 1 ZPO. Denn die von ihm gestellten Anträge betreffen die rechtlichen Beziehungen zwischen ihm als Aktionär und der Gesellschaft. Die Feststellungsklage ist mithin statthaft.

2. Feststellungsinteresse

Das von § 256 Abs. 1 ZPO geforderte **Feststellungsinteresse** ist zu bejahen. A macht mit seinen beiden Feststellungsanträgen einen Eingriff in seine Mitgliedschaftsrechte geltend. Er meint, die Aktionäre hätten der Übertragung des Seehafenbetriebes zustimmen müssen und hätten bei künftigen Kapitalerhöhungen in der H-KGaA ein Mitspracherecht.

3. Klagefrist

Eine Frist zur Erhebung der Feststellungsklage sieht § 256 ZPO nicht vor. Im Hinblick auf den Zweck des § 246 AktG, dem Schutz der Rechtssicherheit, ist zumindest bei aktienrechtlichen Sachverhalten die Feststellungsklage des § 256 ZPO **ohne unangemessene Verzögerung** zu erheben.[705] Demgemäß hat A seine Klage möglichst unverzüglich einzureichen.

4. Zwischenergebnis

Die beiden Feststellungsanträge des A sind zulässig.

II. Begründetheit des Antrages zu 1)

Der Antrag zu 1) ist begründet, wenn die Hauptversammlung der Übertragung des Seehafenbetriebes auf die H-KGaA hätte zustimmen müssen.

---

704 BGHZ 83, 122, 127 (»Holzmüller«).
705 BGHZ 83, 122, 136 (»Holzmüller«); *Emmerich/Sonnenschein/Habersack*, Konzernrecht, S. 121.

1. Zustimmungspflicht gem. § 179 a AktG

Eine Zustimmungspflicht der Hauptversammlung gemäß § 179 a AktG scheidet aus, weil § 179 a AktG nur eingreift, wenn das **gesamte Vermögen** der Gesellschaft übertragen wird. Hier aber verblieb der Holzhandel bei der H-AG.

2. Zustimmungspflicht gem. § 179 a AktG analog

Eine analoge Anwendung des § 179 a AktG ist abzulehnen. Denn die aus einer analogen Anwendung des § 179 a AktG resultierenden **Abgrenzungsschwierig-keiten**, wann in concreto soviel Vermögen übertragen worden ist, dass eine analoge Anwendung des § 179 AktG gerechtfertigt ist und wann nicht, können aus Gründen der Rechtssicherheit nicht hingenommen werden.[706]

3. Vorlagepflicht gem. § 119 Abs. 2 AktG (»Holzmüller«-Doktrin)

Eine Vorlagepflicht an die Hauptversammlung könnte sich indes aus **§ 119 Abs. 2 AktG** ergeben. Die Rechtsprechung nimmt an, dass sich in besonderen Fällen das von § 119 Abs. 2 AktG vorausgesetzte Vorlageermessen des Vorstandes zu einer Vorlagepflicht verdichtet (sog.»Holzmüller«-Doktrin).[707] In der **Literatur** wird dies **kritisiert**.[708] So sei die Rechtsprechung zu unbestimmt. Auch sei eine Vorlagepflicht dogmatisch nicht über § 119 Abs. 2 AktG zu begründen, sondern nur über eine **Einzel- bzw. Gesamtanalogie** zu den §§ 179 a AktG, 293 Abs. 2 S. 1, 319 Abs. 2 AktG bzw. §§ 123 ff., 125, 13, 65 UmwG.[709]

Diese dogmatischen Streitigkeiten können hier dahingestellt bleiben, weil unabhängig von der Rechtsgrundlage der »Holzmüller-Doktrin« eine Geschäftsführungsmaßnahme jedenfalls dann vorlagepflichtig ist, wenn sie so tief in die Mitgliedschaftsrechte der Aktionäre eingreift, dass der Vorstand vernünftigerweise nicht mehr annehmen kann, er dürfe sie ausschließlich in eigener Verantwortung treffen.[710]

Hier wurde der wertvollste und profitabelste Teil des Unternehmens, der See-hafenbetrieb, auf die H-KGaA übertragen. Die **Unternehmensstruktur** der H-AG ändert sich damit grundlegend. Denn die Aktionäre der H-AG verlieren hinsichtlich des Seehafenbetriebes ihre unmittelbare **Kontrollmöglichkeiten**, weil die Gesellschafterrechte in der H-KGaA nicht die Aktionäre, sondern der Vorstand der H-AG ausübt. Auch ist der Vorstand der H-AG wegen der Regelung des § 58 Abs. 3 AktG, die es erlaubt, den gesamten Gewinn in der H-KGaA anfallenden Gewinn in deren Rücklagen einzustellen, bei der Verwendung des Jahresergebnisses der H-KGaA praktisch frei. Er kann somit, anstatt die Gewinne des Seehafenbetriebes an die H-AG auszuschütten, die Gewinne in der H-KGaA thesaurieren (sog. »**Fahrstuhleffekt**«). Damit wird in das Gewinnbezugsrecht der

706 BGHZ 83, 122, 129 (»Holzmüller«).

707 BGHZ 83, 122, 131 (»Holzmüller«).

708 Übersicht zum Streitstand bei: *Emmerich/Sonnenschein/Habersack*, Konzernrecht, S. 125; *Hüffer*, § 119 Rn. 17; *Raiser*, Kapitalgesellschaftsrecht, § 16 Rn. 12; ausführlich dazu, oben Fall 4 (Aktienrecht).

709 *Habersack*, in: Emmerich / Habersack, Vor. § 311 Rn. 16 (mwN); *Raiser*, Kapitalgesellschaftsrecht, § 16 Rn. 13.

710 BGHZ 83, 122, 131 (»Holzmüller«).

Aktionäre der H-AG erheblich eingegriffen. Darüber hinaus besteht die Gefahr, dass der Vorstand der H-AG über den Weg einer Kapitalerhöhung in der H-KGaA **fremde Gesellschafter** in den Konzern aufnimmt. Dadurch werden mittelbar die Mitgliedschaftsrechte der Aktionäre der H-AG verwässert. Bei einer Gesamtbetrachtung der Umstände ist hier deshalb von einem **tiefen Eingriff** in die Mitgliedschaftsrechte der Aktionäre der H-AG auszugehen. Daher hätte der Vorstand der H-AG nach den Grundsätzen der »Holzmüller«-Doktrin die Übertragung des Seehafenbetriebes der Hauptversammlung zur Abstimmung vorlegen müssen.

> **Hinweise:** Bislang ungeklärt ist, welche **Mehrheitserfordernisse** an einen holzmüllerpflichtigen Hauptversammlungsbeschluss zu stellen sind. Die Antwort hängt von der oben offengelassen Frage ab, wie man die Vorlagepflicht dogmatisch begründet. Stützt man die Vorlagepflicht, wie die Rechtsprechung, auf § 119 Abs. 2 AktG, liegt es nahe, die einfache Stimmenmehrheit des § 133 Abs. 1 AktG genügen zu lassen. Stellt man dagegen auf eine **Gesamtanalogie** zu den §§ 179a, 293 AktG, § 65 UmwG ab, so müsste man konsequenterweise auch die dort geltenden Mehrheitserfordernisse (**Drei-Viertel-Mehrheit** des vertretenen Grundkapitals zuzüglich der einfachen Stimmenmehrheit des § 133 Abs. 1 AktG) auf holzmüllerpflichtige Beschlüsse übertragen.[711]

4. Ergebnis

Der Antrag des A zu 1) ist begründet.

III. Begründetheit des Antrages zu 2)

Der Antrag zu 2) ist begründet, wenn bei **Kapitalerhöhungen** in der **Tochter-AG** auch die **Hauptversammlung** der **Mutter-AG**, hier also die der H-AG, zuzustimmen hat.

Nach der oben erwähnten »Holzmüller«-Doktrin sind Maßnahmen, die so tief in die Mitgliedschaftsrechte der Aktionäre eingreifen, dass der Vorstand vernünftigerweise nicht annehmen kann, er dürfe sie ausschließlich in eigener Verantwortung treffen, der Hauptversammlung zur Entscheidung vorzulegen.[712] Das gilt grundsätzlich auch für Maßnahmen, die der Vorstand in einer Tochtergesellschaft veranlasst. Auch diese können sich nachhaltig auf die Rechtsstellung der Aktionäre der Muttergesellschaft auswirken.[713]

Den Aktionären der H-AG stünde bei einer Kapitalerhöhung in der H-KGaA kein **Bezugsrecht** zu. Denn die §§ 278 Abs. 3 i. V. m. 186 AktG räumen nur den Aktionären der H-KGaA, nicht aber den Aktionären der H-AG ein Bezugsrecht auf Aktien der H-KGaA ein.[714] Daher kann der Vorstand der H-AG durch Kapitalerhöhungen in der Tochtergesellschaft das Bezugsrecht der Aktionäre der H-AG ausschalten und fremde Dritte in den Konzern aufnehmen. Mittelbar führt dies zu einer **Verwässerung** der **Mitgliedschaftsrechte** der Aktionäre der H-AG, weil

---

711 So auch *Raiser*, Kapitalgesellschaftsrecht, § 16 Rn. 18 sowie § 52 Rn. 35, aber strittig.
712 BGHZ 83, 122, 131 (»Holzmüller«).
713 *Emmerich/Sonnenschein/Habersack*, Konzernrecht, S. 128; *Raiser*, Kapitalgesellschaftsrecht, § 16 Rn. 16.
714 BGHZ 83, 122, 142 f. (»Holzmüller«).

dann das Konzernvermögen nicht mehr allein den Aktionären der Muttergesellschaft, sondern partiell auch den neuen Gesellschaftern der Tochter gehört. Deshalb können Kapitalerhöhungen in der H-KGaA zu tiefen Eingriffen in die Mitgliedschaftsrechte der Aktionäre der H-AG führen. Sie bedürfen daher deren Zustimmung. Der Antrag des A zu 2) ist begründet.

Hinweis: Der Beschluss der Aktionäre der Muttergesellschaft unterliegt denselben Mehrheitserfordernissen, wie sie in der jeweiligen Tochtergesellschaft notwendig sind.[715]

IV. Ergebnis

Eine Klage des A hat Aussicht auf Erfolg; da zulässig und begründet.

Hinweise: Terminologisch sind bei der Frage der Zuständigkeitsverteilung innerhalb eines Konzerns drei Fragen zu unterscheiden:[716] Die erste Frage, ob die Übertragung des Vermögens einer Gesellschaft auf eine Tochtergesellschaft der Zustimmung der Muttergesellschaft bedarf, gehört zum Problemkreis der **Konzernbildungs- bzw. Konzerneingangskontrolle.** Dagegen ist es eine Frage der **Konzernleitungsmacht,** ob die Gesellschafter der Mutter zu Maßnahmen in der Tochter ihre Zustimmung zu erteilen haben. Darüber hinaus wird diskutiert, ob die Muttergesellschaft verpflichtet ist, den Konzern ordnungsgemäß zu führen (sog. **Konzernleitungspflicht**).[717]

---

715 BGHZ 83, 122, 142 ff. (»Holzmüller«).
716 Überblick dazu bei: *Emmerich/Sonnenschein/Habersack,* Konzernrecht, S. 100 ff.
717 Hommelhoff, Konzernleitungspflicht, S. 41 ff.

4. Kapitel:
Fälle zum Umwandlungsrecht

Fall 1
»Interessantes Mandat (Umwandlungsarten)«

Mandant M will seine Unternehmensgruppe, die aus mehreren Automobilzulieferern besteht, umstrukturieren. Er kommt deshalb zu Ihnen und möchte wissen, welche vier grundsätzlichen Varianten ihm das Umwandlungsgesetz dafür bietet. Erläutern Sie ihm diese!

Zusatzfrage: Warum scheidet hier wohl eine Vermögensübertragung aus?

Lösungsvorschlag Fall 2

1. Das UmwG kennt gemäß § 1 Abs. 1 UmwG vier Arten der Umwandlung: Die **Verschmelzung** (§ 2 ff. UmwG), die **Spaltung** (§§ 123 ff. UmwG), die **Vermögensübertragung** (§§ 174 ff. UmwG) sowie den **Formwechsel** (§§ 190 ff. UmwG).[718]

2. Die verschmelzungsfähigen Rechtsträger sind in § 3 UmwG abschließend geregelt. Zu ihnen gehören beispielsweise Personenhandelsgesellschaften, Kapitalgesellschaften und die eingetragenen Genossenschaften. Die **BGB-Gesellschaft** sowie sonstige Gesamthandsgemeinschaften des BGB fehlen jedoch. Der Grund dafür liegt in der fehlenden Registerpublizität der BGB-Gesellschaft.[719]

3. Die **spaltungsfähigen Rechtsträger** nennt § 124 UmwG. Die **formwechselfähigen Rechtsträger** finden sich in § 191 UmwG wider und die Rechtsträger, bei denen eine **Vermögensübertragung** möglich ist, ergeben sich aus § 175 UmwG.

4. In rechtstechnischer Sicht besteht ein grundlegender Unterschied zwischen der Verschmelzung, der Spaltung und der Vermögensübertragung auf der einen und dem Formwechsel auf der anderen Seite. Während bei der Verschmelzung, Spaltung sowie der Vermögensübertragung das Vermögen vom übertragenden auf den übernehmenden Rechtsträger nach dem Prinzip der **Gesamtrechtsnachfolge** übergeht (§ 20 Abs. 1 Nr. 1 UmwG für die Verschmelzung, § 131 Abs. 1 Nr. 1 UmwG für die Spaltung sowie §§ 176 Abs. 1, 178 Abs. 1 i. V. m. 20 Abs. 1 Nr. 1 UmwG für die Vermögensübertragung),[720] kommt es bei einem Formwechsel zu keiner Vermögensübertragung. Es gilt vielmehr der **Grundsatz der Identität** des Rechtsträgers (§ 202 Abs. 1 Nr. 1 UmwG).[721] Bildlich gesprochen wechselt dieser also lediglich sein (Rechts-)Kleid.

Zur Zusatzfrage:

Die Möglichkeit einer **Vermögensübertragung** ist auf die öffentliche Hand sowie auf bestimmte Versicherungsunternehmen beschränkt (§ 175 UmwG). Deshalb scheidet hier eine Vermögensübertragung aus.

---

718 Einführende Literatur zum Umwandlungsrecht: *Hirte*, Kapitalgesellschaftsrecht, 1997, S. 212–248; *Kallmeyer*, Das neue Umwandlungsgesetz, ZIP 1994, 1746 ff. (guter Einstiegsaufsatz); *K. Schmidt*, Gesellschaftsrecht, 3. Aufl. 1997, §§ 12, 13; *Raiser*, Kapitalgesellschaftsrecht, 3. Aufl. 2001, §§ 46–49.

719 Vgl. *Goutier/Knopf/Tulloch*, UmwG, § 3 Rn. 9.

720 *Raiser*, Kapitalgesellschaftsrecht, § 46 Rn. 25 ff.

721 *Raiser*, Kapitalgesellschaftsrecht, § 46 Rn. 21 ff.

Fall 2
»Vorschnelle Verschmelzung«
Verschmelzungsfähigkeit der Vor-AG

Mandant M ist mit 80 % an der Z-AG beteiligt. Bei geringem Umsatz und mit wenig Personal entwickelt die Gesellschaft Software für den Automobilbereich. Die Satzung der Z-AG ist bereits notariell festgestellt, aber noch nicht in das Handelsregister eingetragen worden.

Noch vor der Eintragung der Z-AG in das Handelsregister möchte der M die Gesellschaft auf die ihm zu hundert Prozent gehörende Y-AG verschmelzen. Ist eine solche Verschmelzung nach dem UmwG möglich?

Lösungsvorschlag Fall 2

Die Z-AG ist laut Sachverhalt noch nicht in das Handelsregister eingetragen. Bei ihr handelt es sich daher um eine so genannte Vor-AG.[722] Eine Verschmelzung der Z-AG mit der Y-AG ist deshalb nur möglich, wenn die Vor-AG zu den verschmelzungsfähigen Rechtsträger gehört.

Die verschmelzungsfähigen Rechtsträger sind in § 3 UmwG aufgezählt. Die **Vor-AG** ist darin nicht enthalten. Zwar könnte man die Ansicht vertreten, die Vor-AG sei einer Kapitalgesellschaft weitgehend angenähert, sodass auf diese § 3 Nr. 2 UmwG analoge Anwendung finde.[723] Dem widerspricht jedoch das **Analogieverbot** des § 1 Abs. 2 UmwG.[724] Aus diesem wird ein **numerus clausus** der Umwandlungsberechtigten und der Umwandlungsarten abgeleitet.[725] Eine Vor-AG ist deshalb nicht verschmelzungsfähig.

Einige Vertreter der Lehre halten es allerdings für möglich, die Vor-AG unter die in § 3 Abs. 1 Nr. 1 UmwG erwähnten Personenhandelsgesellschaften zu subsumieren, sofern die Voraussetzungen einer OHG / KG vorliegen.[726] Dem steht entgegen, dass die Vor-AG als **Gesellschaft eigener Art** anzusehen ist[727] und deshalb gerade keine Personenhandelsgesellschaft darstellt.

Ergebnis: Da die Vor-AG nicht zu den in § 3 UmwG aufgezählten Rechtsträgern gehört, ist sie nicht verschmelzungsfähig. Sie kann nicht auf die Y-AG verschmolzen werden.

> **Hinweis:** Das Analogieverbot des § 1 Abs. 2 UmwG wird durch den bereits aus dem Aktienrecht (§ 23 Abs. 5 AktG) bekannten Grundsatz der Gesetzesstrenge (§ 1 Abs. 3 UmwG) ergänzt.

---

722 Ausführlich zum Recht der Vorgesellschaft, oben Fälle 1 und 2 (GmbH-Recht).

723 So etwa *Bayer*, ZIP 1997, 1613, 1614.

724 *Goutier/Knopf/Tulloch*, UmwG, § 1 Rn. 47 ff., *Stratz*, in Schmitt/Hörtnagel/Stratz, UmwG, § 3 Rn. 16.

725 Ausführlich zum umwandlungsrechtliche Analogieverbot: *Raiser*, Kapitalgesellschaftsrecht, § 46 Rn. 30 ff.

726 *Stratz*, in Schmitt/Hörtnagel/Stratz, UmwG, § 3 Rn. 16.

727 Vgl. BGHZ 117, 323, 326 f., *Hüffer*, AktG, § 41 Rn. 4; *Raiser*, Kapitalgesellschaftsrecht, § 11 Rn. 37.

Fall 3
»Hürdenlauf«
Verschmelzungsablauf

M hält 100 % der Anteile an der B-AG sowie 80 % der Aktien an der C-AG. Aus steuerlichen Gründen möchte er die C-AG auf die B-AG verschmelzen. Er will von Ihnen wissen, welche Verfahrensschritte er nach dem Umwandlungsgesetz zu beachten hat.

Lösungsvorschlag Fall 3

Das umwandlungsrechtliche Verschmelzungsverfahren ist durch einen **Drei-Schritt-Ablauf** geprägt: 1. Abschluss des Verschmelzungsvertrages, 2. Zustimmung der Anteilsinhaber sowie 3. Eintragung. Erst mit Eintragung wird die Verschmelzung wirksam.[728] Im einzelnen gilt folgendes:

1. Verschmelzungsvertrag (§§ 4–7 UmwG)

Zunächst schließen die jeweiligen Vertretungsorgane der beteiligten Rechtsträger den Verschmelzungsvertrag (§ 4 UmwG). Dieser bedarf der **notariellen Beurkundung** (§ 6 UmwG). Der notwendige Inhalt des Vertrages ergibt sich aus § 5 UmwG. Darüber hinaus muss bei den in § 29 UmwG geregelten Fällen im Verschmelzungsvertrag ein **Barabfindungsangebot** enthalten sein. Die Höhe des Abfindungsangebotes kann gerichtlich in einem so genannten Spruchverfahren überprüft werden (vgl. §§ 34 i. V. m. 305 ff. UmwG).

2. Verschmelzungsbeschluss, § 13 UmwG

Der Verschmelzung haben gemäß § 13 UmwG die Anteilsinhaber der beteiligten Rechtsträger zuzustimmen. Die einzelnen Anforderungen an diesen Zustimmungsbeschluss sind rechtsformspezifisch im besonderen Teil des Verschmelzungsrechtes geregelt, so z. B. in § 43 UmwG für Personengesellschaften, in § 50 Abs. 1 UmwG für GmbHs und in § 65 UmwG für Aktiengesellschaften.

3. Eintragung (§§ 16–19 UmwG)

Als letzter Schritt bedarf die Verschmelzung der **Eintragung** in das Handelsregister (§§ 16–19 UmwG). Erst mit der Eintragung wird die Verschmelzung wirksam (§ 20 UmwG). Die Eintragung hat daher konstitutive Wirkung.

Hinweise:

1. Das Verschmelzungsrecht wird schadensersatzrechtlich von einem Anspruch der Gesellschaft gegen die Verwaltungsorgane flankiert (§§ 25–27 UmwG). Anders als die aktienrechtlichen Organhaftungsansprüche, die grundsätzlich nur der Gesellschaft zustehen (vgl. § 93 Abs. 2 AktG), kann dieser Anspruch nicht nur von der Gesellschaft, sondern auch von den Anteilsinhabern sowie den Gläubigern geltend gemacht werden (§ 25 Abs. 1 UmwG).

2. Dem Schutz der Gläubiger dient bei einer Verschmelzung das **Recht auf Sicherheitsleistung** (§ 22 UmwG), das über § 125 UmwG auch für die Spaltung gilt. Darüber hinaus werden bei einer Spaltung die Gläubiger durch eine **gesamtschuldnerische Haftung** der beteiligten Rechtsträger geschützt (§ 133 Abs. 1 UmwG).

---

728 Ausführlich zum Ablauf einer Verschmelzung: *Raiser*, Kapitalgesellschaftsrecht, § 48 Rn. 10 ff.

Fall 4 a
»Schlauer Berater I«
Minimierung des Anfechtungsrisikos

Die A-AG und die B-AG sollen miteinander verschmolzen werden. An der A-AG sind außer dem M der L mit 10 % sowie der K mit vier Prozent beteiligt, an der B-AG neben dem M der S. Während S mit einer Verschmelzung sicher einverstanden sein wird, gilt L als geldgierig. Der M befürchtet daher, dass L den Verschmelzungsbeschluss mit der Begründung anfechten wird, das ihm für seine Anteile zugewährende Umtauschverhältnis sei zu niedrig bemessen. M fragt deshalb, ob eine Möglichkeit besteht, die B-AG auf die A-AG so zu verschmelzen, dass das Risiko einer Anfechtung der Verschmelzung durch L erheblich reduziert wird.

(Bearbeitervermerk: Die Möglichkeit, eine neue C-AG als übernehmenden Rechtsträger zu gründen, soll außer Betracht bleiben.)

Fall 4 b
»Schlauer Berater II«
Spruchverfahren

Als L von den Plänen des M erfährt, ist er erbost. Er weiß zwar nun, dass er den Verschmelzungsbeschluss nicht mit der Begründung anfechten kann, das Umtauschverhältnis sei zu niedrig. Er hat jedoch in der Wirtschaftspresse gelesen, dass eine Möglichkeit bestünde, eine vernünftige Geldzahlung »herauszuschlagen«. Was meint er damit?

Fall 4 c
»Schlauer Berater III«
Inter-Omnes-Wirkung des Spruchverfahrens

Mitaktionär K der A-AG will weder den Verschmelzungsbeschluss anfechten noch ein Spruchverfahren durchführen. Dennoch möchte er wissen, ob er – falls dem L eine Geldzahlung zugesprochen werden sollte – auch etwas davon hätte.

Lösungsvorschlag Fall 4 a

Um die A-AG und die B-AG miteinander zu verschmelzen, stehen **zwei Wege** offen: Entweder wird die A-AG auf die B-AG oder die B-AG auf die A-AG verschmolzen.

Wird die B-AG auf die A-AG verschmolzen, könnte der L den Verschmelzungsbeschluss der A-AG mit der Begründung anfechten, dass den Aktionären der B-AG gewährte Umtauschverhältnis sei zu hoch. L kann also die Verschmelzung stoppen. Wird hingegen die A-AG auf die B-AG verschmolzen, gilt **§ 14 Abs. 2 UmwG**. Nach dieser Vorschrift sind Klagen gegen den Verschmelzungsbeschluss, die auf ein zu niedriges Umtauschverhältnis gestützt werden, ausgeschlossen.[729] Eine dennoch erhobene Klage ist unzulässig.[730] Um diese Gestaltungsmöglichkeit zu nutzen, sollte deshalb die A-AG auf die B-AG verschmolzen werden. Das **Anfechtungsrisiko** wird dadurch erheblich **minimiert**. Denn L kann dann den Verschmelzungsbeschluss der A-AG nicht mit der Begründung anfechten, dass Umtauschverhältnis sei zu niedrig. Ungeachtet dessen steht es dem L aber frei, den Beschluss aus anderen Gründen anzufechten.

Lösungsvorschlag Fall 4 b

Zwar hat der Gesetzgeber in 14 Abs. 2 UmwG die Möglichkeit der Anfechtung des Verschmelzungsbeschlusses eingeschränkt, das bedeutet aber nicht, dass die Aktionäre des übertragenen Rechtsträgers schutzlos gestellt sind. Ihnen steht stattdessen bei Vorliegen eines zu niedrigen Umtauschverhältnisses ein Anspruch auf bare Zuzahlung gemäß § 15 Abs. 1 UmwG zu. Die Höhe dieser Zuzahlung wird im sog. **Spruchverfahren** (§§ 305 ff. UmwG) ermittelt. Mit diesem Kunstgriff soll verhindert werden, dass Verschmelzungen wegen eines Streits über die Höhe des Umtauschverhältnisses verzögert oder gar verhindert werden.[731] Denn eine Klage gegen den Verschmelzungsbeschluss führt gemäß § 16 Abs. 2 S. 2 UmwG grundsätzlich zu einer **Registersperre**, sodass bis zur rechtskräftigen Entscheidung bzw. Klagerücknahme die Verschmelzung nicht eingetragen werden kann.

> **Hinweis:** Ein ähnliches Konzept liegt den Regelungen des **Barabfindungsangebotes** (§ 29 UmwG) zugrunde. Auch hier kann der Verschmelzungsbeschluss nicht mit der Begründung eines zu niedrigen Barabfindungsangebotes (§ 32 UmwG) angegriffen werden. Statt dessen findet eine gerichtliche Nachprüfung Barabfindung im **Spruchverfahren** statt, vgl. §§ 34 i. V. m. § 305 UmwG.

---

729 *Raiser*, Kapitalgesellschaftsrecht, § 48 Rn. 23.
730 *Bork*, in Lutter, UmwG, § 14 Rn. 15.
731 *Raiser*, Kapitalgesellschaftsrecht, § 46 Rn. 61.

Lösungsvorschlag Fall 4 c

Gemäß § 311, S. 2 UmwG wirkt eine im Spruchverfahren ergangene Entscheidung für und gegen alle. Ihr kommt deshalb kraft gesetzlicher Anordnung **Inter-Omnes-Wirkung** zu. Sie bindet alle Anteilsinhaber, Gerichte und Behörden. Zu beachten ist, dass die Entscheidung selbst **keinen Vollstreckungstitel** bildet.[732] Sie begründet lediglich einen materiell-rechtlichen Anspruch auf bare Zuzahlung. Erfüllt die A-AG die in dem Spruchverfahren begründete Verpflichtung nicht, müsste K daher eine gesonderte Leistungsklage erheben.

> **Hinweis:** Inhaltsgleiche Regelungen zu § 311 UmwG finden sich im konzernrechtlichen Spruchstellenverfahren des AktG, vgl. §§ 306 Abs. 2, 320 b Abs. 3 S. 3, jeweils i. V. m. 99 Abs. 5 AktG.

---

[732] *Krieger*, in Lutter, UmwG, § 311 Rn. 4.

Fall 5 a
»Kein leichtes Spiel I«
Registersperre, Negativattest

Die A- und B-AG sollen miteinander verschmolzen werden. Nachdem die Verschmelzungsbeschlüsse in beiden Gesellschaften mit den jeweils erforderlichen Mehrheiten gefasst worden sind, erhebt Aktionär L, der an der A-AG 10 % der Anteile hält, Anfechtungsklage gegen den Verschmelzungsbeschluss. Als alleinige Begründung führt er an, das Umtauschverhältnis der Anteile sei zu niedrig. Die Vorstände halten die Argumente des L für abwegig und melden die Verschmelzung zur Eintragung gemäß § 16 Abs. 1 UmwG an. Der zuständige Registerrichter verlangt jedoch von beiden Vorständen ein sog. »Negativattest«. In diesem sollen sie u. a. erklären, dass keine Klage gegen den Verschmelzungsbeschluss anhängig ist. Wegen der Klage des L kann der Vorstand der A-AG eine solche Erklärung nicht abgeben. Darf der Registerrichter gleichwohl die Verschmelzung eintragen?

Fall 5 b
»Kein leichtes Spiel II«
Unbedenklichkeitsverfahren

Um die Registersperre zu überwinden, leitet der Vorstand der A-AG das so genannte »Unbedenklichkeitsverfahren« des § 16 Abs. 3 UmwG ein. Er beantragt deshalb bei dem Prozessgericht, festzustellen, dass die Klage des L der Eintragung nicht entgegensteht. Wie wird das Prozessgericht entscheiden?

Fall 5 c
»Kein leichtes Spiel III«
Unbedenklichkeitsverfahren

Angenommen, die Anfechtungsklage des L wäre nach summarischer Prüfung begründet, weil der Verschmelzungsbericht geringfügige Informationsmängel aufweist. Könnte dennoch das Prozessgericht einen Unbedenklichkeitsbeschluss erlassen, falls die Vorstände der A- und B-AG geltend machen, dass bei einer Verzögerung der Verschmelzung wegen der angekündigten Änderung steuerlicher Vorschriften zusätzliche Grunderwerbsteuern in Millionenhöhe anfallen würden?

Lösungsvorschlag Fall 5 a

Nein, das Vorliegen des »Negativattestes« ist **Eintragungsvoraussetzung**. Fehlt dieses, darf nicht eingetragen werden. Das gilt nur dann nicht, wenn alle Anteilsinhaber durch notarielle Erklärungen auf eine Klage verzichten (vgl. § 16 Abs. 2 S. 2 UmwG). Weil das hier nicht der Fall ist, führt eine Klage gegen den Verschmelzungsbeschluss zu einer **Registersperre**.

Lösungsvorschlag Fall 5 b

Das Prozessgericht wird im Unbedenklichkeitsverfahren des § 16 Abs. 3 UmwG einen **Unbedenklichkeitsbeschluss** erlassen, wenn der Antrag des Vorstandes der A-AG zulässig und begründet ist.[733]

1. Von der Zulässigkeit des Antrages ist mangels entgegenstehender Sachverhaltshinweise auszugehen.

2. Der Antrag ist gemäß § 16 Abs. 3 S. 2 UmwG nur dann begründet, wenn die Klage des L gegen den Verschmelzungsbeschluss unzulässig bzw. offensichtlich unbegründet ist oder wenn das Vollzugsinteresse der A-AG das Aufschubinteresse des L überwiegt.

Hier ist die Klage des L bereits unzulässig. Denn L hat die Klage allein mit der Begründung erhoben, das im Verschmelzungsbeschluss festgesetzte Umtauschverhältnis sei zu niedrig. Darauf aber kann gemäß § 14 Abs. 2 UmwG eine Anfechtung des Verschmelzungsbeschlusses nicht gestützt werden. Eine dennoch eingereichte Klage führt zu deren Unzulässigkeit.[734] Die Unzulässigkeit der Hauptsacheklage führt dazu, dass der Antrag des Vorstandes auf Erlass eines Unbedenklichkeitsbeschlusses (§ 16 Abs. 3 S. 2 Alt. 1 UmwG) begründet ist.

3. Da der Antrag des Vorstandes der A-AG sowohl zulässig als auch begründet ist, wird das Gericht einen entsprechenden Unbedenklichkeitsbeschluss erlassen. Die Registersperre ist damit überwunden.

> **Hinweise:** Eine Klage gegen den Verschmelzungsbeschluss ist »offensichtlich unbegründet« i. S. v. § 16 Abs. S. 2 Alt. 2 UmwG, wenn die Unbegründetheit für das Prozessgericht ohne weitere tatsächliche oder rechtliche Nachprüfung erkennbar ist.[735]

Lösungsvorschlag Fall 5 c

Gemäß § 16 Abs. 3 S. 2 Alt. 3 UmwG ist ein Unbedenklichkeitsbeschluss trotz Begründetheit der Hauptsacheklage möglich, wenn das **Vollzugsinteresse** das **Auf-**

---

733 Überblick zum Unbedenklichkeitsverfahren bei: *Raiser*, Kapitalgesellschaftsrecht, § 46 Rn. 74 ff.

734 *Goutier/Knopf/Tulloch*, UmwG § 14 Rn. 15; *Bork*, in Lutter, UmwG, § 14 Rn. 15.

735 OLG Düsseldorf ZIP 1999, 793 (»Thyssen Krupp«); BGH ZIP 1990, 985, 989; *Goutier/ Knopf/Tulloch*, UmwG, § 16 Rn. 40; kritisch: *Raiser*, Kapitalgesellschaftsrecht, § 46 Rn. 76.

schubinteresse überwiegt.[736] Ähnlich wie bei der gerichtlichen Wiederherstellung der aufschiebenden Wirkung im Verwaltungsrecht (§ 80 Abs. 5 VwGO) findet also eine **Interessenabwägung** statt, bei der alle Umstände des Einzelfalles zu berücksichtigen sind.

Vollzugsinteressen können sich vorrangig aus den mit einer verzögerten Eintragung einhergehenden wirtschaftlichen Nachteilen ergeben. Dazu zählen etwa der verspätete Eintritt von Synergieeffekten oder – wie hier – drohende Steuerzahlungen. Für die Gewichtung der Aufschubinteressen ist dagegen hauptsächlich die Schwere der geltendgemachten Rechtsverletzung von Bedeutung. So dürfte die Bejahung von Nichtigkeitsgründe (§ 241 AktG) regelmäßig ein Überwiegen der Aufschubinteressen begründen. Demgegenüber führen bloße **Informationsmängeln** zu einem Überwiegen des Vollzugsinteresses.[737]

Hier weist der Verschmelzungsbericht lediglich kleinere Informationsmängel auf. Diese können die erheblichen Steuerzahlungen, die der A-AG durch eine verspätete Eintragung drohen, nicht aufwiegen. Deshalb überwiegt das Vollzugsinteresse der A-AG das Aufschubinteresse des L.[738]

---

736 *Goutier/Knopf/Tulloch*, UmwG, § 16 Rn. 42 ff.; *Raiser*, Kapitalgesellschaftsrecht, § 46 Rn. 77.
737 *Goutier/Knopf/Tulloch*, UmwG, § 16 Rn. 48 f.
738 Vgl. OLG Düsseldorf, ZIP 1999, 793, 797 f.

Fall 6
»Querulant«
Materielle Beschlusskontrolle im Umwandlungsrecht

An der Z-AG sind der A mit 80 % sowie der B mit 20 % beteiligt. Daneben ist A Alleinaktionär der Y-AG. Nach den Plänen des A soll die Z-AG mit der Y-AG verschmolzen werden. A verspricht sich davon erhebliche Synergieeffekte, weil sich die Geschäftsfelder beider Gesellschaften gut ergänzen. B hingegen meint, die Verschmelzung liege allein im Unternehmensinteresse der Y-AG, nicht aber im Interesse der Z-AG. Letztere könne auch ohne Verschmelzung mit der Y-AG erfolgreich am Markt bestehen. Trotz der Bedenken des B beschließt die Hauptversammlung der Z-AG in einem ordnungsgemäßen Verfahren, die Z-AG mit der Y-AG zu verschmelzen.

B ficht den Verschmelzungsbeschluss form- und fristgerecht an. Ist seine Klage begründet?

Lösungsvorschlag Fall 6

Laut Sachverhalt ist der Verschmelzungsbeschluss formal ordnungsgemäß zustande gekommen. Die Klage des B ist deshalb nur dann begründet, wenn Verschmelzungsbeschlüsse einer **materiellen Beschlusskontrolle** unterliegen. Nach den Regeln der materiellen Beschlusskontrolle ist ein Beschluss nur dann rechtmäßig, wenn er sachlich gerechtfertigt ist, wenn er also zur Erreichung des Gesellschaftsinteresses geeignet, erforderlich und angemessen ist. Jedoch unterliegt nicht jeder Gesellschafterbeschluss einer solchen Kontrolle.[739] Vielmehr wird der Anwendungsbereich anhand einer Zwei-Schritt-Prüfung ermittelt:[740] Im ersten Schritt wird gefragt, ob mit dem Beschluss ein schwerer Eingriff in das Mitgliedschaftsrecht der Gesellschafter verbunden ist; im zweiten, ob der Gesetzgeber die dann erforderliche Abwägung bereits selbst vorgenommen hat. Bei Vorhandensein einer solchen gesetzlichen Abwägungsentscheidung kommt eine materielle Beschlusskontrolle trotz Vorliegens eines schweren Eingriffs nicht in Betracht. Unter Zugrundelegung dieser Voraussetzungen wird teilweise eine Beschlusskontrolle von Verschmelzungsbeschlüssen bejaht.[741] Dem ist entgegenzuhalten, dass das Umwandlungsgesetz ausreichend andere Schutzmaßnahmen vorsieht, wie etwa das Spruchverfahren (§ 305 ff. UmwG) oder die Pflicht zur Abgabe eines Barabfindungsangebot (§ 29 UmwG). Es ist daher bereits eine gesetzliche Abwägungsentscheidung vorhanden, sodass Verschmelzungsbeschlüsse keiner materiellen Beschlusskontrolle bedürfen.[742]

Ungeachtet der Anwendbarkeit der materiellen Beschlusskontrolle findet bei jedem Verschmelzungsbeschluss eine allgemeine Kontrolle auf Verletzung des **Gleichbehandlungsgrundsatzes** sowie auf **Ermessensmissbrauch** statt.[743] Dafür sind hier aber keine Anhaltspunkte ersichtlich. Die Klage des B ist somit unbegründet.

---

739 **Bejahend:** Bezugsrechtsausschluss und genehmigtes Kapital, BGHZ 136, 133, 138 ff. (»Siemens / Nold«); Befreiung eines GmbH-Gesellschafters vom Wettbewerbsverbot, BGHZ 80, 69, 74 f. (»Süssen«); **verneinend:** Auflösungsbeschluss, BGHZ 76, 335, 353 (»Süssen«); Kapitalherabsetzungsbeschluss, BGHZ 138, 71 ff. (»Sachsenmilch«).
740 BGHZ 71, 40, 45 (»Kali+Salz«); jüngst: BGHZ 138, 71, 76 (»Sachsenmilch«); *Raiser*, Kapitalgesellschaftsrecht, § 16 Rn. 163.
741 *Bayer* ZIP 97, 1613, 1624.
742 *Lutter*, in Lutter, UmwG, § 13 Rn. 31 ff.; *Hüffer*, AktG, § 243 Rn. 27; *Raiser*, Kapitalgesellschaftsrecht, § 46 Rn. 73.
743 *Hüffer*, AktG, § 243 Rn. 29.

Fall 7
»Schnelle Nocken«
Spaltungsarten

Mandant M kommt erneut zu Ihnen. Diesmal möchte er die C-AG, an der mit 80 % beteiligt ist, umstrukturieren. Die C-AG ist im Automobilzuliefererbereich tätig. Sie entwickelt und vertreibt patentierte Nockenwellen, mit deren Hilfe die Leistung von Verbrennungsmotoren um 10 % gesteigert werden kann. M möchte die Vertriebsabteilung der C-AG auf eine neu zu gründende G-GmbH »abspalten«. Er bezweckt damit, eine »Haftungsabschirmung« der C-AG vor den Risiken des Vertriebes zu erreichen.

Erläutern Sie dem M, welche drei Möglichkeiten der Spaltung ihm das UmwG zur Verfügung stellt!

Zusatzfrage: Berichten Sie M über den gesetzlichen Ablauf einer Spaltung!

Lösungsvorschlag Fall 7

Das Umwandlungsgesetz kennt die folgenden drei Möglichkeiten einer Spaltung:

1. Aufspaltung (§ 123 Abs. 1 UmwG)

Bei der Aufspaltung kann das gesamte Vermögen eines Rechtsträgers entweder auf (mindestens) zwei bestehende Rechtsträger (**Spaltung zur Aufnahme**, § 123 Abs. 1 Nr. 1 UmwG) oder auf zwei neu zu gegründete Rechtsträger übertragen werden (**Spaltung zur Neugründung**, § 123 Abs. 1 Nr. 2 UmwG).[744] In beiden Fällen erfolgt die Vermögensaufnahme seitens der übernehmenden Rechtsträger im Wege der Sachgründung bzw. der Sachkapitalerhöhung. Mit Eintragung der Spaltung **erlischt** der zu übertragende Rechtsträger (§ 131 Abs. 1 Nr. 2 UmwG).

Charakteristisch für die Aufspaltung ist neben der Übertragung des gesamten Vermögens auf einen übernehmenden Rechtsträger, dass die Anteilsinhaber des übertragenden Rechtsträgers (und nicht etwa der übertragende Rechtsträger) die neuen Anteile an dem übernehmenden Rechtsträger erhalten, vgl. §§ 123 Abs. 1, 131 Abs. 1 Nr. 3 S. 2 UmwG.

Bei der Aufspaltung der C-AG würden dem M also – ein entsprechendes Wertverhältnis vorausgesetzt – achtzig Prozent der Anteile der G-GmbH zustehen. Das übrige Vermögen der C-AG müsste auf eine weitere Gesellschaft übertragen werden, an der M ebenfalls achtzig Prozent der Anteile erhalten würden. Die C-AG würde erlöschen.

2. Abspaltung (§ 123 Abs. 2 UmwG)

Ebenso wie die Aufspaltung kann auch die Abspaltung im Wege der Aufnahme in einen bestehenden Rechtsträger oder zur Neugründung auf einen neuen Rechtsträger vollzogen werden. Der **Unterschied** zur Aufspaltung besteht darin, dass bei der Abspaltung nicht das gesamte Vermögen, sondern nur ein **Teil des Vermögens** des übertragenden Rechtsträgers **übertragen** wird. Der übertragende Rechtsträger wird nicht aufgelöst.[745] Auch muss das Vermögen nicht zwingend auf mindestens zwei übernehmende Rechtsträger übertragen werden, vielmehr reicht die Übertragung an einen übernehmenden Rechtsträger aus.[746] Die neuen Anteile an dem übernehmenden Rechtsträger erhalten, wie bei der Aufspaltung, die Anteilsinhaber des übertragenden Rechtsträgers.

Somit würde M bei einer Abspaltung, wiederum ein entsprechendes Wertverhältnis vorausgesetzt, achtzig Prozent der Anteile an einer neu zugründenden bzw. bereits existierenden G-GmbH erhalten. Die übrigen zwanzig Prozent der Anteile können entweder einem Dritten zustehen oder von M bereits vor der Abspaltung erworben werden.

---

744   Vgl. *Teichmann*, in Lutter, UmwG, § 123 Rn. 20; *Raiser*, Kapitalgesellschaftsrecht, § 49 Rn. 1.

745   *Raiser*, Kapitalgesellschaftsrecht, § 49 Rn. 2.

746   *Teichmann*, in Lutter, UmwG, § 123 Rn. 21; *Raiser*, Kapitalgesellschaftsrecht, § 49 Rn. 12.

3. Ausgliederung (§ 123 Abs. 3 UmwG)

Bei der Ausgliederung wird wie bei der Abspaltung nur ein **Teil des Vermögens** des übertragenden Rechtsträgers übertragen. Anders als bei der Auf- und Abspaltung fallen die Anteile an dem jeweils übernehmenden Rechtsträger aber nicht den Anteilseignern des übertragenden Rechtsträgers zu, sondern allein dem übertragenden Rechtsträger.[747]

Bei einer Ausgliederung würde daher die C-AG (§ 123 Abs. 3 Nr. 2 UmwG) hundertprozentige Mutter der G-GmbH werden.

> **Hinweis:** Das Herzstück des Spaltungsrechtes stellt § 131 Abs. 1 Nr. 1 UmwG dar. Diese Vorschrift statuiert das Prinzip der **(partiellen) Gesamtrechtsnachfolge.**[748] Partiell deshalb, weil die Parteien durch Aufnahme der zu übertragenden Aktiva und Passiva in den Spaltungs- und Übernahmevertrag selbst bestimmen können, welche Vermögensgegenstände an welchen übernehmenden Rechtsträger im Wege der Spaltung übertragen werden sollen.

Zur Zusatzfrage:

Das Scharnier zum Verschmelzungsrechts findet sich in **§ 125 S. 1 UmwG**, der hinsichtlich der Spaltung auf das Verschmelzungsrecht verweist. Ausnahmen von dieser Verweisung gelten nur, soweit die §§ 126 ff. UmwG etwas anderes regeln. Der **besondere Teil** des Spaltungsrechtes findet sich in den §§ 138–173 UmwG wider. Dort wird im Hinblick auf die Eigenarten der Spaltung der besondere Teil des Verschmelzungsrechts (§§ 39–122 UmwG) rechtsformspezifisch modifiziert.

Zum allgemeinen Spaltungsablauf:

Das Spaltungsrecht ist wie das Verschmelzungsrecht von einem dreistufigen Verfahrensablauf geprägt: 1. Spaltungsvertrag bzw. Spaltungserklärung, 2. Spaltungsbeschluss, 3. Eintragung und Wirksamwerden der Spaltung.[749]

1. Spaltungs- u. Übernahmevertrag (§§ 125, 4–7 UmwG)

Erster Schritt zum Vollzug einer Spaltung ist der Abschluss eines Spaltungs- und Übernahmevertrages (§§ 125 i. V. m. 4 UmwG). Der Vertrag bedarf der **notariellen Beurkundung** (§§ 125 UmwG i. V m. 6 UmwG). Der Inhalt des Vertrages ergibt sich aus § 126 UmwG. Bei der Spaltung zur Neugründung tritt an die Stelle des Spaltungs- und Übernahmevertrages der Spaltungsplan (§ 136 UmwG).

2. Spaltungsbeschluss (§§ 125 i .V. m. 13 UmwG)

Gemäß § 125 S. 1 UmwG haben die Anteilsinhaber der beteiligten Rechtsträger einer Spaltung zustimmen. Die dafür erforderlichen **Beschlussmehrheiten** ergeben sich bei der AG aus § 125 S. 1 UmwG i. V. m. § 65 UmwG (Drei-Viertel-Kapi-

---

747 *Raiser*, Kapitalgesellschaftsrecht, § 49 Rn. 3.
748 Vgl. *Raiser*, Kapitalgesellschaftsrecht, § 49 Rn. 25.
749 Ausführlich zum Spaltungsablauf: *Raiser*, Kapitalgesellschaftsrecht, § 49 Rn. 16 ff.

talmehrheit) und bei der GmbH aus § 125 S. 1 UmwG i. V. m. § 50 Abs. 1 UmwG (Drei-Viertel-Stimmenmehrheit).

3. Anmeldung, Eintragung und Bekanntmachung der Verschmelzung, (§§ 125 S. 1 i. V. m. 16–19 UmwG)

Die §§ 16–19 UmwG finden bei der Spaltung entsprechende Anwendung (§ 125 S. 1 UmwG). Daher bedarf die Spaltung der Anmeldung zum Handelsregister. Erst mit Eintragung wird diese wirksam (§ 131 UmwG). Die Eintragung hat deshalb **konstitutive Wirkung**. Eine möglicherweise bestehende Registersperre kann im Wege des Unbedenklichkeitsverfahrens überwunden werden (§§ 125 S. 1, 16 Abs. 3 UmwG).

Fall 8
»Überraschte Bank«
Vergessene Verbindlichkeiten

Die G-GmbH ist im Jahr 1995 auf die beiden bereits bestehenden A- und B- GmbHs aufgespalten worden. Entsprechend den Regelungen des Spaltungs- und Übernahmevertrages gingen die Aktiva und Passiva der G-GmbH jeweils zu gleichen Teilen auf die A- und B-GmbH über. Im Jahr 2002 stellt sich heraus, dass im Spaltungs- und Übernahmevertrag die Zuweisung eines bereits seit 1996 fälligen Darlehens der Bank D über 100.000 Euro, das die D der G-GmbH gewährt hatte, versehentlich vergessen worden ist.

Von wem kann die D Rückzahlung des Geldes verlangen?

Lösungsvorschlag Fall 8

Der Anspruch der D auf Rückzahlung des Darlehens (vgl. § 488 Abs. 1 BGB) müsste zunächst fällig sein. Das ist laut Sachverhalt bereits seit 1996 der Fall. Problematisch ist jedoch, gegen wen sich der Anspruch richtet. Der **ursprüngliche Darlehensnehmer**, die G-GmbH, ist mit Vollzug der Spaltung **aufgelöst** worden (§ 131 Abs. Nr. 2 UmwG). Er existiert also nicht mehr. Die Darlehensverbindlichkeit könnte aber auf die beiden Rechtsnachfolger der G-GmbH, die A- und die B-GmbH, übergegangen sein. Ob das der Fall ist, bestimmt sich nach den Regelungen des **Spaltungs- und Übernahmevertrages** (§§ 131 Abs. 1 Nr. 1 S. 1 i. V. m. 126 Abs. 1 Nr. 9 UmwG). In diesem sind laut Sachverhalt jedoch keine Bestimmungen enthalten, die das Darlehen einem der beiden übernehmenden Rechtsträger zuweisen. Daher ist fraglich, welcher der beiden Rechtsnachfolger der aufgelösten G-GmbH für diese Verbindlichkeit einzustehen hat. Die Entscheidung wird dadurch erschwert, dass das Gesetz – im Gegensatz zu den vergessenen Aktiva (§ 131 Abs. 3 UmwG) – keine ausdrückliche Regelungen darüber enthält, was mit **vergessenen Verbindlichkeiten** geschehen soll. Die Gesetzesverfasser gingen nämlich davon aus, dass die Regelung des § 133 Abs. 1 UmwG, der eine gesamtschuldnerische Haftung der Rechtsnachfolger anordnet, ausreichend sei.[750] Dem wird für die meisten Fälle zuzustimmen sein. Hier aber besteht die Besonderheit, dass die Frist des § 133 Abs. 3 UmwG, der eine gerichtliche Geltendmachung der Ansprüche innerhalb von fünf Jahren nach Fälligkeit verlangt, bereits abgelaufen ist, sodass an sich eine Haftung der übernehmenden Rechtsträger nach § 133 Abs. 1 UmwG ausscheidet. Das aber ist unbillig, weil sich die beteiligten Rechtsträger nicht zu Lasten der Gläubiger durch absichtliches Vergessen einer Verbindlichkeit der Haftung entziehen können sollten. Daher ist zu fragen, ob der Spaltungsvertrag wenigstens eine **konkludente Zuweisung** der Verbindlichkeit enthält.[751] Dafür ist hier nichts ersichtlich. Um dennoch eine interessengerechten Lösung zu finden, könnte daran gedacht werden, die Vorschrift des § 131 Abs. 3 UmwG, die an sich nur für vergessene Aktiva gilt, auf vergessene Verbindlichkeiten entsprechend anzuwenden.[752] Dann würde die Verbindlichkeit den übernehmenden Rechtsträgern im **Verhältnis** des jeweils übernommenen **Nettovermögens** zugewiesen sein. Somit müssten die A- und B-GmbH für die Rückzahlung jeweils in Höhe von 50.000 Euro als Teilschuldner haften (vgl. § 420 BGB). Für eine solche Lösung spricht der ehemals in § 419 BGB a. F. enthaltene Gedanke, dass die Haftung für Verbindlichkeiten grundsätzlich dem Vermögen folgen sollte. Allerdings widerspricht eine Teilhaftung dem Grundkonzept des Umwandlungsrechts, wonach die Gläubiger durch eine Umwandlung nicht zu benachteiligen sind. Notwendig ist daher eine gesamtschuldnerische Haftung der Rechtsnachfolger. Andernfalls würden nämlich die Gläubiger das **Ausfallrisiko** in der Insolvenz eines der übernehmenden Rechtsträger tragen. Deshalb ist nach Ablauf der Fünfjahresfrist des § 133 Abs. 3 UmwG nicht § 131 Abs. 3 UmwG, sondern **§ 133 Abs. 1 UmwG analog** anzuwenden.[753] Damit haften nämlich die Rechts-

---

750 *Teichmann*, in Lutter, UmwG, § 131 Rn. 23.

751 *Raiser*, Kapitalgesellschaftsrecht, § 49 Rn. 23.

752 *Goutier/Knopf/Tulloch*, UmwG, § 133 Rn. 14; ablehnend: *Raiser*, Kapitalgesellschaftsrecht, § 49 Rn. 23.

753 *Teichmann*, in Lutter, UmwG, § 133 Rn. 36 f.; *Raiser*, Kapitalgesellschaftsrecht, § 49 Rn. 23.

nachfolger auch nach Ablauf der Fünfjahresfrist gesamtschuldnerisch (§ 421 BGB).[754] Angesichts dessen kann die D sowohl von der A- als auch von der B-GmbH gesamtschuldnerisch Zahlung der 100.000 Euro verlangen.

---

754 *Teichmann*, in Lutter, UmwG, § 133 Rn. 36 f.

Fall 9
»Schlauer Schuldner«
Forderungen mit Abtretungsverboten

Bauunternehmer S schuldet der A-GmbH eine Millionen Euro aus einem Kaufvertrag über eine Baumaschine. Bei Abschluss des Vertrages vereinbarte S mit der A-GmbH, dass die Kaufpreisforderung nicht abgetreten werden dürfe. Als wenig später die A-GmbH einen Teil ihres Vermögens auf die B-GmbH ausgliedert, weist die A-GmbH im Spaltungs- und Übernahmevertrag die Kaufpreisschuld des S der B-GmbH zu. Die B-GmbH verlangt nunmehr von S Zahlung der Kaufpreissumme. S meint, wegen des Abtretungsverbotes sei weiterhin die A-GmbH seine Gläubigerin. Er bräuchte deshalb nicht an die B-GmbH zu zahlen. Ist das richtig?

Lösungsvorschlag Fall 9

S muss an die B-GmbH nur zahlen, wenn diese Gläubigerin des Anspruches ist. Ursprüngliche Gläubigerin der Kaufpreisforderung war die A-GmbH. Die Forderung könnte jedoch gemäß § 131 Abs. 1 Nr. 1 S. 1 UmwG auf die B-GmbH übergegangen sein, da sie im Spaltungsplan der B-GmbH zugewiesen worden ist. Von dem in § 131 Abs. 1 Nr. 1 S. 1 UmwG angeordneten Grundsatz der **(partiellen) Gesamtrechtsnachfolge** statuiert § 131 Abs. 1 Nr. 1 S. 2 UmwG jedoch eine Ausnahme. Danach verbleiben Gegenstände, die nicht durch Rechtsgeschäft übertragen werden können, bei dem übertragenden Rechtsträger. Fraglich ist, ob darunter auch die Forderung der A-GmbH fällt. Teilweise wird die Ansicht vertreten, dass Forderungen mit rechtsgeschäftlich vereinbarten **Abtretungsverboten** nicht von § 131 Abs. 1 Nr. 1 S. 2 UmwG erfasst seien. Die Vorschrift gelte nämlich nur für solche Gegenstände, deren Übertragbarkeit unmittelbar ausgeschlossen sei, nicht aber für solche, bei denen dies erst im Wege eines rechtsgeschäftlich vereinbarten Abtretungsverbotes erfolge. Außerdem wolle das UmwG Umstrukturierungen erleichtern. Dem würde es widersprechen, wenn Forderungen, die einem rechtsgeschäftlichen Abtretungsverbot unterliegen, von der in § 131 Abs. 1 Nr. 1 S. 1 UmwG angeordneten Gesamtrechtsnachfolge nicht erfasst seien und statt dessen § 131 Abs. 1 Nr. 1 S. 2 UmwG unterfielen.[755] Einer solchen Argumentation widerspricht aber der Sinn und Zweck eines Abtretungsverbotes. Danach soll die betroffene Forderung gerade nicht auf einen neuen Gläubiger übergehen. Würde man dennoch eine Anwendung des § 131 Abs. 1 Nr. 1 S. 1 UmwG auf Forderungen mit Abtretungsverboten bejahen, könnte der Schuldner dieses Abtretungsverbot durch Ausgliederung umgehen.[756] Das wird dem Schuldnerschutz nicht gerecht. Deshalb sind Forderungen als Gegenstände i. S. d. § 131 Abs. 1 Nr. 1 S. 2 UmwG anzusehen. Das Prinzip der partiellen Gesamtrechtsnachfolge gilt für sie also nicht.[757] Die Forderung der A-GmbH ist damit nicht auf die B-GmbH übergegangen. S braucht nicht an die B-GmbH zu zahlen.

---

755 *Müller*, BB 2000, 365 ff., *Hörtnagel*, in Schmitt / Hörtnagel / Stratz, UmwG, § 132 Rn. 24.

756 Vgl. *Teichmann*, in Lutter, UmwG, § 132 Rn. 3.

757 *Teichmann*, in Lutter, UmwG, § 132 Rn. 5, 34 und wohl auch *Raiser*, Kapitalgesellschaftsrecht, § 49 Rn. 27.

Fall 10
»Kalter Rausschmiss«
Nichtverhältniswahrende Spaltung

An der C-AG sind K, L und M beteiligt. K hält 60 %, L 30 % und M 10 % der Anteile. Die C-AG soll im Wege der Spaltung zur Neugründung in die B- und A-AG aufgespalten werden. Das Vermögen der C-AG soll laut Spaltungsplan je zur Hälfte auf die A- und B-AG übergehen.

In der ordnungsgemäß einberufenen Hauptversammlung stimmen K und L für die Aufspaltung. M hat den Termin vergessen und ist nicht anwesend. Gemäß den Regelungen des Spaltungsplanes, der Bestandteil des Spaltungsbeschlusses ist, soll der M an den beiden neu gegründeten Gesellschaften jeweils nur 3 % der Anteile erhalten; den Rest der Anteile soll K und L zugewiesen werden.

M, der mit einer Verschiebung seiner Beteiligungsquote nicht gerechnet hat, ist empört. Er meint, seine Beteiligung müsste sich im selben Verhältnis an der A- und B-AG fortsetzen wie sie an der C-AG bestand. Da dies nach dem Spaltungsbeschluss nicht der Fall sei, hätte er sowohl dem Spaltungsplan als auch dem Spaltungsbeschluss zustimmen müssen.

Ist der Spaltungsbeschluss rechtmäßig?

Lösungsvorschlag Fall 10

Die Rechtmäßigkeit des Spaltungsbeschlusses könnte an der **fehlenden Zustimmung** des M scheitern. Grundsätzlich haben die Anteilseigner der Spaltung durch Spaltungsbeschluss zuzustimmen (§§125 i. V. m. 13 Abs. 1 UmwG). Die dafür erforderlichen Mehrheiten ergeben sich aus §§ 125 i. V. m. 65 Abs. 1 UmwG. Danach bedarf bei Beteiligung von Aktiengesellschaften die Wirksamkeit eines Spaltungsbeschlusses einer **Kapitalmehrheit von drei Vierteln** des vertretenen Grundkapitals. Da M auf der Hauptversammlung nicht anwesend bzw. vertreten war und die beiden anderen Anteilseigner den Spaltungsplan in Form des Spaltungsbeschlusses gebilligt haben, liegt hier sogar eine 100 prozentige Zustimmung des vertretenen Grundkapitals vor. Das Mehrheitserfordernis des §§ 125 i V. m. 65 Abs. 1 UmwG ist damit gewahrt. Gleichwohl könnte hier der Spaltungsbeschluss unwirksam sein. Denn eine Zustimmungspflicht des M könnte sich aus § 128 S. 1 UmwG ergeben. Dort ist die so genannte »**nichtverhältniswahrende Spaltung**« geregelt. Bei dieser Spaltungsart werden den Anteilsinhabern des übertragenden Rechtsträgers die Anteile an den übernehmenden Rechtsträgern nicht in dem Verhältnis zugeteilt, wie es ihren Beteiligungen an dem übertragenden Rechtsträger entspricht. Eine solche Verschiebung der Beteiligungsquote hält das Gesetz nur für zulässig, wenn alle Anteilseigner dem Spaltungsplan zustimmen. Deshalb wird im Falle einer nichtverhältniswahrenden Spaltung auch der Spaltungsbeschluss erst wirksam, wenn diesem alle Anteilsinhaber zugestimmt haben.[758]

> **Hinweis:** Zweck des § 128 UmwG ist es, im Wege der Spaltung eine Trennung von Familienstämmen und Gesellschaftergruppen zu ermöglichen.

Hier liegt eine solche nichtverhältniswahrende Spaltung vor. Denn der M hält an der übertragenden C-AG zehn Prozent der Anteile. An der B- und C-AG sollen ihm dagegen nur drei Prozent der Anteile zustehen. Seine Anteilsquote verschiebt sich damit erheblich. Sowohl Spaltungsplan als auch Spaltungsbeschluss werden folglich erst wirksam, wenn M diesen seine Zustimmung erteilt hat. Solange dies unterbleibt, ist der Spaltungsbeschluss schwebend unwirksam.

---

758 *Priester*, in Lutter, UmwG, § 128 Rn. 15.

Fall 11
»Schöne Null«
Spaltung zu Null

An der A-GmbH sind B und C je zur Hälfte beteiligt. Die Gesellschaft soll im Wege der Spaltung zur Neugründung auf die E- und F-GmbH aufgespalten werden. Dabei ist geplant, das Vermögen der A-GmbH je zur Hälfte auf die E- und F-GmbH zu übertragen und C einvernehmlich nicht an der F-GmbH zu beteiligen. Ist ein derartiger Ausschluss des C zulässig?

Lösungsvorschlag Fall 11

Die so genannte Spaltung zu Null, bei der einem Anteilseigner einverständlich keine Anteile an einem übernehmenden Rechtsträger gewährt werden, ist im Gesetz nicht ausdrücklich geregelt. Dennoch ist sie zulässig. Bei ihr handelt es sich nämlich lediglich um einen **Unterfall** der gemäß § 128 UmwG zulässigen **nichtverhältniswahrenden Spaltung.**[759]

---

759   LG Konstanz ZIP 1998, 1226, 1226 f.; LG Essen, ZIP 2002, 893 m. Anm. *Kiem,* EWiR 2002, 637.

Fall 12
»Außer Verhältnis«
Nichtverhältniswahrender Formwechsel

A, B und C sind jeweils zu einem Drittel an der Z-GmbH beteiligt. Die Z-GmbH soll zur Vorbereitung eines Börsenganges in eine AG umgewandelt werden. Im Zuge dieser Umwandlung beabsichtigen A, B und C, die Beteiligung des C an der künftigen AG von 30 % auf 10 % herabzusenken und im Gegenzug die Anteile von A und B aufzustocken. Ist eine solche Gestaltung zulässig?

Lösungsvorschlag Fall 12

Wegen der geplanten Änderung der Beteiligungsquoten liegt hier ein **nichtver-hältniswahrender Formwechsel** vor. Eine Vorschrift, die wie § 128 UmwG die nichtverhältniswahrende Spaltung erlaubt, fehlt im Formwechselrecht. Statt dessen gilt der **Grundsatz der Kontinuität** von Anteilseigner und Beteiligungsquoten.[760] Daher könnte man annehmen, ein nichtverhältniswahrender Formwechsel sei unzulässig. Jedoch geht die herrschende Lehre davon aus, dass auf den Schutz des Kontinuitätsgrundsatz verzichtet werden kann.[761] Ein nichtverhältniswahrender Formwechsel wird demnach für zulässig gehalten, sofern alle Anteilsinhaber dem zustimmen[762] – eine Ansicht, die wegen der Gesetzesstrenge des Umwandlungsrechts (§ 1 Abs. 3 S. 1 UmwG) bedenklich ist. Folgt man ihr dennoch, muss der von A, B und C geplante Formwechsels für zulässig gehalten werden.

---

760 BGH ZIP 1996, 1146; 1999, 1126, 1128 (zum LPG-Formwechsel).
761 *Bayer*, ZIP 97, 1613, 1616 f.
762 *Bayer*, ZIP 1996, 1613, 1616; *Stratz*, in Schmitt / Hörtnagel / Stratz, UmwG, § 202 Rn. 7; *Raiser*, Kapitalgesellschaftsrecht, § 47 Rn. 6.

Fall 13
»Schweigender Vorstand«
Anfechtungsausschluss bei Informationsmängeln

Die A-AG möchte sich von der Börse zurückziehen und sich in eine GmbH umwandeln. Der entsprechende Umwandlungsbeschluss, der u. a. für die austrittswilligen Aktionäre ein Abfindungsangebot (§§ 207, 194 Abs. 1 Nr. 6 UmwG) in Höhe von 22 Euro pro Aktie vorsehen wird, soll auf der nächsten Hauptversammlung gefasst werden.

Auf der über die Umwandlung beschließenden Hauptversammlung fragt Kleinaktionär K den Vorstand, wieso das Abfindungsangebot so niedrig bemessen sei. Der Vorstand verweigert die Beantwortung der Frage, da der entsprechende Prüfbericht des Wirtschaftsprüfers alles erläutere. Daraufhin beschließt die Hauptversammlung gegen die Stimmen des K ordnungsgemäß die Umwandlung der Gesellschaft in eine GmbH.

K erklärt gegen den Beschluss Widerspruch zur Niederschrift und ficht ihn fristgerecht an. Als Begründung trägt er vor, ihm sei vom Vorstand die Auskunft unberechtigt verweigert worden.

Der Vorstand sieht der Anfechtungsklage des K gelassen entgegen. Zwar sei möglicherweise dem K die Auskunft zu Unrecht verweigert worden, die Verletzung des Auskunftsrechts sei jedoch wegen der Regelung des § 210 UmwG unbeachtlich. Die Vorschrift erfasse nämlich über ihren Wortlaut hinaus auch den Fall der Verletzung des Auskunftsrechts. Daher könne K mit der Begründung, sein Auskunftsrecht sei verletzt worden, keine Anfechtungsklage erheben. Er könne höchstens im Hinblick auf die Höhe der angebotenen Barabfindung ein Spruchverfahren einleiten (vgl. §§ 212, 305 ff. UmwG).

1. Hat eine Anfechtungsklage des K Aussicht auf Erfolg?

2. Anders als Aktionär K möchte Aktionär B in der umgewandelten GmbH verbleiben. Er hält aber die den austretenden Aktionären angebotene Abfindungszahlung von 22 Euro für zu hoch. Wäre eine Anfechtungsklage des B gemäß § 210 UmwG ausgeschlossen?

Lösungsvorschlag Fall 13

Zu Frage 1:

A. Zulässigkeit

I. Statthafte Klageart

Die statthafte Klageart richtet sich nach dem Klagebegehren. Hier möchte K die Unwirksamkeit des Beschlusses gerichtlich geltend machen und Anfechtungsklage erheben. Die statthafte Klageart ist damit die Anfechtungsklage (§§ 243, 248 AktG).

II. Klagegegner

Klagegegner ist die A-AG, vertreten durch Vorstand und Aufsichtsrat (§ 246 Abs. 2 AktG).

III. Zuständiges Gericht

Örtlich und sachlich zuständig ist das Landgericht, in dessen Bezirk die A-AG ihren Sitz hat (vgl. § 246 Abs. 3 S. 1 AktG).

IV. Anfechtungsausschluss gemäß § 210 UmwG

K stützt seine Klage auf eine Verletzung des Auskunftsrechts (§ 131 AktG). Ob dieses hier verletzt worden ist, kann jedoch offenbleiben, wenn selbst bei **Verletzung des Auskunftsrechts** die Klage gemäß § 210 Alt. 3 UmwG unzulässig ist.[763] Nach dieser Vorschrift kann eine Klage gegen einen Umwandlungsbeschluss nicht auf die fehlerhafte Abgabe eines Barabfindungsangebot gestützt werden. Eine dennoch erhobene Klage ist unzulässig.

Fraglich ist, ob von dem **Anfechtungsausschluss** des § 210 Alt. 3 UmwG auch der Fall erfasst ist, in dem, wie hier, zwar das Barabfindungsangebot ordnungsgemäß abgegeben worden ist, einem Aktionär jedoch die Auskunft über die Gründe, die zur konkreten Höhe der Barabfindung geführt haben, (unberechtigterweise) verweigert worden ist. Gegen eine solche Auslegung des § 210 Alt. 3 UmwG spricht, dass dann Verletzungen des Auskunftsrechtes im Zusammenhang mit dem Barangebot weitgehend sanktionslos blieben, weil insoweit Anfechtungsklagen nicht mehr auf eine Verletzung des Auskunftsrechtes gestützt werden könnten. Dem ist jedoch entgegenzuhalten, dass § 210 Alt. 2 UmwG die Anfechtung sogar für den Fall ausschließt, dass im Umwandlungsbeschluss überhaupt **kein Barabfindungsangebot** enthalten ist. Das aber muss erst recht gelten, wenn, wie hier, lediglich das Auskunftsrecht in Bezug auf die Barabfindung verletzt worden ist.[764] Deshalb ist die Anfechtungsklage des K entsprechend § 210 Alt. 3 UmwG ausgeschlossen. Sie ist als unzulässig abzuweisen.

---

763 Vgl. *Meister/Klöcker*, in Kallmeyer, UmwG, § 210 Rn. 7; *Decher*, in Lutter, UmwG, § 210 Rn. 3.

764 BGH ZIP 2001, 199, 201; *Raiser*, Kapitalgesellschaftsrecht, § 46 Rn. 61.

Zu Frage 2:

Die Anfechtung könnte entsprechend § 210 UmwG unzulässig sein. Zwar steht der Wortlaut des § 210 UmwG einer Anfechtung des B nicht entgegen. Denn § 210 UmwG erfasst nur den Fall, bei dem eine Anfechtung auf eine zu niedrige, nicht aber, wie hier, auf eine zu hohe Barabfindung gestützt wird.[765] Jedoch gebietet der Zweck des § 210 UmwG, die Vorschrift auch auf solche Streitigkeiten anzuwenden, bei denen über ein zu hohes Abfindungsangebot gestritten wird. Auch hier gilt es nämlich, **Verzögerungen** des Formwechsels, die im Zusammenhang mit Streitigkeiten über die Höhe des Barabfindungsangebotes stehen, **zu verhindern.**[766] B kann deshalb keine Anfechtungsklage erheben. Er ist auf das Spruchverfahren (§§ 305 ff. UmwG) zu verweisen.

---

765 So etwa die h. L., vgl. *Decher,* in Lutter, UmwG, § 210 Rn. 4 (mwN).
766 *Meister/Klöcker,* in Kallmeyer, UmwG, § 210 Rn. 10 und wohl auch BGH ZIP 2001, 199, 202.

Fall 14
»Quadratur des Kreises«
Umwandlungen außerhalb des Umwandlungsgesetzes, vereinfachte Umwandlung einer Personengesellschaft

Die beiden Unternehmer Z und Y sind alleinige Gesellschafter der »Superwaren« OHG. Die OHG betreibt in mehreren Städten größere Ladengeschäfte. Der Umsatz der Gesellschaft ist in den vergangen Jahren kontinuierlich gestiegen. Für ihr weiteres Wachstum benötigt die OHG frisches Kapital. Z und Y beschließen deshalb, die »Superwaren« OHG in eine Aktiengesellschaft umzuwandeln. Mittelfristig soll die Gesellschaft sogar an die Börse gebracht werden. Z und Y möchten jedoch die Umwandlung der OHG nicht nach den Regeln des Umwandlungsgesetz vollziehen, da sie den verfahrenstechnische Aufwand, den das Umwandlungsgesetz vorschreibt, scheuen. Dennoch wollen sie bei ihrer Umwandlung von dem umwandlungsrechtlichen Prinzip der Gesamtrechtsnachfolge profitieren.

Besteht eine Möglichkeit, die »Superwaren« OHG im Wege der Gesamtrechtsnachfolge in eine Aktiengesellschaft umzuwandeln, ohne von den Vorschriften des Umwandlungsgesetzes Gebrauch zu machen?

Lösungsvorschlag Fall 14

Eine solche Möglichkeit besteht, sofern Z und Y ihre Umwandlung nach dem so genannten **Anwachsungsmodell** vollziehen.[767] Das Anwachsungsmodell macht sich das persongesellschaftsrechtliche Prinzip der Anwachsung (§§ 719, 738 Abs. 1 S. 1 BGB, §§ 105 Abs. 3, 161 Abs. 2 HGB) zu Nutze. Bei der Anwachsung erfolgt nämlich die Übertragung der einzelnen Vermögensgegenstände ohne weitere Schritte **automatisch**,[768] was wirtschaftlich dem Prinzip der Gesamtrechtsnachfolge entspricht.

Um hier von dem »Anwachsungsmodell« profitieren zu können, haben Z und Y zunächst eine Personengesellschaft zu gründen. Das ist mit der »Superwaren« OHG bereits geschehen. Als nächstes haben Z und Y die künftige AG im Wege der Sachgründung ins Leben zu rufen. Die Sacheinlageverpflichtung erfüllen sie, indem Z und Y ihre gesamten Anteile an der OHG in die Aktiengesellschaft einbringen. Die »Superwaren« OHG wird damit zur Ein-Mann-Gesellschaft. Weil aber eine Ein-Mann-Personengesellschaft dem Personengesellschaftsrecht fremd ist, hat das die automatische Beendigung und Auflösung der OHG zur Folge. Das Vermögen der Gesellschaft geht dadurch im Wege der Anwachsung auf den Ein-Mann-Gesellschafter über. Einer Einzelübertragung der Vermögensgegenstände bedarf es nicht.[769] Vielmehr wird die AG gemäß §§ 719, 738 Abs. 1 S. 1 BGB, §§ 105 Abs. 3, 161 Abs. 2 HGB Inhaberin aller Aktiva und Passiva der »Superwaren« OHG.

---

767 Ein ähnliches, aber weitaus komplizierteres Umwandlungsmodell, das sich ebenfalls das Prinzip der Anwachsung zu Nutze macht, findet sich bei *Niedner/Kusterer*, DB 1998, 2405, 2406 f. sowie bei *Kusterer*, FR 2001, 865, 868 f.

768 *Sprau*, in Palandt, BGB, § 738 Rn. 1; *Ulmer*, in MüKo-BGB, § 719 Rn. 20 (jeweils mwN).

769 *Ulmer*, in MüKo-BGB, § 719 Rn. 20 sowie § 730 Rn. 69 (mwN); BGHZ 71, 296, 297 = NJW 1978, 1525, 1525.

Fall 15
»Goldene Brücke«
Internationales Umwandlungsrecht; »Hineinverschmelzung«

Die A-AG produziert Software und möchte ihre US-amerikanische Tochtergesellschaft T-Inc. mit Sitz in San Francisco auf die deutsche Tochtergesellschaft S-AG verschmelzen.

Ist eine solche Verschmelzung nach deutschem Recht möglich? Falls nein, wie könnte die A-AG ihr Ziel, wirtschaftlich gesehen, dennoch erreichen?

Lösungsvorschlag Fall 15

1. Die Verschmelzung einer ausländischen mit einer inländischen Gesellschaft wird als **Hineinverschmelzung** bezeichnet. Fraglich ist, ob eine solche Verschmelzung nach deutschem Recht überhaupt möglich ist. Das ist zu verneinen.[770] Denn § 1 Abs. 1 UmwG bestimmt, dass eine Verschmelzung ausschließlich Rechtsträgern mit **Sitz im Inland** vorbehalten ist. Auch eine analoge Anwendung des § 1 Abs. 1 UmwG kommt nicht in Betracht, da dem das **Analogieverbotes** des § 1 Abs. 2 UmwG entgegensteht. Teilweise wird aber die Ansicht vertreten, zumindest bei einer Gesellschaft mit Sitz im europäischen Ausland müsse eine Hineinverschmelzung zulässig sein, weil andernfalls die **Niederlassungsfreiheit** der Art. 43 und 48 EGV verletzt sei.[771] Ob dem zu entsprechen ist, kann offenbleiben, da es sich bei der T nicht um eine europäische, sondern um eine US-amerikanische Gesellschaft handelt. Diese kann sich nicht auf die Niederlassungsfreiheit des EGV berufen. Eine Verschmelzung der T auf die S-AG ist daher nicht möglich.

2. Anstelle einer Verschmelzung kann die A-AG mit der S-AG auch einen **Aktientausch** vereinbaren. Dazu bringt die A-AG im Wege einer Sachkapitalerhöhung ihre Anteile an der T-Inc. in die S-AG ein. Die T-Inc. wird damit zur Tochtergesellschaft der S-AG. Dadurch wird ein Ergebnis erzielt, das wirtschaftlich gesehen einer Verschmelzung nahe kommt.

Hinweis: Nicht nur eine Hineinverschmelzung, auch eine **Hinausverschmelzung** – also die Verschmelzung einer deutschen auf eine ausländische Gesellschaft – ist nach deutschem Recht nicht möglich. Sie würde ebenso wie die Hineinverschmelzung gegen § 1 Abs. 2 UmwG verstoßen.[772]

---

770 Vgl. *Horn*, ZIP 2000 473, 477; *Raiser*, Kapitalgesellschaftsrecht, § 58 Rn. 23 (mwN); *Stratz*, in Schmitt/Hörtnagel/Stratz, UmwG, § 1 Rn. 3.

771 *Lutter*, in Lutter UmwG § 1 Rn. 10 ff.; ebenfalls kritisch: *Raiser*, Kapitalgesellschaftsrecht, § 58 Rn. 24.

772 *Raiser*, Kapitalgesellschaftsrecht, § 58 Rn. 23 (mwN).

Sachregister

Abfindung, 86, 199, 242, 266
Abhängiges Unternehmen, 186 f.
Abhängigkeitsbericht, 187 f.
Abspaltung, 251
Actio pro socio, 201 f., 208 f.
Aktienoptionsplan, 136 ff.
Akzessoritätslehre, 7
Anfechtungsklage
– AG: 97 ff., **116 ff.**, 138 ff.
– GmbH: 58 ff., 225 f.
Anfechtungsrecht, Missbrauch, 166 ff.
Anwachsungsmodell, 269
Aufrechnungsverbot, 54 f., 153
Aufspaltung, 251
Ausgliederung, 252
Auskunftsrecht, 98 ff.
Auskunftsverweigerungsrecht, 99 f.
Ausschlussklage, 87
Ausschlussrecht, 85 ff.

Bankbestätigung, 178
Bankenhaftung, 177 f.
Beherrschungsvertrag, 190, **194 ff.**
Beschlussanfechtung
– AG: 116 ff.
– GmbH: 58 ff., 225 f.
Beschlussfeststellungsklage, 117
Bezugsrecht
– AG: 120 ff.
– GmbH: 64 ff.
»Bremer Vulkan«-Entscheidung,
  254 ff., **218 f.**

Corporate Opportunity Doctrine, siehe
  unter Geschäftschancenlehre
Culpa in contrahendo, 76 ff.

Differenzhaftung, siehe Vorbelas-
  tungshaftung
Doppelverpflichtungstheorie, 7
Drittvergleich, 16 f., 103 ff.
Due Diligence, 173 ff.
Durchgriffshaftung, **212 ff.**, 215 f., 221 f.

Eigenkapitalersetzende Nutzungsüberlassung, 39 ff.

Eigenkapitalersetzendes Darlehen
– AG: 109 ff.
– GmbH: 34, 35 f.
Einlagenanspruch der GmbH, 2
Entherrschungsvertrag, 204
Erfolgsziele, 143

Faktischer Geschäftsführer, 74 f.
Faktischer Konzern, 205 f., 214
Feststellungsklage, 116, 117, **160 f.**, 225
Finanzierungsfolgeverantwortung, 33,
  37 f., 40, 110,
Finanzplankredit, 41 f.
Firmenwert, 4

Gesamtrechtsnachfolge, partielle, 252
Gesamtschaden, 80
Geschäftsanteil, 65
Geschäftschancenlehre, 170 f.
Geschäftsführer, faktischer, 74 f.
Gesellschafterklage, siehe unter actio
  pro socio
Gewinnabführungsvertrag, 194
Gleichbehandlungsgrundsatz
– AG: 123, 249
– GmbH: 61 f., 67
»Greenshoe«-Verfahren, 126
Gründungskosten, 4

Hafteinlage, 44
Handelndenhaftung, 9, 13 f.
Hauptversammlungskompetenz,
  131 ff., 181 ff.
Herrschendes Unternehmen, 186 f.
Hinausverschmelzung, 271
Hineinverschmelzung, 270
»Holzmüller«-Urteil, 132 f., 156, 182 f.,
  231 f.

Identitätsgrundsatz, siehe Kontinui-
  tätsgrundsatz
Insolvenzantragspflicht, 72
Interorganstreit, 161
Intraorganstreit, 160

Kapitalerhaltung
- AG, 95 ff.
- GmbH, 15 ff.
- GmbH & Co. KG, 43 ff.
Kontinuitätsgrundsatz, 264
Konzernbegriff 204 f.
Konzernbildungskontrolle, 231 ff., 233
Konzerneingangskontrolle, 233
Konzernleitungsmacht, 233
Konzernleitungspflicht, 233
Konzernverschuldenshaftung, 205
Kreditunwürdigkeit
- AG: 111
- GmbH: 34, 39 f.
Kurshürden, 143

Mantelgründung, 89 ff.
Mantelkauf
- AG: 89 ff.
- GmbH: 94
Materielle Beschlusskontrolle
- AG: 120 ff., 145
- GmbH: 67 ff., 197, 226 ff.
Mehrzuteilungsoption, 126
Mitteilungspflichten, 102

Nachgründung, 155 ff.
Nachschusspflicht, 2
Negativattest, 244, 246
Neugläubiger, 78
Nichtigkeitsklage
- AG: 116 ff., 139 ff.
- GmbH: 58 ff.
Nichtverhältniswahrende Spaltung,
259 f.
Nichtverhältniswahrender Formwech-
sel, 263 f.

Pflichteinlage, 44

Qualifiziert faktischer Konzern, 215 ff.
Quotenschaden, 75, **79**

Relevanztheorie, 101

Sacheinlage, verdeckte
- AG: 148 ff.
- GmbH: 50 ff.
Sachmangel bei Sacheinlage, 26 ff.
Schütt-aus-hol-zurück-Verfahren, 53
Schwebendes Geschäft, 23

Sondervorteil, 69, 124, 144
Spaltung zu Null, 261 f.
Spaltungsarten, 250 ff.
Spaltungsbeschluss, 252 f.
Spenden, 179 ff.
Sperrminorität, 110 f.
Spruchverfahren, 242
Stammeinlage, 65
Stimmverbot, 101, 196, 208
Stock options, siehe unter Aktien-
optionsplan
»Supermarkt«-Beschluss, 195

»TBB«-Entscheidung, 218 f.
Treuepflicht
- AG: 105
- GmbH: 62 f., 206, 212

Überlassungsunwürdigkeit, 39
Überschuldung, 74
Umwandlungsarten, 235 f.
Unbedenklichkeitsverfahren, 244 f.
Unterbilanz, 4, 17
Unterbilanzhaftung, siehe Vorbelas-
tungshaftung
Unterkapitalisierung, 213 f.
Unternehmensbegriff, 186 f., 216 f.
Unternehmensgegenstand, 131 f., 157,
181

Verbindlichkeiten, vergessene, 254 ff.
Verdeckte Gewinnausschüttung, 16 ff.,
102, 103 ff.
Verlustdeckungshaftung
- bei AG: 92
- bei GmbH: 11 ff.
Verluste, operative, 4
Vermögensvermengung, 213
Verschmelzungsbeschluss, 240, 249
Verschmelzungsvertrag, 240
Vertreterhaftung, 76 ff.
Verwendungsbindungen, 178
Vorbehalt wertgleicher Deckung, 178
Vorbelastungshaftung, 3 ff., 91 ff.
Vorbelastungsverbot, 2, 8, 9, 13
Vorerwerbsrecht, 134 f.
Vorgesellschaft, unechte, 11 f.
Vor-GmbH, 7 f.
Vorgründungsgesellschaft, 5
Vorratsgründung, 93
Vorstandshaftung, 162 ff., 170 ff.

Weisung, existenzgefährdende, 191

Zahlungsunfähigkeit, 73

Zuteilungsprivileg, 134
Zuteilungsreserve, 126
Zwerganteile, 34